호텔경영전략(2판)

박영기 지음

이프레스

머리말 Hotel Management Strategy

세계적으로 여행객이 증가하면서 숙박산업도 함께 발전하게 되었다. 따라서 기업형태로 전환된 호텔기업은 체인화와 글로벌화 구조를 이루면서 관광산업발전에 한층 더 기여하는 계기가 되었다. 우리나라의 호텔산업은 1986년 아시안게임과 1988년 올림픽을 계기로 급성장하였으며, 그 이후 국제회의, 전시회, 학술세미나 등을 개최하면서 국가경쟁력에 크게 기여한 산업이다. 또한 중국관광객의 급증과 일본, 인도, 동남아뿐만 아니라 미주나 유럽 등지에서도 꾸준한 관광객의 증가로 비약적인 발전을 하고 있다. 그러므로 관광산업의 중추역할을 하는 호텔기업은 이용고객이 최대의 만족을 느낄 수 있도록 혁신적인 기술과 최상의 서비스를 가한 상품을 창출해 낼 때이다.

오늘날 다양한 환경변화에 따라 호텔산업의 경영도 고도의 기술을 요하고 있다. 이러한 경쟁에서 우위를 점하기 위해서는 호텔경영의 핵심과제인 경영전략을 어떻게 수립하여 고객에게 안락한 서비스를 제공하는 고객중심 전략이 집행되는지의 여부가 중요하다. 그러므로 전략적인 경영을 통하여 각각의 호텔기업이 갖고 있는 특성을 접목하여 자사만의 상품과 서비스를 어떻게 구성하여 경쟁에 임할 것인지에 대한 여러 가지 전략을 이 책에서 제시하고자 한다.

현재 호텔산업은 정치, 경제, 사회, 문화의 영향을 많이 받지만, 호텔기업은 국제적인 인적교류를 뒷받침해 주는 중요한 역할을 하므로, 국가경제에도 크게 기여하고 있다. 그러므로 천연자원이 부족한 우리나라는 관광과 함께 호텔산업을 발전시켜 나가야 한다. 이에 글로벌 시대에 경쟁력 있는 호텔산업으로 성장하기 위해서는 호텔경영에 대한 전략적인 연구가 이루어져야 한다. 특히 이 책은 호텔현업에서 오랫동안 근무한 경험과 대학에서의 교육경험을 바탕으로 정리하여, 호텔경영을 전공하는 학생들과 호텔업에 종사하는 직원 그리고 호텔관련 산업에 관심이 있는 모든 분들의 호텔경영전략에 도움이 될 거라 사료된다.

먼저 내용구성을 보면 호텔경영의 개론적인 내용, 호텔경영의 전략적 기능, 호텔산업 환경전략, 호텔마케팅 전략, 호텔소비자 행동전략, 호텔인력관리 전략, 호텔서비스 품질전략, 호텔경영 전략연구, 글로벌 호텔경영전략, 호텔기업의 글로벌문화, 끝으로 호텔브랜드 전략과 향후 전망 등 총 11장으로 구성하였다. 이 과정을 통하여 호텔경영이라는 전략의 전반적인 흐름과 이해, 조직에서의 기능과 활동에 관한 지식을 습득하기를 바라는 마음이다.

한편 이 책을 최종 정리하면서 세계적인 체인호텔에서의 오랜 경력과 강의경험을 토대로 저술하였음에도, 호텔경영전략에 대한 사례부족과 내용의 구성도 및 충실도 등 여러 부문에서 매끄럽지 못하고 미약한 부분이 나타날 수 있다. 그러므로 부족한 점을 보충하기 위하여 지속적인 연구의 필요성을 느끼며, 독자의 아낌없는 질책으로 좀 더 보완해 가고자 한다.

끝으로 이 책이 나오기까지 적극적 도움을 주신 도서출판 이프레스 최용구 대표님과 편집부 직원 분들에게도 감사를 드린다.

2022년 1월

박영기

차 례　Hotel Management Strategy

Chapter 01 호텔경영의 이해

Chapter 02 호텔경영의 전략적 기능

Chapter 04 호텔마케팅 전략

Chapter 05 호텔소비자 행동전략

Chapter 06 호텔인력관리 전략

Chapter 07 호텔서비스 품질전략

Chapter 08 호텔경영 전략연구

Chapter 09 글로벌 호텔경영전략

Chapter 10 호텔기업의 글로벌화

Chapter 11 호텔브랜드 전략과 향후 전망

Chapter

01

Hotel Management Strategy

호텔경영의 이해

01 Chapter 호텔경영의 이해

호텔사업은 한 나라의 국제수지 개선에 기여하고 고용의 증대, 국민소득의 증대, 국가세원의 확보, 나아가 지역사회 개발과 민간외교의 증진으로 국제평화에 기여하고 있다. 그래서 현대 호텔사업은 관광사업의 일익을 담당하고 있으며, 그 나라 문화의 일면이라고도 말할 수 있다. 따라서 급진적으로 발달하는 고도의 물질, 문명에 힘입어 세계적인 관광 붐은 우리나라에도 그 물결이 밀려와 근거리에 위치한 중국, 일본, 동남아 등 다수의 외래객이 우리나라를 찾고 있고 이들을 수용할 호텔의 수요가 증가되자 도심지 및 도심외곽 곳곳에 비즈니스호텔이 건립되고 있다. 또한 국내의 대기업들이 외국의 경영기술과 자본에 의존하여 합작투자와 기술도입이라는 명목으로 많은 체인 호텔업계가 우리나라에 이미 진출 · 정착하였다. 지금 이 순간에도 호텔건립을 추진 중에 있으며, 건설과 경영관리에 이르기까지 외국인 경영자가 운영하고 있다.

특히 불특정 다수의 일반 고객을 대상으로 숙박, 식음, 기타 부대시설을 제공하기 위한 인적 서비스와 물적 서비스로 구성된 현대 호텔경영은 그 규모가 점차 커지면서 계획적인 마케팅활동으로 시장개척도 중요하지만 고객에 대한 세심한 관심과 고객의 기대치에 접근하는 것도 중요하다. 그러므로 호텔이 대기업으로 발전하기 시작한 오늘날 호텔 간의 경쟁에서 낙후되지 않기 위해 면밀한 계획과 적절한 판촉활동을 전개해야 한다.

수년 전부터 교통과 통신 기술의 발달로 인간의 이동이 용이해지면서 어느 지역에 위치해 있던 세계 모든 호텔은 초 경쟁적이고 시설과 서비스 수준이 거의 평준화됨으로써 경영자는 호텔산업의 기술혁신에 낙후되지 않기 위해 최신기술의 수용에 최대 도전을 받고 있다. 이를 극복하기 위해 호텔산업은 문화 창조와 서비스의 차별화, 즉 매력과 환대가 어우러진 즐거움의 체험을 할 수 있는 체험산업이 되도록 신경을 쓰고 있다. 그러므로 호텔을 경영하고자 한다면 호텔사업에 적합하고 충분한 요건을 갖추도록 최선의 노력이 필요하고, 호텔은 내·외부환경에 많은 영향을 받으므로 자사의 경영형태나 특성, 조직, 구조에 대하여 연구할 필요가 있다. 왜냐하면 호텔사업이야말로 평생사업으로 국익과 공익, 사회에 환원한다는 개념하에서 출발하기 때문이다.

1 호텔의 경영이념

1) 호텔의 경영이념

경영이념(mission statement)이란, 사업주가 호텔을 경영함에서 기본적인 정신, 신념, 가치와 행동기준을 의미하며, 경영철학이라고도 한다. 최근에는 사업주의 의도를 기업정신에 포함시키기 위하여 많은 호텔들이 회사의 사훈과 기본 전략 또는 경영방침을 명문화하여 모든 직원이 숙지하도록 하고 있다. 대부분의 기업이념은 기업이 추구하는 방향에 중점을 두고 있지만 외국기업과 우리나라 기업의 경영이념에는 어떠한 차이가 있는지 살펴보자.

(1) 외국기업의 경영이념

정치 · 경제 · 사회 · 지역적 · 국가적으로 기업을 육성한 창업자들은 기업경영을 같이하는 사람들에게 항상 기업경영에 대한 마음의 준비가 필요하다고 하는데, 이러한 마음의 준비가 바로 기업이념으로 나타난다. 우리와 근접해 있는 경제 선진국인 일본의 기업경영이념은 집단주의나 유교적인 것을 표본으로 하고 있으며, 질서와 화합을 중요시한다. 이것은 일본의 사업주는 사람에 대하여 전인적 관련을 문제로 하고 있는 경향이 높기 때문인데, 미쓰비시(Mitsubishi)그룹의 경영이념을 예로 들면 다음과 같다.

① 사업을 육성 · 발전시키기 위한 방침을 설정
② 투기적인 사업은 금지
③ 거국적 차원에서 기업경영
④ 사람의 인품과 기능에 따라 적재적소에 배치
⑤ 부하를 사랑하고, 경영상 이윤은 직원에게 배분

하지만 실질 지향적 경영이념을 강조하고 있는 미국의 경우 호텔의 방침은 가능한 한 최고급의 상품과 서비스를 고객에게 제공하고, 경쟁자와도 그 제품 및 서비스 상품에 대하여 불평과 비방이 없어 자신의 상품과 서비스의 순수한 신가에 의해서만 유 · 무형의 상품에 대하여 최대한으로 부가가치를 높일 수 있는 개념을 추구하고 있다.

기업의 경영이념은 통상 사업을 하기 위한 방향이나 방침, 창업주의 생각을 지칭할 수 있지만 호텔업의 경우는 객실이나 레스토랑, 요리, 공공장소 등의 제반시설, 종업원에 의한 인적서비스로 구성된 종합서비스를 말한다. 따라서 호텔의 경영이념은 이와 같은 요소를 염두에 두고 만든 것으로 추측할 수 있고, 실제로 몇 군데 호텔의 경영이념을 보아도 구성요소 중 서비스에 대해서 중심적으로 표현하고 있음을 알 수 있다.

① 리츠칼튼: 신사 · 숙녀를 모시는 우리들도 신사 · 숙녀
② 인터컨티넨탈: 고객들이 즐거움과 재방문 유도
③ 오꾸라: 친절과 봉사
④ 힐튼: 고객에 대한 배려, 고객을 존경하는 마음

특히 호텔리어는 고객만족을 위하여 봉사하는 자세는 물론, 스포츠나 문화, 유행 등에도 민감해야 하며, 교양이 있어야 하기 때문에 서비스 매뉴얼만으로는 안 된다. 따라서 호텔리어는 자기 나름대로의 판단으로 고객을 접할 필요가 있으며, 서비스를 할 때 호텔의 경영이념을 생각하면서 대처해 나가야 하는 것이다.

(2) 우리나라 호텔의 경영이념

우리나라 호텔의 경영이념이 현대적 이념으로 변화 · 발전하기까지에는 국민의식이나 사회구조에서 많은 영향을 받았음을 알 수 있다. 한국인은 개인의 의식이 강하고 개성적이며, 혈연관계 의식이 강한 특성을 가지고 있기 때문이다.

최근 우리나라의 대학은 관광이나 호텔을 전공하는 학과와 학생이 상당한 수에 이르고 있다. 이에 호텔경영의 본질도 한국의 전통적인 사상과 일반기업의 경영기법 차원에서 관광분야 선진국에서의 다양한 경영기법 등이 혼합되어 우리나라에 적합하고도 독창적인 기법으로 창안되고 있다. 롯데호텔의 경우는 사랑, 자유, 풍요의 꿈을 실현하는 호텔을 강조하기도 하지만, 신라호텔은 우리의 전통을 강조하며 관광호텔의 범위를 넘어서 문화 사업을 강조하여 세계화 지향에 목표를 두고 있다.

그러나 지금까지 일반적이고 전반적인 사업주의 경영이념 특징을 본다면 혈연중시주의, 유교적 윤리관, 성실주의, 협동강조, 연구개발의 토착화, 기업생존 전략을 위한 경영자의 의식 등으로 요약할 수 있다.

〈호텔신라의 경영이념〉

호텔신라의 정신은 우리 역사 가운데 고구려, 백제, 신라를 통일한 신라에 뿌리내리고 있다. 건축양식에서부터 상징하는 조형물까지 신라시대의 문화적 특징을 나타내어 시사하는 바가 크다. 일찍이 찬란한 문화를 꽃피운 신라는 우리 겨레의 예술미를 궁극적 정수로 끌어올려 후대에 전승했을 뿐 아니라 삼국통일을 달성하였으며, 중국과 일본을 비롯하여 해외 여러 나라들과 물적 · 인적 교류가 활발하였다. 이러한 진취적인 업적을 남긴 신라는 오늘날 호텔신라의 세계화라는 기업이념과도 잘 부합하고 있다.

이와 같은 경영이념하에 호텔신라가 창립되었으며, 친절봉사 · 창의노력 · 인화단결을 사훈으로 정하여 기업의 지표로 삼았다.

2013년에는 호텔 전체를 개 · 보수하고, 확장과 전환기를 거치면서 내외적인 제반 상황이 변화함에 따라 여기에 새롭게 부응하는 더욱 현실적이고 선명한 기업이념에 이르렀다. 최근 호텔신라는 고객을 위한 최고의 서비스를 창조하는 새 기업이념을 선포하였다. 이는 고객에 대한 최고의 서비스야말로 호텔기업의 최고상품이라는 의식을 집약적으로 함축한 선언이었다. 이 새 기업이념은 세계 초일류기업으로 도약하기 위해 이제까지의 낡은 방식을 과감히 벗어던지고 양적 팽창주의 사고에서 질적 성장으로 나아가지 않으면 안 된다는 확장의 신경영 취지에 맞게 적극적으로 변화를 꾀하고 있는 호텔신라의 구심적 지침이자 아울러 모든 호텔신라의 내면적 규범이 되고 있음은 물론이다.

① 기업이념 선포의 배경과 의미

기업이념이란 그 기업을 이끌어 가는 정신이며 얼굴이다. 이에 무엇을 토대로, 무엇을 위하여 기업이념이 정립되어야 하는가는 중요하다. 이러한 호텔신라는 고객이라는 구체적 대상과 고객을 위한다는 존재의미를 명확히 하고 고객을 위한 최고의 서비스 창조라는 미래 지향적인 기업이념을 제정 · 선포하였다.

창립 초기에 결정한 친절봉사 · 창의노력 · 인화단결의 사훈은 21세기를 향해 세계 질서가 급변하고 새로운 기업가치관과 사명감이 요구되는 시점에서 다소 추상적인 면이 있다. 이에 호텔신라는 전 사원을 대상으로 공모한 의견을 토대로 고객을 위한 최고의 서비스 창조를 기업이념으로 제정한 것이다. 한편, 기업이념을 더욱 구체화 하여 호텔신라인의 행동규범을 설정하였다. 호텔신라인의 행동규범과 기업이념의 구체적 내용을 살펴보면 다음과 같다.

② 호텔신라인의 행동규범

- 우리는 고객을 최우선으로 한다.
- 우리는 고객의 작은 소리도 크게 듣는다.
- 우리는 고객에게 변명보다 신속한 행동으로 표현한다.
- 우리는 고객의 만족을 위한 자기계발에 힘쓴다.
- 우리는 고객으로부터 배우며 항상 감사하는 마음을 가진다.

표 1-1 기업이념 해설

구 분	핵심내용	해 설
고객을 위한 최고의 서비스 창조	• 고객이 있으므로 우리 기업이 존재 • 고객을 최우선	• 고객은 우리의 사업기반 • 기업의 상사보다는 고객이 우선
	• 고객의 만족 촉진 • 고객이 기대에 상반되는 행위 배제	• 모든 의사결정과 행동은 고객입장 • 환경과 위생에 우선시 함
	• 고객에게 감동을 줌	• 고객만족을 넘어선 감동 제공
	• 사회에 환원 • 높은 이상과 독창성 추구	• 기업이익을 지역주민에 환원 • 최고 수준의 서비스를 위한 노력

출처: 김미경, 원융희(2007). 호텔경영전략의 이해.

(3) 사명

사명은 기업의 이미지와 품격을 나타냄과 더불어 경영자의 이념까지도 표출한다고 할 수 있다. 쉽게 다가와 친근하면서도 진부하지 않으며 고귀한 인상을 심어 주는 사명은 자연스럽게 고객과 일반대중의 마음에 새겨질 것이다. 아울러 그렇게 되면 기업으로서는 사명을 통한 이미지화 작업에 성공을 거두었다고 해도 좋을 것이다. 외국과 우리나라의 사업주가 표출하고 있는 경영이념 중 사명에 국한시켜 보면 명문화되어 전 종업원의 지침이 되어 왔음을 알 수 있다. 그러면 지금까지 설명된 여러 가지 형태를 유형화할 수도 있으나 일반적으로 강조하고 있는 부분을 요약하면 다음과 같다.

① 국가나 사회에 봉사와 공헌을 강조

② 신뢰와 신용 등을 강조

③ 화합, 협력을 강조

④ 기술의 향상과 연구를 강조

⑤ 개척자 정신을 토대로 노력과 책임을 강조

⑥ 지역사회에 환원

2) 호텔의 경영목적

모든 기업이 그렇겠지만 호텔은 분명히 고유의 합리적인 경영목적이 있어야 한다. 목적이 없으면 체계적인 조직에서 호텔의 방향감각을 상실하게 된다. 따라서 경영목적이란 호텔이 환경변화에 대처해 가기 위해 적합한 방향설정을 수립하는 동시에 유연성을 가지고 경영목적을 변경할 필요가 있는 것이다. 이와 같은 요건을 갖추는 것이 경영목적의 적절성 또는 적응성이라고 한다. 경영목적은 다음과 같은 경영행동을 가져온다.

(1) 가치전제의 경영목적

경영목적은 호텔 내의 모든 의사결정을 하는 데 그 가치의 전제가 되며, 의사결정에 후속되는 경영행동을 좌우한다.

(2) 행동대체 안의 경영목적

경영목적은 의사결정의 과정에서 행동대체안을 만들어 내는 원천이 된다. 목적불명은 행동대체안을 마련하는 데 있어 방향성이 없는 것과 마찬가지이다.

(3) 업적평가 기준으로서의 경영목적

경영목적은 경영행동의 업적을 평가하는 기준이 된다. 즉, 경영행동의 실적은 경영목적의 달성도에 의해 평가된다.

그러면 상기의 경영목적을 능률적으로 수행하기 위해서는 [그림 1-1]과 같이 체계적인 기구를 생각해 볼 수 있다. 그래서 최근에는 경영목적을 여러 가지 복합요소로 구성되는 하나의 시스템으로 설정하는 방법이 일반화되고 있다. 그리하여 경영목적을 경영이념과 경영방침의 두 가지 요소가 결합한 상위의 개념이라고 규정하고 있다. 이와 같이 호텔의 경영목적에는 목표을 달성하기 위한 많은 요인들을 종합적으로 관리 · 운영하는 기능에 달려 있다.

따라서 호텔사업은 자본과 기술, 고객과 종업원, 유 · 무형의 상품과 서비스 등 환대사업으로서의 특성을 효과적으로 활용하면서 호텔의 경영목적을 실현시키려는 노력형 사업인 것이다.

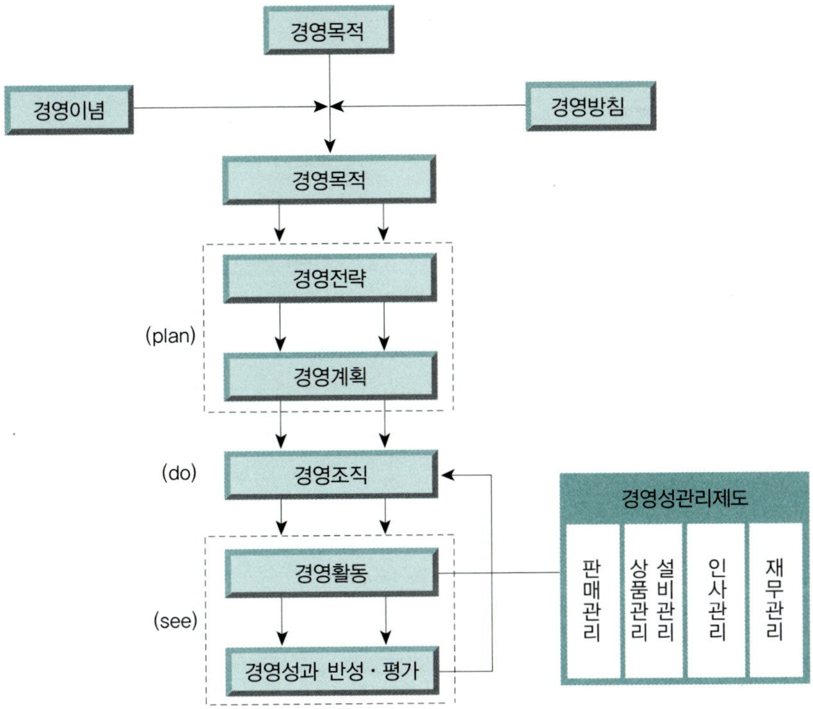

▌그림 1-1▐ 경영목적 달성을 위한 기구

3) 호텔의 경영방침

호텔을 경영함에서 주위의 환경은 시시각각 변화가 일어나며, 다양한 요인에 영향을 받을 수 있으므로 많은 연구가 필요하다. 같은 환경과 경쟁에서 우위를 점하기 위한 영업 전략을 확실히 설정하지 않으면 안 된다. 예를 들면, 어떠한 영업장으로 영업을 계속할 것인가, 어떤 구조의 규모로 설정할 것인가 등을 확실하게 예측하여 결정해야 한다. 경영방침을 고려하지 않고 다른 호텔의 명소를 모방하여 설계를 하거나, 투자자의 취미를 고집하여 영업장을 하는 경우는 실패할 가능성이 크다.

방침을 내리는 데에는 몇 가지 원칙이 있는데, 가장 중요한 것은 개점을 하기 전에 다음과 같은 몇 가지 사항을 고려하여 분명한 결정을 해야 하며, 그 항목과 순서는 다음 그림과 같다.

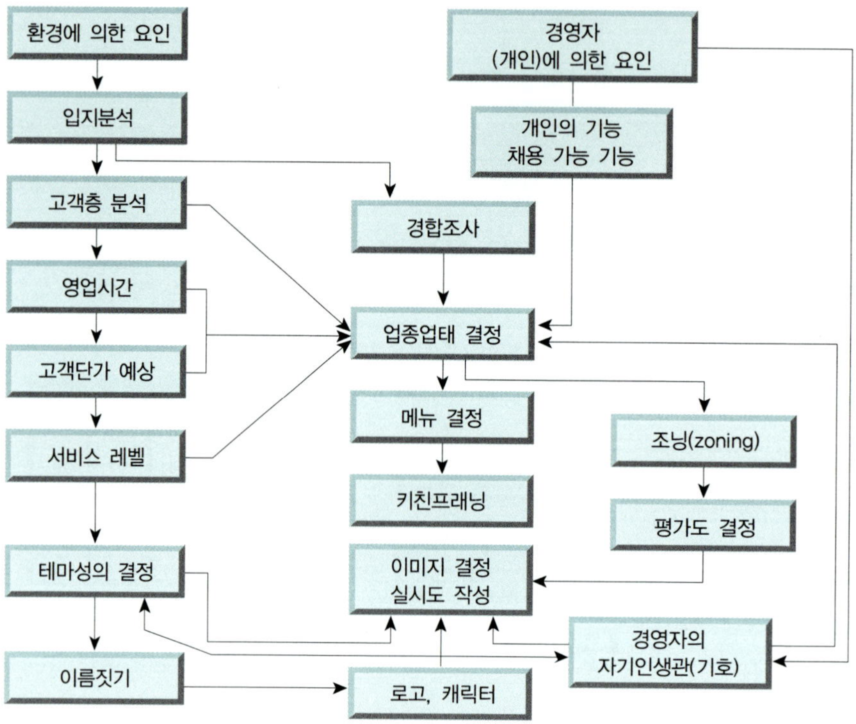

그림 1-2 경영방침의 단계적 흐름도

경영방침을 크게 구분하면 영업장의 입지조건을 정확하게 분석하는 외적 환경과 자신이 소유하고 있는 조리기술이나 채용 가능한 조리인의 능력, 그리고 자신의 인생관과 같은 개인의 내적 환경을 확실하게 설정해야 한다. 이 중에서 특히 외적 요건인 입지분석을 냉정하게 실시해야 한다.

우선 목표고객층과 영업시간을 결정하면 다시 각 영업시간대마다 객단가를 예상해 두어야 한다. 아침식사, 저녁식사, 심야의 시간대별에 따라 객단가가 달라짐은 지극히 당연하다. 이 시간대별에 따른 객단가가 결정되어야 비로소 그 시간대 객단가에 맞는 메뉴를 결정한다. 고객층, 영업시간, 객단가를 무시하고 메뉴를 만들면 실패하게 된다. 어떤 상품을 어느 정도의 가격으로 어떤 고객에게 제공할 것인가를 이 시점에서 결정해야 한다. 이것을 메뉴 컨셉이라고 한다. 이 순서를 고려하지 않은 채 진행하다보면 자신의 기술이나 가치관에 따라 메뉴를 결정하면 시간이 지나면서 고객으로부터 멀어질 것이다.

이 시점에서 자신의 생각과 주변의 경합상태를 비교하면서 점포의 업종 · 업태를 결정해 나간다. 한식, 양식, 패스트푸드, 패밀리 레스토랑, 디너 레스토랑과 같은 업종은 고객층을 무시하고 결정하면 안 된다. 입지에 적합한 업종 · 업태를 선정하도록 각별한 신경을 써야 한다.

이 작업이 끝나면 다음에는 메뉴명세서를 결정해야 한다. 물론 업태에 합치되는 가격대의 메뉴를 설정해야 함은 지극히 당연하다.

메뉴제작이 끝나면 키친 플랜, 즉 제공 요리를 가능한 빨리 만들기 위해서는 주방기구 배치를 능률적으로 해야 한다. 레스토랑의 경영원칙은 얼마나 맛있는 메뉴를 얼마나 즐겁게 먹을 수 있느냐에 있다고 해도 과언이 아니다. 점포의 디자인이 아무리 독특하고 아름다워도 요리를 빠른 시간 내에 동일 테이블에 동시에 제공할 수 없다면 그것은 우수한 레스토랑이 아니다. 그러므로 점포설계를 할 때 가장 먼저 키친 플랜을 해야 한다. 키친 플랜과 동시에 키친, 홀, 현관 등의 비율과 배치를 생각해 두어야 한다.

여기서 주의해야 할 점은 주방과 레스토랑 홀의 공간비율이다. 원칙적으로 주방과 홀의 비율은 패스트푸드 55 : 45, 패밀리 레스토랑은 50 : 50, 디너 레스토랑은 40 : 60이다. 그런데 이런 비율을 무시하고 객석을 넓게 확보하려고 키친을 한구석으로 몰아 설계를 한 레스토랑이 많이 있는데, 이런 곳은 만원 상태일 때 점포가 혼란에 빠져 요리가 늦고 주문이 잘못 전달되는 등의 실수가 많이 발생하여 고객의 불평을 산다.

호텔레스토랑 설계에서 공간의 비율은 매우 중요하다. 이것을 조닝(zoning)이라고 한다. 키친 플래닝(kitchen planning)과 조닝 작업(zoning working)이 끝나면 다음엔

평면도 플랜을 작성한다. 이 평면도에서는 종업원이 서브하기 쉬운 동선을 가장 중요시해야 한다.

이 요소들을 기초로 하여 점포의 이미지를 확립한다. 당연히 한식, 중식, 양식 등의 업종에 따라 그곳의 이미지는 크게 달라지며, 패스트푸드, 패밀리 레스토랑, 디너 레스토랑과 같은 업종의 종류에 의해서도 상당히 달라진다. 하지만 이때도 입지분석에 따라 영업 컨셉을 무시하면 안 된다. 고객층, 객단가, 메뉴, 서비스 수준의 각 단계에 따라 점포의 이미지를 확립해야 한다.

4) 호텔의 경영목표

경영목표는 앞에서 기술한 행동대체안의 수립원천, 평가기준 및 업적평가의 세 가지 기능과 관련이 있다. 그러므로 경영목표는 세 가지 기능을 충족할 수 있는 조건이 적절히 구비되어야 한다. 아래 내용을 쿤츠(H. D. Koontz) 교수가 말한 조직의 경영목표로 구체적으로 살펴볼 필요가 있다.

① 최종 도달상태와의 관련 여부

② 달성도를 측정하기 위한 평가항목

③ 달성도를 측정하기 위한 평가척도의 세 가지 요소 등에 있어 종합적이고 실질적인 경영목표가 수립되어야 한다.

(1) 경영목표의 의의와 필요성

호텔기업이 목적 달성을 위해 추구하는 방향으로 나아가기 위해서는 언제, 어디까지, 어떻게 나아가야 할지 구체적인 결정이 필요하다. 이것이 곧 구체적인 경영목표인 것이다. 경영목표가 없으면 호텔사업은 물론 종업원 모두의 발전과 자아실현을 성취할 수 없다. 경영목표를 세워 그것을 달성하고 다시 더 큰 목표를 설정하여 추진해 가는 과정이 기업발전에 기하는 길이다. 그리고 이 경영목표를 세부적으로 실현하는 과정에서 순서와 수법 등의 계획이 필요하게 된다.

(2) 경영목표의 수준

경영목표를 수립함에 있어 그 달성 정도를 나타내는 수준으로, 전통적으로 두 가지 원리, 즉 극대화 원리와 만족화 원리가 있다.

① 극대화 원리

이것은 최대화 원리 또는 최적화 원리라고도 하며, 이는 경영목표의 달성수준이 높으면 높을수록 좋고, 목표의 무한한 높이를 찾아 지칠 줄 모르는 것이어야 한다는 것이다. 수준은 극대, 최대 또는 무한한 높이가 되므로 그 한계가 없다고 본다. 그러나 무한한 높이라는 것은 비현실적이므로 최적화 원리는 특정 상황 속에서 가능한 한 최고의 수준을 구하는 현실적 내용을 가리킨다.

극대화 원리를 관철할 수 있는 전제조건은 전술한 전지적 인간의 존재이다. 그러나 이 조건은 실제로 존재하지 않는다. 또한 단일 목표라면 어찌 되었든 간에 투입자원이 무한하지 않는 한 목표별로 자원이 분산되므로 전체목표와 동시적 극대화는 논리적으로 성립되지 않는다. 그래서 극대화 원리는 경영목표의 수준으로서 문제가 될 수 있지만, 최대한의 성과를 목표로 한다고 보면 된다.

② 만족화 원리

이를 테면 목표이윤을 몇 %로 하며, 목표에 바람직한 도달수준을 마련하여 경영목표를 설정하고, 이에 도달한 때는 바람직한 것으로서 만족하고, 이에 도달하지 못한때는 불만족한 것으로서 어떠한 형태로든 피드백을 명령 · 조정하는 것이다. 또한 환경이 변화된 때에 경영목표의 수준을 조정함으로써 적응할 수가 있다.

이러한 만족화 원리는 단일목표 모두에 타당하며, 현실의 설명과 실천에 유의성을 갖는다. 극대화를 호칭하는 경우에도 앞에서 설명한 최적화와 같이 만족화 원리에 입각한 바람직한 달성수준을 일반적으로 열망하는 수준(aspiration level)이다.

③ 경영목표의 설정

호텔사업의 목표를 설정함에는 호텔경영목적을 달성하기 위한 종합적이고 개발적인 측면에서 구체적인 목표를 설정해야 한다. 그 목표설정에 구체적 사항을 제시하면 다음과 같다.

가. 종합목표

- 매출에 대한 목표
- 실질적인 수익목표
- 생산성 목표
- 고객을 위한 목표
- 상품개발의 목표
- 기타 필요사항 등

따라서 이들을 종합목표로 정해 기간 내에 달성할 수 있도록 이 목표에 대한 기대치와 가치를 부가하는 것이다.

나. 부분목표

종합목표를 근거로 조금 더 적극적이고 세부적으로 업무를 추진하는 것을 명확히 하기 위해서는 부문목표가 수립되어야 한다. 그러나 호텔의 규모나 여러 가지 환경에 따라 다르다는 것을 참고하여 다음과 같은 부분목표를 설정하여야 한다.

- 숙박부문
- 식음료부문
- 연회부문
- 서비스부문

- 기타 영업부문
- 관리부문
- 시설부문 등

이와 같이 호텔의 전체적인 목표를 설정하여 그 목표에 구체적으로 접근할 수 있는 방향이나 방법을 경영이념에 맞게 전 직원들에게도 주지시켜 호텔의 목표를 달성하는 데 전력해야 할 것이다.

2 호텔의 경영관리

1) 경영관리의 이해

경영관리(management)란 라틴어의 'Manus'로부터 유래된 것인데, 손, 일, 무리, 군중 등의 뜻을 가지고 있다. 이 뜻으로 보아 경영관리는 일 또는 작업과 인간의 문제를 중점적으로 거론하고 있음을 알 수 있다. 이에 경영관리란 인적·물적 자원을 효과적으로 통합, 조정하는 행위라고 규정하고 있다. 즉, 경영목표의 합리적인 달성을 위해 경영활동이 어떻게 수행되어야 하며, 이러한 활동을 어떻게 합리적으로 관리하여야 하는가에 관한 행동원리를 종합 과학적 입장에서 다루는 학문이다.

경영관리(management)는 기업뿐만 아니라 정부, 지방자치단체, 학교, 병원, 군대, 가계 등 모든 조직체의 운영에 공통되는 용어이다. 경영관리는 기본적으로 매니지먼트 사이클(management cycle)이라는 일련의 과정이다.

테일러(F. W. Taylor)는 경영관리를 경영자의 직관이나 경험의 문제에서 과학적 인식의 대상으로 다루었고, 페이욜(H. Fayol)은 경영관리를 하나의 직능으로 인식시키는 데 공헌하여 공적이 매우 크다.

호텔경영관리란 경제목표를 달성하기 위한 조직화된 협동을 의미하며 이 관리의 직능은 견해의 차이는 있으나, 선행연구에 따르면 계획, 조직, 지휘, 조정, 통제의 다섯 가지 분야로 나누어진다.

(1) 계획

경영계획은 목표를 달성하고자 하는 기본활동이라 할 수 있는데, 다음과 같이 7가지의 기본활동을 포함하고 있다.

① 예상: 향후 정해진 기간에 목적을 달성하기 위한 예상치를 확립한다.
② 목표설정: 예상되는 결과를 결정한다.
③ 전략개발: 언제 어떻게 목표를 달성할 것인지를 결정한다.
④ 프로그램 작성: 진행 단계의 우선순위에 따른 순서와 시간을 결정한다.
⑤ 예산결정: 목표달성에 필요한 자원을 할당한다.
⑥ 과정결정: 방법을 표준화한다.
⑦ 정책개발: 중요한 정책 문제 개발을 위한 결정을 한다.

(2) 조직

조직을 이루는 것은 효과적인 목표달성을 위해 일을 정리하고 관련시키는 것을 포함한다. 지배인들은 행정적이거나 운영적인 결정을 내림으로써 체계를 이룬다. 체계를 이루기 위해 요구되는 활동은 다음과 같다.

① 조직구조 형성: 목표달성을 위한 조직 차트를 그린다.
② 경계 식별 관계: 협조를 촉진하기 위한 관계를 정의한다.
③ 지위 설명 창조: 조직의 각 구성원의 범위, 관계, 책임, 권위를 정의한다.
④ 지위 자격 형성: 각 지위에 있는 구성원들의 적정 자격을 정의한다.

(3) 지휘

순차적 기능인 지휘는 직원 배치를 포함하는데, 지도력과 이해를 보장하기 위한 의사소통이 요구되며 다음의 4가지 활동이 있다.

① 직원 선택: 각 위치에 적합한 자격을 갖춘 사람을 모집한다.

② 직원 오리엔테이션: 새로운 사람들이 자신의 환경에 익숙해지도록 한다.

③ 훈련: 지도와 연습을 통해 종업원들을 능숙하게 한다.

④ 개발: 지식, 태도, 기술을 개선한다.

(4) 조정

경영의 처음 세 가지 순차적 기능은 계획, 조직, 직원 배치 운영이 이루어지기 전에 수행될 수 있다. 나머지 두 순차적 기능은 관리와 통제 운영이 시작된 후나 진행되고 있는 중에 실행된다. 사람을 수반하는 다른 경영관계와 같이 조정을 위한 지도력은 의사소통을 통해 성취하는 것이며, 조정관리에는 5가지 기본활동이 있다.

① 대표: 결과를 위한 책임과 정확한 책임을 지정한다.

② 동기부여: 사람들에게 기대되는 행동을 하도록 설득하고 격려한다.

③ 조정: 목표달성을 위한 노력을 가장 효율적인 조합으로 연관시킨다.

④ 차이점 관리: 독립적인 생각을 장려하고 대립을 해결한다.

⑤ 변화 관리: 목표달성을 위해 창조력과 혁신을 자극한다.

(5) 통제

경영의 마지막 순차적 기능은 목적을 향한 기대되는 진보를 보장하기 위한 조직과 활동을 통제하는 것이며, 운영의 통제에는 5가지 기본활동이 있다.

① 보고시스템 형성: 어떤 중요한 자료가 필요한지를 결정한다.

② 수행기준 개발: 주요 임무가 잘 수행되었을 때 필요한 조건을 설정한다.

③ 결과 측정: 목표와 기준에서 미치는 정도를 확인한다.

④ **수정행동을 취함**: 계획수정과 기준달성을 위한 상담하고, 필요에 따라 순차적 기능을 재계획하고 반복한다.

⑤ **보상**: 칭찬, 인센티브를 제공하며, 상황에 따라 징계처리한다.

2) 호텔경영의 본질

호텔경영 과정의 본질은 경영목표나 이념에 최대한 접근시켜서 효과를 얻고자 하는 데 있다. 경영은 경영자가 호텔직원과의 관계에서 업무를 지위하고 설명, 감독하여 그 결과가 표준목표에 이르도록 돕는 일이다. 이러한 경영은 자율적인 가운데 지속적이어야 하며, 경영의 범위가 불충분하거나 태만하여서는 안 된다.

측정은 경영에 들어가는 입문이며, 이것은 표준화된 업무활동이 수행되어야 하며, 평가는 업무집행의 결과에 대해서 하는 것이다. 호텔경영 계획의 폭은 넓어야 하며, 측정하고자 하는 표준을 설정할 필요가 있다. 경영과정에 있어서 측정은 모든 것을 세심히 결정해야 한다. 만약 그들이 업무집행을 소극적으로 다루었다면 호텔영업에 손실을 초래한다. 손실이 발생한 호텔일수록 중간관리층의 지식이 빈약할 수 있으므로, 중간관리자의 사기앙양을 위한 노력이 요구된다. 다음은 사기앙양을 위한 기법이다.

① 직위에 적합한 경제적 보수

② 능력과 관심에 맞는 일 배정

③ 원만한 커뮤니케이션 인정

④ 의기 상통하는 동료 집단 조성

⑤ 적당한 자존심의 인정

⑥ 사기에 관한 경영자의 관심

⑦ 일에 대한 사명감

⑧ 적절한 교육훈련

⑨ 충실하고 관용적인 방법을 취함

⑩ 육체적 건강상태 유지

호텔의 경영관리에서 집행수단으로는 호텔회계(hotel accounting), 경영분석, 통계 및 컴퓨터 프로그램과 같은 과학화된 도구를 통한 경영관리 집행을 중간관리자 이상의 경영자가 수행하는 것이기 때문에 고도의 경영기술이 전제되어야 한다. 또한 관리자를 위한 적절한 사내 분위기와 환경이 제공되어야 한다. 이와 같은 배경이론을 기초로 호텔이 성공적으로 운영되기 위해서는 다음과 같은 기본조건이 갖추어져야 한다.

① 자본조달 확충

② 적정한 근무 입지조건

③ 능력 있는 경영진 참여

④ 훌륭한 상품계획

3) 경영과 관리의 기능

경영관리가 기술인지 과학인지의 문제가 흔히 제기되고 있다. 그러므로 여기에서는 경영관리의 학문적 성격을 사회과학적 학문과 기술적 응용과학으로 요약할 수 있다. 사회과학적 학문의 입장에서 현대 경영관리는 인간의 사회적 사상에 관한 과학적 연구를 총칭하는 사회과학의 한 분야이면서, 특정 조직을 중심으로 한 인간의 주체적인 행동을 다루고 있는 사회과학적 학문이다. 기술적 응용과학의 입장에서 현대 경영관리가 이론과 실천의 학문이라는 이중적 성격을 갖고 있는 것이 특징이라면, 이론적 경영관리와 실천적 경영관리란 관점에서도 과학과 기술이라는 이중적 성격을 가지고 있다.

이와 같은 성격을 토대로 기능을 살펴보면 다음과 같다.

(1) 경영기능

경영기능이란 기업조직이 달성하려는 기본목표를 세우고 목표달성에 필요한 주요 정책 또는 기본방침을 결정하는 것을 주요 내용으로 하는 기능이다.

① 기업조직의 설립, 개편 등의 기초적 조성 기능
② 최고책임자의 임명, 해임에 관한 인사기능
③ 기업조직의 의사결정에 관한 기능
④ 실시결과에 대한 감사기능

(2) 관리기능

관리기능은 경영목적을 능률적으로 달성할 수 있도록 이미 결정된 기본정책에 입각하여 실시하는 기술적 과정을 말한다. 다시 말하면 지시된 방향과 의사에 따라 주로 현장작업을 대상으로 리더십을 요구하는 기능을 말한다.

규모의 대소를 막론하고 사업의 고유기능에는 물자에 관한 기능으로 기술기능, 영업기능, 판매기능, 보전기능, 회계기능과 같은 인간에 관한 기능이라 할 수 있다. 즉, 관리기능이란 기업조직이라는 유기체에 활력을 주고 유지 · 발전하게 하는 원동력이다.

4) 경영학 이론과 호텔경영학 간의 관계

(1) 경영학 발전의 개요

우리나라에 경영학이라는 새로운 학문이 도입된 것은 1915년경 지금의 연세대학교와 고려대학교이며, 이후 1935년경 서울대학교의 상과 등에서 교과과정상의 한 과목으로 설정되며 강의가 시작되었다. 그때는 일제식민치하에 있었기 때문에 우리나라 학자에 의해 독자적인 경영학의 연구는 전개될 수 없었다. 또한 일본의 경영학은 독일 경영경제학에 근거를 둔 학문이었다. 이후 8·15광복과 6·25전쟁 이후 학계와 산업계에서 기업을 좀 더 과학적이고 합리적인 방향으로 운영하려는 의욕과 태도의 변화로 연구의 필요성이 급진전되어 경영학 연구의 분수령이 되는 전환점이 되었다.

우리나라의 경영학 연구에서 중요한 것은 기업경영의 실태조사를 정확하게 하는 것이었으며, 그것을 위해서는 우선 기업경영연구소의 설치가 급선무였다. 이러한 요구에 의해 각 대학에서는 기업경영연구소를 설치하여 기업진단, 경영지도, 실태조사 등을 통하여 경영실무의 과학적 관리에 노력했으며 산학협동을 뒷받침하는 각종 활동을 추진했다. 특히 1964년에 고려대학교 경영대학원이 우리나라에서 최초의 특수대학원으로 설립됨으로써 산업계와 학계를 연결하는 주요 계기를 마련하였으며, 그 후 각 대학에 경영대학원이 설립·운영되어 오늘에 이르고 있다.

경영학은 언제나 실증적인 조사를 중요시한다. 따라서 기업에서는 이론과 실제가 특히 부각된다. 오늘날 경영실무자들은 경험이 적기 때문에 가끔 이론에만 편중되는 수가 많으며, 실무자들은 이론적 지식체계가 부족하여 경험에 의한 비과학적 경영에 의존하는 경향이 있는 것을 흔히 볼 수 있다. 따라서 실무자들은 이론을 습득하여 실무에 반영시켜야 할 것이다. 그리고 실용적인 경영교육을 위해서는 실무관계자와 관계대학이 더욱 협력하여야 할 것이다. 이러한 면에서 각 대학의 기업경영연구소는 실로 중대한 임무를 지니고 있다. 특히 우리나라 경영학은 각 환경에 적합한 특수성을 고려하여 이론의 체계화가 이루어져야 한다. 그러기 위해서는 현장조사를 통한 실험적 실천연구가 이루어져야 할 것이다.

(2) 경영이론

① 전통학파

경영이론의 전통학파는 행정적 이론과 과학적 이론 두 가지로 나누어 볼 수 있다. 행정적 이론은 조직 전체의 경영에 관심을 갖는 반면, 과학적 이론 경영은 개개인의 수행 분석 방법으로 상품효율성 개선에 관심을 갖는다. 이 두 전통학파는 경쟁보다는 보완적이어야 기업이 발전할 수 있다.

② 행정적 경영이론

많은 사람들에게 행정적 이론의 학자로 알려져 있는 헨리 페이욜(H. Fayol)은 많은 사람들에게 전통적인 경영이론을 제시하고, 경영과정을 다음의 5가지 기능으로 분류하고 있다.

가. **계획**: 회사의 특정한 목표와 그러한 목적을 달성하기 위한 방법

나. **조직**: 위임이라고 불리는 조직의 구조가 형성되고 지배인에게 권위와 책임이 주어지는 방법

다. **지휘**: 지배인들이 종업원을 지휘하는 방법

라. **조정**: 공동의 목표를 달성하기 위한 조직의 모든 노력 관계를 형성하기 위해 디자인된 활동

마. **통제**: 지배인들이 조직의 계획과 목표와 관련해 조직 내의 수행 평가하는 방법

③ 과학적 경영이론

경영에서 과학적 이론은 효율성을 보장하는 어떤 도구도 아니며, 과학적 경영이론은 비용을 계산하는 새로운 시스템도 아니다. 테일러(Taylor)의 과학적 경영의 정의가 오랫동안 이어졌지만 그의 핵심은 과학적 방법이 사실을 끌어내고 결론을 맺고 추진하고 행동으로 옮기는 것에 대한 정보를 얻는 유일한 기본이 되는 진정한 정신

혁명이라는 것이었다. 테일러의 공헌은 연구과제와 종업원들을 관리하는 방법을 이해하기 위한 기초였는데, 과학적 경영이론에서 테일러는 과학적 경영을 구성하는 4가지 이론을 강조했다.

가. 노동자 수행의 각 요소를 위한 과학을 개발하였다.

나. 노동자를 과학적으로 선택, 훈련, 교육, 개발하고 가능하면 최상으로 자신을 훈련시켰다.

다. 수행된 모든 일이 개발된 과학이론과 일치하는지를 보장하기 위해 노동자들과 협조하였다.

라. 경영진과 노동자 사이에 거의 동일한 업무와 책임분할을 대부분의 노동자에게 업무와 책임이 넘겨졌다.

④ 경영기질

더글라스 맥그리거(Douglas McGregors)는 조직관리 측면에서 경영자가 종업원 개인을 관리하는 방식에 대한 관찰을 통해 인간이 본성에 대한 두 가지 서로 다른 견해를 제시하였다. 인간 본성에 대한 부정적인 관점을 'X이론'(X theory)이라 가정하고, 긍정적인 관점을 'Y이론'(Y theory)이라 가정하였다. X이론이라는 제목으로 전통적이거나 업무 중심의 경영에 대한 특정한 가정을 요약했다. 맥그리거는 X이론을 다음의 6가지로 요약했다.

가. 원래 종업원은 일하기를 싫어하며 가능하면 일하는 것을 피하려고 한다.

나. 종업원은 일하는 것을 싫어함으로 바람직한 목표를 달성하기 위해서는 그들을 반드시 엄격하게 통제하고 처벌로 강요되어야 한다.

다. 종업원은 책임을 회피하고, 가능하면 지시에만 따르려고 하며 소극적이다.

라. 종업원은 모든 조건에 대하여 생리적 욕구와 안정욕구에 의해 동기화되며, 조직의 목표에 무관심하며 어떤 야심도 없고 변화를 싫어하며 창의력도 없다.

마. 경영관리자는 경제적 목적을 위해서 금전, 물자, 설비, 사람 등 기업의 생산

요소를 조직할 책임이 있다.

바. 이와 같은 경영관리자의 적극적인 간섭이 없으면 조직의 필요에 대해서 인간은 소극적이거나 반항적이다.

간단하게 말하자면 X이론에서 인간은 일에는 본질적인 만족이 없고 가능한 한 일을 피하려 하고, 조직의 목표를 달성하기 위해 긍정적인 지도가 필요하며 노동자들은 야망이나 독창성을 거의 갖고 있지 않다는 것이다. 맥그리거는 X이론에 반대되는 Y이론을 소개했는데, Y이론에 대한 6가지 가정은 다음과 같다.

가. 종업원은 일하는 조건이 양호하면, 놀이나 휴식처럼 자연스러운 것으로 동일시한다.

나. 종업원은 주어진 목표달성을 위해서 스스로 통제하며 동기화되면 과업에 창의적이다.

다. 종업원은 조직의 목표를 지향하여 자신의 책임을 인정하며 행동할 동기와 능력이 있다.

라. 훌륭한 의사결정의 능력은 모든 사람들이 가지고 있으며, 경영자들만의 영역이 아니다.

마. 경영관리자는 경제적 목적을 위해 금전, 자본, 설비, 사람 등 기업의 생산 요소를 조직할 책임이 있다. 이것은 경영의 책임을 규정한 것으로서 X이론에서와 같다.

바. 그러므로 경영관리자의 본분은 사람들이 조직의 목적을 향해 자신의 노력을 경주함으로써 자신의 목표를 가장 잘 달성할 수 있도록 조직의 상황과 운영방법을 마련하는 것이다.

맥그리거의 X이론과 Y이론에서 중요한 요점은 반대되는 사고방식으로 일상의 의사소통과 태도를 통해 지배인들이 자신의 종업원에게 전달하는 것이다.

(3) 경영학에서 호텔경영과의 상관성

우리나라 호텔경영의 내용을 살펴보면 근래에 들어 일반기업의 경영개념처럼 보다 더 효율적으로 경영관리를 위하여 다양한 경영방법이 강구되야 한다. 즉, 호텔경영의 단면적인 추진력은 첫째, 인간관계, 둘째, 서비스의 부분적인 기계화라고 할 수 있다. 이것은 영업비용의 합리화와 상통하는 것이다. 셋째, 물품관리로서 필요한 물품을 알맞은 시기에 구입 · 조달하여 이익을 높이는 방안이며, 넷째, 계획적인 판매이다.

시대에 알맞게 계획하고, 적극적인 판매활동을 해야 한다. 호텔은 계속적으로 존속하고 발전하기 위하여 서비스 용역의 판매증진을 해야 되고, 과학적이며 합리적인 경영방식을 필요로 하게 된 것이다.

1960년대에 전 세계의 호텔들이 현대적 경영 기술을 채택하기 시작했으며, 그 실현으로 미국이 체인경영 개발에 착안하여 위기상황에 따른 정확한 미래 예측으로 현실을 극복한 실례이다. 호텔경영의 경영목표는 서비스상품의 판매증진에 있는 것이며, 판매의 증대는 기업의 이익과 직결되는 것이다. 판매증대 방안에서도 우선적으로 고려해야 할 점으로는 시대의 변화에 따라 고객의 욕구도 변화되고 있으며, 이에 상응하는 새로운 고객의 요구와 일치하도록 호텔 또한 변화해야 할 것이다. 다음은 과학적 방법론이다.

① 고객의 불평사항은 재발되지 않도록 철저한 교육이 이루어져야 할 것이다.

② 호텔상품의 하나인 식품조리에는 숙련된 조리사가 있어야 한다. 여기서 연구의 방법은 위생적으로 신선하고 품질이 일정한 식음료 상품을 생산하는 것과 조리사의 작업량과 시간을 단축시켜서 원가를 절감시키려는 데 의의가 있다.

③ WIFI와 같은 무선공유기를 설치하여 호텔 내 어디에서도 인터넷을 사용할 수 있도록 하여야 한다.

④ 객실에서 사용되는 각종 용품(amenity)과 식음료 재료, 부대시설에 이르기까지 단일화하고 표준화하여 일관성 있는 서비스를 기하고자 노력하여야 한다.

(4) 기업경영관리의 기술

호텔경영은 상행위인 거래의 발생이 종업원과 고객이라는 대인관계에 의존하고 있으며, 이에 따른 영업활동을 관리하는 것이다. 한편, 일반기업과는 달리 유형적인 상품을 제조하거나 판매하는 기업이 아닌 다원적 요인으로 인하여 경영을 위한 조직과 내용 통제제도가 필요불가결하게 되었고 호텔의 최고경영자들이 직속기구로 영업실적을 심사 · 분석하는 부서를 설치하고 운영하는 것도 호텔사업의 특수성에 기인한 것이다.

호텔경영은 이상과 같은 업무내용을 취급하는 영역에서 전문분야의 지식과 관리기술 및 방법으로 그 목적을 달성할 수가 있으며, 이에 따른 관리요인의 확보가 하나의 과제라 하겠다. 또한 방법론을 모색해 나가는 것이 불확실성한 시대에 미래예측을 정확히 함으로써 본래 호텔이 추구하고자 하는 목적을 달성할 수 있다.

(5) 호텔경영의 기본과제

호텔경영에서 학문적 유사분야를 고찰해 볼 때 일반경영학과 밀접한 관련을 맺어오면서 오늘날에서는 특수분야로 정립되어 가고 있다. 그래서 먼저 이론경영학적인 과제와 호텔경영학과의 관계를 중심으로 호텔경영과의 상관관계를 비교하고자 한다.

① 이론경영학의 과제

우선 경영학의 과제는 종합사회과학으로서 이론적 개발과 이에 따른 지식체계를 정립할 수 있는 능력을 배양하여야 하는 데 있다. 이는 앞에서 설명한 바와 같이 경영학이론이 종합과학의 성격을 갖고 있는 만큼 학문적 특성을 개발하기 위해서 인접 학문의 심층이론과 새로운 개발이론을 적극적으로 도입 · 개발하고 기업의 구조와 활동을 고차원에서 정확하게 이해하여 합리적인 기업성장을 지원할 수 있는 지식의 체계 확립에 공헌해야 할 것이다. 이것은 기업의 건전한 발전의 방향제시와 행동원리를 창출·고안하는 기반이 된다.

또한, 다변적 학문차원의 이해능력의 배양과 시대적, 학문적 조류에 부응하는 교과개발의 문제를 해결하는 과제이다. 이는 학문세계에서 종합적인 차원으로 이론을 이해할 수 있는 능력을 배양함과 동시에 시대적으로 새로운 학문조류에 부응하는 적극적인 연구, 개발 및 교육활동으로 경영학의 학문적 차원을 향상시키는 것을 주요내용으로 하고 있다. 이를 위해서는 무엇보다도 전문적인 영역에서 전통적인 이론을 분석하는 것보다는 기초학문의 연구활용, 임상적 자료와 정보 및 새로운 개발이론을 도입하여 기존 교재의 재편성과 보완, 개발이 시급한 과제라고 할 수 있다.

마지막으로 한국적 경영학의 이론을 정착하는 과제이다. 이는 개발되고 있는 경영학의 제이론을 적시에 도입하여 이해하는 것도 중요하겠지만, 이를 우리나라에 기업환경과 실정에 적합한 상태로 변형시켜서 효과적인 유용성을 증대시킬 수 있는 이론으로 개발하여 우리의 기업체질에 맞게 하려면 모방보다는 독창적이어야 한다. 이를 요약·설명하면 다음과 같다.

가. 기업에서 교육훈련제도의 효과적 이용 및 확산의 과제

이는 이론으로 정립된 교육훈련제도는 형식적인 이론에 한정되어서는 안 되고, 실질적으로 기업에서 노동력을 효율적 활용을 통한 생산성의 향상을 위해서 교육훈련제도의 효과적인 이용과 동시에, 이 제도의 확산을 위해 노력하는 것이 중요한 과제임을 의미한다. 동시에 실천과정에서 이론의 모순이나 불합리성을 모색하여 이론적 개발을 위한 임상적 자료와 정보를 제공할 수 있도록 노력하여야 한다.

나. 사례연구의 활용과 적극적인 개발이 과제

기업들은 각자의 특성에 따라 생산성의 증대를 위해 개별적이고 독자적인 노력을 하고 있다. 이러한 과정에서 기업별로 특이한 사례를 중심으로 연구한 결과에 의해 효율적 목표달성이 가능한 사례를 창조하고, 이를 유사기업에 확산·활용할 수 있도록 보급하는 것이 실천경영학을 발전시키는 데 중요한 과제이다.

다. 독자적 관리기술과 모델의 개발 및 실천경영학의 연구과제로 지적

경영학의 이론적 효과를 증대시키려면 실천경영학에서 그 유용성이 인정 및 증대되어야 함은 기본적인 논리이다. 일반적인 이론이나 모델은 전반적인 기업에서 획일적으로 그 유용성이 인정되기는 어려운 일이다. 따라서 특정 기업의 관리적 특성과 기술적인 특성 및 환경적인 요인 등을 충분히 고려하여 특유의 관리적 기술과 생산적 모델을 개발하여 자사의 생산성 증대에 활용하는 것은 물론이고, 이를 유사기업 및 산업계에 보급함으로써 관리적·기술적 차원의 향상을 기대할 수 있도록 노력하여야 한다.

라. 임상적 실험의 자료와 정보의 제공으로 이론적 개발을 기대하는 과제

실용주의를 바탕으로 발전되고 있는 경영학은 산학협동에 주요한 공헌을 하고 있다. 이는 이론가의 이론적 연구와 기업에서 이론을 임상적인 방법으로 검증, 활용하는 이원적 차원이 전제가 되고 있으므로 학계와 업계의 상호의존적이고 보완적인 성격의 공동적인 협동이 요구되고 있음을 의미한다.

따라서 학계는 새로운 이론과 개발된 모델 및 정보를 산업계에 보급하여 기업의 건전한 발전과 성장을 지원하며, 반면에 기업에서는 실제적인 활용과 관리 및 기술 수행과정에서 발생되는 제반문제를 중심으로 연구, 개발한 결과와 문제점을 제시함으로써 이론적 개발에 있어 동기부여는 물론이고 유용한 이론의 개발을 위한 촉진적 요소를 제공하는 것이 된다.

② 호텔경영과의 과제

앞서 일반경영학에 대하여 논하였고, 아울러 호텔사업경영의 분야와 제반특성을 설명하는 가운데 다양한 이질적인 요소가 있음이 나타났다. 중요한 것은 양자 간의 관계를 어떻게 조화 있게 설정해 가며 호텔사업을 전개할지가 핵심이다. 즉, 실용학문이라고 할 수 있는 호텔경영은 일반경영보다도 인류문화의 교환과 민간외교사업이라는 특수하고 폭넓은 영역까지 포함하고 있어 다양한 변수요건을 해결해야 하는

것이 과제이다.

(6) 호텔경영의 문제

호텔은 일반기업경영과는 다른 요인이 많지만 여기서는 편의상 경영관리상의 문제와 서비스 측면으로 구분하였다.

① 경영관리 측면에서의 문제

오늘날 서비스 사업은 기업을 경영하는 데 많은 문제의 해결을 요구하고 있다. 그것은 일반기업이 안고 있는 경영문제를 포함하여 서비스 상품이라는 제반문제를 내포하고 있기 때문이다. 몇몇 선두호텔을 제외하고는 급변하고 있는 시대에 사전예측을 못하여 경영의 심각성은 날로 심화되고 있다. 우리나라 호텔이 직면하고 있는 문제점을 분석하며 다음과 같다.

가. 사업형태는 체인경영 채택, 그러나 독립적 색체를 띠고 있음.

나. 경영조직의 편성이 현실에 부적합한 부분이 있음.

다. 종업원의 높은 이직률

라. 호텔 내의 환경에 민감

마. 호텔마케팅 등에 대한 인식이 부속

그러므로 원칙적이고 이론적인 방법을 적용시켜 나가는 데 있어 어려운 점이 있다. 주위의 유사업종 간의 관계, 호텔과 지역 간 도시발전의 균형유지, 새로운 숙박시설과의 경쟁 등도 묵과할 수 없다.

한편, 최근의 외국투자자들에게 문호개방과 체인화 경향이 심화되고 있어, 이에 대한 장점과 단점을 경영관리자의 입장에서 분석해야 한다. 외국기업체나 프랜차이즈가 우리나라 기업에 참여하게 될 때 호텔에 미치는 긍정적인 영향과 부정적인 영향은 다음과 같다.

〈긍정적인 영향〉

- 기술도입 내지는 기술이전의 효과
- 국내호텔의 경영합리화 촉진
- 국제적 예약망을 이용한 이용률의 신장
- 국제호텔시장 경쟁원리의 자극에 의한 국내호텔사업의 경제적 효율화 촉진
- 서비스 상품의 품질생산과 다양화로 인한 소비자 만족의 증대

〈부정적인 영향〉

- 기술, 자본, 시장에 대한 환경의 차이로 인한 국내호텔의 자주성 저해 및 지배 우려
- 국내 단독호텔과 국제적인 체인호텔 간의 경쟁으로 문제야기
- 내국인과 외국인 간의 급여격차 문제
- 체인호텔의 수익금과 로열티에 대한 지불문제
- 국내단독호텔과 체인형식의 호텔 간의 조정, 정책문제

② 서비스 측면에서의 문제

호텔서비스 사업이 갖는 문제로서 서비스 본래의 특질이 직접 작용하는 요인과 그 특질로부터 파생된 2차적 요인이 있다. 이 2가지 근본적 문제와 현상적 문제점을 서술하면 다음과 같다.

〈서비스재의 근본문제〉

- 불확실한 효율의 생산계획
- 품질관리의 곤란
- 원가관리의 곤란
- 고객의 위험(risk)과 크레임(claim)의 다양

- 서비스를 제공하는 직원의 근무여건 불리

〈서비스재의 현상문제〉

- 기계화의 한계
- 가격형태의 다양성
- 사회적 인지의 모호성
- 서비스 기술수준의 미확립

그러므로 문제점에 대하여 호텔환경에 적합한 독창적이고 합리적인 경영관리가 요구되고, 서비스에 있어서도 일관성 있는 서비스를 위하여 서비스 매뉴얼이 추진되어야 한다.

3 호텔의 경영형태

1) 독립경영 호텔(Independent Hotel)

독립경영 호텔은 개인이 독립적으로 운영하는 호텔로 경영, 조직, 판촉 등의 모든 면을 개인이 독자적으로 운영하는 형태이다. 제3자로부터 자금지원이나 경영지원 없이 독립적으로 운영함으로써 완전히 자유로운 상태에서 영업할 수 있으며, 체인과 관련한 수수료를 지불할 필요가 없기에 수익을 최대한으로 확보할 수 있다. 하지만 홍보비 또는 경영의 위험 부담이 크고 비수기에는 경영상의 어려움을 겪을 수도 있다.

국내 호텔(local hotel)은 기업이미지 형성에 영향을 미칠 수 있으며, 자율성 · 융통성을 가지고 가족경영이 가능하여 소규모나 중규모의 호텔에 적합하다. 20세기 초에는 모든 호텔들이 한 개인의 소유로 운영되는 개별경영의 형태였다. 오늘날 기업경영은 주식회사 조직으로 경영과 자본이 분리되어 있는데, 아직도 우리나라는 공동경영(partnership) 또는 개인 소유(individual proprietors)의 경영 형태를 벗어나지 못하고 있다. 호텔사업도 시대에 맞는 전문조직으로 경영되어야 한다.

기업이 경영의 과학화와 전문화가 되기 위해서는 경영과 자본의 분리경영이 이루어져야 한다. 지금의 호텔은 체인조직으로 부상하고 있기 때문에 단독경영 형식의 호텔경영은 앞으로 많은 위축을 받을 것이다. 호텔의 특성과 많은 자본의 필요성, 공동 선전 등에 대한 문제로 독립경영 호텔은 체인경영 호텔에 도전을 받는 실정이다. 우리나라만 해도 대규모 호텔은 모두 체인화의 방향으로 전환되고 있다. 게다가 독립경영 호텔은 해외광고 및 판촉의 제한과 장기적 마케팅 비용의 지출이 필요하며, 자본과 경영의 미분리 및 원가절감의 어려움, 각 분야의 전문가 활용의 어려움, 공동 예약망 구축 등의 난제를 갖고 있다.

2) 체인경영 호텔(Chain Hotel)

체인경영 호텔(chain hotel)이란 최소 2개국 이상의 국가에서 둘 이상의 호텔이 일정한 협약에 의해 경영기술을 공유하여 규모의 경제(economics of scale)를 최대한 살려, 경영의 능률성과 수익을 향상하기 위해 운영되는 경영형태이다.

호텔의 체인화 경향은 오래전부터 세계적으로 시행했으며 이러한 추세에 따라 보다 호화롭고, 보다 대형화된 호텔이 발전할 수밖에 없었다. 이러한 호텔의 건설은 대자본이 필요하기 때문에 자본조달 방법에서 연쇄적인 경영을 합리화하지 않으면 안 된다. 대량 생산(mass production), 대량 판매(mass sales) 등과 같은 대량 수법의 전략으로 고객에게 신뢰감을 주고, 안전감으로 통일화시켜 충족시킬 수 있는 경영의 효과가 요구되는 것이다. 체인호텔은 경영계약 호텔(management contract hotel)과 프랜차이즈경영 호텔(franchise management hotel), 리퍼럴(Referral)경영 호텔로 나뉜다.

(1) 경영계약 호텔(Management Contract Hotel)

경영계약 호텔이란 호텔의 경영능력을 소유하고 있는 경영회사(operator)가 호텔 소유주(owner)와 계약을 맺어, 경영회사는 호텔의 상호 · 상표 사용권과 경영의 노하우, 홍보, 마케팅 기술 등을 제공하고, 호텔 소유주는 그에 따른 수수료를 지불하는 형식이다. 호텔 소유주는 경영권이 상실되어 프랜차이즈 호텔과 차이점이 있다. 호텔경영에 대한 책임은 경영회사가 책임을 지지만, 운영자금, 영업비용, 금융비용 등 모든 재정적인 부담은 호텔 소유주가 지게 된다. 호텔 소유주를 대신하여 호텔 운영을 책임지는 호텔경영회사는 그 운영의 대가로 호텔 소유주와 합의한 일정 수수료를 지불받는다.

경영계약 호텔방식은 일명 관리운영 위탁방식이라고도 한다. 수수료의 형태는 광고 · 홍보 등의 마케팅 비용 그리고 손익에 상관없이 총매출액의 1~3% 정도를 받는 경영수수료(management fee)와 영업이익(operating profit)을 올렸을 경우 인센티브 형식으로 10~15% 정도를 받는 경영성과 수수료(incentive fee) 등이 있는데 프랜차이즈의 수수료 비용보다 다소 높다.

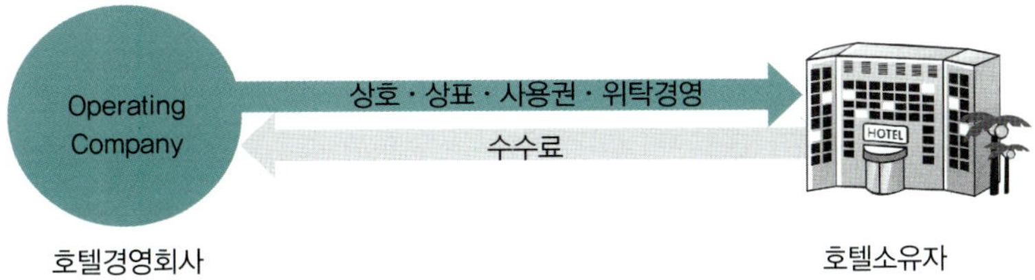

▌그림 1-3▐ 경영계약 시스템

(2) 프랜차이즈(Franchise)경영 호텔

프랜차이즈(franchise)는 경영기술을 보유한 특허권자(franchiser)가 경영시스템을 갖춘 가맹점(franchisee)에 운영권을 부여하고, 그에 따른 수수료(fee)를 받는 방법으로 호텔영업본부가 가맹 계약을 체결한 가맹호텔에 자사의 상표와 시스템의 이용권한을 부여하고 지속적으로 사업의 경영방법과 조직형태를 지원해 주고, 그에 따른 체인 수수료를 받는 운영형태이다. 즉, 가맹권 및 상품의 판매권 판매를 의미한다.

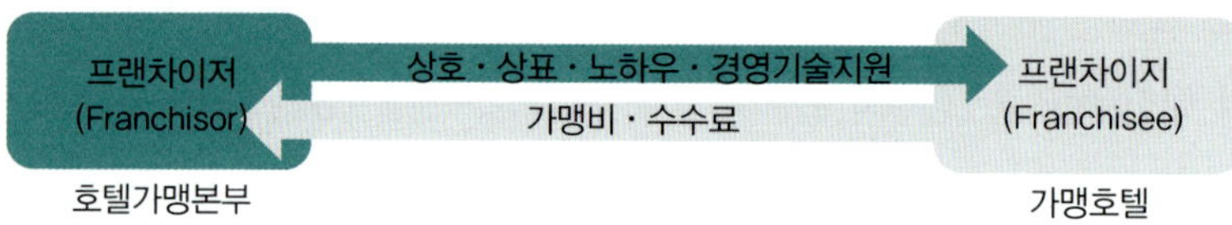

그림 1-4 프랜차이즈경영 시스템

프랜차이징은 하워드 존슨(Howard Johnson)이 자기의 식당경영에서 성공을 거둔 기록을 가지고 있으나 이것이 본격적으로 호텔분야에 도입된 것은 1950년대이다. 여기서 독립된 프랜차이즈경영(franchising)과 체인경영(chain operation)을 구별하기가 어려울 것이다.

왜냐하면, 건물의 외부 모양이나 구조, 시설, 객실, 설비, 장식, 비품, 메뉴(menu)까지도 이 두 종류의 경영형태는 거의 동일성을 갖고 운영되기 때문이다. 실제적인 차이점은 재무 · 구조면에서만 서로 상이하여 일반 고객들로서는 쉽게 알 수가 없다.

최근에 이르러 대형호텔과 비즈니스호텔 업계에서 빠른 발전과 성장을 이루는 것은 프랜차이즈경영, 즉 호텔 프랜차이징(franchising)이다.

프랜차이징 조직에 독립된 기업의 경영자가 가입함으로써 자신의 기업을 소유하면서 사업을 할 수 있고, 항상 조직의 도움을 받을 수 있다는 장점이 있다. 호텔 건축에 가장 좋은 위치의 대지를 소유하고 있고, 호텔사업을 희망하는 사람은 프랜차이징 회사(franchising corporation)를 찾아가 사업에 관련한 적절한 계약을 체결할 수 있다.

대부분의 경우, 프랜차이징 회사로부터 회원으로의 특권을 갖는 데에 대한 비용(license fee)을 납부하게 되며, 보유 객실수와 영업 일수에 근거하여 광고·선전비를 부담하게 된다. 이와 같이 프랜차이징 조직의 가입비용과 광고비를 납부하면서 그는 호텔건축에 필요한 설계도부터 필요자금의 융자를 알선 받을 수 있다. 또한 호텔경영에 관한 조직의 편성이나 종사자 직업 훈련, 판매, 회계 처리, 마케팅 등 호텔 경영 전반에 관한 기술의 도움을 프랜차이징 회사로부터 받게 된다. 그뿐만 아니라 프랜차이징 회사는 계열회사로 비품, 집기를 전문적으로 취급하는 회사를 두고 있으며, 이 회사를 통하여 호텔에 필요한 집기를 구입함으로써 비용을 절감할 수 있다.

현재 널리 알려진 세계 10대 프랜차이징 경영회사로서는 전세계 100여 개국에 4,600여 개의 호텔을 체인으로 하고 있는 IHG(Inter Continental Hotel Group), 90여 개국에 3,900여 개의 호텔을 두고 있는 힐튼 월드와이드(Hilton Worldwide), 74개국에 3,700여 개의 호텔이 있는 메리어트 인터내셔널(Marriott International), 이름이 생소하긴 하지만 Ramada를 경영하고 있는 윈덤호텔그룹(Wyndham Hotel Group)과 초이스 호텔스(Choice Hotels), 소피텔과(Sofitel)과 노보텔(Novotel) 그리고 이비스(Ibis) 등 우리나라에서 흔히 볼 수 있는 프랑스 계열의 아코르 호텔 그룹(Accor Hotel Group)이 있다. 또한 웨스틴 조선(Westin Chosun)과 쉐라톤 워커힐(Sheraton walker hill) 그리고 W호텔, 쉐라톤 서울 디큐브시티 호텔(Sheraton Seoul Dcube City Hotel)을 경영을 하고 있는 스타우드 호텔 앤 리조트(Stardwood Hotels and Resorts) 등이 있다. 이 회사들은 여러 개의 직영호텔이나 모텔을 소유하고 경영하지만 이 체인경영 회사 소속의 호텔이나 모텔은 프랜차이즈(franchise) 계약에 의하여 경영되고 있다.

이는 어떤 개인이 독립적으로 호텔기업을 소유하고 경영함에 있어서 큰 도움을 주는 것이다. 즉, 개인단위 호텔이나 모텔은 체인경영에 의한 이점을 충분히 이용하고 그 기업을 자신의 소유로 유지하면서 개발경영을 하는 독립경영자로서의 위치를 확보해 갈 수가 있다.

모든 프랜차이징 회사는 계약호텔에 일정 수준 이상의 서비스를 하도록 정하고 있으며, 이 기준에 맞는 시설과 서비스, 청결함을 유지하도록 정기적인 실태 조사를 하고 있다. 또한 다른 경영형태는 합자체인(co-owner chain) 호텔이 있다. 이것은 호텔이나 모텔이 본사와 개인투자가와의 합자에 의한 소유형식을 취하는 것이다. 미국의 경우에는 지방투자자가 각각 모텔의 주식을 50%씩 소유하고 모텔을 건설한다. 이때 도시의 본사가 모텔의 설계와 재무관리, 건물의 설비 및 장식 등을 책임 시공하여 관리한다.

〈프랜차이징 경영의 이점〉

① 프랜차이징 회사가 호텔객실 예약 및 숙박시설 안내를 함으로써 호텔방문 고객의 빈도수가 증가한다.
② 프랜차이징 가입호텔 상호 간 홍보 및 판매활동을 함으로써 최소의 비용으로 광범위한 촉진이 가능하다.
③ 호텔이나 모텔은 프랜차이징의 명성이 그들 영업을 위한 충분한 영업권이 될 수 있다는 점에서 가입비와 각종 비용을 지불하면서 가입하게 된다. 이로 인해 프랜차이즈(franchise)와 경영기술을 보유한 특허권자(franchiser) 모두가 수익을 얻을 수 있다.

(3) 리퍼럴(Referral)경영 호텔

1950년대 미국 호텔업계의 2가지 현상은 리퍼럴 연합(referral organization)과 프랜차이즈경영(franchise management)인데, 체인호텔들이 전문화된 경영방법과 체계적인 예약시스템의 도입으로 시장점유율을 확보하기 시작하자 독립호텔들은 경영상의 위험을 실감하게 되었다. 그로 인하여 독립호텔들은 리퍼럴 연합이란 동맹호텔의 형태를 구성하게 되었는데, 리퍼럴 연합(referral organization)은 동업자 결합에 의한 경영방식으로 각 업자들로 구성된 종합적 성격을 띤다. 리퍼럴 연합은 프랜차이징과는 달리 기존의 호텔들이 공동의 상표를 사용하면서도 각각의 소유와 경영의 독립을 유지하며, 상호협력하고 제휴하여 경영의 효율성을 높이는 형태이다.

그러므로 본부의 지원이나 통제가 없으므로 체인 수수료 또한 지불할 필요가 없고, 각자 독립적인 경영형태를 유지한다. 대신 그들만의 연합적인 공동상표를 사용하여 이미지를 향상시키며 일정부분의 비용은 들어가지만 적은 가입비용으로 공동 판매촉진 활동과 예약 업무를 공유할 수 있다.

그 당시의 미국 여행자들은 일반적으로 상표와 기업 성장에 대하여 민감한 반응을 보였고, 체인경영에 의한 기업은 고객으로부터 좋은 인상을 가지고 있는 기업과 상표를 이용하여 성공적인 판매 활동을 전개할 수 있었다.

체인경영 호텔은 거의 표준화된 건축 양식과 시설, 장치와 설비, 도로변 입간판(road sign)이나 광고 등에서 널리 선전되고 있는 상표를 통하여 쉽게 찾아볼 수 있다. 또한, 체인경영 호텔들은 여행하는 고객을 다른 도시나 지역에 있는 체인경영 호텔에 숙박하도록 권상하고 예약을 해주며, 숙박 등록까지도 미리 해주는 이점을 지니고 있다.

이러한 체인경영 호텔업자들에 대해 대처하기 위하여 단독경영을 하는 호텔이나 모텔업자에게 도움을 주기 위한 공동 조직이 생기게 되었으며, 이 조직으로 크게 성공하였다. 리퍼럴 연합은 비영리 단체로 조직되고, 협회에 가입된 회원들에 의해서 소유되고 운영된다. 이 조직에 가입함으로써 단독 경영사들은 자기 기업에 대하여 자신의 전적인 경영권을 행사하는 동시에 체인경영 체제에 의한 모텔이나 호텔이 영위하는 것과 비슷한 판매 증진의 혜택을 받을 수 있다.

또한 단독경영자들은 이 조직에 가입함으로써 동업자 간의 협조가 이루어지며, 리퍼럴 연합의 상표와 상징을 통하여 시장활동에 큰 도움을 받게 된다. 모든 리퍼럴 조직은 예약망을 통하여 예약 업무의 편의를 제공할 뿐만 아니라, 그 조직에 속해 있는 호텔의 시설과 서비스의 수준을 정하여 기준에 적합한 수준으로 계속 유지하게끔 조직에 가입한 호텔의 시설 및 서비스를 정기적으로 점검 받게 하며, 불합격을 받게 되면 재심을 통해서 회원자격을 상실할 수도 있다. 회원업체는 연회비를 납부하게 되며, 선전 · 광고비를 공동 부담하게 되는데, 비용 부담은 호텔의 판매 객실 수 등을 근거로 산출되기 때문에 회비는 호텔 규모에 따라 다르다.

미국의 리퍼럴 연합으로 규모나 지명도에서 대표적인 곳은 베스트 웨스턴(Best Western)이 있으며, 우리나라는 한국관광공사에서 국내 중저가 호텔연합을 위해 만든 베니키아(BENIKEA)를 들 수 있다. 최근에는 많은 국가에서 이러한 리퍼럴 연합들이 광고와 같은 단순한 협력관계에 그치지 않고, 본격적인 기업형태로 활발한 활동을 함으로써 순수한 의미의 리퍼럴 연합에서 체인호텔의 경영방식으로 발전하고 있다.

이 외에도 단일 기업이 다수의 시설을 소유하고, 동시에 스스로 경영하는 형태의 소유직영 방식(ownership chain 또는 regular chain)과 다른 기업이 소유하고 있는 토지와 건물에 대해 호텔경영회사가 임대하여 임대차 계약을 맺고, 경영하는 방식인 임대차 방식(lease chain)과 본부가 되는 호텔회사가 공동 선전과 예약업무 등의 면에서 몇 개의 독립호텔과 업무제휴를 맺고 하나의 체인을 구성하는 방식인 업무제휴 방식이 있다.

이러한 체인경영 호텔의 경영효과를 종합적으로 정리해 보면, 대량 구입에 의한 원가절감 효과, 전문가 활용 효과, 공동 선전 효과, 효율적인 예약망 이용, 자금조달의 용이성, 표준화된 상표 사용, 운영 자료의 제공 등이 있다.

3) 조인트 벤처 호텔(Joint Venture Hotel)

보통 합작투자 호텔이라고 하는데, 자본 제휴를 통해 호텔을 설립하여 운영하는 것으로 경영방식에 초점을 맞추기보다는 일정 지분의 자본이 투자되었음을 강조한 표현이다. 위에서 살펴본 프랜차이즈나 경영대리 계약의 형태가 기존에 영업 중인 호텔이 호텔경영에서의 노하우를 갖지 못해 연계한 형태라면 조인트 벤처(joint venture)는 호텔의 건립 시점부터 시작한다는 것이 구별된다. 아울러 경영노하우와 자본을 동시에 추구하는 경향도 있는데, 우리나라에서는 라마다 르네상스 호텔(Ramada Renaissance Hotel)이 대표적이다.

4) 업무제휴 호텔(Affiliation Hotel)

단독경영 호텔 간의 업무제휴를 통하여 서로의 경영노하우를 공유하는 형태로서 우리나라에서는 신라호텔과 일본 오쿠라 (Okura) 호텔이 대표적 사례이다.

4 호텔경영의 특성

호텔 경영은 다른 산업과 다르게 다양한 특성을 갖고 있는데, 예를 들면 시설상의 특성, 회계학상의 특성, 상품상의 특성, 영업상의 특성으로 나누어 생각해 볼 수 있다.

1) 시설상의 특성

(1) 시설의 조기 노후화

호텔은 시설 자체가 하나의 상품이기 때문에 시설의 노후화는 상품의 가치를 상실하게 되어 경쟁 호텔들에게 우위를 빼앗길 위험이 있으므로 항상 시설을 개선 하여 국제적인 수준을 유지해야 한다.

호텔의 시설은 노후화로 인한 수명 단축이 타 기업의 시설 수명보다도 짧다. 그리고 호텔의 객실은 고객의 이용과 상관없이 지속적으로 노후화되며 호텔 건물의 내구연한은 목조 건물이 15년, 시멘트 건물은 40년으로 보통 건물의 내구연한(목조 건물이 30년, 시멘트 건물은 60년)보다 짧다. 일반적으로 호텔건물의 수익성이 가능한 사용 기한은 20년~30년이며, 40년을 경과하면 일반 건물의 50년을 사용한 것과 동일하게 보아야 하므로 대대적인 리모델링을 하거나 새로 건축해야 한다.

일반적으로 다른 산업은 시설이 부대적인 성격을 갖고 있기 때문에 그 효용이 비교적 장기성을 갖는 데 비하여, 호텔은 시설 자체가 상품으로 고객에게 제공하기 때문에 결과적으로 노후화가 빠르다. 따라서 자본 비용, 관리 비용 등의 절감에 대한 노하우가 요구된다.

(2) 비생산적 공공장소의 확보

비생산적 공공장소를 필연적으로 마련해야 하는 단점이 있다. 그 대표적인 예가 로비(lobby)나 건물 외곽의 조경과 같은 공공장소이다. 호텔의 얼굴이라고 볼 수 있는 로비는 화려한 시설과 쾌적한 분위기를 연출해야 하며, 이와 같은 시설을 갖추고 유지하는 데 많은 비용이 소요된다. 하지만 유감스럽게도 호텔의 로비는 수익을 전혀 창출하지 못하는 비생산적인 공공장소(public area)이다. 호텔의 시설은 고객 전용인 기본 시설과 공공의 이용을 전제로 하는 퍼블릭 스페이스로 나눌 수 있는데 객실, 식당, 라운지, 커피숍 등은 생산적 요소인데 비하여 로비나 조경과 같은 공간은 많은 투자를 하지만 비생산적인 요소로 값비싼 지대, 건축비를 감안한다면 달갑지 않은 요소임에도 불구하고 반드시 필요한 시설이다.

(3) 기계화의 한계성

호텔은 고객들에게 객실과 식음료 그리고 부대시설인 유형의 상품 외에도 무형의 상품인 인적 서비스를 판매한다. 컴퓨터의 등장으로 호텔 프런트 오피스(front office)의 예약, 등록, 회계업무 등 일부에서 시스템화가 이루어졌지만 고객들은 호텔에서 따듯하고 인간적인 서비스를 기대하므로 기계화의 한계성이 있을 수밖에 없다.

2) 회계상의 특성

(1) 초기의 막대한 투자

호텔업은 타 산업에 비해 일시적으로 초기투자(initial investment)가 막대하다. 시설 자체가 상품인 만큼, 상품 판매를 하기 위한 호텔업은 부분적 · 연차적 투자가 불가능하며, 지가의 상승과 건자재 비용 인상, 인건비 인상으로 인해 향후에도 초기 투자비용은 높을 수밖에 없다.

(2) 고정자산 비율의 과대

호텔업은 토지, 건물, 기계, 비품, 집기 등의 고정자산의 시설 투자가 타 산업에 비하여 매우 높은 산업이다. 일반 산업은 상품이나 현금과 같은 유동자산의 비중이 큰 자본의 유동성을 가지고 있지만 호텔업은 건물과 시설 자체가 하나의 상품이기 때문에 고정자본의 비중이 크다.

일반적으로 제조업은 고정자산 비율이 40%인데 비하여 호텔업은 고정자산 비율이 65%~80%를 차지하므로, 투자자의 투자를 어렵게 하고 있다. 또한 수익률은 다른 일반 제조업에 비해 낮으므로 자본가의 투자 의욕을 쉽게 유발하지 못한다.

(3) 고정경비 과다 지출

호텔업은 앞으로 더욱 고정자산의 비율이 높아질 수밖에 없는데, 이는 호텔이라는 상품이 점점 고급화되고, 건축비도 상승하는 관계로 고정자산의 투자 비율이 높아질 것이다. 특히, 호텔은 내장비, 기계 설비, 기구 및 비품비가 또한 상당한 비중을 차지하고 있고 고정자산의 투자 비율 또한 높기에 유동자산의 활용이 극히 적어 자본회전율이 도매업이나 소매업에 비해 매우 낮다. 기업의 지출비용은 고정경비와 변동경비로 구분되는데 호텔업은 다른 산업에 비해 높은 고정경비를 감수해야 하는 특성이 있다.

또한 연료비, 전기비, 인건비 등 공공장소와 관련된 모든 경비는 호텔의 고정경비로서 고객의 다소에 관계없이 일정한 수준을 유지하여야 한다. 이에 시설유지관리비, 감가상각비, 급식비, 보험료, 세금 및 수선비 등의 고정경비의 지출이 과다한 특성이 있다.

(4) 계절적 요인에 의한 수익 불균형

호텔은 여행자가 주요 수요자이므로 성수기와 비수기의 수입 격차가 심하고, 주말과 주중의 수요 · 공급 조화가 이루어지지 못하고 있는 등의 계절적인 영향에 의하여 크게 좌우된다. 숙박업의 수입 평가 지표는 평균 투숙율, 평균 객실 가격 등으로 결정되는데 한국의 경우 일반적으로 도심지나 번화가에 위치한 호텔은 계절적 영향을 적게 받으나 성수기와 비수기가 뚜렷이 구분되는 리조트는 이와 같은 계절적 요인으로 호텔기업 운영의 불안정성은 피할 수 없다.

(5) 회계 제도상의 특성

호텔의 특성이 그대로 회계 제도상의 특징이 되고 있다. 호텔회계는 개개의 거래에 있어서 종류가 다양하고 복잡한 요금과 여러 가지 매상은 물론, 그 발생 장소나 시간이 다르고, 결제 방법은 현금 또는 신용에 있다고 할 때, 아마 발생에서 결제에 이르기까지의 시간에 신속을 요하는 업종은 호텔 이외에는 거의 없을 듯하다. 게다가 개업하고 난 후 연중무휴와 동시에 24시간 영업이 지속된다. 그 사이 각 영업부분에서 발생한 거래를 상세히 기록하고, 재료에 따른 원가관리의 자료로 계수를 산출하고 그 외에 투숙객 계정의 집계와 각 부문에서 발생된 투숙객에 대한 매상의 집계와도 꼭 일치해야 한다.

따라서 24시간 영업 도중 일정 시간(예를 들면 밤 12시)에 감사를 하지 않으면 안된다. 그리고 고객이 체크아웃(check out)하더라도 그 고객의 계정이 그 시점까지 발생했던 모든 거래를 집계하여 종결해 놓지 않으면 안 된다. 즉, 손님이 체크인(check in)하고 객실에 들어가면 전화를 사용하거나 세탁을 의뢰할 수도 있다. 또한 객실 내에서 미니바(mini bar)를 이용할 수도 있으며 룸서비스(room service)에 식음료를 주문하는 등 일련의 행동은 단기간 내에 발생한다. 그러므로 호텔 측에서 일일이 기록하며, 인포메이션(information)과 고객의 객실 번호를 전달하고, 각 장소에서 발생하는 매상이 즉시 숙박 계정에 집계되지 않으면 안 된다.

한편, 이들 투숙객 이외에 연회나 식사 등에 외래객이 방문하면 현금 거래가 발생하므로 이러한 상황 이전에 수취 계정의 내부 감사가 필수이다. 또한 식음료 부문의 상품은 생산과정에 있어서 소멸할 가능성이 크기 때문에 그 수량, 분량의 체크가 반드시 필요하다. 호텔용품과 함께 영업경비의 지불에 관하여는 타 기업과 흡사하다. 그러나 도자기, 유리, 은제품 등의 식기류, 린넨(linen)류의 회계처리에는 호텔기업 특유의 회계처리가 필요하다.

그리고 원가관리의 분야에 있어서는 식음료 재료의 수량관리의 문제도 합쳐 호텔회계의 특수한 분야를 형성하고 있다. 이러한 호텔의 특수성에 따라 세계 공통의 호텔전문 회계제도로서 'Uniform System of Accounts for Hotels'가 있으나 우리나라에서는 특급호텔 몇 곳에서만 이 제도를 도입하여 사용하고 있는 실정이다.

호텔전문 회계제도를 도입하면 효율적인 부문별 원가관리, 동업계 지표에 의한 경영 분석, 경영자 및 부문 관리자의 능력 평가 등의 장점이 있기 때문에 이러한 회계제도를 도입은 바람직한 것이다.

3) 상품상의 특성

(1) 상품이동 불가능성

호텔상품은 이동할 수 없는 특성을 가지고 있다. 즉, 호텔이라는 상품은 시장성이 큰 곳으로 이동하면서 상품을 판매할 수 없고, 고객이 스스로 상품을 찾아와 구매를 하여야만 한다. 그러나 호텔의 주된 상품 중의 하나인 식음료 뷔페와 같은 상품은 출장 판매를 하고 있으며 일부 호텔은 식음료 상품 판매의 노하우를 바탕으로 외식 업체를 설립하여 운영하고 있다.

객실과 식음료는 유형이지만, 직원의 서비스는 무형이다. 직원과 고객의 직접적인 접촉과 같은 관계는 서비스의 질을 높이는데 결정적인 역할을 한다. 일반적으로 다른 상품은 판매원에 의해 견본으로서 고객에게 제시될 수 있으나 호텔상품은 고객이 스스로 상품을 찾아와서 구매하는 특성이 있다. 그러므로 아무리 다른 곳의 장소가 시장성이 크다고 하여도 호텔상품은 이동하면서 판매할 수가 없다. 따라서 입지와 환경에 정착하여 판매를 해야 하기 때문에 이를 식물성 상품이라 한다. 그러나 오늘날 식음료의 출장 판매를 통하여 이러한 제약을 어느 정도 해소하고 있다.

(2) 상품의 비저장성

호텔상품은 생산과 동시에 소비로 이어진다. 호텔상품은 저장해 둘 수 없기 때문에 그날 생산된 객실상품은 그날 소비되어야 하며, 당일 판매되지 못한 객실상품은 가치를 상실하게 되므로 소멸하게 된다. 이와 같은 단점을 극복하기 위하여 호텔은 객실 점유율의 극대화를 위해 성수기에는 초과 예약과 같은 방법을 통해 객실 판매의 극대화를 도모하고 있다.

또한 식음료상품은 주문 생산이므로 정확한 수요 예측이 곤란하며, 많은 식음료를 저장하면 부패 · 변질되어 결과적으로 식음료의 질을 저하시키는 원인이 된다. 이처럼 호텔상품은 일반상품과 비교하여 장소와 시간의 제약을 많이 받고 또한 재고라는 개념이 거의 존재하지 않으므로 초과 예약이라든지, 분할 판매의 방법 또는 항공사와 연계한 단골고객에 대한 특별대우를 통하여 수입의 극대화를 꾀하고 있는데 호텔의 주된 상품은 객실과 식음료와 서비스로 구분된다.

4) 영업상의 특성

(1) 인적 서비스에 대한 의존성

호텔기업의 운영은 제일 먼저 대고객서비스를 강조하게 된다. 호텔의 개념이 임시적인 가정으로 집약됨으로써 고객에게 마치 가정과 같은 안락함과 유쾌한 시간을 최대한으로 보장해 주어야 한다. 물론, 법률적 강제 규정의 의무는 아니라 하더라도 호텔이 환대산업의 주인 역할을 맡고 있는 본래의 특성으로 볼 때 당연한 것이며, 고객에게 언제나 만족스럽고 예의바르며, 정확성이 있고, 세련되고 신속하게 서비스한다는 것은 훈련이 잘된 직원으로서도 어려운 일이다.

또한 오늘날 호텔을 이용하는 고객들의 욕구는 매우 다양하기에 융변성이 있고 재치 있는 서비스를 해야 하는데 이는 규격화되고 자동화된 기계 설비에 의해 충족될 수 없다. 따라서 호텔기업에서 서비스의 기계화나 자동화는 경영합리화 측면에서 볼 때 제약을 받게 되며, 인적 자원에 대한 의존도가 타 기업에 비하여 크다고 볼 수 있다. 때문에 고객과 직원의 접촉에 대한 만족은 고객 욕구를 더욱 만족시켜 줄 수 있는 것이다. 그러므로 호텔기업은 자동화시스템도 중요하지만 근무하는 직원에 대한 동기부여를 통해 직무 만족을 높이고 이직률을 낮추어야 하며 이를 통해 고객들에게 훌륭하고 따뜻한 서비스를 제공하도록 하기 위해 지속적인 교육을 통해 올바른 서비스가 제공되도록 해야 한다.

(2) 협동성

호텔기업 운영의 특성은 각 부서 간의 긴밀한 협동이다. 호텔의 조직은 각기 상이한 여러 부서가 존재하므로 상품형성과 판매는 조직적, 공간적으로 폭넓게 공존해야 한다. 현관을 비롯하여 각 계층의 서비스 및 객실서비스와 식음료 서비스까지 다양하게 주어진 직무가 있다. 이러한 직무의 원활한 수행이 조직의 궁극적 목표이며, 곧 고객서비스에 귀착되는 것이다.

호텔에 투숙하여 좋은 이미지를 가지고 투숙 기간 내내 즐겁게 지낸 고객이 퇴실할 때, 나쁜 이미지를 받게 되면 다시는 그 호텔을 찾지 않는 경우도 있는 것처럼 많은 부서 중 어느 한 부서도 대고객서비스를 소홀히 해서는 안 된다. 따라서 직원 상호 간의 협동의식과 서로에 대한 신뢰와 존중의식이 일류호텔을 만들 수 있다.

(3) 유리한 근무 조건

호텔은 화려한 실내장식과 훌륭한 냉·난방 시설과 깨끗한 위생 상태를 갖추고 고객들을 맞이해야 하므로 호텔에서 근무하는 직원들은 타 기업에 근무하는 사람들에 비해 매우 쾌적한 환경에서 근무한다는 특성이 있다. 호텔은 어느 기업보다 그 근무 여건이 쾌적하다.

(4) 연중무휴의 영업

호텔은 집을 떠난 고객들의 가정생활 기능을 상품으로 판매하는 곳이므로 호텔기업은 1년 366일 1일 24시간 연중무휴의 지속적인 서비스가 제공되고, 객실을 이용하는 고객은 특별한 대우와 관심을 받게 된다. 그러므로 고객의 활동시간에는 그 시간에 따라 고객의 요구대로 만족하게 서비스를 제공해야 하고, 호텔 주변의 위협적 환경으로부터 고객을 보호하고, 야간 취침 시에도 고객의 생명과 재산을 보호하여야 할 의무가 있다.

따라서 호텔직원들은 사무직직원들을 제외한 모든 직원들은 다른 사람이 공휴일을 즐기거나 쉬고 있는 동안에도 일을 해야 한다. 호텔이용객은 집을 떠난 사람, 혹은 휴일을 즐기고자 하는 사람들이기 때문이다.

(5) 환경에 민감

기업에 영향을 미치는 환경은 외부환경과 내부환경으로 구분될 수 있다. 외부 환경은 특정 기업의 조직에 직접적인 영향을 미치는 요인으로 정치·경제·사회·문화 등의 요인을 뜻하며, 내부환경은 특정기업의 조직 분위기로 인하여 기업에 영향을 미치는 요인을 말한다.

호텔경영에 영향을 미치는 집단으로는 정부, 노동조합, 고객, 지역사회, 경쟁사, 공급자, 금융업자, 주주 등의 이해집단들로 기업활동에 직접적인 영향을 미치기도 한다. 또한 호텔기업은 타 산업에 비해 환경에 민감한데, 현재의 호텔기업의 환경은 더욱 복잡하고 다양하며, 그 범위도 확대되고 있는 추세이다. 호텔경영환경에 영향을 주는 요인으로는 호텔기업들과의 경쟁 악화, 기술과 정보의 발달, 고객의 다양한 욕구 상승, 종사원의 직업의식 수준 향상, 환경단체 등의 변화가 신속하고 복잡하게 진행되고 있기 때문에 호텔경영활동에 큰 영향을 미치고 있다.

Chapter 02

호텔경영의 전략적 기능

Chapter 02 호텔경영의 전략적 기능

1 호텔경영 전략

1) 호텔경영 전략의 개요

전략(strategy)이라는 단어는 군사용어에서 시작되었다. 최소한의 인원과 무기를 이용하여 적지에 들어가 어떻게 하면 승리하는가에 대한 계획을 세우면서 전략이라는 단어를 사용하게 되었으나, 그 범위가 확대되어 근래에는 개인이나 조직이 경쟁에서 우위를 점하고자 할 때 일상적으로 사용하는 용어로 정착되었다. 이러한 전략이 기업경영에도 도입되었는데 경영전략은 기업이 추구하는 목표를 달성하기 위하여 환경요인들의 변화를 예측하고, 그에 대한 합리적인 대응책을 강구하여 경쟁에서 이기고자 하는 데 목적이 있다.

호텔경영 전략은 전략적 경영이라고도 하는데, 일반적인 의미로는 계획, 조직, 지휘, 통제하는 과정으로 조직의 구축 및 기업의 모든 시스템을 설계하고 관리하는 것이다. 따라서 기업의 경영 전략은 지속적으로 경쟁우위를 확보하기 위하여, 중·장기적 관점에 불확실한 미래를 예측하고, 자사의 능력과 지식을 활용하여 경영성과를 내고자 하는 경영활동이라 할 수 있다.

2) 호텔경영 전략의 중요성

호텔경영 전략은 기업의 관점에서 경영자원을 효율적으로 배분하며, 기업의 환경변화에 유연하게 대처할 수 있는 적응력을 촉진시키고 기업의 다양한 경영활동을 통합하는 데 중요성이 있다.

(1) 호텔경영 자원의 효율적 배분

한정된 기업의 자원을 어떻게 효율적으로 배분하는가는 경영 전략에 달렸다. 기업에서는 각각의 부서가 보유하고 있는 자원의 배분 과정에서 갈등과 마찰이 수반된다. 따라서 호텔경영 전략은 회사의 경영적 관점에서 미래에 어떤 사업을 강화할 것인가를 수립하여 자원할당의 우선순위를 결정함으로써 경영자원의 효율적 배분을 위한 기준을 제시해 준다.

(2) 환경변화 대처능력 촉진

기업의 환경변화가 없다면 경영자는 과거의 경험을 토대로 예측할 수 있다. 하지만 오늘날 급변하는 사회에서 과거의 경험은 참고자료일 뿐 대처능력을 키우고 의존하기에는 한계가 있다. 밀려오는 환경요인이 위협인지, 기회인지를 분석하여 그에 따른 전략적 수립은 기업의 발전에 중요한 지침이 된다. 특히 호텔산업은 제조업보다도 동적인 요소가 많아 환경변화에 민감하다. 따라서 호텔경영자는 미래를 예측하고, 경영 전략을 통하여 환경변화에 대처하는 능력을 촉진해야 한다.

(3) 기업의 다양한 경영활동

기업의 활동은 여러 부서 간 협동을 통해서 상품이 만들어진다. 이러한 과정에서 의사결정이 쉽게 성사되는 것은 경영 전략적인 효율성이 매우 높다고 할 수 있다. 경영 전략은 기업의 목표를 달성하기 위하여 조직 내 다양한 활동을 조정하여 부족하거나 중복된 점은 가려내고 구성원들의 이해를 구하여 일관된 추진력을 발휘할 수 있게 해 준다.

3) 전략적 분석과 대안 수립

(1) 전략적 분석

경영 전략을 추진하는 과정에서는 내부환경과 외부환경의 분석이 요구된다. 기업이 내 · 외부환경을 분석하는 목적은 시장환경에서 기회와 위협요소를 찾아내고, 자사의 약점과 강점을 파악하여 전략적 과제를 찾는 데 있다. 고객의 욕구가 변하고 다양화될수록 시장의 기회는 많아지지만 그 변화가 기업에 위협으로 다가오기도 한다. 그러므로 시장환경을 분석하고, 이를 자사의 약점과 강점으로 강구함으로서 경쟁회사에서 우위를 점할 수 있다.

내부환경 분석에서 경영 전략, 기업문화 제품특성, 시장점유율, 인적자원, 자금력과 같은 자사의 경영자원을 분석하고, 정치, 경제, 사회, 문화, 기술과 같은 외부환경을 분석하는 것이다. 이와 같은 이유는 다양한 환경요인들이 서로에게 영향을 미치면서 기업의 주위에서 수시로 변화를 일으키기 때문이다. 따라서 호텔경영자는 내 · 외부 환경변화에 주시하면서 그 변화에 대한 대응방안을 먼저 마련해야 경쟁에서 이길 수 있다.

(2) 전략적 대안수립

기업의 전략적 대안수립을 위한 기법으로 SWOT 분석을 사용하는 것이 일반적이다. 즉, 자사의 강점(strength)과 약점(weakness), 기회(opportunity)와 위협(threat)요인을 분석하여 적절한 경쟁 전략을 수립하기 위한 것이다. 즉, 전략적 수립은 강점의 극대화, 약점의 보완, 기회의 활용, 위협의 최소화와 극복을 의미한다.

2 호텔경영의 계획

1) 계획의 본질

경영계획을 수립하기 전에는 우선 계획에 따른 범주나 요인분석이 앞서야 한다. 호텔조직이나 인사관리는 종업원을 적재적소에 배치하고 유효적절한 활용에 관한 관리기술이 중심이 되며, 재무관리는 자본과 구매, 자재관리는 호텔자산을 다룬다. 생산관리나 생산기술은 식자재나 객실 내 보유 자산을 통하여 완전한 상품으로 변화되는 과정을 관리하는 기술이다. 마케팅관리는 상품을 기획하거나 판매를 촉진하는 과정에서 대고객관리에 관한 사항을 중요시하고 있다. 즉, 이러한 각각의 인적자원과 물적 자원, 서비스가 유효적절하게 혼합되고 실행되어야 기업이 추구하는 계획이 수립되는 것이다.

한편, 경영계획이란 앞으로 전개되는 제반활동에 대비해서 도래할 전반적인 요소를 예측하여 목표를 설정하고 방침과 절차를 마련하는 미래지향의 의사결정 관리과정이라고 정의한다. 그러므로 경영자가 수행하는 관리기능 중에서 경영계획에 포함하는 내용을 살펴보면, 첫째, 목표와 목적의 설정, 둘째, 방침과 절차의 결정, 셋째, 계획에 따른 제반준비 및 선택, 넷째, 계획의 실행, 다섯째, 규칙과 예산, 여섯째, 기업의 미래에 대한 전략과 고려 등으로 요약할 수 있다.

2) 계획의 필요성

계획이란 모든 조직을 관리하기 위해 필요하고 중요한 활동이다. 그러므로 계획이 매일의 업무뿐만 아니라 장기간에 걸친 조직의 목표실행과 관련된 능동적인 과정임을 밝혀두고자 한다. 여기서 제시되는 여러 가지 개념들이 조직에서의 계획과 관련되는 것이기는 하지만 장래의 목표를 설정하고 있는 조직원들에게 유용하게 적용될 것이다.

계획이 중요한 일이라는 사실은 누구나 알고 있지만, 계획은 소홀히 취급되는 경우가 있는데, 이것은 계획이 다양한 환경에 영향을 받게 되고, 불확실한 대상을 다루는 불편한 업무를 포함하고 있기 때문이다. 의식적인 계획업무에는 두 가지 고려할 것이 있는데, 우선 종업원들은 자신들의 고용주들이 기대하고 있는 것을 미리 알아야 하기 때문에 경영관리에서 계획이 없다면 업무의 혼란이 일어나게 된다. 두 번째는 이러한 혼란을 안정시키기 위하여 종업원들도 스스로 업무의 효율성을 위한 계획을 수립하여야 한다. 이들의 계획은 조직의 목표를 달성하기 위한 장단기 계획이라 할 수 있다.

3) 경영계획의 수립과 요건

경영계획에 대한 수립과정에 있어 호텔의 특수성을 감안하여 다음과 같은 단계과정을 거쳐서 이루어진다.

(1) 기회의 인식

기회의 올바른 인식은 계획의 첫 출발점인 것만은 확실하다. 그런데 만일 직관적인 판단으로 기회를 잘못 인식하고 계획을 수립한다면 시행착오를 겪을 것이다. 따라서 가능성 있는 미래의 기회를 명백하고 완전하게 파악할 수 있는 능력, 더 나아가서는 자사의 현재 위치 및 장점과 단점에 대한 지식, 불확실성을 해결하고자 하는 이유의 이해력을 키워 나가야만 한다. 왜냐하면 그러한 인식을 통해서만이 실현 가능성 있는 목표를 세울 수 있기 때문이다.

(2) 목표의 설정

계획의 제1단계는 기업 전체에 대한 목표를 수립하고, 그 다음으로 각 부문의 목표를 설정해야 한다. 따라서 목표는 어떤 일이 수행되어야 하고, 중점을 두어야 할 곳은 어디에 있으며, 그리고 방침, 절차, 규칙 및 사업계획 등에 의해 성과를 올려야 하는가를 나타내는 것이다.

(3) 계획의 전제

계획의 전제란 계획에 영향을 미치게 하는 모든 요인, 즉 환경적 조건을 말하는데, 이는 계획의 제2단계이다. 특히 여러 요인 중에서 예측은 계획전제에 있어 가장 중요한 요인이다. 즉, 시장의 종류, 매출액, 가격, 제품, 기술개발, 원가, 임금률, 조세정책, 세율, 배당방침과 확대자금 조달 그리고 정치적, 사회적 환경변화, 인구, 물가 · 원가 생산, 시장 등의 기본적 예측 이외에도 훨씬 더 많은 것을 포함한다고 강조한다. 그리고 예측이 어느 정도의 정확성을 띠느냐에 따라 계획도 그에 비례하여 정확하게 된다.

(4) 대체안의 모색 및 검토와 결정

계획의 제3단계이다. 즉, 입안자는 몇 가지의 대체안 중에서 가장 타당하다고 생각되는 것, 혹은 심사분석을 통하여 가장 합리적인 것을 선택하기 위하여 대체안을 검토하여야 한다. 이것을 위한 것이 대체안 과정의 결정이다.

(5) 대체안 과정의 평가

이는 계획의 제4단계로서, 대체안을 검토한 후에 입안자는 이 대체안을 평가하여야 한다.

(6) 행동과정의 선택

이는 계획의 제5단계로서 의사결정이 실제로 행해지는 시점인 것이다.

(7) 파생계획의 수립

계획을 수립하는 여러 대안 중에서 제일 좋은 안을 택하여 실행에 옮긴다. 하지만 그것만으로 완전한 것은 될 수 없다. 따라서 여기에는 어떤 보완적인 계획이 뒤따르는데, 이것이 곧 파생계획이다. 다시 말하면 각종 파생계획(derivative plans)이 수반될 때 비로소 계획의 단계가 완료된 것이라 말할 수 있다. 한편, 경영계획을 수립하는 과정에서 실질적이고 기본적인 최소한의 몇 가지 유의사항을 간략하게 기술하면 다음과 같다.

① 상품을 부분별로 판매할 방법이 고려되어야 한다.

② 과다한 상품판매계획은 삼간다.

③ 종업원의 가치관과 인간성을 고려한 생산성을 제고할 수 있는 방안이 되어야 한다.

④ 총자본이 과대하지 않고 융통성 있게 운영되어야 한다.

⑤ 임금의 향상이 경쟁호텔과 동일하게 적정 유지되고 있는가에 대한 내용들이 수립과정에서부터 묵과되지 않고 동시에 포함되면 보다 바람직한 경영계획표가 작성될 수 있다.

4) 경영계획의 입안

방침이 제시되고 목표가 설정되면 이것을 근간으로 하여 경영계획을 입안하게 된다. 경영계획의 필요성과 중요성에 대해서는 이미 언급되었으나, 이 계획에 의해서 실행지고 있으며, 목표달성이 가능한지 여부를 지속적으로 확인하고, 문제가 나타나면 개선책을 강구해 목표를 달성해야 한다.

(1) 기간과 종류에 의한 분류

경영계획은 여러 가지 관점에서 다양하게 구분될 수 있으나 경영계획을 작성할 경우 다음과 같은 종류 속에 포함되어 있다.

① 장기계획과 단기계획
② 개별계획과 기간계획
③ 과정계획과 요소계획
④ 기본계획과 실행계획
⑤ 전체계획과 부문계획
⑥ 특정계획과 계속계획
⑦ 활동적인 면에서 실체계획과 가치계획 등으로 구분하여 시행하고 있다.

물론 위의 계획 이외에도 다른 측면에서 조명하여 보면 상이한 계획이 존재할 수 있으나 내용상으로는 대동소이할 것이다.

(2) 계획의 작성과 최종안 선택

① 계획작성

먼저 외부환경의 제 조건을 파악하고 앞으로 발생되는 사항에 대한 파악과 분석을 마쳐야 한다. 그 다음에 목표에 의거하여 계획작성에 임해야 한다. 결과 분석을 토대로 향후 계획을 수립하는 데도 어렵다고 한다. 그러나 이와 같은 미래계획을 수립하는 데 있어 다음과 같이 세부적인 계획항목이 추가된다면 작성하는 데 방향이 설정될 것이다.

가. 종합장기계획
나. 장기이익계획
다. 장기의 성장 · 안정화 계획

라. 노동 · 인력계획

마. 시설의 개발 · 변경계획

바. 투자계획

사. 자금 · 자본계획

아. 상품개발계획 등

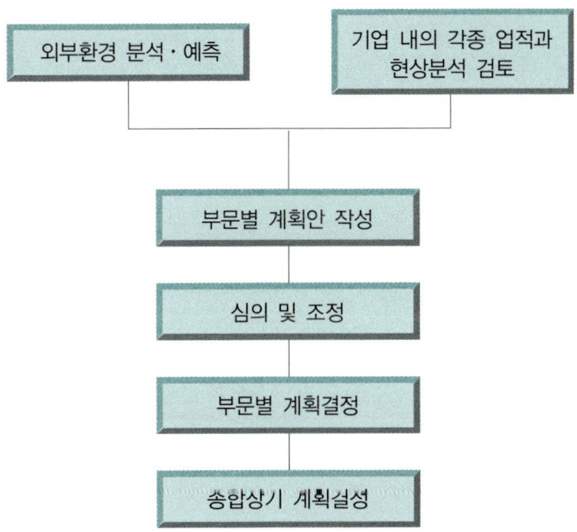

▌그림 2-1▐ 경영계획순서 작성

앞서 계획에 관하여 설명된 것을 체계적으로 정리하면 [그림 2-1]과 같다. 그림에서 나타났듯이 과거에는 기업 내의 요인만으로 계획이 작성되어 왔으나, 앞으로는 기업을 둘러싸고 있는 내 · 외부요인이 중요한 문제로 부가될 수 있으나 외부요인에 의한 경영계획의 작성에 세심한 배려와 수정 · 보완작업이 뒤따라야 할 것이다.

② 최종안 선택 결정

먼저 호텔을 효과적으로 유지, 발전시키는 데는 호텔 내외에 걸쳐 종합적이고 체계적으로 수집된 정보를 토대로 [그림 2-2]에서와 같이 충분한 선택안활동을 거치게 된다. 마지막 단계과정인 선택 및 평가활동은 선택안활동단계에서 작성된 계획안을 평가하여 호텔목표에 가장 유효하고 경제적으로 적합, 타당하다고 평가되는 계획안을 선택하는 활동으로 정의된다. 이 과정에서는 선택된 계획안의 상호관계에 따라서 대체적 관계, 보완적 관계, 독립적 관계 등으로 분류되어서 우선순위를 정하고, 이 순위에 따라 단계적으로 확정하게 된다.

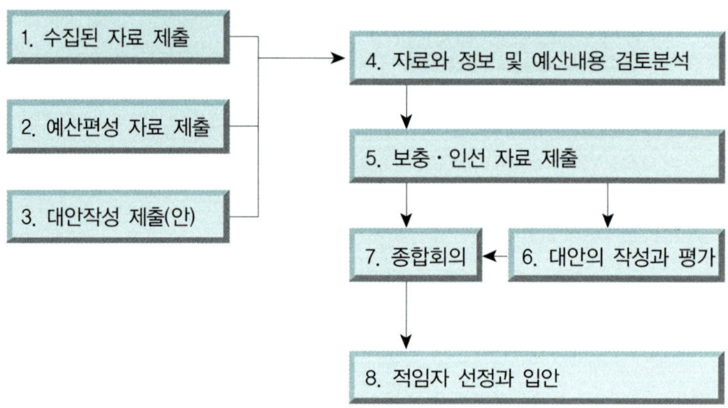

그림 2-2 선택안활동의 절차

이상과 같은 정보활동과 입안활동, 선택 및 평가활동단계를 거쳐서 계획 설정의 최종단계에서는 최적안을 선택하는데, 대체안이 많을수록 효과적이며, 의사결정이 용이해진다. 특히 선택과 평가판정에서 효과적으로 활용할 경우에는 결정된 계획에 대한 위험과 불확실성을 배제할 수 있는 이점이 있다.

5) 호텔경영계획의 일반 원칙

호텔경영계획의 일반적인 원칙으로는 일반 기업군에서 말하는 원칙론, 호텔사업의 특수성을 감안한 공익성과 서비스의 원칙 등 두 가지 내용으로 집약할 수 있다.

그 이유는 계획을 수립하는 과정에서는 다음과 같은 요인이 요구되기 때문이다.

① 경영의 미래지향적인 성장과 안정

② 장기적인 경영의 종합유지

③ 경영의 일관성 확보

④ 고객을 위한 무형의 서비스 추가

⑤ 국제 및 내국인에게 인간의 기본적인 생활공간 부여 의무

그러나 호텔에서는 모든 계획의 근본적인 목적을 기업의 목표를 효과적으로 가장 용이하게 달성하는 데 초점을 두고 있으므로 세부적이고 단계적인 내용을 갖고 있는 원칙을 요구하게 된다. 따라서 대규모이며 체계적으로 운영되는 호텔일수록 계획의 개념 범위 내에서 세부적인 경영계획을 입안하여 선택 · 결정하는 방향으로 가고 있으며, 경영의 원칙으로는 다음과 같은 계획을 세워 놓고 있다.

① 경영목적과 목표의 공헌 원칙

② 경영계획 우선의 원칙

③ 경영계획의 파급성 원칙

④ 경영계획의 유효성

3 호텔경영의 조직

1) 호텔조직

(1) 호텔조직의 이해

호텔조직이란 호텔기업이 목적을 달성하기 위한 기구이다. 조직이란 2명 이상이 공동목적을 향해 협동할 때 작동하는 것으로, 사람이 있음으로써 비로소 성립된다. 인간이 없는 조직은 아무리 훌륭한 조직구성원이나 규정이 있더라도 조직이라고 할 수 없으며, 2명 이상이 각자의 역할을 결정, 서로 협력할 때 조직은 가동되며, 호텔조직의 주역은 종업원이다.

호텔을 경영하는 데는 여러 가지 경영활동이 필요하다. 이러한 경영활동을 합리적으로 수행하기 위해서는 여러 활동을 분야에 따라 정리하고 일정한 기준으로 분류함으로써 각 담당자가 분담할 직무를 명확하게 하고, 직무 간의 관계를 확실하게 한다. 조직이란 각 담당자가 수행할 직무 및 각 직무 상호 간의 관계를 규정한 것이다. 그리고 보는 관점에 따라 다르게 정의되고 있는데, 경영관리적인 측면에서 조직은 전체조직 내의 업무를 수행하는 기능에 따라 직무 상호 간의 규정뿐만 아니라, 계획에 대한 목표지향적 협동수단이라고 할 수 있다.

호텔을 운영함에도 경영자는 물론 여러 가지의 기능을 수행하는 종업원 등이 참가하고 있고, 또한 그들의 협동에 의해 사업 활동이 수행됨으로써 기업체가 존속하고 유지될 수 있는 것이다. 그러므로 호텔의 구성요소로서의 종업원은 마땅히 사업목적의 합리적인 달성을 위해 구체적으로 호텔 내에서 수행되는 일 또는 직무를 체계적으로 분담하지 않으면 안 된다. 이처럼 기업에 참가하고 있는 여러 사람들이 저마다 그들이 맡아서 수행하여야만 할 일, 즉 직무를 체계적으로 분담함으로써 그들의 협동을 통해 시너지 효과(synergy effect)가 생기게 되는데, 이 직원들이 결합되어 있는 형태를 가리켜 조직이라 한다.

한편, 경영조직(business organization)이란 경영목적을 달성하기 위하여 질서가 유지된 조직원의 활동 결합이라고 말할 수 있다. 다시 말하면 조직이란 각 담당자가 수행할 직무 및 각 직무 상호 간의 관계를 규정한 것이다. 따라서 경영조직의 핵심은 경영목적을 달성하기 위하여 작업과 조직원과의 관계를 합리적으로 결합시켜 이를 편성하여 운영해 가는 것이기 때문에 조직에 관한 문제는 기본적으로 다음과 같은 세 가지 문제로 대별할 수 있다.

① 조직구조의 문제

이것은 직무규정과 그 수행에 필요한 직무권한의 할당에 관한 직위의 문제, 각 직무의 상호관계, 즉 최고경영자의 편성 등 조직의 일반적인 구조에 관한 문제이다.

② 조직운영의 문제

이것은 일정한 조직구조하에서 전개되는 작업의 흐름과 작업의 상호교섭의 문제, 절차의 체계화라고 하는 협의의 시스템 구성에 관한 것이다.

③ 인간관계의 문제

조직이 인간에 의하여 형성되는 것인 이상 인간관계가 문제시되는 것은 당연하다.

이상과 같은 여러 가지 문제점들을 고려할 때 경영조직의 본질은 다음과 같은 두 가지로 집약된다. 즉, 경영목적의 달성에 필요한 각 구성원의 직무를 확정하는 것이다. 그리고 일정한 권한과 책임을 각 구성원에게 배합함으로써 각 직무의 상호관계를 합리적으로 편성하는 것이다. 그리고 오늘날의 새로운 경영조직은 원만한 직원관계하에서 형성될 합리적 기능적인 업무본위의 질서를 의미한다.

그렇다면 조직은 어떻게 더 능률적으로 조직에 참가한 사람들의 욕구를 충족시켜 줄 수 있는지에 대해 살펴보아야 한다. 이와 같이 보다 능률적인 욕구의 충족가능성은 바로 그들의 협동적 의욕을 생기게 해주는 유인이 되는 것이다. 인간은 조직을 떠나서는 어떠한 생활도 영위해 나갈 수 없다. 다시 말하면 인간은 조직화된 사회 속에서 생활해 나아가야 한다. 조직은 단순한 재화나 서비스만을 제공하는 기능적인 문제에 그치는 것이 아니라 그 이상의 것이다. 조직은 우리의 생활과 생활방법에 중요한 영향을 미친다.

우리는 조직에 영향을 받아 왔고, 앞으로도 계속 의존하게 될 것이다. 그러므로 조직은 과학적 · 기술적 업적을 쌓아 올리고, 사회적 · 경제적 발전과 우리의 풍요를 가져다주는 원동력이 될 것이다. 특히 인적 의존도가 높은 호텔에서 조직의 중요성을 비추어 볼 때 중요하게 인식될 것이다. 한편, 최근 조직의 경향은 조직개발, 조직행동, 조직환경, 조직문화의 범주까지, 즉 과거의 범주를 초월하면서까지 급속히 변화되고 있다.

(2) 현대 호텔조직의 특징

① 조직규모의 변화

현대조직은 과거조직에 비해 인력, 예산, 기구면에 있어 규모가 점진적으로 성장, 발전해 왔다. 이와 같이 조직이 성장, 발전하는 원인을 살펴보면 다음과 같다.

가. 고객의 자기생활 수준향상

고객은 언제나 현재보다 나은 생활을 영위하려 한다. 즉, 높은 수준의 서비스를 요구하고 있는 것이다.

나. 커뮤니케이션의 발달

교통, 통신수단의 발달은 장거리 커뮤니케이션에 필요한 시간을 극도로 단축시켰다. 이러한 통신 정보수단의 발달은 호텔조직의 관리기술을 변화시켜 왔으며 조직의 팽창을 가져올 것이다.

② 조직의 복잡화

현대 호텔조직은 과거조직에 비하여 복잡한 것이 특징이다. 과거조직은 구성이나 조직운영이 단순하였고 조직계층도 그 수가 적었으며, 구성원은 단순권한관계에 있었다. 그리고 소유주의 절대적 권한 속에서 총지배인을 포함한 전문 경영인의 역할은 미미하였다. 그러나 현대 호텔조직은 그 구성이나 내부 또는 외부에서 작용하는 모든 요소에서 아래와 같이 극히 복잡화되어 가고 있다.

가. 조직이 수행하는 직능이 더욱 전문화되고 있다.

나. 목표의 다원화가 불가피하게 되었다.

다. 종업원의 권익을 옹호하기 위하여 단결할 수 있는 인격을 갖춘 인간으로 대우받기를 원하고 있다.

라. 서비스 상품에 대한 인식이 변화되고 있다.

이와 같은 요인으로 말미암아 앞으로 조직형태는 더욱 복잡 · 다양화될 것으로 예상된다.

③ 조직의 전문화

현대사회는 사회구조의 기능적 세분화와 더불어 업무 역시 세분화되어 있기 때문에 기능의 전문화 내지 세분화 현상이 광범위하게 나타나고 있다. 업무를 수행할 때 이와 같은 제반현상은 부분적으로 기계화와 과학적 관리를 요구하지만, 전문인의 채용도 필요하게 된다. 따라서 호텔을 운영하는 데 제기되는 문제는 전문화 및 기술화에 비례하여 종업원 조직을 효과적으로 어떻게 조화롭게 통합시킬 것인가가 중요한 문제라고 하겠다. 따라서 현대의 호텔조직은 고도의 전문적인 통합성과 적응능력이 요구된다.

④ 조직의 통합성과 계층성

조직이 하나의 목적을 추구하기 위해서는 그 구성요소에 있어 세분화되어야 한다. 즉, 조직단위, 서비스, 권한과 책임 등이 조직의 목표달성에 이바지할 수 있도록 하여야 한다. 그러나 조직 내의 관리자들은 권한을 통하여 분업화된 업무를 조정, 통제함으로써 목적에 기여하도록 통합활동이 뒤따라야 한다.

이와 같이 날로 변모해 가는 호텔산업의 인력수요에 대응하기 위해서 호텔조직은 전체구조가 피라미드형을 구성하면서 그 속에 계층을 이루고, 지휘, 감독 등의 제반 수단과 방법에 의하여 호텔의 궁극적인 목적달성을 실현해 나갈 수 있도록 부서의 통합과 계층이 조화롭게 이루어져야 할 것이다.

(3) 호텔조직의 기본원칙

호텔조직을 효과적으로 운영·관리함에서 권한과 책임 같은 비중을 갖는다는 전제조건이 성립되어야 한다. 또한 조직자체에 있어서도 경영활동의 제 기능에 따라 합리적으로 편성되어야 한다. 그러나 이와 같은 조직원칙은 모든 기업이 동일하게 구성되어 있는 것은 아니다. 하지만 일반적으로 사용하고 있는 제 원칙을 정리하면 다음과 같이 정리할 수 있다.

① 전문화의 원칙

조직의 각 구성원이 업무를 전문적으로 담당함으로써 경영활동의 능률을 제고시키고자 하는 것이다. 이 전문화의 원칙에 따라 부문화가 이루어지고 업무가 분장되어 각 구성원들의 담당직무의 종류와 범위가 합리적으로 정해진다. 전문화에 의하여 각 구성원은 직무에 필요한 전문적 지식과 기술을 습득하여 경영능률이 촉진되는 것이다.

② 명령일원화의 원칙

라인에 따라 한 부하는 언제나 한 사람의 상사에게만 명령을 받아야 한다는 원칙으로, 책임과 권한의 명확화 및 조직의 질서유지를 위하여 필요한 원칙이다. 이로써 부하의 효율적인 통제가 가능하며 상위자가 전체적인 조정을 용이하게 행할 수 있고, 상위자는 하위자와의 명령, 보고관계가 일원화됨으로써 지위에 대한 안정감을 가질 수 있다. 그렇지 않고 상위관리자 다수로부터 명령을 받으면 혼선으로 능률이 저하될 수 있다.

③ 책임과 권한의 원칙

조직을 구성하는 각각의 구성원에게 업무를 분장함에서 그 상호관계를 명백히 할 것을 강조하는 원칙이다. 즉, 상사가 부하에게 업무를 분담시킴에 있어서는 일정한 책임과 그에 연관된 충분한 권한의 행사를 보장해야 하고, 그렇게 함으로써 부하는 직무수행에 대한 결과의 책임을 가지게 된다는 것이다.

④ 조정의 원칙

호텔목적을 효율적으로 담당할 수 있게 하기 위하여 각기 분화된 경영활동을 호텔 전체의 관점에서 적절히 조정, 통합하는 것을 의미하는 것이다. 이 원칙이 확립되지 않으면 호텔 전체로서의 조직의 힘을 발휘할 수 없게 되어 기업목적을 효과적으로 달성하기 어렵다.

⑤ 예외의 원칙

경영자가 경영활동의 전반에 대한 의사결정을 한다는 것은 대규모화되고 복잡한 오늘날의 경영에 있어서는 비능률적이다. 그러므로 반복적으로 발생하는 의사결정 또는 업무의 처리는 모두 중간관리자에게 위임하고, 경영자는 예외적인 또는 우발적인 사항의 처리에 전념한다는 원칙이 바로 예외의 원칙이다.

⑥ 감독범위 적정화의 원칙

관리자 일인이 직속으로 지휘와 감독할 수 있는 직원의 수에는 일정한 범위 내지 적정한 수가 있다는 원칙을 말한다. 감독의 관리범위가 너무 광범위하면 의사전달이 부정확해지고 능률은 저하되며, 관리상의 어려운 점이 많아진다. 그렇다고 감독의 범위에 규칙적인 적정범위가 있는 것은 아니다. 일반적으로 상층의 관리단계에서는 4~8명이 최적한계이며, 하층의 관리단계는 8~15명, 작업면의 감독의 최적한계는 15~30명이라고 보고 있다. 그러나 노동자 직급이나 단순 서비스 직종으로 갈수록 감독의 폭이 큰 현상을 볼 수 있다.

⑦ 계층단축화의 원칙

관리자의 범위 원칙에 의하면 기업규모가 확대되어 종업원의 수가 많은 사업장은 주임, 계장, 과장, 차장, 부장, 임원 등 상하의 계층이 길어진다. 상하의 계층이 길어지면 그만큼 상하의 의사소통이 불충분하게 되고, 명령전달도 늦어지기 쉽다. 또한 감독자의 수도 많아지고, 인건비도 많이 든다. 따라서 이러한 폐단을 없애기 위해서는 조직의 계층을 단축시킬 필요가 있다. 이것을 계층단축화의 원칙이라 한다. 실제 호텔에서 최근 사업부제, 혹은 팀(team)제를 도입하여 부문별 관리를 강화하고 있으며, 중간계층에서 한 단계씩을 줄이는 호텔도 있다.

⑧ 직능화의 원리

경영조직의 합리화를 위해서는 구성원의 능력에 의존하지 않고, 실질적으로 담당해야 할 일을 중심으로 하여 조직을 형성할 필요가 있다는 뜻이다. 즉, 직무가능성을 객관적으로 살려 조직을 마련한 다음, 각각의 직무에 따라 정당한 담당자가 배치되어야 합리적인 조직이 구성된다는 것이다.

이것은 오늘날과 같이 호텔이 비약적으로 확대되어 대규모화되고, 그에 따라 관리직능이 극히 복합적인 현실에서는 더욱 중시되는 것이다. 이러한 의미에서 직능의 원칙은 합리적 경영조직을 마련할 때 제일의 원칙이 되어야 한다고 주장하는 학자도 많다. 최근 호텔에서 이와 같은 직능화의 원리에 의하여 마련된 제도가 바로 직계제도인 것이다. 즉, 이 제도는 각 직무를 그 종류에 따라 등급으로 분류함으로써 담당직무에 따르는 조직의 계층적 편성을 도모하는 것이다.

⑨ 권한위임의 원칙

경영규모의 확대에 따라 관리조직의 최고경영자가 경영활동의 전부를 직접 담당할 수 없게 되었으므로, 그 권한과 책임의 일부를 부하에게 위임할 필요가 높아졌다. 이를 권한위임의 원칙이라 한다. 이와 같이 상부조직의 권한은 내부통제의 지배직능에 속하는 것 이외에는 하부조직에 위임되어 비로소 경영활동의 실시가 원활하게 된다.

우리나라 경영조직의 공통된 결함 내지 문제점의 하나로서 권한위임의 소극성과 그에 수반한 품의제도, 즉 업무수행에 있어 업무담당자는 개개의 업무를 품의방식에 의하여 최고경영자의 결재를 얻어 비로소 수행하는 제도를 들 수 있다. 이와 같은 집권적 조직은 1인형 경영이라 할 수 있다. 그러나 모든 업무를 혼자서만 연구 · 집행하지 않고 여러 관계자들이 함께 연구하고 책임감을 갖도록 하는 것이 바람직하다. 그러기 위해 일상적인 업무에 대한 권한은 될 수 있는 한 실무자에게 위임하고, 최고경영자는 본연의 직무를 충실히 수행해야 할 것이다. 이러한 원칙이 제대로 실현되기 위해서는 조직 자체가 경영활동의 제 기능에 따라 합리적으로 편성되어야만 하며, 조직구성원의 직무에 관한 권한과 책임의 내용이 명확히 규정되어 있어야만 한다.

2) 호텔조직의 관리형태

(1) 일반조직의 기본형태

호텔조직의 형태는 다양한 양상을 보여 주고 있으나, 크게 분류하면 기본적인 형태와 상황에 따른 특수형태로 대별된다. 여기서 조직을 작성할 때의 기본적 조직형태는 라인조직(line organization), 기능조직(function organization), 스태프조직(staff organization), 라인스태프조직(line and staff organization), 라인 기능조직(line and functional organization)과 같다. 그러므로 각 호텔의 경영특성을 고려한 혼합형을 많이 볼 수 있다.

① 라인조직(line organization)

라인조직은 관리자와 근로자 사이의 관계가 하나의 직선처럼 연결되어 있고, 직속상관이 책임을 지고 권한을 행사할 수 있는 부문관리조직이며, 수직조직 또는 계선조직이라고도 한다. 또한 이 조직은 각 구성원의 상호관계가 마치 군대의 지휘, 명령같이 종속관계와 비슷하다고 하여 군대식 조직이라고 부른다. 그러므로 라인조직은 관리자의 지휘와 명령의 일관성이 확립되어 있고 연대책임의 한계가 명확하여 그 업무의 진행과정 또한 관리자가 총괄하고 있기 때문에 분업에 의한 관리활동의 전문화가 부족하다는 단점이 있다. 라인조직의 장점과 단점을 살펴보면 다음과 같다.

가. 라인조직의 장점

- 소규모의 조직에 적합하다.
- 명령일원화의 원칙에 따라 통솔력이 강하다.
- 조직의 안전성을 확보할 수 있다.
- 조직구조의 단순성으로 책임과 권한의 한계를 쉽게 이해할 수 있다.

- 하급자의 평가가 용이하다.
- 개인적인 지도로 종업원의 훈련이 용이하다.
- 제반경비를 절약할 수 있다.

나. 라인조직의 단점

- 관리자의 독선적 행위를 배제하기 어렵다.
- 사업규모가 큰 조직체에서는 다른 조직형태의 도움 없이는 업무수행이 곤란하다.
- 하급관리자의 의욕상실과 창의력이 결여될 수 있다.
- 유기적 조정이 불가능하여, 부문별 업무 간에 혼란을 야기할 가능성이 있다.

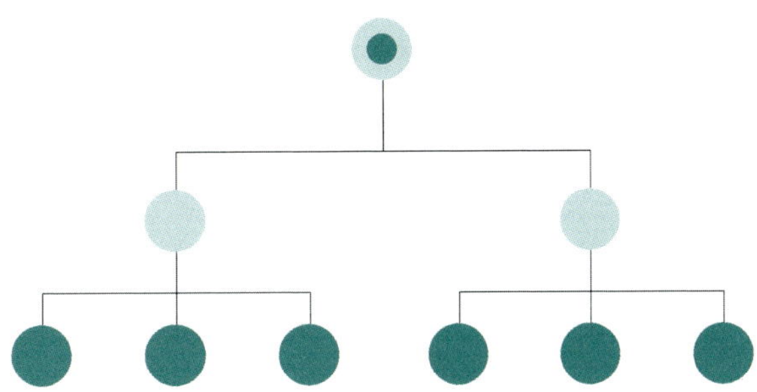

▌그림 2-3▌ 라인조직

② **기능조직(function organization)**

기능조직은 라인조직의 단점을 보완하기 위하여 과학적 관리법의 창시자인 테일러 (F. W. Taylor)가 창안한 조직형태로 이는 라인조직이 수직적 분화를 중시하는 데 반해서, 수평적 분화관계(differentiation relation) 중점을 두고 관리자의 업무를 기능화하여 부문별로 전문적인 관리자를 두고 지휘 · 감독하는 조직형태이다. 따라서 이 조직형태는 다수의 기능직들이 자신의 특수 분야에서 작업능률의 효과를 증대시키고자 하는 특징이 있다.

가. 기능조직의 장점

- 감독의 전문화로 고능률을 기대할 수 있다.
- 성과에 따른 성과급 제도의 실현이 가능하다.
- 전문지식과 경험을 갖고 스태프의 도움으로 효과적인 경영활동이 가능하다.
- 관리자의 권한과 책임의 한계가 명확하여 위임의 원리가 적용된다.
- 전문화된 작업 성격에 따라 인재 발견이 용이하고 전문가가 나올 수 있다.
- 단기간 내 전문가 양성이 가능하다.

나. 기능조직의 단점

- 스태프의 전문적 분화에 따라 간접적인 관리비용을 증대시킨다.
- 파벌주의의 조성이 가능하다.
- 라인과 스태프 간의 의타심이 조장될 가능성이 있다.
- 스태프의 조언으로 의사결정과 집행이 지연된다.

③ 스태프 조직(staff organization)

스태프 조직은 참모조직이라도고 하며 경영활동의 원활한 업무수행을 돕고 각 부문 서로의 조정을 도모하여 최고경영자를 보좌하기 위한 조직을 말한다. 이는 라인조직을 보강하는 제도로서 전문적 사항에 관한 라인조직을 보충하려는 것으로, 집행기관은 물론 아니고, 지휘, 명령의 권한도 부여되지 않는다. 소위 조언 또는 자문기관이라 할 수 있다. 호텔경영의 조직이 이런 유형에 속한다. 즉, 영업부문의 업무와 관리부문의 업무가 서로 협조 및 조언을 요하는 것으로 판매 · 촉진부, 예약과, 기획실 및 일반관리부가 바로 이와 같은 논리인 것이다.

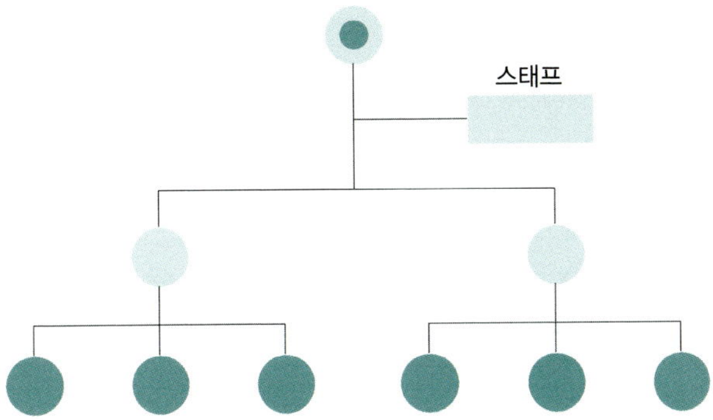

▌그림 2-4▐ 스태프 조직

④ **라인스태프 조직**(line and staff organization)

과학적 관리법의 운동을 적극적으로 지원한 에머슨(H. Emaerson)이 테일러의 기능조직의 형태를 변형·개발시킨 이 조직은 조직의 기능화 원칙과 명령의 일원화 원칙을 조화시켜 스태프의 권한을 한정시킨 상태에서 제안된 조직형태라고 할 수 있다. 따라서 참모조직이라고 부르기도 하며, 이 조직형태에서 스태프는 기획, 조사, 연구부문에서 라인활동에 조언하는 권한을 부여하며 라인에게는 라인의 전형적인 명령과 집행을 할 수 있는 권한을 규정, 부여함으로써 근본적인 기능조직의 단점을 보완하고 있는 셈이다.

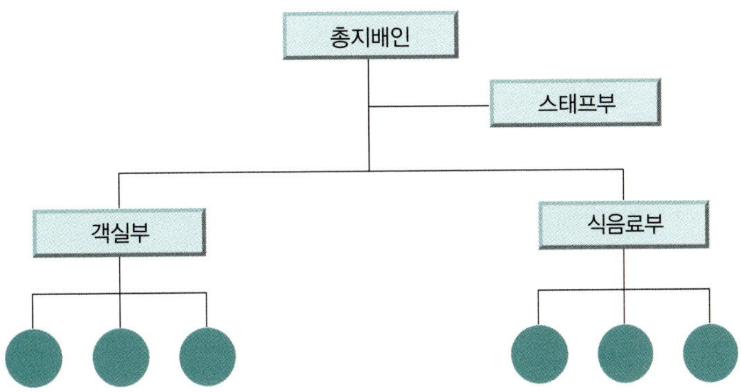

▌그림 2-5▐ 라인스태프 조직

가. 라인스태프 조직의 장점

- 전문적인 스태프의 조언으로 효율적인 관리활동을 전개할 수 있다.
- 스태프는 연구, 분석을 통해 조언하고 있으므로 라인의 관리시간을 절약할 수 있다.
- 스태프의 권한 축소로 라인의 활동면에서 안정감을 얻는다.
- 관리통제가 용이하다.

나. 라인스태프 조직의 단점

- 라인의 명령계통과 스태프계통의 혼동이 가능하다.
- 소수의 스태프왕국의 형성이 가능하다.
- 라인은 스태프에 지나친 의존성을 나타내게 된다.
- 스태프는 책임회피의 가능성이 있다.

⑤ 라인기능 조직(line and functional organization)

라인조직과 기능조직의 장점을 얻어 만들어진 경영조직으로, 라인조직의 지휘, 명령의 통일성을 유지하고 조정의 원리를 확보하는 반면, 수평적 분화에 의한 책임과 권한을 확립하여 위임의 원리를 충분히 받아들이려는 것이다. 이것은 오터슨(J.E. Otterson)이 채용하였다 하여 오터슨 조직이라고도 한다.

그러나 이 조직은 라인조직과 기능조직의 장점을 얻었다기보다도 오히려 결과적으로 양 조직의 단점을 드러낸다. 즉, 기능조직과 같은 기능으로 라인조직의 지휘, 명령의 통일성을 잃게 되고, 기능조직어서의 전문화가 중간 간부의 개입에 의하여 충분히 그 효과를 발휘할 수가 없으므로 이는 널리 보급되지 못하고 있다.

(2) 호텔조직의 형태

호텔조직은 일반적인 조직의 기본개념을 토대로 호텔이라는 특성을 감안해서 호텔조직의 형태가 만들어진다. 그러나 호텔조직의 형태는 기업마다 다른 특성으로 인하여 모두 동일할 수는 없는데 다음과 같은 요인에 의하여 조직의 형태구성에 영향을 받는다.

① 투자자의 경영 이념과 방침
② 호텔의 소유형태
③ 부대시설의 크기와 종류
④ 호텔의 장소적 조건
⑤ 총지배인의 경영목표

그러나 이 같은 특성에도 불구하고 호텔조직의 형태는 객실부문, 식음료부문, 관리부문으로 크게 3개 부문으로 구분되어 전통적인 기본구조에서 발전하여 왔다. 객실부문은 객실의 판매, 서비스 유지관리의 전반적인 기본직무가 부여되고, 식음료부문은 레스토랑, 카페테리아, 연회장 등 식음료판매의 주기능과 조달의 역할을 수행한다.

객실부문이 이 호텔조직의 얼굴역할을 하고, 식음료부문이 호텔의 심장 기능을 한다. 관리부문은 호텔운영의 기획, 영업의 통제 및 조정, 자금운용, 나아가서 인사관리 등 모든 경영을 수행하는 기능을 담당한 곳이다. 이를 다시 세분하면 다음과 같이 10개 부문으로 분류할 수 있다.

① 현관부문(front office department)
② 현관서비스부문(front service department)
③ 객실정비부문(housekeeping department)
④ 식음료부문(food and beverage department)
⑤ 연회부문(banquet or catering department)
⑥ 주장부문(bar department)
⑦ 조리부문(kitchen department)

⑧ 베이커리부문(bakery department)

⑨ 회계부문(uniformed accounting department)

⑩ 기술부문(engineering department)

⑪ 관리부문(management and executive department)

한편, 조직에서는 공식(formal)조직과 비공식(informal)조직으로 구분된다. 즉, 조직의 구조는 조직의 목표를 달성하기 위하여 집단들이 어떻게 연결되어 있느냐에 따라 조직구조(organization structure)가 달라지는데, 조직의 발상 양상에 따라 공식구조와 비공식구조로 분류할 수 있다. 먼저 공식구조(formal organization)는 조직도나 기구표상 나타나는 조직으로 인원 배치, 의사소통 경오, 권한의 분대 등으로 목표달성을 위한 명확한 역할이 주어진다.

반면, 비공식 조직(informal organization)은 공식조직 내에 속하면서 그 조직에 충족하지 못한 기능을 수행하며, 기업경영에 직 · 간접 영향을 미치는 조직이다. 즉 혈연, 지연, 학연, 종교, 축구, 등산, 낚시, 바둑과 같은 취미 등 다양한 형태로 서로 이해관계가 있는 조직이라 할 수 있다. 그러나 급변하고 있는 호텔경영에서 항상 혁신적인 체질개선의 여지가 없는지 주기적으로 연구 · 검토가 있어야 할 것이다.

3) 호텔조직의 편성

(1) 조직편성에 따른 점검표

조직에 관한 기본적인 내용을 검토해 보면 호텔경영의 이념과 정신을 고취시키면서 경영효율을 제고하기 위해서는 보다 구체적인 조직이 편성되어야 한다. 이와 같이 능률적인 조직이 편성되려면 아래의 조직의 적격여부점검표 항목으로 먼저 점검해 보아야 한다.

① 종업원이 자기회사의 발전과 성장을 위한 강한 의욕

② 매일, 매월, 분기별, 매년 구체적인 목표가 명확하게 설정
③ 구성하고 있는 인적자원, 물건, 자본, 설비, 분위기의 효율적 편성
④ 목적달성을 위해 종업원과 각 부서와의 상호관계 유지
⑤ 신입 종업원부터 상위관리자까지 전원의 역할과 임무요건이 명확한 설정
⑥ 업무의 이상이나 진행상황 등을 확실하게 보고
⑦ 최고경영자의 의사에 따라 회사 전체가 신속하게 행동하는 풍토

이상과 같은 항목이 조기의 효율을 높이고 활성적인 조직이 되기 위한 조건들이다. 또한 조직을 편성하는 데에는 실제적인 현재의 조직을 점검하기 위한 세부항목의 점검표(check point)가 요구된다.

(2) 조직편성상의 유의점

① 호텔조직은 그 호텔이 가지고 있는 기능의 구성과 규모, 경영방침 등에 의해 달라질 수 있다.
② 노동집약형이 지배적인 호텔에서는 중간관리자층이 적은 조직의 형태가 바람직하다.
③ 분업화, 전문화를 촉진시키기 위해서 업무수행상 겸직이 좋은가는 최고경영자의 판단하에 결정
④ 근무시간이 긴 접객서비스와 관계하는 부서에서는 시간대별 집중도를 고려하여 편성해야 한다. 즉, 적은 인원으로 서비스 규칙을 지키면서 기준작업량을 처리할 수 있는지의 실태 등도 충분히 검토되어야 한다.

4) 기업규모의 조직 간 조화

(1) 두 종류의 조직

호텔은 일반기업과 마찬가지로 조직체이다. 기업을 합리적으로 경영하기 위해 업무에 따라 구분된다. 그리고 직위에 적임자를 배치함으로써 조직이 형성되고, 분담한 일에 중복되거나 누락된 부분이 있어서는 안 된다. 직위의 설정방법 그리고 직원의 배치가 잘 되었는지와 팀워크가 제대로 발휘되는지의 여부는 조직운영의 핵심이라 하겠다. 그러므로 [그림 2-6]과 같은 기본요소가 적절하게 조화를 이루어야 한다.

일반적으로 조직에는 두 가지 기능이 있다. 하나는 작업조직이라는 것으로 종업원들이 일을 세분화해서 분담함으로써 작업의 효율을 높이려는 것이다. 다른 하나의 관리조직, 세분된 업무를 하나의 영업활동으로서 종합하는 일이 필요하다. 호텔의 규모가 커지면 커질수록 전체업무의 조정, 통제기능이 필요하다. 여기서는 일의 분담관계가 관리조직이다. 그런데 호텔조직의 실태는 호텔의 규모, 경영방법, 호텔환경 등 그 외에 여러 가지 조건에 따라 여러 가지 양상으로 나타난다. 또한 호텔내부의 종업원의 상태 등에도 맞추어야 하므로 상황에 따라 변하는 것이다.

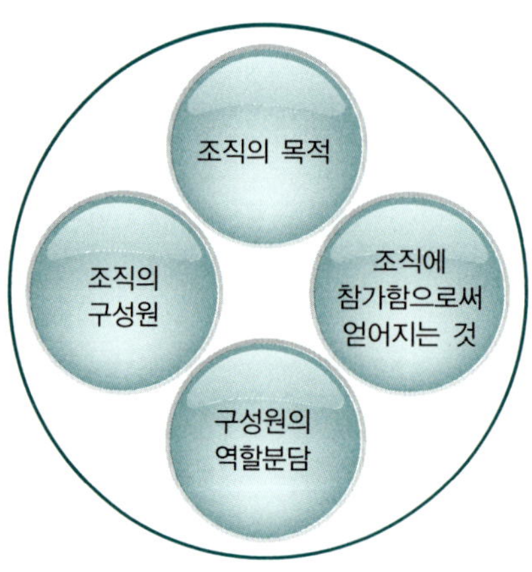

그림 2-6 조직의 기본요소

(2) 조직분석의 진행방법

① 조직도의 분석

조직의 실태를 알기 위해서는 그 행동의 주체, 즉 누가, 무엇을 하는가를 분명히 밝혀야 한다. 이를 분석하는 수단으로 조직도가 사용된다. 조직도의 부서장에 대한 관리자의 연령, 학력, 전공, 직원 수를 기입하여 관찰하면 그 회사가 어느 분야에 힘을 쏟고 있는가 등 조직 활동의 대부분을 추정할 수 있다.

② 조직분석의 핵심

조직도가 잘 그려져 있어도 과연 그대로 실행되고 있는가를 확인해야 한다. 대부분의 경우 조직도와 조직의 실태와는 차이가 있으며, 특히 비즈니스호텔이나 중소형 호텔에서는 각자의 담당직무가 일정하지 않을 수 있다. 또한 명령계통이 조직도와는 완전히 다른 사장 혼자 호텔 내 모든 직원을 관리하는 곳도 있다.

조직의 실태를 알기 위해서는 실제의 상황으로 조직도를 만들어야 한다. 조직은 호텔의 기업목표와 이윤을 높이기 위한 수단이므로 조직분석 시 그 운영이 경영목표에 기초를 두고 있는지와 생산성을 높이도록 되어 있는지, 소수성예주의의 소식인지, 조직의 원칙에 맞는지 하는 점들을 검토해야 한다.

③ 이면조직의 검토

호텔규모가 커지고 복잡해짐에 따라 호텔 내부에 회사에서 인정하지 않은 다양한 조직이 형성된다. 이것은 이면조직으로 비공식조직 또는 보이지 않는 조직이라 하겠다. 공식조직이 업무조직이라면 비공식조직은 직원들 간에 만들어진 조직이다. 그렇다고 이 조직을 무시할 수 없다. 경영조직의 실태를 파악하는 데는 표면적인 조직보다 오히려 이면적인 조직의 실태를 파악함이 더 중요할 수도 있다.

(3) 조직과 시스템

조직과 비슷한 것으로 시스템이 있다. 시스템(system)은 조직과 같은 것으로 생각하기 쉬우나 이 둘은 구별해야 한다. 조직(organization)은 사람을 대상으로 하며, 시스템은 사람, 물건, 돈, 즉 호텔의 구성요소 전체를 대상으로 삼는다. 조직을 하나의 목적을 위해 결합된 사람의 집단이라 한다면, 시스템은 하나의 목적을 실현하기 위한 수단의 체계이다.

호텔경영의 목적은 호텔 자체의 계속성 확보를 위한 이윤 추구가 첫 번째이다. 이를 위해 사람, 물건, 돈을 잘 결합하여 균형을 유지하여 경영효율성을 높여야 한다. 호텔의 구성요소를 개별적으로 보지 않고 유기적으로 조합된 하나의 시스템으로 생각하여 유효하게 호텔활동이 전개되도록 체제를 만드는 것이 시스템의 목적이다.

호텔은 환경으로부터 독립할 수 없다. 환경의 변화와 시간의 경과에 따라 변화한다. 요즈음과 같이 외부 환경이 격변하고 호텔경영이 복잡, 고도화되고 있는 환경에서는 호텔 내부의 생산, 판매, 인사, 재무 등 전 부문의 자료는 물론이고, 기업 외부의 경영정보 및 자료를 수지, 분석하고 종합 처리하여 경영자의 의사결정에 필요한 정보를 제공하는 것이 필요하다. 최근 대두되고 있는 호텔경영정보시스템(HMIS)이 대표적인 예이다. 이렇게 하지 않으면 경영자가 적시에 적절한 의사결정을 하기가 어렵다.

대량의 자료를 신속하게 처리하기 위해 대부분 모든 호텔에서 사무자동화 및 정보처리를 위한 호텔경영 정보시스템(Property Management System: PMS)을 이용하고 있다. 호텔을 시스템으로 보고 이러한 방향으로 기업이 나가고 있는가를 주목해야 한다.

5) 조직의 체질 측정

조직의 체질은 질적으로 혹은 양적으로 측정될 수 있다. 측정 자료는 반드시 종업원으로부터 나와야 하며, 그 유용성은 종업원들이 그들의 느낌을 진실되게 표현해 주느냐에 달려 있다. 만약 종업원들이 그들의 제시를 경영진에서 받아들일 것이라고 믿고 있다면, 다음의 질문사항들을 제시함으로 더 나은 정보를 제공받게 될 것이다. 우선 종업원들에게 비판적인 응답을 해도 나중에 어떠한 처벌은 없을 것이라는 것을 확신시켜 주어야 한다. 이런 이유로 면담이나 토론은 회사 밖에서 초빙해 온 사람이나 최소한 인사과에서 나온 사람이 실시해야 한다.

질적인 측정에 있어서 조직 환경(organizational climate)은 조직의 일체감, 업무기준, 업적에 대한 보상과 같은 질적인 차원에서 측정할 수 있다. 예로서 다음과 같은 질문이 종업원들의 대답을 얻기 위해 사용될 수 있다.

(1) 책임성

① 어느 정도까지 우리 개인의 판단에 의존하여 일을 처리하고 있는가?
② 자신의 문제를 스스로 해결하도록 우리는 어느 정도까지 다른 사람들을 격려하고 있는가?
③ 지배인들은 모든 일을 그들과 함께 재확인하는 것을 어느 정도 요구하는가?
④ 종업원들이 자발적으로 생각하여 일을 처리하도록 지배인들은 어느 정도 격려해 주고 있는가?

(2) 호텔목표의 명료성

① 호텔에서 당신에게 기대하고 있는 것이 무엇인지 당신은 알고 있는가?
② 업무배당은 논리에 맞게 만들어졌는가?
③ 호텔의 방침을 당신은 설명 들은 적이 있는가?
④ 미숙한 사업계획으로 인하여 생산성 향상에 어느 정도 어려움을 겪고 있는가?

(3) 협동정신

① 대부분의 사람들이 상대방을 위하여 서로 어느 정도 신뢰한다고 생각하는가?
② 집단을 위한 협동정신은 어느 정도인가?
③ 경영진과 종업원 간에 협동적 태도는 서로 갖고 있는가?
④ 종업원들 사이에 언쟁의 빈도는 어느 정도인가?

(4) 일체감

① 우리는 일반적인 호텔방침이나 업무처리 기준에서 벗어나 변칙적으로 일을 처리하는 경우가 있는데, 그것이 어느 정도인가?
② 각종 규정들이 지나치게 엄격한가?
③ 어느 정도 자유롭게 발언이 허용되고 있다고 생각하는가?
④ 새롭고 독창적인 아이디어를 개발하도록 적극적으로 권장을 받고 있는가?

(5) 기준

① 업무수행 기준목표가 너무 높이 설정되고 있는가?
② 종업원들은 그들이 업무를 훌륭하게 완수한 후 어느 정도 자부심을 느끼는가?
③ 지배인들은 도전적인 목표들을 설정하는가?
④ 과업수행을 하도록 어느 정도의 압력을 받고 있는가?

(6) 보상

① 승진은 그 사람의 업무수행 능력과 실적에 적용되고 있는가?
② 주어진 과업을 잘해 내었을 때 칭찬받는 빈도수는?
③ 어떤 잘못을 저질렀다고 해서 반드시 처벌받는가?
④ 보상이나 격려가 우선적으로 중요시되고 있는가?

4 호텔경영의 지휘

1) 지휘의 의의

호텔경영에서 지휘기능이란 부하들이 호텔활동을 계획에 따라 적극적으로 수행하도록 그들의 의욕을 북돋아 주고 지도하며 감독하는 관리기능을 말한다. 다시 말하면 어떤 집단의 모든 구성원이 경영자가 달성되기를 바라는 목적을 위해 노력하게끔 하는 것이 경영자의 기능인 것이다.

지휘란 관리활동상 아주 중요한 과정이다. 왜냐하면 이는 충원활동과 마찬가지로 계획이나 조직화 및 통제기능 등과는 달리 순전히 사람과 관련되는 것이다. 이러한 인적 요소는 사업의 성패를 가려주는 가장 중요한 요인이기 때문이다. 사실 관리란 미리 설정된 목적을 종업원의 노력으로 달성되게 하려는 것이므로 지휘가 관리과정상 가장 중요한 것이다.

따라서 경영자가 지휘기능을 제대로 수행하기 위해서는 전적으로 사람과 관련되는 기능의 복잡성을 이해하도록 해야 한다. 왜냐하면 경영자가 지휘기능과 관련하여 사람을 다루는 경우 객관적인 입장에서만 그들을 다루지는 못한다. 그 자신도 한 사람의 근로자로서 지휘문제와 관련을 가지기 때문이다. 또는 경영자는 개인적으로나 혹은 집단으로서 사람들과 직접적인 접촉을 할 때 생산요소가 되는 사람들은 단순히 호텔목적에만 관심이 있는 것이 아니라 그들 자신의 목적도 가지고 있음을 알아야만 한다. 따라서 경영자가 호텔목적이 달성되는 방향으로 근로자들이 노력하도록 지휘하려면 그들이 스스로 효율적 내지 능률적으로 일하도록 의사소통을 하고, 동기를 부여하고, 리더십을 발휘해야 한다.

2) 지휘의 기능

지휘기능은 충원기능과 마찬가지로 사람과 직접적인 관련을 갖는 것이라 하였는데, 그렇다면 이는 다른 기능과는 다른 어떤 성격을 가지고 있는지 생각해 볼 필요가 있다. 호텔은 물론 다른 어떤 조직체에도 반드시 인적요소는 필요하기 마련이다. 이러한 인적요소는 그것이 호텔이나 혹은 조직체의 목적달성에 가장 효율적으로 기여하도록 관리되어야만 한다. 이러한 측면에서 볼 때 호텔경영에서 인적요소는 목적달성을 위한 수단이라는 의미에서 단순한 생산요소로 취급되기 마련이다.

그러나 이러한 인적요소는 다른 생산요소와는 다른 특성을 가지고 있다. 즉, 인적요소는 단순한 생산요소로만 그치는 것이 아니라 그는 고객으로서 수요에도 영향을 미치며, 가족이나 학교 · 기업 · 교회 또는 사회단체 등의 구성원임과 동시에 시민인 것이다. 이처럼 그들은 여러 가지 기능을 아울러 가졌기 때문에 그들은 경영자를 규제하게 되는 법률이나 그들의 행동을 구제하는 윤리 등에 대해서도 영향을 미칠 수 있는 것이다. 뿐만 아니라 그들은 복잡한 개체적 존재로서 흔히 변화하는 수많은 욕망을 가지고 있으며, 호텔에서는 생산력을 발휘하게 된다. 이러한 생산력이 기업목적의 달성을 위해 가장 효율적으로 활용되도록 지휘하는 것이 곧 경영자의 기능이라 할 수 있다.

그런데 경영자는 다른 생산요소에 대해서는 그 특성을 제대로 파악하여 이를 효율적으로 호텔목적에 기여하도록 할 수 있었으나 인적요소에 대해서만은 그 특성을 올바르게 파악하지 못하였던 것이다. 따라서 인간이란 과연 어떤 것인가. 그 성격을 올바르게 파악하고 이해한다는 것은 인적요소를 관리하는 데에 아주 중요한 일이다. 그래서 지휘기능은 호텔경영의 관리과정에서 핵심기능에 해당된다.

3) 지휘의 원칙과 수단

(1) 지휘의 원칙

호텔종업원 개개인의 특성을 살리면서 사업체가 추구하는 목적을 합리적으로 수행하려면 어떻게 지휘활동을 전개해야 할 것인가와 같은 대명제 앞에 경영자가 지휘활동을 할 때 필수적으로 따라야만 하는 지휘의 원칙을 다음과 같이 예시하고 있다.

① 목적 조화의 원칙

목적 조화의 원칙은 종업원의 목적과 기업의 목적이 조화되도록 지휘활동이 이루어져야 함을 나타내는 것이다. 즉, 지휘활동이 효율적으로 이루어지는지, 아닌지 하는 것은 협동을 하는 개인의 목적과 집단의 목적이 어느 정도로 조화되느냐에 따라 달라진다.

② 명령통일성의 원칙

명령통일성의 원칙은 앞에서 본 바와 같이 조직의 책임과 동시에 지휘의 원칙이 기노 한 것으로써 이는 부하가 단 한 사람의 상위자에게만 책임을 지는 것이 바람직함을 나타내는 것이다.

③ 직접감독의 원칙

직접감독의 원칙은 사람이나 업무나 조직환경 등 변화하기 마련이므로 ,감독기술도 이에 대응하여 적절히 변화시켜야만 함을 나타낸다.

(2) 지휘의 수단

호텔종업원을 지휘할 때 활용할 수 있는 수단방법으로는 일반적으로 다음과 같이 세 가지로 대별된다.

① 방향제시

종업원을 바르게 지휘하기 위해서는 먼저 방향이 제시되어야 한다. 방향제시란 기업의 목표를 달성하는 데 필요한 정보를 사전에 제공하는 것을 말한다. 새로 채용된 종업원이 기업 내의 물적 내지 인적환경에 익숙해져 제대로 지휘를 받을 수 있게 하면서, 그들이 맡아서 수행하게 될 담당업무는 물론, 앞으로 계속 수행해야 할 호텔활동에 관해서도 개략적인 설명을 해주어야 한다.

왜냐하면 종업원 스스로가 할 일과 그 환경을 알고 있다면 보다 더 지적으로 일할 수 있게 될 것이기 때문이다. 좋은 성과를 얻기 위해서는 어떠한 정보가 꼭 필요하며, 누구를 통해서 어떻게 그 정보를 전달할 것인가를 결정할 사람은 상위경영자이다. 지휘수단으로서의 방향제시에는 어떠한 것이 있는가? 이는 크게 나누어 다음 세 가지가 있다.

가. 신규 채용자에 대한 방향제시

대부분 인사부서에서 이를 전담하고 있으나 이것만으로는 부족하므로, 상위자가 직접 부하를 맡아서 하게 될 과업에 대해 정보를 제공해야 한다. 뿐만 아니라 종업원의 담당업무 및 그 업무와 다른 업무와의 관계, 종업원과 다른 종업원과의 관계 등도 충분히 이해시킴과 아울러 업무수행방법 및 지원서비스를 어떻게 이용할 것인가도 알려 주어야만 한다.

나. 종업원에 대한 방향제시

이는 경영자가 자신이 감독하는 부하에게 계속하여 수행하는 활동방향 제시이다. 이러한 방향제시가 필요한 까닭은 이들에게도 새로운 과업이나 기업활동의 변화 및 경영진의 이동 등을 알려 주지 않으면 안 되기 때문이다. 이러한 방향제시의 난점은 종업원들의 성장이 저마다 다르기 때문에 저마다 다르게 방향제시가 이루어져야만 한다는 점이다.

다. 상위자에 대한 방향제시

일반적으로 이는 제대로 이루어지지 않고 있다. 물론 상위자가 스스로 통제용 보고서나 집단회합 등을 통해 정보를 얻고는 있으나 이것만으로는 불충분하다. 따라서 모든 부하는 상위자에 대해서도 항상 정보를 제공하여야만 한다. 이때에는 상위자의 요구를 정확히 이해하고 자신에게 불리한 영향을 미칠 정보도 정확히 보고해야 한다. 이러한 책무를 이해해 주는 관리자가 바로 훌륭한 경영자라 할 수 있다.

② 명령

지휘를 하기 위해서는 적절한 명령을 내려야만 한다. 명령이란 부하로 하여금 어떠한 활동을 하도록 하거나, 수정하거나, 혹은 하지 못하게 하는 것으로써 이에 의해 조직이 활성화될 수도 있고, 반면에 조직이 해산될 수도 있다. 따라서 경영자는 명령의 의미와 용도 및 한계 등을 잘 알고 있어야만 한다. 일반적으로 볼 때 명령권은 부하의 노동 제공을 포함하는, 법적으로 강제성이 있는 계약에 의해 생기는 것이므로 상위자만이 이러한 권한을 가지고 있다.

상위자는 어떤 과업을 맡아서 수행하도록 부하를 고용하게 된다. 이 때 그는 무엇이 필요하며, 그것이 달성되면 노력의 대가로 얼마만큼 지급된다고 설명을 해야 하며, 반면 종업원은 구체적으로 어떤 활동을 담당 · 수행하면 그와 같은 보수를 받게 될 것인가를 알고 있어야만 한다. 고용자는 명령을 하게 되며, 피고용자는 이를 따르지 않으면 안 된다.

명령을 정의 내린다면 일정한 여건 속에서 부하로 하여금 어떤 활동을 하거나 혹은 중지하도록 요청하는 것이어야 한다. 명령이 유효하려면 직선적인 상하관계가 형성되어 있어야 하고, 그 내용은 호텔의 목적달성과 밀접한 관련을 가지는 것이어야 하며, 또한 그것이 강제성을 가져야만 한다.

③ 권한의 위임

권한의 위임도 지휘의 수단이 된다. 이는 명령을 하는 것에 비해 일반적인 성격을 가지는 지휘수단이다. 왜냐하면 권한위임에는 상위자가 하위자에게 개괄적으로 어떤 분야의 일을 하도록 명령을 할 수 있는 권한을 주는 것이나 명령은 상위자가 구체적으로 명령의 결과가 어떤 것인지 정확하게 알고 있거나, 혹은 알고 있다고 생각할 때에 내려지는 것이기 때문이다. 따라서 결과를 명확히 알기 어려운 경우에는 부하에게 권한을 위임하는 것이 보다 합리적이다.

4) 동기유발

(1) 동기유발의 의의와 중요성

동기유발이란 종업원의 충동 · 요구 · 욕구 · 소망 등 추진력의 총칭이다. 일반적으로 일은 그 일에 종사하는 사람이 자진하여 적극적으로 할 때 가장 효율적으로 수행된다. 다시 말해 동기유발이란 조직 내의 개인이 자진하여 조직의 목표달성을 위해 협동하도록 보수, 승진, 인센티브, 직무의 안전성, 노동조건, 직장의 인간관계 등에 관한 그들의 동기를 만족시킴으로써 그들이 적극적으로 책임을 갖고 일에 종사할 의욕을 일으키도록 하는 것이다.

그러나 대다수의 호텔이나 조직체는 일하는 모든 사람이 대등하게 자발적으로 협동하는 경우란 아주 드물며, 대부분은 경영자에 의해 동기가 주어지지 않으면 협동으로 노력하지 않은 사람들에 의해 그 목표가 달성되고 있다.

예를 들면, 호텔의 경우 종업원의 협동적 노력을 유발시키는 요인은 목표의 달성과는 직접적인 관련이 없는 임금인 경우가 많으므로 호텔의 경영자는 동기부여 과정을 올바르게 이해하고, 이를 통해 종업원이 의욕적으로 일을 하도록 동기를 부여하는 기능을 갖추고 있지 않으면 안 되는 것이다.

동기부여에 대한 책임은 하위경영자에게 위임된 권한과 최고경영층의 이념에 따라 그 한계가 주어진다. 예컨대, 부장은 호텔의 임금이나 봉급, 부가적 급여, 승진 및 집권화 정책이 어떠냐에 따라 한계를 가지게 되며, 사장은 비록 거의 아무런 제약을 받지 않는다 하더라도 이사회가 정한 방침이나 법률 및 경쟁 등에 의해 영향을 받게 되는 것이다. 따라서 모든 경영자는 주어진 권한의 범위 안에서 직접 거느리고 있는 부하는 물론, 관련이 있는 조직구조의 모든 종업원에게도 동기를 부여할 책임을 지고 있는 것이다.

동기부여는 종업원의 욕구와 밀접한 관계를 가지고 있으므로 만약 이와 아무런 관련이 없는 동기를 아무리 준다 하더라도 행동을 유발시킬 수는 없다. 그러므로 동기를 제대로 부여하려면 먼저 종업원의 욕구를 이해하는 것이 가장 중요하다. 왜냐하면 동기부여는 경영자가 추구하는 일을 달성한다는 목적과의 관련 아래 이러한 종업원의 욕구를 충족하여 주거나, 혹은 그 충족을 유보시켜 둠으로써 가능해지기 때문이다.

(2) 동기유발의 수단

호텔종업원으로 하여금 자발적으로 업무를 수행하고자 하는 의욕이 생기게 할 수 있는 수단 내지 유인책을 살펴보면 과거 경영자는 종업원에게 일할 기회를 주고 서비스상품에 대한 생산과 관련하여 금전적 보수인 임금을 주거나, 혹은 회사의 규칙을 어기는 사람에게는 벌을 주는 형식으로 동기를 부여하여 왔다. 임금이라는 유인으로 그들의 생활수준의 향상이 이루어질 수 있었다. 이처럼 종래에는 금전적 보수인 임금이 유인으로서 중요한 역할을 수행하여 왔는데, 유인요소를 고찰하면 아래와 같은 내용으로 정리할 수 있다.

① 생리적 욕구

인간의 기초적 · 생리적 욕구를 충족하기 위한 금전적 실질소득의 증대에 노력하고 있다.

② 존경에 대한 욕구

종업원은 동료 간에 있어 존경을 받거나 호텔을 통하여 사회적 지위를 유지 · 향상시키고자 상당한 노력을 하고 있다. 동료로부터 존경을 받는다는 것은 참된 의미에서의 유인이 된다. 왜냐하면 직위가 어떻든 자신이 우수한 종업원으로서 동료로부터 인정을 받는다는 것은 대다수의 사람들에게 있어 만족감을 주는 바탕이 되는 것이며, 또한 그 스스로도 자신이 기업이나 그가 소속하고 있는 부문에 아주 중요한 인물로서 없어서는 안 될 존재로 느껴 흐뭇해 하는 마음이 생기기 때문이다.

③ 안정감에 대하 욕구

안정감에 대하 욕구 경제적 보장은 개인 활동의 목표로서 널리 인정되고 있다. 호텔이 종업원을 위해 공식적으로나, 혹은 비공식적으로 사회보장제도를 종업원 복리후생의 경지에서 실시하는 경우도 있는데 이러한 것은 종업원이 장래나 사고에 대한 두려움 없이 일할 수 있게 해주는 원인이 되는 것이다.

④ 직무에 대한 매력

종업원이 어떤 특정한 직무와 관련하여 일을 하는 경우 그가 이에 임하는 태도는 아주 중요하다. 예컨대, 사람들이 전문직업인 기질을 가지고 있어서 그가 수행한 일에 대해 참된 의미에서의 긍지를 가진다면 그와 같은 일은 매력적인 것일 수 있으며, 또한 만족감을 불러일으켜 주는 것이다.

⑤ 책임과 존경을 받는 직위

종업원은 성장하고 변화하며 경험을 쌓음에 따라 보다 큰 책임과 존경을 받는 직위에도 승진할 기회가 있으리라는 기대를 가지고 있다. 따라서 경영자는 이들에게 승진의 기회를 주거나 스스로의 재능을 제대로 발휘할 수 있고, 또한 성장할 수 있는 기회를 그들에게 주도록 하여야만 한다.

⑥ 수행하고 있는 직무에 대한 발언권 제기

자신이 수행하고 있는 직무에 대한 발언권으로서 종업원은 자기와 관련되는 일에 관해서 어떠한 결정이 이루어질 때 이에 관여하고자 하기 마련이다. 이처럼 자신에게 관련되는 결정에 발언을 하는 까닭은 그 업무를 실제로 당당하고 있는 사람은 바로 자기이므로 자기야말로 이에 관한 결정을 할 때 고려하여야만 할 지식을 충분히 가지고 있다고 생각하기 때문이다. 사실상 그러한 결정이 어떻게 내려지느냐에 따라 그의 업무는 상당한 영향을 받으므로 그에게 상의를 한다면 이는 경의를 나타내는 표시가 되어서 그에게 만족을 주는 것이다.

따라서 경영자는 종업원의 일에 영향을 미치리라 생각되는 어떤 변경에 관해서는 미리 종업원에게 알려 주고 상의하여 그들이 이러한 만족감을 가지도록 해야 할 것이다.

⑦ 경영진의 공정한 평가와 칭찬

경영진의 공정하고 진지한 감독에 관한 내용으로서 경영자는 종업원의 고민이나 사정을 들어주고 또한 그들을 칭찬하는 방법이나 징계활동의 공정성 등에 대해 유의한다는 것은 종업원이 일을 대하는 정신적 태도에 상당한 영향을 미친다. 따라서 종업원의 고민이나 사정을 제출할 수 있는 길을 터놓고, 일단 고민이나 사정이 접수되면 신속히 처리하여야만 하며, 그 결과를 종업원에게 알려 주어야만 한다.

또한 경영자는 상위경영층에 대해서는 종업원의 이해를 대표하여 그들의 편이 되어 주고, 종업원이 잘한 일에 대해서는 그것을 인정하고 칭찬해 주어야만 한다. 종업원이 일을 잘못한 경우 이들을 질책하는 것도 유인이 된다. 이때에는 반드시 개인적으로 책임을 따지고 그에게도 변명을 할 수 있게 하여 주어야만 한다. 또한 징계처분이 필요한 경우 이는 앞으로의 개선과 향상을 목적으로 하는 것이므로 당사자의 환경이나 동기, 태도, 과거의 행동 및 개성 등을 충분히 검토하여 고려하여야만 한다.

(3) 동기유발의 단계

동기유발이 되는 종업원의 욕구단계에는 어떤 것이 있는가? 근본적으로 인간의 욕구에는 한정이 없으나 매슬로(A. H. Maslow)는 인간욕구의 계층(hierarchy of human needs)이라는 명제 하에 앞부분에 최초로 아래 [그림 2-4]와 같은 이론적 모델을 설정하였다.

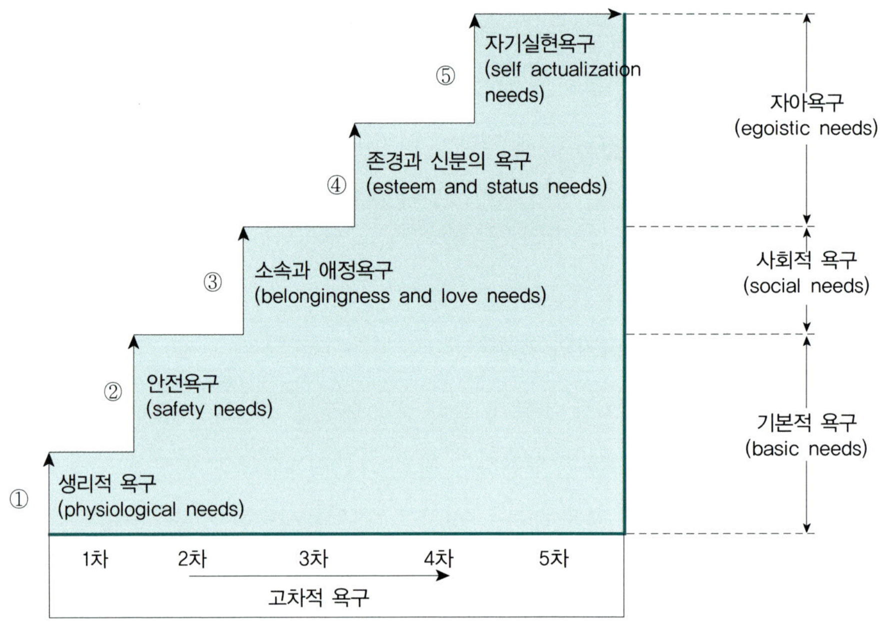

▌그림 2-7▌ 인간욕구의 단계

그러나 그것도 일시에 그 모두를 구할 수 없으므로 이들 욕구 사이에는 일정한 순서가 있다. 따라서 가장 최초로 구하게 되는 생활유지의 욕구에서 점차로 상위 욕구를 충족하려 한다. 한편, 위와 같은 동기유발의 단계를 거치는 동안 동기가 부여된다면 종업원에게는 어떠한 욕구충족과 효용이 뒤따르는가에 대하여 구체적으로 분석할 가치가 있을 것이다.

종업원이나 하위에 있는 관리자들에게 동기를 부여한다면 어떠한 효용이 있을 것인가? 한마디로 말해서 이는 그들로 하여금 최선의 노력을 다하게 하는 것이라 할 수 있는데, 그렇다면 어떻게 해서 최선의 노력을 다하게 되는 것인가? 동기부여는 결국 인간의 욕구를 충족시켜 주어 만족감을 생기게 하기 때문이다. 사실상 인간의 욕구란 아주 다양한 것이며, 그 중요성도 사람에 따라 저마다 다르기 마련이므로 경영자는 이들의 공통적인 욕구를 충족하도록 하여야만 하며, 이러한 욕구를 충족시키기 위해서는 체계적으로 동기가 부여되도록 하여야만 한다. 다음은 동기부여를 통해 충족되는 욕구가 어떤 것인가 살펴보고자 한다.

첫째, 어떤 사람이건 의식주와 관계된 욕망에 해당되는 기본적 욕구충족을 둘 수 있다.

둘째, 호텔은 경영자나 종업원이 가지고 있는 사회적 욕구를 충족해 주고 있다. 이러한 사회적 욕구로는 지위 및 집단귀속욕구를 들 수 있다. 지위욕구란 호텔 내부나 외부에서 다른 사람과 구별되기를 바라는 욕구인데, 대다수의 사람들은 이처럼 사회적 인정을 받고자 하는 욕구를 가지고 있다. 이러한 욕구는 부분적으로는 승진이나 지위상징 등과 같은 동기부여에 의해 충족될 수 있다.

집단귀속에 대한 욕구도 호텔 내부와 외부에서 아울러 충족하고자 한다. 예컨대 종업원은 서로 뉴스나 아이디어 또는 자신의 계획을 교환하고 서로 믿을 수 있고 또한 동료의식을 가지고 있는 동료를 선정함으로써 비공식적으로 사회집단을 형성하게 된다. 이것이 비공식조직이다. 그런데 이들은 하나의 집단만으로는 모든 사회적 욕구가 충족되지는 않으므로 여러 집단에 소속하게 됨이 보통이다. 따라서 호텔경영상 건설적인 집단은 조성하도록 하고, 파괴적인 집단은 해산되도록 할 필요가 있다.

셋째, 동기부여를 통해 자부심과 완성에 대한 욕구를 충족할 수도 있다. 이는 자기 자신의 원칙에 따라 행동한 결과로써 얻게 되는 자기만족과 사회적 인정의 결합으로 달성되는 것인데, 이러한 자부심에 대한 욕구는 일반적으로 받아들여지고 있는 업적 또는 윤리기준에 맞게 일을 하도록 그들을 고무하고, 업적을 평가하고, 승진을 시킴으로써 충족할 수 있었다. 또한 경영에 참가를 시키거나 상사의 결정에 조언하도록 하는 것도 자기완성욕을 충족시켜 준다. 그러나 이는 어디까지나 제안을 하도록 하는 데 그치도록 해야만 한다.

특히 자기완성욕이 강한 사람에게는 창의성을 발휘하도록 동기를 부여하여야만 한다. 그러나 우선 호텔종업원이 능력을 제대로 발휘할 수 있게 하고, 기업이미지를 높이고 능력이 있고 제대로 훈련을 받은 종업원을 적절히 선정하고, 그들이 동기유발을 위한 방향으로 일을 할 수 있게 다음과 같이 방향이 제시되어야 한다.

① 종업원으로 하여금 능률적으로 일을 하게하고, 또한 계속해서 그러게 하도록 한다는 의미에서 생산적이어야 한다.
② 임금이나 보험 등과 같이 측정 가능한 요인은 경쟁적인 입장에서 제공하여야 한다.
③ 비단 기초적 욕구뿐만 아니라 사회적 욕구 및 자아욕구 등도 충족할 수 있는 포괄적인 것이어야 한다.
④ 동기부여는 때와 사람에 따라 융통성이 있는 것이어야만 한다.

5) 커뮤니케이션

(1) 커뮤니케이션의 의의

호텔조직은 정보의 전달과 의사의 소통이 있어야만 비로소 움직인다. 커뮤니케이션(communication)은 이 정보전달 · 의사소통의 기능을 말한다. 경영조직은 커뮤니케이션의 '그물의 눈'이라 할 만큼 상하의 명령 · 지시형식의 커뮤니케이션 이외에 횡적 조직에의 커뮤니케이션, 아래에서 위로 하는 보고 또는 제안형식의 커뮤니케이션도 있다. 그리고 호텔의 내부뿐만 아니라 외부의 이해관계자 집단과의 커뮤니케이션도 중요하다. 행동에 대한 행동과학적 접근을 처음 시도한 버나드(C. I. Barnard)는 조직성립에 필요한 요소를 다음과 같이 설명하였다.

① 커뮤니케이션
② 공헌의욕(협동)
③ 공통목적을 들고, 잠재적인 공통목적과 공헌의욕(협동)을 결부시켜 동적인 전달과정을 설명

전달방법에는 언어와 서면, 한번 보아서 분명하게 의미를 알 수 있는 동작이나 행위, 여러 가지 방법에 의한 신호 · 기호 및 이심전심 등이 있다. 전달의 기술은 조직의 구조 · 범위, 또는 조직의 형태를 형성하고, 그 내부경제에 영향을 미친다. 즉, 조직의 이론을 깊게 파고들면, 전달이 중심적 지위를 차지하게 된다. 또 버나드는 권위를 공식조직에 있어서의 전달의 성격으로 정의한다. 그리고 그는 객관적 권위의 체계로서 전달체계의 성격에 있어서의 기본문제를 다음과 같이 기술하였다.
① 전달경로는 명확히 알리지 않으면 안 된다.
② 객관적 권위는 조직의 모든 구성원에 대한 명확한 공식적 전달경로를 필요로 한다.
③ 전달의 라인은 되도록 직접적 내지 단축되어야 한다.
④ 안전한 전달라인이 되어야 한다.
⑤ 전달센터로서의 역할을 할 수 있는 사람들, 즉 위임이나 지배인의 능력은 적격자라야 한다.
⑥ 전달의 라인은 조직이 가동하는 동안은 중단되어서는 안 된다.

(2) 커뮤니케이션의 종류

의사소통은 의사소통이 이루어지는 방향과 관련해 하향적 의사소통, 상향적 의사소통, 횡단적 의사소통 세 가지로 나눌 수 있고, 의사소통의 수단에 따라 구두 의사소통과 문서 의사소통으로 대별될 수 있다. 여기에서는 이에 속하는 중요한 의사소통의 종류를 살펴보기로 한다.

① 하향식 의사소통

상위자로부터 하위자에게로 의사소통이 이루어지는 경우를 말한다.

- 규칙 행동의 구체적인 지침이 되는 것으로서 종업원에게 지정된 활동을 수행하여야만 하는 상황을 알려 주기 위해 이용되는 것이다. 이러한 규칙은 종업원이 바람직한 방법으로 일을 하도록 자극하는 것이므로 지휘의 수단이 될 수 있다.
- 명령으로 어떤 일을 하거나, 혹은 하지 못하도록 말을 하거나 기술한 것으로서 이의 표현은 명확하고 간결하며 단순해야만 한다. 이러한 명령은 단일의 상위자가 직접 내려야만 하며, 명령을 내린 사람은 명령대로 올바르게 그 일이 집행되었는지 확인할 의무를 진다.
- 지시하는 것으로 특정업무를 수행할 때 권장할만한 방법이 있으면 이에 관한 정보나 지식을 주는 것으로 보통 문서로 된 것이 많다. 지시는 작성하기가 힘들다. 왜냐하면 이는 상세한 자료가 필요하고, 반드시 이를 받는 사람이나 혹은 다른 사람의 입장에서 업무처리방식을 다루어야만 하기 때문이다.

② 상향식 의사소통

하위자로부터 상위자에게로 의사소통이 이루어지는 경우를 말한다. 이때 주로 보고(report)가 중심이 된다. 보고란 구체적인 목적하에 특정한 사람들을 대상으로 정보를 제시하는 것으로 이것이 문서화되면 보고서가 된다. 이에는 정보전달적 보고와 조사연구보고 두 가지가 있다. 전자는 어떤 방향이나 추세 또는 태도의 변화 등에 관한 자료가 중심이 되는 것이며, 후자는 자료를 분석하고 해석하여 문제해결을 위한 권고안을 제시하거나 제안하는 것이다.

③ 횡단적 의사소통

서로 다른 부문에 속하는 사람들 사이에 이루어지는 의사소통으로서 이는 정보의 유통을 신속화하고 상호 이해를 높여 주는 수단이 된다. 왜냐하면 이러한 횡단적 의사소통이 이루어지면 종래와 같이 일 부문에서 상향적 의사소통을 거쳐 정보가 상위자에게 전달된 다음, 다시 그것이 다른 부문의 하위자에게로 전달되는 것과 같은 비능률적인 의사소통을 하지 않아도 되기 때문이다. 이것이 제대로 이루어지려면 하위자는 횡단적 관계의 형성을 조장하고, 하위자는 그들의 권한의 범위 내에서만 타 부문과 교섭을 하여야 하며, 부하는 부문활동에 관해 상위자에게 항상 보고를 하도록 하여야만 한다.

④ 구두의사소통

말로 의사소통을 하는 것으로서 경영자는 주로 이 방법을 쓴다. 이는 시간이 적게 들며, 개인적 접촉이 가능하고, 우정 내지 협동정신이 배양되며, 관심을 불러일으킴은 물론, 질문과 회답을 할 수 있도록 자극하여 쌍방향 통행적 의사소통을 할 수 있게 하여 준다. 경영자는 주로 이러한 방법으로 의사소통을 함으로써 효과적으로 말하는 능력을 기르도록 하여야만 한다. 또한 쌍방향 통행적 의사소통을 하려면 경영자는 남이 하는 말을 잘 들어야만 한다. 회의나 집단 회합 및 위원회 등에서 하는 의사소통은 이에 속한다.

⑤ 문서적 의사소통

보고서나 서류 등과 같은 문서로 의사소통을 하는 경우로써 이의 이점은 동일한 정보를 여러 사람에게 정확하게 전달할 수 있고, 공식적 기록으로서 보관되며 후일의 참고가 될 수 있다는 점이다. 문서의사소통이 합리적으로 이루어지려면 완전성·명료성·간결성 및 정확성 등과 같은 요건을 갖춘 문서를 작성해야만 한다.

(3) 커뮤니케이션의 원칙

의사소통을 효율적으로 하기 위해서는 다음과 같은 원칙에 따라 정보를 전달하도록 해야 한다.

① 명료성의 원칙

수신자가 이해할 수 있는 공통적인 언어로 의사소통을 해야 한다. 그렇게 하기 위해서는 부하나 동료 및 상사의 언어패턴을 잘 알고 있어야만 한다.

② 주의의 원칙

전달받은 내용에 대해서는 충분한 주의를 기울여야 한다. 비록 명료성의 원칙이 지켜졌다 하더라도 그 내용을 수신자가 이해하지 못하면 의사소통이 될 수 없다. 이해를 하려면 주의를 해야만 한다.

③ 통합성의 원칙

의사소통은 조직목적의 달성을 뒷받침하는 방향으로 이루어져야만 한다. 이는 의사소통의 목적과 관련되는 것이다. 경영자에게 의사소통이란 언제나 수단이지 목적은 아닌 것이다. 따라서 이는 사업목적 달성을 위해 협동을 이루고, 또한 그것이 지속되게 하는 수단의 하나이므로, 사업목적과 통합된 수단이 되어야만 한다.

④ 비공식 조직 활용의 원칙

공식적 의사소통 경로를 보완하고, 또한 그것을 효율화하기 위해 비공식조직을 활용하여야만 한다. 비공식 조직은 정보전달의 필요성 때문에 생겨났고, 또한 그 때문에 유지되고 있는 것이다. 이러한 비공식 조직은 공식 조직구조와는 달리 경영자의 인정 여부에 따라 존재하는 것으로서 호텔에 대해 파괴적 또는 건설적인 영향을 미치는 것이다. 그러므로 경영자는 이를 무시하지 말고 보완적인 의사소통 경로로 활용하여야만 한다. 예컨대, 경영자가 종업원을 개인적으로 만나거나, 혹은 다른 사람을 통해서 정보를 교환하는 것은 명령을 하거나, 혹은 명령조로 말하지만 않는다면 아주 효과적이다.

(4) 커뮤니케이션의 수단

의사소통을 할 때에는 앞에서 설명한 공식적 경로 이외에 다음과 같은 여러 가지가 있다.

- 인사상담제도
- 전화
- 다수회합(강연회, 훈련)
- 회의
- 지배인용 간행물
- 게시판
- 상품과 진열물 등에 관한 정보를 수록한 소책자(brochure)
- 종업원후생복지, 연금계획, 보험 등에 관한 간행물
- 경영자의 연설문이나 회사정책을 수록한 특별간행물
- 사내편람
- 사신 · 슬라이드 및 영화
- 종업원을 위한 연차보고서
- 부서별 회합
- 포스터
- 제안제도
- 특별면접
- 종업원 의견조사

이외에도 비공식적인 여러 가지의 의사소통수단이 있다. 이와 같이 의사소통을 위해서는 때에 따라 인쇄물보다는 대면적 접촉(face to face contact)이 유리하다.

항목을 구체적으로 내용을 살펴보면 다음과 같다.

① 종업원의 동기부여 수준을 끌어올릴 것

가장 중요하다고 보는 것으로 이를 실행하려면 많은 시간과 노력이 필요하다. 최소한 1년의 소요시간이 필요하고 어떻게 하면 직장을 밝게, 그리고 동기부여를 높일 수 있는 여러 가지로 대책이 강구되어야 한다.

② 종업원이 변화를 용이하게 받아들일 수 있도록 해 둘 것

호텔에서도 일반사회에서도 자신의 주위를 둘러싼 환경은 변화하고 있다. 유동적인 변화에 언제라도 대응할 수 있도록 강구해야 한다.

③ 관리자의 권한부여를 향상할 것

관리자에게 일정권한을 부여하여 결정을 용이하게 하면 실행도 쉽게 이루어진다. 즉, 일선 관리감독자에 대한 경영자의 권한부여가 중요하다.

④ 종업원의 개인적 계발을 도울 것

현재는 먹을 것과 입을 것 모두가 충분하다. 이렇게 되면 인간은 사는 보람을 위해 일하게 될 것이다. 각 개개인이 자발적으로 하는 자기계발이 업무와 관련되어 있으면 좋겠지만, 비록 업무에 관련되지는 않더라도 회사로서 협력해야 하는 자세가 필요하다.

자기계발에 의해 여러 가지 지식이 갖춰지며, 넓은 의미에서 종업원의 능력이 향상되면 자연히 업무능력도 향상된다. 자신의 능력을 높인다는 것은 일하는 보람의 필요조건이다. 리더는 이를 지원해 주지 않으면 안 된다.

5 호텔경영의 통제

1) 통제의 의의

통제 관리에는 외부통제와 내부통제의 관리로 구분된다. 그러나 호텔을 경영하는 과정에서는 아직 내부통제 요소에 주안점을 두고 있어 내부적인 항목에 초점을 맞추어 의의와 필요성을 분석하였다. 호텔경영의 종합적이고 합리적인 관리는 작업관리나 자재관리, 조직 · 인사면에서의 인력관리, 재무면에서의 재무관리나 원가관리, 마케팅면에서의 상품기획이나 판매촉진관리, 기타 시설이나 서비스 품질관리 등과 같이 각 분야에서 행해져야 한다. 이들은 경영의 직접관리라고 한다.

그러나 이와 같이 개별적으로 하는 직접관리 이외에 회계수치를 자료로 하여 경영의 종합적 내지 간접적으로 관리하는 것도 필요하다. 이와 같이 종합적 내지 간접적 관리가 내부통제(internal control)이며, 이를 위한 조직이 내부통제조직이다. 따라서 내부통제의 의미는 경영의 톱 매니지먼트가 전체적인 입장에서 계산적인 수치를 가지고 경영계획을 세워 그 실시상황을 조사하고, 그 결과를 판단하여 이를 통제하는 데 있다.

2) 내부통제의 필요성

최근 내부통제의 필요성이 특히 강조된 것은 다음과 같은 이유이다.

① 경영관리는 개개의 활동면에 대하여 개별적으로 행해지는 것만으로는 불충분하며, 경영 전체의 종합적인 힘을 위해서는 종합적인 관리가 반드시 필요하다. 이와 같이 경영관리로서의 내부통제는 관리회계와 밀착하고 있는 계산적 통제의 방법이라는 특징이 있다. 그러므로 내부통제는 호텔에서의 라인적 집

행활동에 실시되는 직접적인 경영관리와는 다르다. 그것은 호텔의 종합관리로서 호텔의 전체적 관점에서 각 라인부문의 집행적 경영활동에 대하여 관리회계에 기초를 둔 일종의 간접적인 경영관리의 방법이다.

② 종합적인 관리를 과학적으로 행하기 위해서는 계수와 보고로 경영활동을 측정 · 분석 · 비교할 필요가 있다.

이와 같이 통계수치를 강조하고 있어 지금까지 우리나라 호텔의 경영방식과 차이가 있다. 외국의 유명한 호텔기업에서는 이미 오래전부터 모든 분야에 걸쳐 상기와 같은 과학적이고 수치적 측면에서 기술활용을 통한 통제관리 시스템을 정착시켜 왔다.

3) 내부통제 제도

내부통제는 경영을 계수적으로 통제하는 방법이므로, 통일적인 계산제도가 경영내부에 확립되어 있어야 한다. 이와 같은 통일적인 계산제도로서는 예산통제 · 경영비교 · 표준원가계산 · 내부감사 등의 제도를 들 수 있다.

(1) 예산통제 및 경영분석

① 최고 매니지먼트에 의하여 결정된 기업의 기본방침에 따라 각 집행활동으로 실현되는 계획목표를 수치적으로 명확하게 할 것이다. 이것은 각 라인부문에 대한 활동표준의 수립을 의미한다.

② 이 활동표준을 목표로 하여 실시되는 집행활동의 결과를 숫자적으로 정확하게 기록하고 계산하는 것이다.

③ 이들 각 라인부문이 실시한 활동성적을 평가 또는 심사하는 것이다. 이 최후의 실적평가를 위해서는 제1의 활동표준으로 결정된 예산 또는 표준숫자와 정확

하게 기록하여 계산된 제2의 실적숫자를 비교하여 그 분석적 검토를 하는 것이 필요하다. 이 최후의 단계가 된 내부통제에서의 각 라인부문의 활동실적에 대한 평가심사는 일반적으로 감사에 해당된다.

(2) 표준원가 계산제도

표준원가 계산제도는 경영활동에 대한 능률측정의 척도 또는 그 달성목표로서 제조·판매의 방법과 작업능률 등을 과학적으로 분석하여 표준적인 원가를 미리 산정하고 그것과 실제의 원가와의 비교를 통하여 그 차이가 어떠한 이유에서 생겼는가를 분석함으로써 원가를 과학적으로 관리하는 제도를 말한다.

표준원가는 일정한 작업조건과 생산량에 있어서의 최선의 활동에 의하여 달성할 수 있는 이상적 원가이며, 이 표준원가 계산제도에 의하여 원가의 절감을 추진할 수가 있다.

(3) 내부감사제도

내부감사제도는 당사자 이외의 사람이 회계의 모든 기록을 조사하여 그 과오나 당사자의 부정을 방지하기 위한 제도이며, 기업이 자주적으로 행하는 감사이다. 또한 최근에는 업무의 능률을 감사하는 능률감사제도의 준수를 감사하는 제도감사 등도 실시되고 있다. 이들의 계산제도는 내부통제를 실시하는 수단으로서 각각 그 의의를 갖는다. 즉, 예산의 작성에 따라 호텔의 이익목표를 달성하기 위해 여러 가지 수치가 나타나게 되고, 이것에 따라 각 기능부문의 활동이 영위되는 것이다.

각 부문의 활동상황은 경영분석에 의하여 과학적으로 분석되고, 그 실적은 내부감사의 실시로 충분히 검토되어 예산과 대비된다. 그리고 이 경영활동의 성과는 경영비교에 의하여 여러 각도에서 비교·판단되어 경영관리에 기여하는 것이다.

4) 내부통제 기관

기업의 모든 재정을 통제할 수 있는 콘트롤러(controller)란 [그림 2-8]과 같이 호텔 내부와 스태프로서 계산적 통제기능을 전문적으로 담당하는 기관이며, 내부통제의 직접 담당부문이라고 할 수 있다. 콘트롤러 제도는 미국에서 산업의 발전으로 기업규범의 확대와 복잡성이 증대하면서 합리적인 경영관리의 방법으로 과학적인 회계와 정확한 재무통제가 요구되어 콘트롤러 부문이 독립된 것이다.

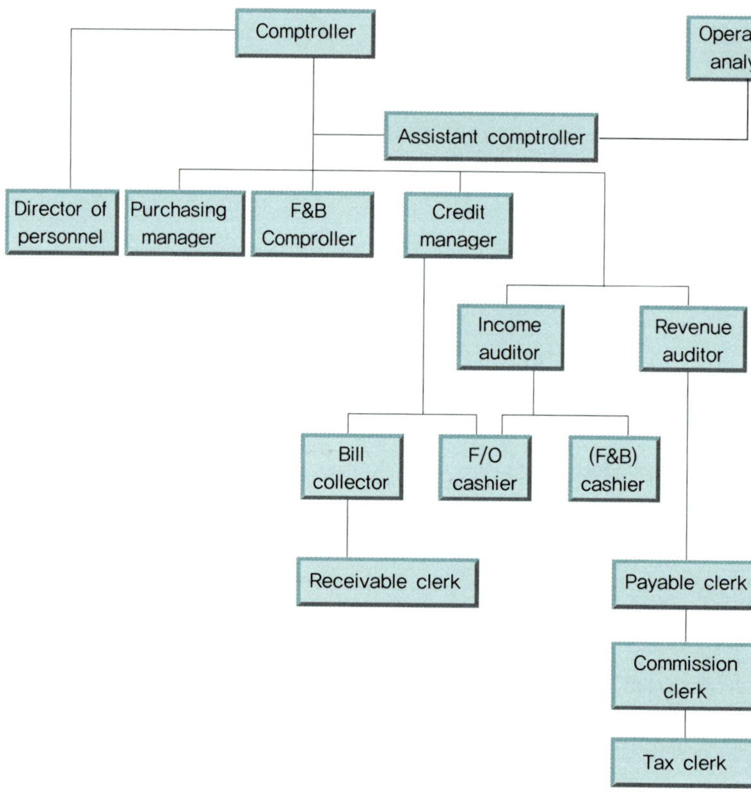

▌그림 2-8▌ Chain Hotel의 내부통제 조직도

세계적인 체인호텔에서는 재무기능과 회계기능과의 분리에 의하여 콘트롤러 제도가 발전되었다. 그러나 우리나라에서는 이 양기능이 아직까지 경리부에 소속되어 있는 호텔이 많다. 따라서 내부통제는 경리부의 권한인 상태가 많으므로, 전문적으로 취급하는 담당부서가 있어야 한다. 또한 별도로 독립하여 권고, 조언, 조정의 스태프기능을 충분히 수행할 수 있도록 콘트롤러 부문에 상당히 높은 지위와 권한을 주어야 한다.

Chapter

03

Hotel Management Strategy

호텔산업 환경적 전략

03 Chapter 호텔산업 환경적 전략

호텔산업에 영향을 주는 환경에는 다양한 요인이 있다. 특히 호텔상품을 홍보하기 위한 마케팅적 측면에서의 환경은 제품, 서비스, 생산, 홍보, 판매 등 마케팅 활동에 영향을 미치는 모든 요인들을 뜻한다. 이러한 마케팅환경은 정지해 있는 것이 아니라 계속적으로 변화하므로, 기업의 활동은 이러한 환경변화에 끊임없이 적응하는 과정이라고 해도 과언이 아니다.

호텔산업에 영향을 미치는 환경은 크게 미시환경과 거시환경으로 구분된다. 미시환경은 근접한 거리에서 기업 활동에 즉각적인 영향력을 행사하는 것으로서, 고객, 정부, 지역사회 기업조직 자체, 경쟁사들, 거래기업들, 소모품이나 재료의 재료공급업체가 여기에 해당된다. 거시환경은 미시환경적 요인 모두에 총체적인 영향을 미치는 거대한 사회적 요인으로서 인구통계학적 요인, 문화적 요인, 경제적 요인, 법률적 요인, 정치적 요인, 기술적 요인, 자연환경적 요인으로 세분할 수 있다. 그리고 고객의 필요와 욕구 그리고 구매력은 시시각각으로 변화하는 시장의 환경에 따라 끊임없이 움직인다.

따라서 기업은 시장을 둘러싸고 있는 환경적 변화를 주의 깊게 모니터하고 변화방향을 예측하며, 이러한 환경적 요인이 기업에 미치는 영향을 면밀히 분석 · 검토해야 한다. 그럼으로써 마케팅환경이 자사에게 주는 긍정적 기회요인을 최대화하고 부정적 위협요인은 최소화하는 노력을 기울여야 할 것이다.

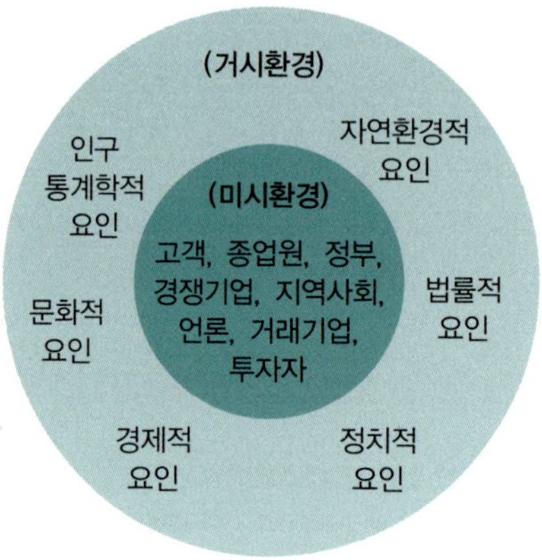

▌그림 3-1▌ 호텔산업 환경적 요인

1 호텔의 미시환경 요인

1) 고객

고객은 오늘날 이해 집단으로서 호텔기업의 환경에 가장 큰 영향을 미치는 요인이다. 따라서 모든 의사결정은 고객에서 출발하여 고객으로 끝나는 이른바 고객만족을 지향하고 있다. 또한 어떤 기업이든 생산된 제품이나 서비스는 판매를 전제로 하고 있다. 더욱이 대량생산이 가능해지고 경쟁기업의 수가 늘어나면서 공급이 수요를 초과하게 되어 제품과 서비스 판매는 기업경영의 중요한 부문이 되었다.

따라서 제품과 서비스 구매자는 고객이며, 여러 개의 호텔기업환경 가운데서 고객창조, 시장창조, 수요창조라는 호텔기업의 궁극적인 목적과 연결되는 직접적이고 혁신적인 집단이 바로 고객인 것이다. 따라서 호텔기업이 성장 · 발전하기 위해서는 고객들이 필요로 제품과 서비스를 제공하고 그로부터 적절한 이윤을 획득할 수 있어야 한다.

고객과 소비자를 같은 뜻으로 생각할 수 있지만, 구분한다면 고객이란 현재의 시장을 구성하는 사람들이라 할 수 있고, 소비자란 예비 구매자로 장래 고객을 구성하는 사람들이다. 다시 말해서 고객과 소비자를 총괄해서 보통 일반 소비자라고 광의로 해석하지만, 기업환경 전략면으로서는 1차적이며 직접적 환경은 고객이고, 2차적이며 일반 환경은 소비자라 할 수 있다. 따라서 고객이나 소비자가 다 같이 기업환경으로서 이해집단으로서 의사결정에 영향을 미치게 되지만, 그 핵심은 1차적 · 직접적 환경으로서의 고객에게 있게 된다.

호텔기업은 과거와는 달리 불특정 다수의 고객들을 대상으로 경영활동을 전개해 나가고 있으므로 고객의 욕구를 파악, 그에 적합한 인적 · 물적 서비스를 제공해야 한다. 그러나 호텔기업의 입장에서 다양한 고객들의 욕구를 각각 만족시키는 데에는 많은 어려움이 따른다.

따라서 호텔의 마케팅 담당자는 고객의 욕구를 효과적으로 파악하기 위한 시장조사와 고객집단을 구별하기 위한 시장 세분화 등의 과학적이고 체계적인 방법을 사용하여야 한다. 그 가운데서도 소비자행동(customer behavior)에 초점을 맞추는 것은 매우 중요한 과정이다. 왜냐하면 소비자행동에 대한 분석 없이는 고객지향적인 의사결정이 결코 내려질 수 없기 때문이다. 특히, 호텔기업은 인적 · 물적 서비스의 생산과 판매를 주로 하는 서비스업으로서 고객관리 산업이라고 불릴 만큼 고객관리는 무엇보다도 중요한 미시적 환경요인이다.

2) 종업원

기업환경으로서의 노동조합이나 종업원은 대외적 환경이 아니라 기업조직의 직접적인 구성원이며, 대내적 환경이라는 점에서 기타의 이해자 집단들과는 그 질적인 면에서 차이가 있다. 전통적으로 기업조직 내에서는 경영자들이 힘의 우위를 지키고 있고, 지금까지도 그러한 상황이기는 하지만 근래에 와서 노동자들의 노동조합활동이 활발해져서 그들의 단결된 힘은 기업의 성패에 영향을 미칠 수 있게 되었다, 그들은 법에 의하여 보장된 여러 가지 권리를 바탕으로 단체로서 경영자와 대항할 수 있게 된 것이다.

일반적으로 노사관계의 문제는 단체교섭과 노사협조 두 가지 국면에서 다루어지고 있는 것이 현대기업들의 추세이지만, 대부분 호텔기업의 경우 그러한 단체교섭이나 노사협의를 통해야 비로소 의사결정이 행해질 수 있다.

오늘날과 같은 기업사회에서 종업원이나 노동조합이 기업환경적인 이해집단으로서 미치는 영향이 크다고 할 수 있다. 물론 넓은 의미에서 단체교섭은 종업원이 단결해서 경영층에 대항하는 일체의 행위를 뜻하지만, 여기서는 좁은 의미에서 주로 임금, 복지, 노동시간, 기타의 노동조건 등에 대해서 경영층과 종업원이나 이해의 대표자인 노동조합이 교섭하는 것을 뜻하며, 어느 나라에서든 경영자측은 정당한 이유 없이 단체교섭을 거부할 수는 없게 되어 있다. 그러므로 기업이 성공적인 노사관계를 유지하기 위해서는 노사 쌍방 간의 우호적인 대화체제 구축이 꼭 필요하다. 특히 호텔기업은 종업원들의 서비스가 바로 상품의 일부가 되는 서비스이기 때문에 인적자원에 의존하는 바가 그 어느 기업보다도 크다. 다시 말해 노동조합의 일원으로서뿐만 아니라 개인종업원으로서도 호텔기업에 직접적인 영향을 미치는 요소이다.

따라서 직접적으로 생산을 담당하는 종업원과의 이해관계를 원만하게 유지하기 위해서는 그들을 자발적으로 생산활동에 참여시키는 것이 중요한다, 그들을 자발적으로 참여시키기 위해서는 고용의 안정, 임금, 노동시간 및 기타 노동조건을 향상시키고 그들을 인간적으로 대우하는 것이 필수적이다.

3) 정부

정부가 기업에 미치는 영향력은 그 나라의 경제발전 양상과 유사하다. 선진경제에서는 정부의 영향력이 비교적 적지만 후진국이나 개발도상국의 경제제도하에서는 정부가 기업경영에 지대한 영향력을 행사한다. 이 경우 정부는 주로 기업의 제도와 규제 나아가 산업구조 조정 등의 통제적 역할을 수행하게 된다.

고든(R. A. Gordon)에 의하면 정부는 기업의 의사결정에 대한 영향의 원천으로서 다음과 같은 세 가지 형태로 작용한다고 한다. 첫째, 기업의 의사결정을 용이하게 하며 조성시킨다. 둘째, 기업의 의사결정 자유를 구속한다. 그러나 그 의사결정을 정부에 의해 대치시키고자 하는 의도는 없다. 셋째, 기업의 의사결정을 공무원에 의해 대치시킨다. 극단적인 경우에는 공기업이 생기게 된다. 이상과 같은 세 가지 형태는 달리 표현하면 다음과 같다.

① 기업에 대한 직접적 통제와 간접적 통제
② 기업에 대한 직접적 및 간접적인 보호육성
③ 기업이 활약하는 기반의 정비와 강화

그러나 무엇보다도 정부가 올바른 기업풍토를 조성해서 기업활동을 촉진하는 것이 정부의 역할이라고 할 수 있다. 예를 들면, 재산 및 계약에 관한 법률, 상법, 파산법, 회사갱생법 등의 제정, 법률시행기구의 정비 등을 들 수 있다. 나아가서 정부는 기업에 대한 조성 내지 보호의 시책을 밀고 나간다. 우리나라의 경우 호텔기업의 활동과 관련하여 정부의 개입을 크게 두 가지 형태로 나누어 볼 수 있다.

(1) 호텔기업은 관광기업 활동에 지원적 입장

대개 호텔기업에 대한 기대로부터 출발하는 것으로 관광기업 활동에 지원적 입장을 취하는 경우이다. 이러한 정부의 지원적 입장을 뒷받침하는 가장 우선적인 이유가 외화획득에 대한 기대이다. 이에 따라 정부는 호텔기업에 대하여 일반 수출산업과 마찬가지의 각종 지원책을 제공한다. 또한 정부는 호텔기업으로부터 국제 교류의 증진을 기대하며, 국민 여가수요의 해결을 기대하기도 한다. 이러한 호텔기업에 대한 정부의 기대는 정부의 지원적 개입을 유도해 왔다.

(2) 호텔기업에 대한 정부의 규제적 개입

이는 최근 한국 호텔 기업들이 직접 경험했던 '소비성 서비스업'으로의 규정과 같은 경우이다. 이외에도 일회용품 사용금지, 환경공해 문제, 소비자보호 문제와 같은 사회문제들이 호텔기업 활동에 대한 정부의 규제적 개입을 정당화해 준다. 이에 따라 호텔기업들은 정부와 바람직한 관계를 유지하기 위한 적극적인 대응전략을 수립해야 할 것이다. 정부의 정책과정에 적극 참여해야 하는 것은 물론, 사회와의 공존적 존재로서 새로운 이미지를 창출해야 한다.

4) 경쟁기업

이해관계가 있는 경쟁기업도 의사결정에 미치는 영향이 크다. 특히, 경쟁이 심한 상품과 서비스 생산, 판매하는 업종일수록 경쟁기업은 기업환경에 매우 높은 비중으로 등장하게 마련이다. 그러므로 어떠한 의사결정으로 경쟁기업에 대응해야 할 것인가가 정해지지 않고서는 경쟁에서 이길 수 없기 때문이다.

경쟁은 다수의 기업들이 제한된 시장에서 유리한 위치를 차지하기 위한 경영활동을 전개할 때 야기되는 것이다. 따라서 한 기업의 경쟁적 조치는 다른 기업들에게 심각한 영향을 미치기 때문에 자연히 보복적인 조치나 대응조치를 불러일으키게 된다. 이때 경쟁기업의 규모, 수, 전략내용 등은 어느 특정기업의 경영성과에 직접적인 영향을 미치게 된다.

예를 들면 경쟁관계에 있는 대규모의 특급호텔들이 객실요금 인하정책을 채택할 때 호텔은 가격인하 여건이 성숙되어 있지 않음에도 현존 시장점유율의 유지를 위하여 단행할 수밖에 없다.

경쟁기업의 존재가 비교우위의 측면에서 분명히 위협적인 존재이며 부담으로 작용하지만, 올바른 경쟁자가 존재함으로써 호텔의 경쟁우위를 지속적으로 증가시켜 주고 호텔이 속한 산업의 구조를 개선시키는 데 도움을 줄 수 있다. 즉, 경쟁자에게는 공격을 가하는 반면 시장규모를 확대하는 데 도움을 주는 이로운 경쟁자와는 서로의 시장지위를 유지하도록 노력해야 한다. 기업에 있어 경쟁자가 있다는 것은 경쟁에 유익할 뿐 아니라 일반적으로 알고 있는 것보다도 훨씬 더 그 기업에 유리하게 작용할 수 있다. 즉 경쟁자가 벌이는 광고활동이 자사관련 동종업종의 광고가 되어 이익을 얻을 수 있다.

5) 지역사회

호텔경영에 영향을 미치는 환경 중, 지역사회(community)는 경우에 따라 협력관계 또는 적대관계로 변할 수 있는 양면성을 지니고 있다. 호텔과 지역사회가 원만한 협조체계를 유지할 수 있는 것은 지역사회가 호텔을 자기지역에 유치함으로써 지역주민의 고용과 소득증대를 이룩하여 지역경제 발전의 기반으로 삼고자 할 경우이다. 이 경우 지역사회는 우수 호텔기업을 유치하기 위하여 각종 세제혜택, 저렴한 호텔부지 제공, 저렴한 산업용 물 및 전력 공급 등의 각종 유인책을 사용하게 된다.

호텔기업 또한 지역사회의 발전에 일익을 담당한다는 긍지와 소명감을 갖고 동일 지역주민의 우선적 채용, 지역주민의 호텔 초청 및 간담회, 양질의 서비스를 지역주민에게 우선적으로 제공하는 등의 노력을 경주하면서 지역사회와 기업은 상호 신뢰하는 분위기를 조성할 수 있으며, 호텔기업 홍보에도 좋은 효과를 거둘 수 있다.

그러나 기업이 지역사회의 요구와 희망을 무시하여 지나치게 영리만을 추구하는 등 지역의 문화적, 교육적 여건에 역행하거나 장기간 세금을 체납함으로써 지방정부의 수입확보에 지장을 초래하는 등의 몰염치한 행위는 기업발전에 위협요인이 된다. 즉 지역주민들이 농성 등의 집단행동을 취하거나 법정에 제소하여 보상금을 요구하면 영업활동의 중지나 막대한 금액의 보상금을 지급함으로써 회사의 재정상태가 치명적으로 악화되는 상황을 감수해야 한다. 최근 지방자치단체와의 대립으로 건설 자체가 취소 또는 중단되는 경우가 그 사례라고 볼 수 있다.

6) 언론

오늘날과 같은 정보화시대에서는 개인이나 조직 모두가 신속하고 정확한 정보를 필요로 하며, 또한 자사의 정보를 고객이나 기타 이해집단들에게 알려 줄 필요가 있다. 이러한 역할을 전문적으로 하는 조직을 언론이라 하는데, 언론매체(mass media)란 전문적인 정보전달의 매개체이다.

언론매체가 호텔기업에 미치는 중요성은 크게 두 가지로 정리된다. 하나는 언론매체를 통해 새로운 이미지를 창출할 수 있다는 점이다. 호텔기업에 대한 언론의 태도는 균형적일 수 있으며, 한쪽으로 편향되거나 왜곡된 보도를 방지할 수 있다. 이로써 호텔기업은 기업 본래의 모습을 여러 사람들에게 전달할 수 있으며, 기대하는 이미지도 창출할 수 있다. 다른 하나는 호텔기업은 스스로 가지고 있는 의도와는 전혀 다른 모습으로 사회에서 인식되는 경우가 많다. 이러한 잘못된 인식은 호텔기업 경영에 커다란 위험이 된다. 언론에 보도된 내용을 통해 호텔기업은 자신의 사회적 위상을 파악할 수 있으며, 그로부터 문제점을 찾아낼 수 있다.

따라서 호텔기업은 언론매체와의 관계를 새롭게 인식함은 물론 호텔기업의 입장을 언론에 바르게 전달할 수 있는 전략이 필요한 것이다.

7) 소모품 및 재료공급업체

소모품 및 재료공급업체는 호텔이 고객을 위한 서비스를 생산하는 데 필요한 자원을 공급하는 업체이다. 고객에게 좋은 서비스가 전달되기 위해서는 품질 좋은 재료가 저렴한 가격으로 호텔 측에 원활하게 공급되어야 한다. 예를 들어, 호텔 일식

레스토랑에서 생선요리를 선보이려면 충분한 물량의 살아있는 생선을 계속적으로 공급할 수 있는 공급원이 확보되어야 한다. 또한 객실에 공급하는 에메니티(amenity), 즉 샴푸나 로션 등도 공급업체가 적당한 가격에 품질 좋은 제품을 제공해야 한다. 이러한 재료공급업체가 물량부족이나 스트라이크 등으로 공급을 중단하거나 가격을 올리면 호텔은 즉각적으로 타격을 입고 가격수준과 고객서비스에 커다란 영향을 받을 수밖에 없다. 만약 공급업체의 수가 제한적이어서 선택의 폭이 좁다면, 호텔에서 공급자를 변경할 때 높은 전환비용(switching cost)을 감당하게 된다. 따라서 이런 경우에는 호텔 측의 공급업자와의 교섭능력이 요구된다.

8) 거래기업

호텔산업에서 거래기업(marketing intermediaries)이란 호텔이 상품·서비스를 홍보·판매하고 최종고객에게 전달하는 과정에 관여하여 고객이 호텔상품에 보다 손쉽게 접근할 수 있도록 도와주는 업체로서, 각종 여행사와 호텔예약 대행업체, 항공사 등이 이에 속한다. 예를 들어, 여행알선업체에서는 패키지 여행상품을 개발하여 단체고객을 위한 교통편과 관광뿐 아니라 호텔과 같은 숙박업소의 예약을 맡게 되므로, 호텔은 이들과 긴밀한 관계를 유지하며 서로 연계성을 가지고 영업을 해야 한다.

항공사도 호텔산업의 중요한 매개체 역할을 한다. 호텔을 이용하는 숙박객의 상당수는 항공편을 이용해 목적지에 도착한 고객들로, 항공요금의 상승이나 테러위협은 결과적으로 여행객수의 감소로 호텔 투숙률에도 영향을 미친다.

2 호텔의 거시환경

거시환경은 자사의 조직, 성장, 경영전략에 영향을 미치는 거대한 사회적 환경요인으로 기업이 임의로 변화, 조정하거나 통제할 수 없다. 거시환경 변화는 기업에 다양한 기회요인과 위협요인을 제공하기도 한다. 거시환경 구성요인에는 인구통계학적 요인, 문화적 요인, 경제적 요인, 기술적 요인, 자연환경적 요인, 법률적 요인, 정치적 요인이 있다. 특히 호텔산업이나 관광산업은 일반기업이 영향을 받은 것보다도 더 빠르고, 더 큰 영향을 받기 때문에 기업전략에 급성장과 차질을 빚기도 한다.

1) 인구통계학적 요인

호텔기업은 전체 시장의 크기와 시장을 구성하고 있는 고객의 특성 및 변화방향을 파악해야 한다. 지역별 인구구조 및 가구수, 그리고 가족구성 형태를 파악하여 내국인 잠재고객 규모를 예측하고, 외국인 입국자의 출신국가별 숫자와 변화추이를 알아내어 외국인 인바운드(inbound) 시장의 크기 및 구조변화를 검토해야 한다. 호텔은 시장의 연령구조 및 지역별 분포, 잠재고객의 성별, 직업, 소득수준. 교육수준, 결혼연령, 라이프 스타일, 국적 등을 파악함으로써 시장매력도 분석을 할 수 있다.

우리나라의 인구성장률은 1960년도를 기점으로 매년 감소하고 있으며, 총인구수 역시 지속적으로 감소할 것으로 전망된다. 1970년까지 전형적인 피라미드 형태를 띠고 있던 인구구조도 1980년부터는 다이아몬드 구조로 바뀌고 있다. 특이한 점은 노인인구의 비율이 현저히 증가하여 앞으로 이들이 중요한 실버시장을 이룰 것이라는 것이다. 따라서 65세 이상의 노인들이 필요와 욕구에 부응하는 여행상품 개발 및 호텔시설이 필요할 것으로 보인다.

최근 평균 초혼연령이 늦어지면서 결혼풍속도가 다소 변화하고 있으며, 초혼연령이 늦어지고 이혼율이 높아지면서 증가한 독신자 층은 그들 나름대로의 독특한 라이프 스타일을 형성하고 있다. 또한 맞벌이 부부가 증가하면서 여성의 구매력과 서비스요구가 높아진 것은 호텔산업에는 새로운 기회요인으로 떠오르고 있다. 젊은 연령층의 비율적 감소는 시장의 연령구조에 영향을 미칠 뿐 아니라 호텔 인력구조의 변화도 가져올 것이다.

우리나라의 경우도 대분의 호텔에 근무하는 직원의 상당수가 부서에 따라 다르기는 하지만 임금 피크제(salary peak) 적용으로 인하여 58세 이후에도 근무하는 것으로 나타나, 향후에는 60세 이상이 되는 근로자는 증가할 것으로 예측할 수 있다. 또한 그들은 근무만족으로 인하여 젊은 층이 제공하는 서비스와도 차이가 없기 때문에 노련한 호텔 인력 확충에 새로운 시장으로 부각되고 있다.

2) 문화적 요인

문화적 요인은 사회구성원들의 가치관이나 생활신조 및 태도를 규정지어 결과적으로 그들의 행동양상에 영향을 미치는 사회적 규범 내지 분위기이다. 최근 우리나라 국민은 과거 어느 때보다 가족과 개인생활에 가치를 두고 있다. 따라서 자신과 자기 가족의 삶의 질을 높이려는 노력의 일환으로 스포츠나 레저에 더욱 많은 관심을 갖게 되었고 개인의 풍요로운 시간을 즐기기 위해 외식이나 관광 등 교양오락비 지출이 증가하는 것으로 나타났다. 이는 호텔 · 관광업에 중요한 기회요인이 된다.

그리고 또 다른 문화를 구성하고 있는 하부문화(subculture)에도 지역문화, 청년문화, 결혼풍속문화, 종교문화, 직장여성문화 등 다양한 형태의 문화를 보여 주고 있는데, 명절연휴를 도심호텔이나 관광지의 호텔에서 보내는 풍속도의 최근 변화를 보면 호텔상품과 직접적인 관련을 보여 주고 있다.

3) 경제적 요인

소비자 행동과 기업활동은 경제환경에 지대한 영향을 받을 수밖에 없다. 특히 통상적으로 생활필수품의 범주에 들지 않는 호텔이나 관광 상품들은 경제환경에 민감한 반응을 보인다. 우리나라는 70년대 이후 거의 10%대의 급격한 경제성장을 경험하였다. 이에 따라 이 기간 가계의 소비지출은 국민소득 신장과 더불어 급격히 증가하여, 국민의 생활수준이 현저히 향상되고 새로운 소비지향 문화를 창출하였다. 그러나 경제성장이 수반한 부동산 가격 폭등과 함께 1986년 아시안게임과 1988년 올림픽경기에 힘입어 거품경제 시대는 무절제한 소비성향으로 급변하였다.

1997년 하반기에 IMF라고 하는 금융외환위기와 함께 한파가 몰아쳤다. 주가는 하락하고 금리는 대폭 인상되었으며 달러환율은 크게 폭등했다. 우리나라는 사상초유의 경제위기를 맞게 되었으며, 이러한 불경기와 인플레이션은 나라 전체의 경제전망을 불투명하게 하고 기업의 경쟁력이나 소비자의 가치관에도 커다란 영향을 미쳤다. 경기침체로 인한 가처분소득의 감소 및 소비심리의 위축은 호텔산업에 커다란 타격을 가져다주었다.

따라서 경제적 환경이 변화할 때 호텔기업은 시장을 세분화하여 각 세분시장의 독특한 필요와 욕구에 따라 차별화된 가격전략을 수립해야 한다. 예컨대 1998년 초 IMF시대의 타개책으로, 내국인들이 주요 고객을 이루는 특급호텔 레스토랑이나 지방 호텔 객실은 가격인하를 단행한 반면, 외국인을 주요 대상으로 삼는 도심 특급호텔들은 환율급등으로 인해 외국인들이 객실료 부담을 상대적으로 덜게 된 점을 감안하여 이를 기회삼아 객실요금을 인상한 바 있다. 특히 이 기간에는 우리나라 기업이 해외로 매각을 시도할 때 선진국의 컨설팅회사들이 서울 시내 특급호텔 객실과 레스토랑을 많이 사용하기도 하여, 1988년 올림픽기간보다도 객실점유율과 평균객실료가 더 높은 경우도 있었다. 하지만 국가의 경제환경이 악화될 때 호텔기업들은 서비스수준의 향상으로 고객관리의 새로운 개념을 도입해야 할 필요가 있다.

경제는 소비자의 구매력만을 결정하는 것이 아니라 그들의 생활태도나 가치관에도 영향을 준다. 따라서 경제환경 변화에 따른 고객의 정서에 맞는 상품을 개발하여 호소하는 것이 필요하다. 또한 더 많은 고객층으로의 시장 확장을 위한 마케팅 전략으로 새로운 수요를 창출해야 한다. 경제적 환경이 호전되면 기업은 이를 도약의 기회로 삼아 기업의 입지를 확고히 하고 고객기반을 다져야 한다. 경제가 활성화되어 경영환경이 좋아지면 경쟁업체들이 속속 시장에 등장하여 시장에서 새로운 역학관계가 형성된다. 따라서 경쟁력 있는 서비스로 고객감동을 실현하고 시장에 존재하는 기회요인들을 최대로 활용하여 기업성장의 호기로 삼아야 한다.

4) 기술적 요인

현대사회에서 가장 빠른 변화를 보이는 환경적 요인은 기술적 환경요인이다. 인적서비스에 의존하여 변화가 없을 것으로 여겨지는 호텔산업도 호텔관리 프로그램 PMS(Property Management System), 식음료 업장에서 사용되는 기계, 객실에 제공되는 IT 시스템, 세탁실에서 사용되는 자동화 시스템 등 상상할 수 없었던 기술이 도입되어 활용되고 있다. 급변하는 기술적 환경에서 현재의 방법 그대로 이용한다는 것은 경쟁우위를 점할 수 없다는 것을 의미한다. 따라서 주변의 기술적 환경 변화에 각별한 주의를 기울이고 필요한 기술은 즉각 도입하고 적용하여 경쟁력을 갖추어야 한다.

호텔산업에서 앞다투어 도입하는 기술들은 결국 고객서비스의 향상을 위한 것이다. 전산화된 체크인, 체크아웃 서비스는 이미 많은 선진 호텔들에서 도입되어 빠른 입·퇴숙 절차로 고객의 편의를 높이고 고객의 흐름을 원활히 하고 있다. 예를 들어, 호텔 체크인에서는 고객이 프런트데스크를 거치지 않고 로비에 마련된 컴퓨터 프로그램을 이용해 간단히 입숙절차를 마치고 객실을 찾아가며, 퇴숙 시에도 객실에 있는 TV 화면이나 컴퓨터를 이용하여 체크아웃 수속을 간단히 마칠 수 있도록 하였다. 또한 화상회의가 가능한 룸 등 첨단시설을 갖춘 객실을 선보이고 있다. 하루 숙박료가 3천에서 1만 달러에 이르는 이 특실에는 음성으로 작동하는 컴퓨터 종업원이 있어 손님이 잠을 자겠다고 하면 커튼을 치고 불을 끄며 가상현실게임도 즐길 수 있게 해준다. 또한 객실에 앉아서 다과를 먹으며 외부에 있는 사람들과 화상회의를 할 수도 있다.

우리나라 대부분의 특급 호텔들은 호텔 내에 고객을 위한 노트북, 스마트폰 등을 갖추어 놓고 WIFI, 초고속인터넷 서비스를 제공하며 진보된 정보통신시설을 필요로 하는 상용고객들의 요구에 응하고 있다. 뿐만 아니라 호텔객실에서도 일을 하는 고객들을 위해 객실에 비즈니스 오피스 개념의 시설들을 도입하고 있다. 전산시스템은 경영관리기법에도 도입되어 고객관리, 영업, 회계, 마케팅 등 각 분야의 정보관리에 활용되고 있다. 인터넷망에 호텔 홈페이지를 설치하여 홍보를 하고 예약을 받으며, 고객정보를 데이터베이스화하여 관계마케팅에 사용하는 환경적 전략이 요구된다.

5) 자연환경적 요인

현대는 자연자원인 물, 공기 등이 무상으로 공급되는 시대는 아니다. 이제는 자연자원의 훼손문제가 심각하고, 자연보존에 대한 의식이 일반 소비자들에게까지 널리 확산되었다. 기업으로 하여금 외부로 발생되는 오염문제는 이제 심각한 위협요인이 되었다. 환경에 민감한 소비자들은 제품에 대한 불매운동을 벌이는가 하면, 한강상류 수질오염과 자연경관 훼손문제로 언론과 시민의 거센 지탄을 받기도 했다. 따라서 호텔건립의 타당성 평가에는 수익성 등 경제적 문제뿐 아니라, 호텔건립으로 인한 교통, 장애와 소음, 오염물질 배출 등 주위 자연환경적 요인들과 얼마나 조화를 이루는지가 사전에 중요하게 평가되어야 한다.

자연환경 오염문제는 호텔기업에게 또 다른 비용을 발생시킨다. 특히 공해가 심한 도심에 위치한 호텔들은 호텔 내 공기를 정화하는 시설을 갖추어야 하며, 정수처리 시설 또한 설치해야 한다. 또한 수돗물, 석유, 천연가스 등 자연자원 · 에너지의 단가가 오르면서 이를 절약하는 방법 및 장치가 필요하게 되었다. 비용절감 차원도 있지만 호텔에서는 손님에게 제공하던 낡은 린넨을 청소용 걸레로 만들어 사용하거나, 객실에서 고객이 사용한 타월 등을 손님의 요청으로 재사용 하는 등 자원재활용이 현실적으로 실행되고 있다.

자연환경 보존문제가 사회에 중요한 이슈로 등장하게 된 것은 호텔 기업 측에 부담만을 제공하는 것은 아니며, 때로는 이것을 기회로 전환시킬 수도 있다. 가령 소비자들의 환경민감성을 이용하여 개발된 것이 그린마케팅(green marketing)의 개념이다. 기업이 전개하는 환경보호운동이나 환경 친화적 경영은 환경문제에 민감한 고객들에게 어필되어 그들의 중요한 구매의사 결정요인이 되곤 한다. 호텔기업의 환경경영은 환경보존, 자원절약, 쓰레기 분리수거와 줄이기 등의 효과뿐 아니라, 신문 등의 언론에 공개되어 홍보효과 역할을 하기도 한다. 따라서 이와 같이 환경변화에 대한 대응은 호텔경영에 중요한 전략이다.

6) 법률적 요인

국가에서는 특별법을 만들기도 하는데 한국방문의 해인 경우에는 우리나라 방문한 인 바운드(in bound)에게는 세금을 10% 받지 않은 No Tax(영세율)제도를 지정하기도 한다. 한편 정부는 불공정한 기업행위로부터 소비자와 사회를 보호하기 위하여, 중소기업을 보호하기 위한 법률을 제정하여 기업행위를 규제한다.

예를 들어, 소비자보호법, 독점규제 및 공정거래에 관한 법률, 옥외 광고물 등 관리법, 환경 정책법 등은 기업의 경영에 중요한 영향을 준다. 그런데 법률은 고정적인 것이 아니라 필요에 따라 수정 · 보완되어 새로운 효력을 발휘한다. 호텔기업은 법률 환경적 변화에 대한 폭넓은 지식을 가지고 그것이 호텔운영에 미치는 영향을 파악하여 적절하고 지혜롭게 대처방안을 마련해야 한다.

7) 정치적 요인

정치 환경 또한 호텔이 주위를 기울여야 할 중요한 환경적 요인이다. 한 나라의 정치적 분위기는 기업의 국제경영과 관광산업에 지대한 영향을 미친다. 정치적으로 불안정할 때 국제무역거래나 금융거래, 직접투자활동 등은 위축되고 외래 관광객의 숫자가 현저하게 줄어든다. 이것은 호텔경영에 치명적인 타격이 아닐 수 없다.

뿐만 아니라 정부의 방침이나 정책은 사회적 분위기와 국민생활에 막대한 영향력을 행사하여 호텔이용에 대한 사회적 인식을 변화시킨다. 또한 정부방침에 따라 개발지역이 결정되어 투자환경 및 관광산업 환경의 변화를 가져오기도 한다. 중국관광객의 제주도 무비자 입국 허용방침을 정부당국이 내리면서 최근에는 중국관광객(요우커: 遊客)들이 대거 입국하게 되자 제주도의 호텔들이 면세점, 중식당, 카지노시설 등을 확충하고 있는 것이 현실이다.

8) 거시환경 분석기법

거시환경 분석기법에는 인과관계모형, 질적인 분석기법, 시계열자료 분석방법 등 여러 가지의 분석방법이 있다.

첫째, 인과관계모형이 있다. 이것은 과거의 자료에 의존하여 특정 환경요인변화와 그 결과로 나타난 현상들 간의 관계를 분석하는 것이다.

둘째, 질적인 분석기법이 있다. 이것은 전문가의 의견 등 주관적이고 질적인 자료를 수집 · 분석하는 것으로 기존자료가 존재하지 않거나 불충분한 경우에 사용된다. 질적인 분석기법의 대표적인 방법은 델파이(Delphi)기법으로, 이것은 전문가들로 하여금 설문지에 응답하게 하고 수집된 자료를 정리하여 다시 응답자에게 피드백함으로써 전문가들이 의견들을 재검토한 끝에 최종의견을 제시하는 방법이다. 델파이기법은 연구에 참여한 전문가들이 개인 간의 갈등 없이 타 전문가의 의견이나 시각을 참고하여 최종예측자료를 제공할 수 있다는 점에서 집단 토의보다 우수한 기법이다.

셋째, 시계열자료(time series data) 분석방법이 있다. 이 방법은 과거의 추세가 미래에도 연장될 것이라는 기본가정 하에 실시되는 것이므로, 과거 시간의 흐름에 따른 추세가 안정적이고 명확할 때 사용한다. 또한 현재 예측 못한 환경적 변화가 미래에 발생할 것에 대비해서, 시계열자료 분석은 장기예측보다는 단기예측에 주로 사용된다. 또한 계절 등 일정한 주기로 발생하는 환경요인은 별도로 분리되어 분석되어야 한다.

3 SWOT 분석

호텔기업의 환경요인들은 마케팅 전략 수립에 있어 주의 깊게 고려되어야 한다. 이때 호텔기업의 내부적 강·약점과 외부 환경적 기회·위협요인을 체계적으로 파악하여 전략수립에 활용하는 SWOT 분석을 이용할 수 있다. 여기서 SWOT란

표 3-1 SWOT 분석 시 고려사항

강점	(내부적)	약점
• 경쟁력 있는 기술 • 원가상의 유리한 점 • 경쟁상의 유리한 점 • 서비스 혁신 능력 • 우수한 경쟁 능력		• 시설의 노후화 • 주요기술 또는 능력의 결여 • 서비스 수준 저하 • 수준 이하의 마케팅 • 자금의 부족
기회	**(외부적)**	**위협**
• 새로운 시장 진입 • 상품의 다각화 • 급격한 시장성장 • 경제의 활성화 • 경쟁력 우위		• 새로운 경쟁자 진입 • 시장의 성장 둔화 • 경기침체 • 공급자 증가 • 인구감소

Strength(강점), Weakness(약점), Opportunity(기회), Threats(위협)의 약자로서, 이러한 요인들을 전략적 시각에서 분석하여 가장 적합한 시장공략 전략을 수립하고 마케팅계획의 방향을 설정하려는 것이다.

1) 외부환경 분석

외부환경이 제공하는 기회요인은 더욱 세분해서 매력성과 성공확률에 따라 매트릭스를 만들어 볼 수 있다. 기회요인의 매력성이 높고 기업이 그것을 이용하여 성공할 확률이 높을 때 기업은 적극적으로 이를 활용할 방안을 모색해야 한다. 기회는 종종 위협과 더불어 찾아온다. 1997년 12월 IMF 한파 속에서 전국의 경제가 침체된 가운데 진행되기 시작한 M&A(Mergers & Acquisitions: 기업 인수합병)활동은 국가경제 전체에는 악영향을 미쳤지만, 외국의 대형 컨설팅회사(The Boston Consulting Group: BCG, Mckinsey, Pricewatorhouse Coopers: PWC)가 국내호텔에 장기간 투숙을 하게 되면서 우리나라가 금융위기에서 벗어나는 데 중요한 기회요인이 되었다.

위협요인 또한 그 심각성과 발생가능성을 각각 평가해 볼 수 있다. 위협요인이 심각성과 발생가능성이 모두 높을 때 기업은 총력을 기울여 위기를 타개하고 그 악영향을 최소화하는 방법을 강구해야 한다.

2) 내부환경 분석

외부환경의 위협요인을 최소화하고 기회요인을 발판으로 삼아 시장에서의 경쟁우위를 차지하는 것은 기업내부의 능력에 달려 있다. 따라서 정기적 또는 필요에 따라 조직의 강·약점을 세부적으로 자체평가하고, 각 요인의 중요성에 대해서도 검토하는 것이 필요하다. 높은 중요성을 가지고 있는데도 불구하고 성과가 떨어지는 부문에 대해서는 비판적 분석을 통해 개선책을 찾아야 할 것이다.

Chapter

04

Hotel Management Strategy

호텔마케팅 전략

04 Chapter 호텔마케팅 전략

1 호텔마케팅 전략

호텔서비스 상품은 일반 유형 재화와는 구별되는 서비스 고유의 특성(무형성, 비분리성, 변동성, 소멸성)을 모두 갖추고 있다. 이러한 호텔상품의 특성들을 감안할 때, 마케팅의 전략수립에는 다음과 같은 특수사항이 일반 마케팅 전략에 추가적으로 고려되어야 한다.

1) 서비스의 유형화

호텔서비스는 무형이다. 호텔객실을 샀다는 말의 의미는 실제로 객실이라는 물리적 공간을 소유하게 되었다는 뜻이 아니라, 다만 한시적으로 객실을 이용할 권리를 얻었다는 것을 뜻한다. 호텔을 이용하는 동안 받는 서비스, 즉 안락함, 편안함, 안전성, 친절성 등은 모두 무형이다. 이러한 무형성은 고객들에게 불확실성을 안겨 준다. 눈으로 볼 수 없고 추상적이고 주관적인 판단에 따라 좌우되며, 구매의사가 결정되기 전에 품질을 확인할 수 없기 때문이다. 고객은 이러한 불확실성을 감소시키기 위해서 무형서비스의 질을 말해 주는 유형적 단서를 찾게 된다. 따라서 호텔서비스를 마케팅함에서는 무형서비스를 구체화 · 유형화하여 객관적인 물리적 증거로 표현해 주어야 한다.

물리적 증거는 여러 가지 형태로 제공될 수 있다. 가령 화장실 변기에 위생 테이프를 붙여 놓거나, 화장지 끝을 단정하게 접어놓고 양치질 컵을 비닐에 싸놓는 것은 화장실이 깨끗하게 청소되었음을 고객에서 보여주는 유형적 실마리 역할을 한다. 헴슬리 호텔(Helmsley Hotel)은 여성고객들을 위한 세심한 배려와 서비스를 한다는 뜻으로, 대형 전신거울을 그 물적 증거로서 광고사진에 내기도 했다. 호텔건물의 외관 및 인테리어 등 물리적 환경을 아름답고 세련되게 가꿈으로써 호텔의 서비스를 대변하게 하고 고객의 마음에 새겨진 호텔의 위치를 강화시킬 수 있다. 홍콩의 리전트 호텔(Regent Hotel)은 상급호텔의 이미지를 고객에게 전달하기 위해서 롤스로이스와 같은 고급 승용차는 사람들이 쉽게 볼 수 있는 호텔 전방에 의도적으로 주차시킨다.

2) 인적자원의 관리

호텔산업에서 고객 접점에 있는 종사원은 고객과 직접 접촉하며 고객서비스를 몸소 실행하는 당사자들이므로, 그들 자체가 호텔 상품을 만드는 결정적인 마케팅믹스이다. 호텔서비스는 서비스의 결과물보다는 어떻게 서비스가 전달되느냐 하는 과정이 중요하다. 따라서 호텔관리자는 실력과 서비스 정신을 갖춘 종사원을 선발하여 그들의 숨은 장점을 발견하고 잠재능력을 개발시켜야 한다. 그리하여 그들이 적재적소에 배정되어 자신의 능력을 백분 활용하며 업무를 볼 수 있도록 배려해야 할 것이다.

내부 마케팅 차원에서 종사원의 만족 없이는 고객만족도 없다. 왜냐하면 종사원의 이직률이 높으면 호텔의 단골고객에 대한 질 높은 서비스 제공이 어렵게 되고 일관성 있는 서비스 제공도 어렵다. 따라서 호텔종사원이 자부심과 만족감을 가지고 일할 수 있는 근무환경과 직장분위기를 조성해 주어야 한다. 보다 효율적으로 종사원의 만족을 이루기 위해서는 종사원을 1차 시장으로 보고 그들에게도 외부시장처럼 마케팅적 접근방식으로 나아가야 한다. 이것은 내부마케팅이라고 불린다. 즉, 기업에 적합한 인적자원관리를 위해서는 직무만족을 위한 적정 인력 유지와 교육・훈련, 동기유발, 역할부여, 평가와 보상이 함께 이루어져야 할 것이다.

3) 지각위험도 감소

호텔상품은 경험재이기 때문에 옷, 가구 등의 탐구재의 경우와는 달리 구매의사결정을 하기 전에 품질을 잘 가늠할 수가 없다. 이 때문에 호텔서비스 상품을 구입하는 고객은 의사결정을 하기 전후에 다소 불안감을 경험하게 된다. 이와 같이 구매 전 제품・서비스의 품질에 대해 고객이 느끼는 불확실성과 불안감을 지각위험도라고 불린다. 구매와 관련된 지각위험도가 클 때 소비자는 어떻게 해서든지 이를 줄이려는 노력을 하며, 최종 의사결정시 지각위험도가 적게 느껴지는 상품대안을 택하게 된다.

지각위험도는 상품의 금전적 가치와 고객의 관여도가 클수록 더 커진다. 호텔의 경우 다수의 객실을 사용하거나 VIP 투숙 시 그러한 경우가 나타나며, 컨벤션이나 연회 등의 대형행사가 그 예가 될 수도 있다. 그러므로 호텔 측은 고객의 지각위험도를 감소시켜 주기 위한 노력을 최대한 기울여야 한다. 예를 들어, 회의기획자나 여행사 등 대량 구매자들은 Fam(Familiarization) Trips 프로그램을 통해 호텔서비스를 사전에 경험하게 하거나, 서비스 보증제도를 적용함으로써 지각위험도를 감소시키는 효과를 거둘 수 있다. 호텔은 지각위험도를 낮춤으로써 현재 경쟁호텔의 고객을 자사쪽으로 유인하여 브랜드 전환을 꾀할 수도 있을 것이다.

4) 수요와 공급 조정

호텔서비스의 소멸성은 시장의 수요를 시간적으로 골고루 유지하고, 수요에 따라 공급을 최대한으로 조정하는 것이 얼마나 중요한지를 보여 준다. 손님이 집중되어 투숙률과 판매량이 높아지면 호텔측은 당연히 이를 반기겠지만, 주의할 점은 고객의 불평이 가장 많은 것은 많은 손님이 같은 시간대에 서비스를 요청하는 것이다. 그리고 성수기의 고객 불만족은 비수기의 판매율을 더욱 가파르게 하락시킨다.

따라서 호텔은 성수기와 비수기의 균형을 맞추기 위해 노력해야 할 것이다. 비수기에 새로운 수요를 창출하기 위해서는 가격할인을 통한 고객 유인책 외에도 특별기획 상품 및 프로모션(promotion)을 마련하는 방법이 있을 수 있다. 또한 레스토랑 고객이 한꺼번에 모이는 연말연시나 졸업시즌에는 직원의 증원이 덜 요구되는 레스토랑이나 다른 업장에 비하여 비교적 판매가 저조한 업장을 중점적으로 홍보하여 급증하는 고객의 방문을 흡수하고 고객을 여러 업장에 분산·조정할 수 있다.

비수기와 성수기의 서비스 품질 균형을 맞추기 위해서는 수요변동에 따른 탄력 있는 공급지원 시스템이 구축되어야 한다. 다수의 인원이 필요 시 정규직원에만 의존하지 말고 파견사원 또는 인턴사원, 계약직 등을 확보해 놓았다가 수요변동에 따라 인원을 조절하는 유연 서비스공급 시스템은 수요변동의 충격을 완화하는 하나의 방법이다. 또한 부서 간 크로스 트레이닝(cross training)을 실시하여 시간에 따라 일손이 부족한 부서에 서로 인력을 지원하도록 하는 것도 도입을 고려할 필요가 있는 서비스 인력관리 체제이다.

5) 서비스질의 일관성 유지

호텔의 고객을 장기간 유지하는 데 필요한 가장 핵심적 요인 중 하나는 일관성 있는 서비스 제공이다. 호텔을 찾을 때마다 일정한 수준의 서비스를 기대할 수 있을 때 고객은 호텔에 신뢰성을 갖게 된다. 호텔을 선택할 때마다 어떤 서비스수준을 기대해야 할지 모른다면 고객은 인지적 통제력(cognitive control)을 상실할 것이다. 인지적 통제력이란 자신의 환경에 대해 지식을 가짐으로써 느끼는 자신감 및 안정감을 뜻하는 것으로서, 환경과 사물을 다스리기 원하는 인간이 기본적으로 소유하려 하는 욕구이다. 호텔서비스에 대한 인지적 통제력이 부족할 때 고객은 심리적 불편함과 불안감을 경험할 것이다.

따라서 호텔은 서비스의 품질 표준화를 통해 일정 수준으로 서비스가 유지되어야 고객이 신뢰하고 호텔을 선택할 수 있을 것이다. 대부분의 관광객이 관광지에 있는 다수의 호텔 중 선택을 할 때 체인호텔을 선호하는 것은 이러한 이유에서이다.

6) 고객믹스 관리

호텔마케팅에 있어 현재 총고객수보다 중요한 것은 유명인사 유치에 비중을 두는 전력, 즉 고객믹스(customer mix) 관리이다. 고객의 수보다는 소수의 귀빈이 호텔의 수익성에 영향을 미치기 때문이다. 고객믹스를 관리하는 것은 장기적인 안목에서 볼 때 동질적 시장을 선별적으로 추출하여 시상점유율을 높이는 결과를 낳는다.

호텔고객은 자신이 찾은 호텔에 유명인사가 묵었다는 사실만으로 신분상승감을 느끼고, 자신과 동질로 부류하여 어울리기를 원하기 때문이다. 고객믹스를 관리하는 방법에는 여러 가지가 있는데, 그중에는 가격전략으로 표적시장을 선별 해내는 방법과 특정 구매계층에 홍보의 초점을 맞추는 방법, 그리고 회원제를 운영하는 방법이 있다.

2 시장 세분화 전략

1) 시장 세분화

(1) 시장 세분화의 개념

시장 세분화(market segmentation)란 전체시장을 마케팅 목적에 부합하도록 유사한 특성을 가진 고객들끼리 집단으로 분류하는 과정이다. 즉 인구통계학적 기준이나 지리학적 기준 등과 같은 특정한 기준에 의해 필요, 욕구, 선호, 유사한 구매행동을 보이는 고객끼리 집단으로 분류하는 것이다. 또한 이렇게 분류된 하위집단을 세분시장이라 한다.

시장 세분화에서 세분화의 의미는 시장고객을 분류한다는 의미이다. 오늘날의 시장은 동질적인 고객들로 구성되어 있는 것이 아니라 추구편익, 선호, 수요, 가격, 촉진, 탄력성 등 서로 다른 특성들을 가진 고객들로 구성되어 있으며, 이는 최근 문화적 특성이 다각화되고 사회적 구조가 복잡화되면서 더욱 심화되고 있다. 이러한 시장의 이질성은 상품구매뿐만 아니라 기업의 마케팅 프로그램에 대한 반응에도 영향을 미칠 것이며, 이러한 이질적인 시장에 효과적으로 접근함으로써 경쟁우위를 확보하기 위한 방안 중 하나가 시장 세분화전략이다. 즉 시장 세분화의 목적은 기업의 마케팅 목표달성을 위해 비교적 유사한 욕구를 공유한 충분히 크고, 측정가능하고, 접근 가능한 고객집단을 확인, 도출해 내는 것이다.

기업이 시장을 세분화하는 일은 세분시장을 확인, 규명하고, 표적화해야 할 세분시장을 결정하는 것이다. 기업은 표적시장을 만족시키기 위해 상품구성 내용이나 서비스를 더 좋게 하고, 가격을 정하며, 배포하고 전달할 수 있다. 또한 기업은 경쟁사의 마케팅에 보다 잘 대응하기 위해 마케팅 프로그램과 활동을 조정할 수 있다.

(2) 시장 세분화의 중요성

시장 세분화는 오늘날 마케팅 전략의 가장 핵심적인 개념 중의 하나로 더욱 중요해지고 있고, 그 중요성은 다음과 같다.

첫째, 다양하고 질 좋은 상품 추구, 인구증가가 둔화, 시장이 성숙기에 진입되어 있다. 따라서 기업들이 시장점유율 획득과 브랜드확장의 확대 등을 통해 성장을 추구하기 때문에 경쟁강도가 격화되고 있다.

둘째, 학력수준의 향상, 가처분소득의 확대, 사회경제적인 힘이 커짐에 따라 고객들이 전에 비해 보다 다양하고 섬세한 욕구와 취향 그리고 라이프스타일을 갖게 되었다. 이러한 변화는 기업들에게 각 집단의 고객을 만족시킬 수 있는 상품과 서비스를 경쟁적으로 제시해야만 하는 현실에 와 있다.

셋째, 정보기술에 힘입은 마케팅정보 시스템의 도입으로 매우 작은 규모의 세분화가 가능하게 되었고, 이 같은 세분화전략은 특히 텔레마케팅 등에서 볼 수 있듯이 관계 마케팅을 위해 폭넓게 사용되고 있다.

넷째, 많은 마케팅조직들은 자사의 서비스를 세분화함으로써 전문화된 마케팅 프로그램을 보다 쉽게 수행할 수 있다. 업종별로 보면 호텔, 여행사, 리조트, 크루즈 등이 대표적이라 할 수 있다. 또한 시장 세분화에서 얻은 정보를 바탕으로 구체적인 집단을 선정할 수 있는 기회를 제공한다. 이러한 접근은 상당부분 재방문고객 또는 거래처 등을 활용하며, 이는 기업을 위한 특정지역과 도시뿐만 아니라 선택된 소득계층을 표적화할 수 있도록 해준다.

2) 시장 세분화의 필요성

시장 세분화는 기업이 시장 환경의 변화에 대처하는 것과 함께 개별시장의 특성에 맞는 차별적 가치를 제공할 수 있으며, 마케팅자원의 효율적 활용과 같은 혜택들을 제공한다.

(1) 적절한 목표시장 설정

세분화된 각각의 세분시장의 욕구와 이들을 대상으로 하는 상품들을 살펴보면, 시장과 고객에 대한 정확한 정보를 얻을 수 있으며, 충족되지 못한 고객의 욕구를 찾아낼 수 있는데, 이것이 바로 시장기회이다. 이러한 시장기회와 기업의 경쟁적 강점과 약점을 평가하여 유리한 시장을 선택할 수 있다. 기업은 시장 세분화를 통해 장기적 경쟁우위를 획득할 수 있는 목표시장을 찾는 데 노력을 기울여야 한다.

(2) 시장에 대한 신속한 파악과 대처

시장을 단일한 전체시장으로 본다면 수요의 다양한 변화에 대응하기 어려우나, 세분화된 시장에서는 전체 시장보다 상대적으로 규모가 작고 수요의 동질성으로 구분을 한다. 이에 따라 정확한 고객의 욕구 파악과 시장에 따른 차별화 서비스 제공이 가능하며, 또한 고객의 욕구변화에 따라 신속한 변화에 대처하는 유연한 경영도 가능하다.

(3) 마케팅자원의 효율적 배분

기업은 시장 세분화를 통해 선정된 세분시장의 특정요구에 초점을 맞춰 상품, 가격, 유통경로, 촉진전략을 수립하게 된다. 이는 선택되고 한정된 마케팅의 예산과 자원을 가진 기업에게 불필요한 마케팅자원의 분배를 막고 각 시장별로 가장 효과적인 마케팅 전략을 기획하여 고객에 대한 소구력을 향상시킬 수 있다. 가장 성공적인 마케팅 전략은 가장 유리한 세분시장에 마케팅자원을 집중하는 것이다.

(4) 경쟁기업과 차별화

경쟁기업과 자사를 비교하여 어떤 세분시장에서 자사가 유리하고 불리한지 평가하여 이에 따른 차별화된 서비스, 상품 제공과 마케팅 믹스전략을 구사하여야 한다.

(5) 신상품 개발기회 제공

기존 세분시장뿐 아니라 시장 세분화를 통해 도출된 잠재시장에 대한 분석은 기존의 상품, 서비스에 대해 만족하지 못하고 있는 새로운 시장을 발견하게 한다. 이러한 미충족된 욕구를 갖고 있는 세분시장은 새로운 상품, 서비스 혹은 마케팅 믹스를 위한 기회가 될 수 있다.

〈시장 세분화 시 고려해야 할 사항〉

① 누구를 대상으로 시장을 세분화할 것인가?
② 고객은 우리가 제공하는 서비스에서 무엇을 찾고자 하는가?
③ 세분시장의 욕구와 필요를 어떻게 가장 잘 충족시킬 것인가?
④ 소비자가 찾고 있는 마케팅 프로그램을 어떻게 개발하는가?
⑤ 우리가 제공하는 서비스를 어디서 판촉할 것인가?
⑥ 언제 서비스를 제공할 것인가?

3) 시장 세분화 방법

시장을 세분화할 수 있는 방법은 매우 다양하다. 많은 시장 세분화에 따라 상품, 서비스를 구매하는 데 영향을 미친다. 세분화 과정의 핵심은 수요측면에서 상품, 서비스의 잠재구매자들을 상대적으로 동질적인 그룹으로 군집화하는 것이다. 이때 집단 내의 차이는 집단 간 차이에 비해 상대적으로 작아야 한다. 세분화 과정은 또한 각 구성원들을 쉽게 식별할 수 있도록 각 집단을 설명할 수 있어야 하고, 각 집단의 규모와 가치를 결정할 수 있어야 하며, 집단 간의 차이를 기술해 주어야 한다. 세분화를 위해서는 이러한 목적을 충족시킬 수 있는 세분화 변수들의 적절한 사용과 세분화 조건이 갖추어져야 한다.

(1) 시장 세분화 절차

① 세분화 변수 선정

시장 세분화를 위한 적절한 변수를 선정하는 단계로는 설정된 마케팅목표를 바탕으로 세분화할 전체시장과 세분화 변수가 결정된다. 세분화 변수의 경우 기업과 시장의 상황에 따라 사전에 미리 선정하거나 자료 분석을 통해 결정한다. 사전선정의 경우 기업이나 마케팅담당자가 시장과 상품에 관한 지식과 경험을 갖추고 있어야 하며, 자료 분석을 통해 사후 결정된 자료 분석이나 실증조사를 통해 적절한 변수를 선정한다. 오늘날의 경우 효과적인 시장 세분화를 위해 지역, 직군과 같은 다수의 변수를 결합하여 사용하는 경우가 증가하고 있다.

② 세분화 시장 선정

세분화 변수를 통해 정의된 다양한 세분시장 간의 특성을 살펴보고, 집단 간 차이 정도와 가능성을 평가해 적절한 세분시장의 수를 결정하는 것이다. 먼저 선정된 세분화 변수로써 전체시장을 분석하여 세분시장의 기회를 확인, 규명하여 얼마나 많은 세분시장을 마케팅대상으로 할 것이며, 어떤 세분시장을 표적으로 할 것인지를 결정해야 한다.

이를 위해 단순교차분석부터 다변량 통계분석과 같은 다양한 방법이 사용된다. 이 단계에서 가장 중요한 것은 차별적인 마케팅 믹스전략을 수행할 수 있을 정도의 규모와 차이점을 가진 세분시장을 도출하고 적절한 세분시장의 수를 결정하는 것이다.

③ 세분시장 평가

세분시장 평가에서는 선정된 세분시장의 효과성과 유용성을 평가하는 단계로 세분시장의 전체적 매력성과 기업의 목표, 자원을 평가한다. 보다 구체적으로는 세분시장과 아래에 제시되는 시장 세분화 조건과의 일치 정도를 평가한다. 상품 서비스의 특성에 따라 다소의 차이가 있기는 하나, 보통 다음의 여섯 가지 조건으로 세분화 결과와 세분시장을 평가하여 목표로 할 표적시장을 선정한다.

이때 중요한 것은 현재 상황뿐만 아니라 자사의 장기적 목표, 자사와 시장의 성장가능성 또한 고려해야 한다. 표적시장이 선정되면 이 표적시장의 특성, 구매력, 성장가능성 등을 세부적으로 평가하여야 한다.

(2) 시장 세분화 조건

① 측정가능성

측정가능성은 각각의 원인으로 구입을 희망하는 세분시장의 유효규모와 구매력 및 특성이 객관적으로 측정될 수 있는 정도를 의미한다. 따라서 지역적 세분화를 하였어도 담당해야 할 회사나 고객수가 많으면 시장을 더 작게 세분화하는 경우도 발생한다.

② 동질성

동질성은 각 세분시장 내의 구성원들이 시장 세분화를 위한 변수의 측면에서 가능한 한 서로 비슷한 특성을 가지며 마케팅 믹스와 프로그램에 유사한 반응을 보여야 한다는 것을 의미한다.

③ 이질성

이질성이란 세분시장의 구성원들 간 서로 다른 특성을 가지고 있어 하나의 세분시장은 다른 시장과 개념적으로 명확하게 구분될 수 있어야 한다. 즉 같은 지역이라도 사무실에 근무하는 고객과 제조업에 근무하는 고객과는 다른 마케팅을 해야 한다. 또한 마케팅변수들에서 집단 간 서로 다른 반응을 보여야 한다.

④ **규모**

선택된 세분시장에 상품, 서비스를 구매할 의도와 현실적 수요로 이어질 수 있는 구매능력이 있는 충분한 규모의 잠재고객이 존재하여 기업이 독자적인 마케팅 프로그램을 시도했을 때 효과적인 투자수익과 매출액을 획득할 수 있어야 한다. 이는 현재뿐만 아니라 앞으로의 시장 성장가능성도 고려해야 한다.

⑤ **접근가능성**

접근가능성은 상품 서비스에 대한 기업의 메시지가 세분시장에 효과적으로 도달할 수 있고, 그 시장에서 상품 서비스 판매와 마케팅 믹스전략을 수행할 수 있는 정도를 의미한다. 기업의 능력, 지리적 요소 법적인 규제조건 등도 충분히 고려되어야 하며, 충분한 구매력과 수요가 있는 매력적인 세분시장이 존재하더라도 세분시장을 유인할 수 있는 능력이나 연결매개체가 없으면 시장 세분화는 성공하기 어렵다.

⑥ **실행 가능성**

실행 가능성이란 세분시장과 기업의 마케팅자원이 조화될 수 있어야 가능하다. 기업의 능력이 뒷받침되지 않으면 어떤 매력적인 시장이라도 의미가 없다. 즉 자사의 인력, 자금, 마케팅 능력 등이 그 시장에서 경쟁사와 충분히 경쟁 가능해야 하고 목표성과를 달성할 수 있어야 한다. 이를 위해서는 기업의 내부자원분석과 외부자원분석이 우선되어야 한다. 또한 회사의 기업목표, 이미지, 윤리적 측면도 충분히 고려해야 한다.

(3) 시장 세분화 변수

시장 세분화 변수는 전체 시장을 동질적인 부분시장으로 나누는 데 기준이 되는 변수로서 어떤 시장 세분화 변수를 택할 것인가는 상품 서비스의 성격과 분석의 목적에 따라 달라질 수 있다.

마케팅관리자들은 각각을 검토하여 어느 것이 자사 상품 서비스와 시장 세분화에 가장 적합하고, 마케팅 전략 실행에 실질적인 도움을 줄 수 있는 변수를 선택해야 한다. 세분시장을 결정하는 최선의 방법은 없다고 하는데, 어떤 경우에는 통계자료가 도움이 되지만, 결국에 필요한 것은 경영진의 판단이다.

① 지리적 변수

지리적 변수는 시장을 국가, 도시 등의 행정구역, 인구밀도, 기후 등과 같은 지리적 특성을 기준으로 시장을 세분화하는 변수이다. 관광산업에서 가장 널리 사용되는 변수 중 하나이며, 각 산업과 기업의 특성에 따라 적절한 변수들을 사용하여 하나 또는 몇 개의 지리적 지역에서 영업활동을 하게 되는데 지역의 특성과 차이에 유의해야 한다.

② 인구통계학적 변수

인구통계학적 변수는 연령, 성별, 소득, 직업, 가족규모, 학력, 직업, 종교 및 결혼 유무 등 사람들의 사회적 특성을 기준으로 세분화하는 것이다. 인구통계학적 변수는 측정하기가 쉬우며, 그 결과가 고객들의 선호도, 욕구, 구매행동 등과 밀접한 영향을 가지고 있어 고객들의 분류에 가장 많이 사용되고 있다.

그러나 오늘날에는 다양한 개성이 중시되는 의식변화에 따라 최근 설득력이 많이 떨어지고는 있으나 여전히 통계자료로 중요시되고 있는 것은 기본적인 고객 분석 체계이다. 인구통계학적 변수는 미래의 기회를 파악하는 데 도움이 되기도 한다. 예를 들어 평균수명이 길어지고 가처분소득이 점차 증가하고 있는 현 상황에서 55세 이상 집단은 관광기업에게 중요한 기회를 제공한다.

가. 연령

고객의 욕구와 능력은 연령에 따라 변화한다. 어린이, 청소년, 성인 및 노년층 간의 욕구와 능력은 차이가 있으며, 특히 고객의 참여가 필수적인 관광상품의 경우 이는 매우 중요하다. 최근 구매력과 규모가 상승하고 있는 실버시장은 관광산업의 매우 중요한 관심시장이 되고 있다.

나. 성별

남자와 여자는 유전적인 체질과 사회화실행에서 서로 다른 태도와 행위적 지향성을 갖는 경향이 있다. 여자들은 보다 공통적인 기질을 갖는 경향이 있지만 남자들은 보다 자기표현적이며 목표지향적인 경향이 있다. 최근 관광시장에서는 여성의 사회적 지위향상과 의사결정권의 증가에 따라 점차 여성 고객들을 위한 관광 상품 서비스를 증가하고 있다.

다. 소득

소득은 구매력을 결정하고 생활방식의 차이를 가져오는 중요한 요인으로 특히 일등석 항공권, 호텔의 스위트룸 등 고가상품의 경우 소득수준과 상당한 관련이 있다.

라. 직업

직업은 수입, 생활유형, 교육수준과 관련성이 높으며, 또한 전문화된 관광상품 서비스에 대한 수요를 창출하고 있다.

마. 가족규모에 따른 결혼여부, 자녀의 수, 연령 등과 관련

가족 생애주기는 가족이라는 단위의 형성과 성장 그리고 쇠퇴단계를 반영하며, 각 단계에 따라 소득과 소비 형태 및 추구하는 편익 등이 상이하게 나타나게 된다. 이에 따라 상이한 관광상품 서비스를 제공할 수 있다.

③ 심리적 변수

심리적 변수는 개인적 심리와 특성에 기초하여 분류하는 것으로 개성, 사회계층, 라이프스타일, 태도 등이 대표적 변수이다. 이 중 가장 대표적인 것이 라이프스타일로 활동(activity) 관심(interest), 의견(opinion)을 기준으로 집단을 분류하기 때문에

영문 머리글자를 따서 AIO분석이라고도 한다.

소비자들의 사고와 생활방식의 다양화로 최근에 강조되고 있으며, 동일한 인구통계학적 집단 내에 속한 사람들도 매우 다른 심리적 특성을 가질 수 있다. 심리적 변수에 의한 세분화는 시장을 보다 효과적으로 세분화할 수 있게 해주고 생활양식, 소비행태, 가치관, 태도 등 집단의 독특한 생활양식을 제공함으로써 구체적인 정보를 제공해 준다. 그러나 다음과 같이 몇 가지 한계점이 있다.

- 지리적 변수나 인구통계학적 변수에 비해 심리적 변수는 정확한 측정이 어렵다는 점.
- 심리적 변수와 고객 욕구와의 상관관계가 모호한 경우나 중복적인 경향이 많아 분류가 어려운 경우.
- 환경과 시간에 따라 구성원들의 심리적 특성이 변함으로써 세분시장 자체가 변화한다는 어려움.

표 4-1 심리적 변수의 예

활동	관심	의견
일	가족	자신의 의견
엔터테인먼트	가정	사회적 문제
휴가	여행	정치
취미	지역사회	교육
친목활동	패션	경제
스포츠	SNS	미래
쇼핑	직업	비즈니스

출처: Morrison, A. M. (2006). 호텔관광마케팅; 한국여행발전연구회(2012).

라이프스타일은 사람들이 살아가는 방식으로 각 개인의 활동, 관심사, 의견 등에 따라 구분되며, 관광객의 관광활동도 다르게 나타난다. 또한 이러한 정보를 통해 그 세분시장에게 가장 적합한 상품, 서비스와 접근방법 역시 발견할 수 있다.

〈라이프스타일의 핵심용어〉

- **즐거움 추구**: 일상탈출, 신나고 새로운 삶, 환상체험, 모험
- **가치 추구**: 신중구매, 가치구매, 고감각, 고품질
- **안전 추구**: 가정회귀, 쾌적한 자연, 건강장수, 자신만의 안전한 세계에 칩거
- **개성 추구**: 자기표현, 남과 다른 색, 다른 나, 개인감성의 고도화
- **디지털 추구**: 컴퓨터, 인터넷의 대중화 사이버생활 증대

④ 사회계층

모든 사회는 소득, 교육, 직업의 유사성에 따른 집단화되는 사회적 지위가 있으며, 이들은 문화적, 정치적, 경제적 지위나 경험을 공유하는 경우가 많다. 이에 따라 상품, 서비스구매에서 특정한 가치관, 태도, 선호도, 추구편익, 구매행태를 보이는 경향이 있다. 최근 많은 기업들이 특별한 사회계층을 위한 상품, 서비스를 개발하여 판매하고 있다.

(4) 상품관련 세분화

상품관련 세분화는 상품이나 관련특성에 대해 소비자의 태도를 기준으로 시장을 세분화한 것으로, 세분화 변수로는 추구하는 편익, 상품의 이용 빈도, 상표충성도, 사용계기, 가격민감도, 상품, 서비스제공 수준 등이 있다.

① 추구편익에 따른 세분화

고객이 추구하는 상품편익에 따라 시장을 세분화하는 것으로, 편익이란 소비자들이 상품, 서비스를 사용하면서 얻고자 하는 가치를 말한다. 소비자들은 동일한 욕구를 갖고 있지 않으며, 각 상품편익에 대해 다른 수준의 중요성과 용도 및 선호도를 부여하고 있다. 즉 같은 상품이라도 고객의 용도에 따라 다양한 구분이 필요하며 이에 따른 보다 섬세한 서비스가 필요하다.

② 상품의 이용빈도에 따른 세분화

상품의 이용빈도를 기준으로 시장을 세분하는 것이다. 일반적으로는 다량 사용자로 세분화되며, 소수의 다량고객들이 전체 이용량의 대부분을 차지하는 경우가 많다. 이에 따라 기업은 많은 소량이용자보다는 소수의 대량이용자들을 유치하려고 노력하고 있다.

③ 상표충성도에 따른 세분화

상표충성도란 소비자가 어떤 특정상표를 일관성 있게 선호하는 정도를 말하는데, 상품, 서비스에 따라 상당한 차이는 있으나 일반적으로 특정상표의 구매나 기업에 대한 선호도는 고객 간 상당한 차이를 보이고 있다. 고객들은 충성도수준에 따라 4개의 집단으로 나눌 수 있으며 상표충성도는 고객과 관련된 많은 정보를 제공한다.

충성적인 고객특징을 연구함으로써 자사 상품, 서비스의 강점을 파악과 경쟁상표 및 자사의 약점 등을 파악할 수 있다. 충성도가 높은 고객들은 기업의 실질적인 수익에 큰 영향을 미치기 때문에 최근 기업에서는 고객의 충성도를 강화하기 위해 특별혜택을 주는 프로그램을 제공하고 있으며, 항공사의 마일리지 제도가 가장 대표적인 사례이다.

〈충성도수준에 따른 고객세분화〉

- **핵심적 충성적 고객**: 항상 하나의 상표만 구매하는 소비자
- **유연한 충성적 고객**: 2~3개의 상표만 구매하는 소비자
- **이동적 충성적 고객**: 하나의 상표를 선호하다가 다른 상표를 선호하는 소비자
- **전환적 고객**: 어떤 상표에도 충성도를 보이지 않는 소비자

④ 상품의 사용계기

사용계기는 일, 주, 월, 연 단위 등의 시간으로 정의되거나 생활에서의 어떠한 계

기로 정해진다. 소비자들은 어떤 기본적인 욕구를 갖거나, 어떤 상품을 구매하거나, 어떤 상품을 사용하는 경우에 따라 구분될 수가 있는데, 예를 들어 졸업을 앞둔 학생들이 그룹으로 친구들과 여행을 가거나 결혼을 하기 위해 신혼여행상품을 구매하는 경우, 휴가를 받아 호텔에 투숙을 하며 휴식을 즐기는 경우가 이에 속한다.

⑤ 가격민감도

최상의 상품, 서비스를 필요로 하고 그것에 대한 가격을 지불할 용의가 있는 고객들의 하나의 세분시장을 구성할 수 있다. 이와 유사하게 중저가 상품, 서비스 초저가 상품, 서비스에 대한 시장도 존재한다.

⑥ 상품 서비스 제공수준

상품 서비스 제공수준 또한 시장 세분화의 중요한 요소로 각 분야별로 상품 서비스 수준이 다른 기업이 존재한다. 고객들은 시간이 경과함에 따라 각 기업의 상품 서비스 수준을 파악하게 되며, 희망하는 수준에 적합한 기업을 이용하게 된다. 또한 기업 역시 자사를 이용하는 고객들이 어떤 상품 서비스를 이용하거나 원하고 있는가를 파악하여 각 집단에 맞는 상품 서비스를 제공하게 된다.

(5) 시장 세분화의 한계

고객의 욕구와 외부적 변수들이 다양화되고 있는 오늘날의 경영환경 속에서 기업은 시장 세분화를 통한 세분화 마케팅 전략이 가장 효과적인 것이라는 인식을 필요가 있다. 그러나 시장 세분화는 몇 가지측면에서 한계를 가지고 있다.

① 높은 비용

시장 세분화의 가장 큰 한계는 비용이 추가적으로 들어간다는 것이다. 각 세분시장은 개별적인 관심을 받게 되며, 이는 광범위한 서비스와 가격이 제공되고 광고,

판촉 유통 모두 각 세분시장의 선호와 취향에 맞게 이루어져야 함을 의미한다. 표적시장이 추가될 경우 담당 직원과 셔틀버스를 공급해야 하는 등 추가에 따른 비용부담이 발생하기 때문에 마케팅관리자는 그 세분시장의 가치와 추가 여부에 대한 사항을 충분히 검토해야 한다.

② 최적 세분화 근거선정의 어려움

관광시장을 세분화하기 위해 지리적 위치, 관광목적, 인구통계학적 특성, 라이프스타일, 추구편익 등 많은 변수가 사용되고 있다. 마케팅관리자의 고민은 이 중 어떤 변수가 가장 많은 수익을 얻을 수 있으며, 또한 이것을 단독 혹은 여러 변수를 복합적으로 사용할 것인지를 결정하는 것이다.

③ 시장 세분화의 범위와 수준선정 어려움

시장 세분화는 그 세분화 기준에 따라 동일한 시장이라도 매우 다양하게 이루어질 수 있다. 몇 개의 시장을 표적으로 해도 되는 것을 지나치게 시장을 세분화하여 많은 표적시장을 대상으로 한다면 이것은 마케팅자원의 낭비이며, 또한 몇 명은 어떤 세분시장에 드는 비용이 추가적인 수익보다 많은 경우가 있다.

또한 시장이 너무 광범위하게 세분화되어 몇 개의 표적시장만을 대상으로 한다면 특정세분 시장에 효과적으로 도달하지 못하여 그 시장의 가치와 잠재고객을 잃어버릴 가능성도 있다. 따라서 마케팅관리자는 시장의 상황과 잠재고객의 특성, 자사의 능력과 제공 상품, 서비스 등을 고려해 얼마나 광범위하게 혹은 얼마나 세밀하게 할 것인가를 결정해야 한다.

④ 비실용적인 세분시장

비실용적인 세분시장은 실행가능성이 없는 세분시장을 뜻하는데, 매력적인 세분시장이라 하더라도 시장에 접근할 수 있는 구체적인 촉진이나 광고수단이 없을 수도 있다. 몇몇 세분시장은 너무 작아서 투자에 대한 필요성을 찾을 수 없고, 어떤 세분시장은 일시적인 유행으로 생긴 것으로 한시적일 수도 있다. 뿐만 아니라 세분시장은 몇몇 대기업에 의해 독점적인 것이어서 이러한 세분시장에 진입하게 하기 위한 많은 비용이 들어가 투자가치가 없게 된다.

3 표적시장과 포지셔닝 전략

1) 표적시장 전략

(1) 표적시장(target market)의 개념

시장 세분화는 표적시장 선정을 위한 준비단계인데, 표적시장은 시장 세분화를 통해 나누어진 세분시장 중에서도 마케팅 투자에 대한 최대의 이익을 제공하는 시장을 선택하는 것이다. 표적시장은 시장 세분화 과정에서 나타나는 사업적으로 가장 중요한 고객집단으로 기업에서 표적시장을 설정하는 것은 표적시장에 마케팅의 예산과 자원을 집중함으로써 적절한 포지셔닝(positioning) 구축과 마케팅 믹스전략을 사용하여 구매자의 구매력을 높이고 제한된 기업의 자원과 능력을 가장 효율적으로 사용하기 위해서이다.

(2) 표적시장 설정

시장 세분화가 끝나면 서비스 상품을 제공할 표적시장을 설정한 다음, 시장이 세분화되면 각각의 세분시장의 특성과 장점과 단점을 평가하고 각 세분시장의 규모와 성장률, 경쟁우위, 자사의 목표나 자원과의 적합성 등을 고려하여 표적시장을 선정한다.

표적시장의 수는 기업의 조건과 능력에 따라 하나 혹은 다수의 시장이 될 수 있으며 적절한 표적시장 선택은 기업의 성공과 실패를 좌우하는 가장 중요한 부분 중 하나이다. 세분시장에 대한 결정은 시간이 경과함에 따라서 변할 수 있다. 새로운 목표시장에서 경쟁자를 능가하기 위해서는 점진적인 혁신이 이루어져야 하기 때문이다. 표적시장 선정 시에는 다음 요소들을 고려해야 한다.

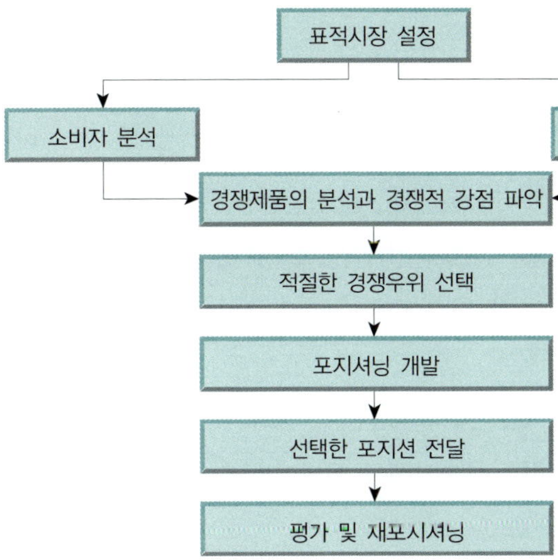

▌그림 4-1▌ 표적시장의 마케팅 전략

① 세분시장의 규모와 성장률

표적시장을 설정 시 가장 먼저 고려해야 하는 것이 적정 이상의 시장규모와 성장률이다. 기업은 각 세분시장의 크기와 규모, 매출액, 성장률, 그리고 기대수익률을 조사하여 매출과 이익을 충분히 달성할 수 있는가를 고려해야 한다.

또한 시장의 잠재력 역시 고려해야 하는데, 일반적으로 규모가 크고 성장률이 높은 세분시장에서 용이한 이윤획득이 이루어지나 모든 기업에 해당되는 것은 아니며, 기업 간 경쟁이 치열하기 때문에 기대하는 수익을 올리기가 어렵다.

② 세분시장의 구조적 매력도

장기적인 관점에서 세분시장의 매력도에 영향을 미치는 핵심적인 요인들을 고려해야 한다. 세분시장 내의 경쟁요인, 신규 진입자의 등장 가능성, 다양한 대체상품의 존재, 구매자와 공급자의 교섭력 등이 중대위협에 속하며, 이러한 요인들은 마케팅 믹스비용, 상품 서비스의 가격, 이익 등에 많은 영향을 미친다.

③ 자사와의 적합성

세분시장이 적정한 규모와 성장률, 매력적인 구조를 가지고 있더라도 자사의 목표에 적합한지를 고려해야 한다. 그리고 세분시장이 기업의 목표와 일치하더라도 자사의 조직, 자금, 생산과 마케팅능력, 판매 유통 등 모든 기술과 자원 및 능력이 그 세분시장에서 충분히 경쟁할 수 있으며, 성공할 수 있는가를 고려해야 한다.

④ 상품의 라이프 사이클

상품의 라이프 사이클은 일반적으로 도입기, 성장기, 성숙기, 쇠퇴기의 순으로 진행되는데, 상품 서비스가 이미 성숙기에서 쇠퇴기로 접어들었거나 대체가능성이 높은 상품은 표적시장에서 제외시켜야 한다.

⑤ 경쟁의 강도

경쟁업체와 중복되지 않는 표적시장을 설정하는 것이 좋으며, 공통적인 표적시장을 선택한 경우 경쟁우위를 가진 요소 등을 차별화하여 표적시장에 접근해야 한다. 또한 아무리 수익성이 높은 시장이라도 경쟁사가 구축하고 있는 진입장벽이 너무 높거나 법적, 제도적 제약사항이 있는 경우는 재고해 볼 필요가 있다.

(3) 표적시장 마케팅

세분시장을 평가한 후 목표시장을 선택할 때는 다음과 같은 세 가지 전략이 가능하다. 즉, 복수세분시장을 선택해 각 세분시장별로 마케팅 전략을 수행하는 차별화 전략, 세분시장별 차이를 무시하고 전체시장을 하나로 보는 비차별화 전략, 단일세분시장을 선택하는 집중화 전략이 가능하다.

① 차별적 마케팅 전략

차별적 마케팅 전략은 다수의 세분시장을 각 세분시장별로 마케팅 믹스를 개발하여 마케팅 전략을 실행하는 것을 의미한다. 이러한 전략은 각 세분시장의 특성과 욕구를 고려한 차별화된 마케팅 믹스를 적용하게 되므로 다양한 고객의 욕구충족과 만족도를 높일 수 있다.

이를 통해 기업은 매출액, 시장점유율, 반복구매율 증가와 세분시장에서의 경쟁우위 확보 및 고객충성도를 향상시킬 수 있다. 그럼에도 기업은 시장을 지나치게 세분화하는 것에 주의해야 하며, 표적시장별 마케팅 믹스를 달리하므로 노력과 비용이 많이 든다는 다음과 같은 단점이 있다.

- **상품개발 수정비**: 세분시장의 요구사항을 충족시키기 위한 상품개발과 수정을 위한 연구개발비, 특별설비 설치비용
- **생산비**: 상품생산 비용, 소수품목의 다량생산 보다 다수 품목의 소량생산이 많은 노력과 비용 요구
- **관리비**: 각각의 세분시장에 대한 개별적인 마케팅계획 수립, 추가적인 마케팅조사, 예측, 판매분석, 촉진, 계획, 경로관리 필요
- **재고비**: 각 세분시장에 제공할 많은 상품의 재고관리 비용
- **촉진비**: 각 세분시장에 도달하기 위한 촉진계획비와 매체비용 증가

② 비차별적 마케팅 전략

비차별적 마케팅 전략이란 세분시장 간의 이질성과 차이를 무시하고, 다수의 공통된 욕구에만 초점을 두어 단일한 상품과 마케팅 믹스를 개발하여 제공하는 전략이

다. 이 전략은 소비자들 사이의 차이점보다는 공통점에 초점을 맞추고 가장 많은 수의 구매자에게 초점을 맞춘 제품과 마케팅 프로그램을 설치한다. 그리고 소비자들에게 기업과 상품의 우월한 이미지를 인식시켜 주기 위해 대량유통과 대량광고를 이용한다.

비차별적 마케팅 전략은 상품계열이 적으므로 연구개발, 생산, 재고, 수송비, 마케팅조사, 광고, 상품관리 비용을 절감할 수 있다. 무차별적 광고를 통해 광고비를 줄여 주고 저원가를 저가격으로 전환해 가격 의식적 세분시장을 확보할 수 있다. 비차별적 마케팅 전략은 마케팅을 표준화, 대량화하여 규모의 경제를 이용하여 최적의 비용과 가격으로 최대의 잠재시장에서 비용을 절감할 수 있으며, 전체시장이 유사한 욕구를 지니고 있을 때 효과적인 마케팅 전략이다. 그러나 고객의 다양한 욕구를 충족시키기 위한 역부족은 시장기회 손실이 발생할 수 있다.

③ 집중화 전략

집중화 전략은 기업이 하나 혹은 소수의 세분시장만을 선정하여 전문화된 마케팅믹스로 모든 경영자원을 집중하는 전략이다. 기업의 규모가 작거나 기업의 자원이 경쟁에서 불리한 경우 선택하고, 고객의 욕구와 시장성격을 정밀하게 분석하여 마케팅노력을 집중함으로써 전체시장 점유율은 적지만 특정 세분시장에서의 시장점유율 증가와 시장에서의 선도자의 위치를 차지할 수 있으며, 생산 유통, 촉진을 전문화함으로써 비용절감과 운영의 경제성을 누릴 수 있다.

만약 그 기업이 그 세분시장에서 선도력을 장악하고 있다면 높은 투자수익률을 획득할 수 있는데, 집중화 전략으로 성공하기 위해서는 표적시장에 대한 충분한 정보와 함께 그 분야에 전문화된 경영능력과 명성을 기업이 가지고 있어야한다. 그러나 집중화전략은 시장의 범위가 좁기 때문에 강력한 경쟁자가 진입하는 경우에 큰 타격을 받을 수 있으므로 위험부담이 높다. 경쟁자가 진입하는 경우, 기존의 기업은 경쟁자가 진입할 때까지 우월한 상품, 서비스, 유통 비용을 수단으로 지속가능한 경쟁적 위치를 개발해야 한다.

2) 포지셔닝 전략

(1) 포지셔닝의 개념

포지셔닝(positioning)이란 용어는 시장 내 고객들의 마음에 위치 잡기란 의미를 갖는다. 시장에서 기업의 포지셔닝 전략은 시장 세분화를 기초로 정해진 표적시장 내 고객들의 마음에 시장분석 고객 분석과 경쟁분석 등을 기초로 하여 얻은 전략적 위치를 계획한다는 의미를 갖는다. 즉 시장에서의 차별적 위치를 차지하여 고객욕구를 충족시키는 서비스를 표적시장에 제공하는 것이다.

경영환경이 급변하고 복잡 다양해지면서 기업이 직면한 최대과제 중 하나가 바로 어떻게 하면 고객들과 효과적으로 커뮤니케이션 활동을 수행하며, 보다 더 효과적으로 마케팅할 수 있을 것이냐이다. 따라서 어떻게 하면 정보홍수의 사회에서 자사제품 및 브랜드를 소비자에게 알리고 그 마음속에서 각인시킬 것인가 하는 것이 마케터의 가장 중요한 역할 중의 하나가 되어 버렸다. 일반적으로 마케터가 시장 세분화 전략을 구사하게 될 때 먼저 자사에 적합한 표적시장을 선정하여 그 표적시장 내에서 다른 경쟁사들과 차별적인 우위를 점할 수 있도록 자사제품이나 브랜드를 포지셔닝하게 된다.

포지셔닝은 자사의 상품 서비스를 고객들이 어떻게 인식하고 있느냐와 관련된 지각차원으로, 이때 고객들은 일정한 속성을 기준으로 각 기업의 상품 서비스를 비교하여 인자하게 된다. 적절한 포지셔닝은 경쟁사와 차별화되어 고객들에게 가장 중요한 혜택을 강조하는 이미지를 그려 주고 타사의 서비스 상품과 차별화하고 광고의 소구력을 높이기 위한 수단이라고 할 수 있다. 이러한 포지셔닝은 다음 5D라고 하는 것에 중점을 두어야 한다.

- 문서화(documenting): 서비스를 구매하는 고객에게 가장 중요한 이익이 무엇

인지 규명한다.

- 결정(deciding): 표적시장의 고객들에게 심어 주고자하는 이미지를 결정한다.
- 차별화(differential): 어느 경쟁자와 어떻게 차별화시킬 것인지를 정확히 나타낸다.
- 설계(designing): 제품 또는 서비스의 차별화를 제공하고 이것을 포지셔닝 성명서와 마케팅 믹스의 다른 면을 통해 전달한다.
- 실행(delivering): 약속을 이행한다.

(2) 포지셔닝의 필요성

포지셔닝은 고객들에 의해 기억에 인식되는 방식이다. 포지셔닝을 통한 기업의 이미지가 고객의 마음속에 자리 잡게 된다. 기업의 상품 서비스는 경쟁사의 서비스와 비교하여 고객의 마음속에 독특한 공간 위치를 확보, 유지하게 된다면 성공적인 전략이 되었다고 할 수 있다. 이렇게 되면 고객의 마음속에 경쟁사의 유사서비스와는 다른 이미지를 확실히 심어 놓게 될 것이다. 포지셔닝은 기존의 서비스를 유지하거나 재포지셔닝하는 것뿐만 아니라 새로운 이미지 창조에 유용하다.

① 새로운 이미지의 창조

새로운 이미지 창조를 위해서는 포지셔닝은 매우 중요하다. 포지션은 주로 광고를 통해서 설정되는 경향이 있다. 특히 호텔, 관광상품, 서비스에서는 마케팅 믹스 요소들이 포지션을 강화시킬 수 있다. 또한 포지셔닝은 이미 고객의 마음에 구축된 이미지를 유지하고 강화할 때, 혹은 변화 시에도 사용할 수 있는 중요한 수단이다.

② 소비자의 지각과정

소비자들은 그들이 접한 이미지를 걸러내고, 불필요한 정보를 버리는 과정에서 그들이 접한 상업적 광고도 상당부분을 잊어버린다. 이를 막기 위해서는 분명하고 간결하며 명확한 메시지를 이용해야 한다. 이는 상품 서비스를 위한 포지셔닝의 필수

조건이 되며, 성공적인 포지셔닝의 첫 단계이다.

③ 경쟁의 심화

호텔 또는 관광산업 내에서 기업 간 경쟁이 심화되면서 경쟁사와는 차별되는 이미지를 주기 위해서는 브랜드, 서비스, 설비, 접근성과 같은 포지셔닝이 사용된다.

④ 다량의 광고에 노출

소비자들은 24시간 다량의 광고에 노출되어 있다. 그중 광고 메시지에서 자사에 주목을 끌기 위해서는 효과적인 포지셔닝이 필요하다. 광고는 타사 광고와 차별되어야 하나, 간결하고 정확한 의미전달과 혼란을 주지 않아야 한다.

⑤ 시장분석과 시장기회 발견

포지셔닝 맵을 통해 고객의 욕구와 경쟁상황을 분석하여 마케팅 믹스 전략개발과 새로운 상품, 서비스와 시장을 개척할 수 있다. 시장에서 비슷한 요구를 가진 고객집단이 얼마나 있는지 분석하고, 새로운 시장을 개척함으로서 기업의 포지셔닝은 확고해질 것이다.

(3) 포지셔닝의 조건

① 적절한 표적의 선정

표적시장이 너무 좁으면 충분한 시장규모를 확보할 수 없어 판매효율이 떨어지며, 표적이 너무 넓으면 관리의 어려움과 광고에 따른 비용부담으로 커뮤니케이션 효율이 떨어질 수 있다.

② 정확한 전달

아무리 매력적인 포지셔닝이라도 소비자에게 정확하게 전달되지 않으면 소용이 없다. 모든 기업은 자사의 상품과 서비스가 경쟁사와 비교하여 항상 개선가능성을 가지고 있기 때문에 경쟁사와 차별화되는 요인을 전략적으로 부각시켜 정확하게 고객에게 전달해야 한다. 경쟁사와 자사의 포지션을 파악하기 위한 가장 쉬운 방법은 시장점유율을 확인하는 것이다.

③ 소비자들의 공감대 형성

소비자들이 자사에 대해 가지고 있는 욕구들을 파악해 포지셔닝에 공감하도록 공감대를 형성시키는 것이다. 특히 기업이 유행의 트렌드(trend)에 따르며 가식적으로 포지셔닝을 한다면 성공하지 못한다. 즉 광고의 포지셔닝에 의하여 형성된 이미지가 자사가 추구하는 포지셔닝, 실제 경험과 다른 경우 오히려 부정적인 영향을 경험하게 된다.

④ 포지셔닝 재확인

자사상품이 일단 시장에서 포지셔닝된 이후에는 정기적인 조사를 통해 목표한 위치에 성공적으로 포지션이 되고 있는지를 확인한다. 포지셔닝 맵을 사용한 3차원의 도면으로 표현해 각 차원은 소비자들이 중요하게 생각하는 욕구를 기준으로 작성된다. 그러나 시장의 환경이 변하면 이에 따라 새롭게 포지션을 확인하는 재포지셔닝을 실시하여 지속적으로 소비자 마음속에 상품이 인지되어야 한다.

(4) 포지셔닝 전략 수립과정

① 소비자 분석

소비자 분석은 시장 세분화를 거쳐 선정된 표적시장 내의 소비자 욕구에 대한 정보수집과 분석과정이라고 할 수 있다. 따라서 소비자 분석은 표적시장의 소비자들이 추구하는 편익과 불만족을 분석하여 이미지 제고와 문제점을 해결하려는 과정이기 때문에 소비자의 욕구를 정확히 이해하는 것이 중요하다. 구매의사를 결정하는 요인과 평가기준 등이 인구통계학적 특성이나 라이프스타일 등에 대한 분석을 통해서 명확하게 분석되어야 한다.

② 경쟁자 분석

포지셔닝은 기본적으로 경쟁사에 비해서 자사의 상품, 서비스가 우위를 점할 수 있는 포지션을 결정하는 과정이기 때문에 경쟁자 분석, 경쟁 상품 속성, 서비스 등 브랜드 이미지가 가지고 있는 모든 요인분석이 필요하다.

③ 경쟁제품의 분석과 경쟁적 강점 파악

표적시장 내에서 경쟁상품 서비스가 구체적으로 결정되면 이러한 상품 서비스가 어떻게 인식되고 평가, 구매되는지에 대한 명확한 분석이 이루어져야 한다. 소비자들은 일반적으로 가장 높은 가치와 만족을 제공할 수 있는 상품 서비스를 선택한다. 기업은 상품 차별화, 서비스 차별화, 인적자원 차별화, 이미지 차별화 등을 통해 경쟁우위를 확보해야 한다. 이를 위해 자사와 경쟁사에 대한 소비자의 인식을 파악할 수 있는 포지셔닝 맵이 작성된다.

- **상품 차별화**: 품질, 기능, 인테리어 디자인, 시설 등과 같은 물리적 환경
- **서비스 차별화**: 상품과 관련된 편리성과 같은 서비스 차별화
- **인적자원 차별화**: 고객욕구를 정확하게 파악하고 친절하며, 고객의 요구에 즉각적인 대응이 가능한 인적자원 선발 및 교육 훈련
- **이미지 차별화**: 상품 서비스의 주요 편익을 전달하는 강력하고 단순한 이미지로 차별화

④ 적절한 경쟁우위 선택

앞서 수행된 경쟁제품의 분석과 경쟁적 강점 파악을 바탕으로, 경쟁우위를 위해 어떠한 요인 선택으로 포지셔닝할 것인지를 결정해야 한다. 기업이 포지셔닝을 하기

위해 사용되는 편익은 소비자들이 그 상품 서비스를 구입할 때 중요하다고 인지하는 편익이어야 하며, 소비자의 신뢰도 구축과 확실한 포지셔닝을 위해서는 보다 신중한 선택이 필요하다. 그리고 성공적 차별화를 위한 고려해야 할 요소는 다음과 같다.

- **차별성**: 경쟁자들과 확실히 차별된 서비스 제공
- **시각성**: 소비자들이 보고 느낄 수 있어야 함
- **독창성**: 경쟁자들이 쉽게 모방할 수 없어야 함
- **우수성**: 동일기업의 편익보다는 우수한 상품제공
- **중요성**: 표적시장에 맞는 확실한 가치와 편익 제공
- **수익성**: 기업에게 수익이 발생되어야 함

⑤ 포지셔닝 개발

포지셔닝 개발은 자사의 상품과 경쟁사의 상품과 비교해서 소비자들이 자사가 제공하는 상품과 서비스에 대해서 어떻게 인식하게 할 것이냐를 개발하는 것이다. 이 단계는 소비자분석과 경쟁자분석을 통해서 소비자가 욕구충족의 핵심요소는 무엇이며, 경쟁자들의 강점과 약점은 무엇인가를 파악하고 이러한 정보를 토대로 자사가 경쟁사에 비해 경쟁적 우위를 확보할 수 있는 포지션을 개발하는 것이다.

⑥ 포지셔닝 전달

일단 포지셔닝에 사용할 차별성이 선택되면, 기업은 표적소비자들에게 포지션이 전달될 수 있도록 해야 한다. 이때 마케팅 믹스의 노력은 포지션이 전략을 뒷받침해야 하며, 포지셔닝을 위해서는 기업의 실질적인 행동, 즉 자사의 상품 · 서비스의 품질을 높여서 소비자들에게 전달해야 한다. 즉 기업은 포지셔닝 전략에 맞는 제품 · 가격 · 유통 · 촉진의 마케팅 믹스를 기획해야 한다.

⑦ 리포지셔닝 및 평가

리포지셔닝(reposition)이란 흔히 재포지셔닝이라고도 하는데, 리포지셔닝은 포지셔닝이 실패한 경우에도 하게 되는데, 기존제품의 침체나 감소로 인하여 매출액이 감소했을 때 또는 경쟁사의 새로운 포지셔닝에 영향을 받아 자사의 포지셔닝을 개선할 필요가 있을 때 이를 분석해 소비자들 마음속에 다시 포지셔닝 시키는 전략을 리포지셔닝 또는 재포지셔닝이라고 한다.

포지셔닝이 실행된 후 기업은 목표한 자사의 상품과 서비스가 제대로 포지셔닝이 되었는지 여부를 확인하고, 주기적인 모니터링을 통해서 이를 지속적으로 유지할 수 있도록 노력해야 한다. 즉, 리포지셔닝 전략으로 효과를 얻으려면 경쟁사의 상품에 대해 소비자의 마인드에 변화를 일으킬 그 무엇인가를 말하지 않으면 안 된다. 또한 경쟁사의 경쟁전략과 경쟁구조 및 소비자의 욕구는 경영환경변화에 따라 달라지기 때문에 전략적으로 포지션을 다시 변화시키게 되는데 이때 리포지셔닝이 필요하다.

리포지셔닝 전략에서 가장 유명한 일화로는 우리가 많이 접하고 있는 아스피린과 타이레놀이라는 두통약의 관계이다. 타이레놀은 두통약 카테고리에서 가장 강한 제품이던 아스피린에 대해 일부 복용자는 설사증세가 나타날 수 있지만 타이레놀은 안전하게 먹을 수 있는 두통약이라는 포지셔닝으로 기존의 아스피린에 있던 자리에 틈을 만들어 새롭게 포지셔닝하였다.

이와 같이 리포지셔닝을 시장에서 꾸준히 하면 기업이나 상품의 긍정적인 이미지를 지속시킬 수 있다. 리포지셔닝을 위해서는 현재의 위치를 우선 파악하여 재목표의 위치를 설정하고, 상품, 서비스의 속성을 목표에 맞게 변경시킨 후, 고객과의 커뮤니케이션을 통해 변화를 점검하고 결과를 평가한다.

(5) 포지셔닝의 방법

고객의 마음속에 독특한 이미지를 심어 주기 위한 포지셔닝은 정보와 이미지를 이용한 방법과 일반적 포지셔닝 방법들이 있다.

① 이미지중심의 포지셔닝

기업은 특히 경쟁사와 차별화된 강력한 이미지를 확립해야 하는데, 그것은 계획적이고 장기적인 노력이 필요하다. 이미지 포지셔닝은 서비스 등급이나 명성 등과 같은 이미지로 포지셔닝하는 방법이다. 서비스 자체가 무형적이므로 특징을 설명하기 곤란하고 제품과 달리 구매 전에 테스트가 안 되어 서비스를 이미지로 유형화시켜 주어야 한다. 즉, 5성급호텔의 경우 서비스 품질 대상을 수상하였다면 매우 긍정적인 이미지를 고객에게 포지셔닝해 줄 수 있다.

② 서비스중심의 포지셔닝

경쟁기업과는 다른 서비스개념을 창출하고 이를 원하는 고객계층을 대상으로 포지셔닝을 하는 전략이다. 이러한 전략이 성공하기 위해서는 서비스 품질과 가치가 전달되어야 하고, 경쟁기업의 모방이 쉽지 않아야 하며 고객들이 선호하는 서비스를 제공해야 한다.

특정한 상품을 구매하면 얻게 되는 편리성이나 규모의 이익 등 혜택을 강조하여 포지셔닝하는 경우가 있는데, 대부분의 관광패키지 상품은 이러한 각종 혜택을 강조하는 포지셔닝 방법을 가장 많이 쓰고 있고, 가격대비 서비스 품질을 포지셔닝하는 경우에도 호텔이나 관광상품에서 많이 사용하는 방법이다. 즉, 표적시장의 특성에 따라 가격과 품질을 조정하는 경우이다.

③ 고객중심의 포지셔닝

고객중심의 포지셔닝은 특정집단의 고객을 참가시키기 위한 것으로 시장을 세분화하고 각 세분시장별로 포지션을 달리함으로써 자사의 이미지제고를 향상시킬 수 있다. 이것은 고객이 먼저 선택하는 방식으로 틈새시장을 개발하거나 기존고객의 충성도를 높이는 전략이다. 사회적 변화, 라이프스타일의 변화, 법규의 변화에 따라 새로운 욕구나 불만을 갖고 있는 고객들을 파악하여 그들의 욕구를 충족시킬 수 있도록 포지셔닝하는 것이다. 또한 거래하고 있는 기존고객들에 대한 데이터는 수집하고 분석하기 쉬우므로 이들의 구매심리를 파악하여 기존고객들에게 가치 있는 서비스개념을 창출할 수 있다.

④ 경쟁기업중심의 포지셔닝

경쟁기업 또는 상품에 대응하여 차별화를 강조하는 포지셔닝 방법이다. 이 방법은 비교 또는 경쟁의 광고가 사용되며, 이러한 경우는 최우수 또는 최고와 같은 비교우위를 강조한다. 경쟁기업중심의 포지셔닝에서는 기업은 어떤 차이를 부각시킬 것인지 신중하게 고려해야 한다. 왜냐하면 모든 차이를 다 뛰어난 차별화로 만들 수 없기 때문이다. 각각의 차이가 고객에게 이익을 가져다주거나 또는 기업에게는 비용의 증가를 안겨 줄 수도 있다.

따라서 너무 사소한 것이나 개발하는 데 지나치게 비용이 많은 경우, 또는 기업의 특징과 거리가 먼 경쟁요소들은 배제하는 것이 좋다. 또한 소비자가 자사와 경쟁사를 유사하게 지각할 수 있다는 문제점도 가지고 있다. 경쟁기업중심의 표지셔닝 유형으로는 다음의 3가지가 존재한다.

- **직접경쟁기업 대응 포지셔닝**: 유사상품·서비스 간의 경쟁기업으로 시장점유율을 높이기 위한 대응 포지셔닝
- **간접경쟁기업 대응 포지셔닝**: 유사성은 적으나 다소 비슷한 욕구를 충족시키는 상품 사이에 나타나는 포지셔닝
- **고객경쟁기업 대응 포지셔닝**: 고객에게 직접 자사의 명확한 이미지를 창출하는 포지셔닝

(6) 포지셔닝의 성공요건

포지셔닝 전략을 올바로 수립하기 위해서는 기본적인 전통적인 인구통계학적 변수를 통해 얻었던 포지셔닝의 기초자료들만 가지고는 현대의 경쟁시대에서 경쟁위

위를 점할 수 없다. 그러므로 호텔기업의 포지셔닝 전략에 있어 유의해야 할 점은 고객참여를 통해 서비스생산이 이루어진다는 점이다. 무형성을 가진 상품과 서비스를 고객들의 마인드에 성공적인 포지셔닝을 위해서는 고객참여라는 속성이 서비스 품질통제에 있어 문제를 야기시키지 않도록 신경을 써야 한다.

고객들은 계속해서 통합 · 분리의 과정을 통해 새로운 시장을 만들어 내고, 때로는 기존시장을 붕괴시키기도 하므로, 급변하는 환경 속에서 계속 포지션을 바꾸어야만 한다. 그러므로 성공적인 포지셔닝 전략을 수립하기 위해서는 자사의 상품 · 서비스가 갖는 특징적 측면들에 대한 검토를 기초로 기업의 통합적인 관점을 세워야 할 것이다. 이 경우 환경 변화에 대한 적절한 반응에 초점을 맞추어야 한다. 이를 위해서 시장 내 고객들에 대한 계속적인 정보수집노력과 관련 자료에 대한 면밀한 분석이 필요하다.

4 국제 호텔마케팅 전략

1) 국제마케팅의 이해

(1) 국제마케팅의 개념

국제마케팅에 대해서 여러 가지 다양한 연구들이 진행되고 있지만 아직까지 명확한 개념정립은 이루어지지 않고 있다. 일반적으로 국제마케팅을 정의하면 다국적 기업이 수행하는 마케팅으로 국경을 넘어서 일어나는 모든 형태의 마케팅활동으로 정의할 수 있다.

국제마케팅의 형태는 크게 두 가지로 분류해 볼 수 있는데, 한 가지는 국내에서 해외로 마케팅활동을 펼치는 형태이고, 다른 한 가지는 해외시장에서 직접 현지 소비자들을 대상으로 마케팅활동을 하는 것이다.

국제마케팅을 국내마케팅과 비교해 보면, 마케팅의 기본적인 개념과 마케팅 믹스는 차이점이 없지만, 각 나라마다 처한 상황이 다르기 때문에 이러한 상황들에 어떻게 대처해 나가야 되는지의 문제점이 있다.

(2) 국제마케팅 환경

① 정치적 환경

국제마케팅에 있어서 정치적 환경은 그 나라가 정치적으로 얼마나 안정되었는지를 의미한다. 아직까지 정치적 위험의 개념에 대해서는 다른 주장이 제기되고 있지만, 미국의 코브린(Kobrin)은 정치적 위험을 '정치적 사전이나 과정에 의하여 야기된 잠재적으로 심각한 경영상의 위험'으로 정의하였다. 정치적 위험의 구체적인 예를 들어보면, 외국기업에 대한 테러행위와 인종갈등 및 현지 정부와의 갈등 등을 들 수 있다.

정치적 위험을 예측하고 평가하려는 노력은 다음의 세 가지 필요성에 의해 계속되어 왔다. 첫째, 미래의 위험한 국가를 미리 찾아내어 기업의 노출을 최소화하려는 필요성이다. 둘째, 필요 이상으로 정지석으로 불인정이 괴대평가되었던 국가나 정치적 환경이 개선된 국가를 찾아내어 진출을 고려할 필요성이다. 셋째, 정치적으로 위험하나 진출대상에서 자동적으로 제외될 정도로 위험하지 않은 국가를 확인할 틀을 마련할 필요성이다. 일반적으로 정치적 위험을 평가하기 위해 다음 4가지 방법이 많이 사용된다.

가. 현지조사방법

현지조사(grand tour)방법은 진출을 고려하는 국가에 경영자가 직접 방문하여 조사하는 방법이다.

나. 고문조사방법

고문(old hand)조사방법은 기업외부의 전문가 자문을 받아 진출하고자 하는 지역에 조사를 의뢰하는 방법이다.

다. 델파이법

델파이(Delphi)법은 전문가들에게 특정문제에 대한 독립적인 의견을 같이 나누게 함으로써 수렴된 의견을 모으는 방법이다. 델파이법을 사용하여 정치적 위험을 평가하는 대표적인 기업이 BERI(Business Environment Risk Index) 시스템이다. 이 시스템은 매년 약 45개 국가를 선정하여 100명의 전문가로 심사위원회를 구성하여 각 심사위원에게 특정국의 정치적 변수에 대하여 평가를 하도록 한다. 첫 번째 평가 후 각 심사위원은 다른 심사위원들의 평가가 종합된 결과를 보고받으며, 이것을 기준으로 자기의 초기평가를 수정할 수 있다. 이와 같은 과정을 몇 차례 반복한 후 최종적으로 특정국가의 정치적 위험에 관한 최종평가가 결정된다.

라. 계량적 방법

계량적 방법(quantitative method)은 최근 많은 기업들은 정치적 위험을 보다 객관적으로 평가하기 위해서 사용하는 기법이다. 계량적 방법 중에 주로 많이 쓰이는 방법이 판별분석 방법이다. 이 방법은 정치적 사건의 발생 가능성을 예측하기 위하여 계량화할 수 있는 요인들 사이에 수학적 관계를 개발하는 것을 의미한다.

② 경제적 환경

국제마케팅의 경제적 환경(economical environment)에 영향을 미치는 요인은 크게 글로벌 경제적 환경과 개별적인 해외시장의 경제적 환경으로 나누어 볼 수 있다.

글로벌 경제적 환경은 시장의 글로벌화와 지역경제의 통합으로 요약할 수 있다. 시장의 글로벌화는 무역장벽의 철폐와 정보통신 및 교통수단의 발달로 전 세계 시장이 하나의 경제 시스템으로 통합되는 경향을 나타내고 있는 것을 의미한다. 지역

경제의 통합은 시장의 글로벌화와 함께 글로벌 경제적 환경의 주요한 경향으로 나타나고 있는데, 한 지역 내의 여러 국가들이 상호 간에 관세 및 비관세장벽을 철폐하여 재화 및 서비스와 생산요소가 자유롭게 이동하도록 보장하는 협정을 의미한다.

개별적인 해외시장의 경제적 환경으로는 소득수준 · 인구 · 물가수준 · 물가상승률 등을 꼽을 수 있다.

첫째, 소득수준은 국제마케팅 환경에서 대부분 제품의 경우 소득수준이 그 지역의 시장잠재력을 나타내는 중요한 경제적 지표가 된다.

둘째, 인구는 해외시장 잠재력을 측정하는 중요한 지표이다. 특히 가격이 저렴한 소비재의 경우는 인구가 소득수준보다 시장잠재력을 나타내는 데 우선적인 지표가 될 수 있다.

셋째, 물가수준은 인플레이션(inflation)은 소비자들의 구매력에 영향을 미치고 마케팅관리자의 계획을 어렵게 만드는 요인이 된다.

넷째, 물가상승률이 높은 국가에서는 국제마케팅관리자가 보다 경제적인 제품을 만들어야 하며, 판촉(promotion)도 보다 합리적으로 해야 한다.

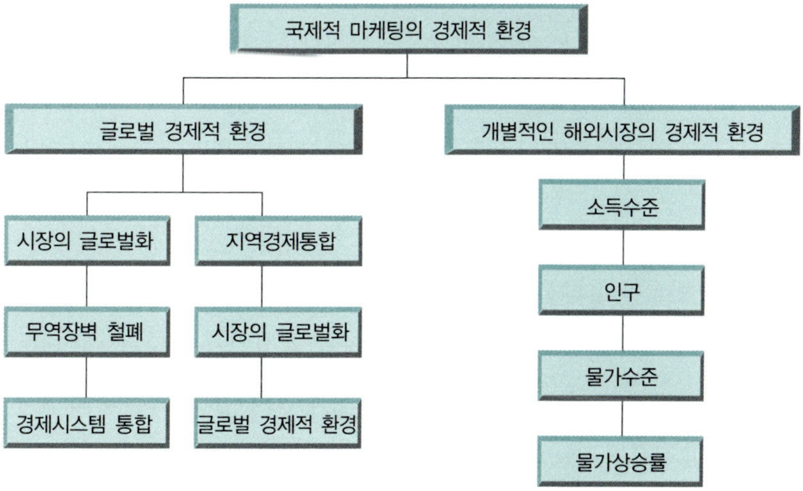

▌그림 4-2▐ 국제마케팅의 경제적 환경

③ 문화적 환경

국제경영환경에서 문화적 차이를 발견하려는 노력은 여러 학자들에 의해서 꾸준히 진행되어 왔지만, 특히 홉스테이더(Hofstede)의 연구는 각국의 문화적 차이를 실증적으로 제시했다는 점에서 중요한 연구로 평가받고 있다. 그의 연구에 의하면 각국의 문화적 차이는 크게 네 가지 차원으로 분류할 수 있다.

가. 권력

이는 사회 내에서 부와 권력이 불평등하게 배분되어 있다거나 편중되어 있을 경우 이를 어느 정도 수용하는가 하는 것을 의미한다. 권력거리(power distance)가 큰 문화에서는 권력과 부의 불균등성이 점차 확대되는 추세를 보이고, 권력거리가 낮은 문화에서는 사람들이 가능하면 이러한 격차를 줄이려고 노력하는 성향을 보인다.

즉, 여기서 권력거리는 조직에서 상사와 부하 간의 감정적 거리를 뜻하는 것으로 권력거리가 크면 부하가 상사에게 반대의견 제시가 어렵고, 권력거리가 좁으면 부하와 상사 간의 상호의존을 선호하는 것을 의미한다.

나. 개인주의와 집단주의적 성향

이것은 사람들이 얼마나 개인주의적이거나 집단주의적 성향을 보이는가를 의미한다. 개인주의적인 사회에서는 개인들 간의 연계가 느슨하고 개인의 성취와 자유가 높게 평가되며, 집단주의적 사회에서는 개인 간의 관계가 밀접하게 연계되어 있다.

다. 불확실성의 회피

불확실성의 회피란 불확실한 미래에 대한 대응을 말하는 것으로, 사람들이 모호한 상황이나 불확실성을 용인하는 정도를 의미한다. 불확실성 회피성향이 높은 문화에 있는 사람들은 규칙을 따르며 직업안정성이나 직급의 승진 패턴에 대해서 상당히 높은 가치를 부여하며, 관리자들이 아주 분명한 지시를 내려 줄 것을 기대한다. 반면에 불확실성 회피성향이 낮은 문화에서는 변화에 대해서 두려워하지 않는다.

라. 성별에 따른 분담

남성 중심적인 문화에서는 남녀 간의 역할분담이 이루어져 있고, 성취감이나 자기 주장 및 물질적인 성공에 대해서 강한 선호를 나타낸다. 반면에 여성 중심적인 성향이 강한 문화에서는 복지와 화목에 더 높은 가치를 두는 경향이 있다.

2) 국제호텔 관광마케팅의 이해

(1) 국제관광의 개념

국제관광(international tourism)에 대한 여러 가지 정의들이 있지만 일반적으로 관광자가 자기 나라를 떠나 다시 돌아올 예정으로 다른 나라의 문물, 제도, 경관 등을 감상 · 유람할 목적으로 여행하는 것을 말한다.

학자들과 국제관광기구들의 정의를 살펴보면, WTO(World Tourism Organization: 세계관광기구)는 국제관광을 즐거움, 위락, 휴가, 스포츠, 사업, 친지, 업무, 회의, 건강, 연구, 종교 등을 목적으로 방문국가에서 최소한 24시간 이상 1년 이하 체류하는 행위로 정의하고 있다. 또한 OECD(Organization for Economic Cooperation and Development: 경제개발협력기구)는 국제관광을 인종, 성별, 언어, 종교 등에 관계없이 외국의 영토에서 24시간 이상 6개월 이내로 체류하는 것으로 정의하고 있다. 국내 학자 김진섭은 국제관광을 인간이 자국의 국경을 넘어 다서 자국으로 돌아올 목적으로 외국의 문물, 제도, 관습, 산업 등을 관람 또는 시찰하거나 풍경 등의 감상 · 유람을 목적으로 여행하는 것이라고 정의하였다.

이와 같이 여러 국제관광기구와 학자의 정의를 정리하면 국제관광은 한마디로 국경을 넘어서 일어나는 관광행위로 국내관광과는 구별된다.

(2) 국제호텔 관광마케팅의 개념

국제호텔 관광마케팅은 국제간에서 변화하는 여건과 관련하여 소비자인 국제관광객(개인 혹은 단체)의 만족을 최적화하기 위해 호텔기업이 국제적인 차원에서 국제호텔 시장에 대한 조사, 분석, 계획, 집행, 통제를 행하는 체계적이고 통합된 시장 활동이라고 정의할 수 있다

일반적으로 국제호텔 관광마케팅 활동이라 함은 자국민들의 해외여행 촉진을 위한 아웃바운드(outbound) 마케팅을 의미하는 것이 아니라, 외국인들이 자국을 관광하는 인바운드(inbound) 마케팅 중 투숙하게 되는 호텔의 판촉전략을 의미하는 것이다.

3) 국제호텔 관광마케팅의 절차

(1) 국제호텔 관광 시장 조사

국제호텔 관광마케팅 활동의 가장 우선되는 절차는 시장조사이다. 시장조사의 대상이 외국인 또는 외국의 환경이기 때문에 시장의 특성에 대한 정확한 인식이 없이는 시장조사는 무의미하다. 즉, 국제호텔 관광에서 시장조사는 국제 관광 수요시장의 환경 및 관광 동향을 조사하고 연구하여 호텔을 이용하는 관광객이 무엇을 원하는지를 찾아내는 것이다. 국제호텔 관광환경은 국내호텔 환경과 달리 매우 다양하고 복잡하기 때문에 각각의 시장 특성을 파악하는 것이 중요하다.

(2) 국제호텔 관광시장 마케팅계획

국제호텔 관광마케팅에서 두 번째 절차는 국제호텔 관광시장 마케팅계획을 수립하는 것이다. 이는 잠재관광객이 모여 있는 특정시장을 목표하여 마케팅목표를 명시하고, 이에 따른 수단을 활용하여 시간과 장소 및 노력에 따라 추진되어야 하는 시장 활동의 예측계획을 의미한다. 호텔 마케팅계획은 호텔 경영활동의 미래지향적 설정을 의미하는 것으로서, 목표의 설정과 기본계획의 수립 및 계획의 평가 등의 절차로 진행된다.

(3) 국제호텔 관광시장 마케팅활동

국제호텔 관광시장의 마케팅활동으로는 국제호텔 관광시장의 촉진활동을 들 수 있는데, 이는 대상의 해외시장에 대하여 관광시장, 관광대상, 관광특성, 관광시설 등에 대하여 정확한 지식을 제공하고 독특한 관광매력을 전파시킴으로써 관광객 또는 호텔을 이용하는 고객에게 관광동기를 일으키게 하고 관광의욕을 자극시키는 각종 촉진활동을 실시하는 것을 의미한다.

Chapter

05

Hotel Management Strategy

호텔소비자 행동전략

05 Chapter 호텔소비자 행동전략

1 호텔소비자 행동

1) 소비자 행동의 의의

소비자 행동이란 제품 및 서비스를 구입하는 최종소비자, 즉 개인적인 소비로서 개 개인과 기관에 대한 구매하는 행동이다. 그러므로 이 책에서는 일반적으로 소비를 하는 최종 소비자와 호텔을 이용하는 이용객, 즉 고객을 같은 의미로 사용하고자 한다.

소비자시장은 개인적인 소비를 위해 제품 및 서비스를 구입 또는 획득하는 모든 개인과 기관으로 설명될 수 있다. 즉, 소비자가 누구이며, 소비자는 언제, 어디서, 무엇을, 어떻게, 왜, 어떠한 과정을 거쳐서 구매하는지 등을 알아야 하며, 기업은 제품, 가격, 촉진, 유통 등의 마케팅활동, 나아가서는 모든 기업활동을 수행할 수 있어야만 기업이 추구하는 목적을 달성할 수 있을 것이다.

따라서 마케팅 관리자들은 소비자들과 교환관계를 창조하고 유지하기 위해서 소비자들이 시장에 제공되는 다양한 마케팅 믹스에 대하여 어떠한 반응을 보이고 있는지와 소비자들이 어떠한 과정을 거쳐서 제품이나 서비스를 구매하고 있는지를 분석하여야 한다.

2) 최근 호텔 이용객 분석

(1) 21세기 호텔 이용객 분석

관광객의 수준은 과거와 비교하면 상당히 높아진 상황이다. 여행의 경험이 늘어나고 다양한 형태의 관광활동을 통해 호텔을 이용하는 고객의 트렌드도 변화하고 있다. 다음은 예전의 호텔 이용객과 21세기의 호텔 이용객을 비교한 내용이다.

표 5-1 최근 호텔 이용객의 변화

20세기 이용객	21세기 이용객
빈도수 적음	빈도수 많음
동질성	이질성
신기함	일상생활의 일부분
일상생활 일탈	삶의 일부
대중추세	본인이 계획
현실 지향적	즐기며 환경에 관심
우월감	이해와 존중
볼거리 중심	참여하는 스포츠
단체 중심	개인 관심사

출처: Poon(1993); 박시사(2001); 한국여행발전연구회.(2012).

(2) 온라인 이용객의 증가

21세기 관광행동은 온라인의 영향이 크다. 사전준비에 영향을 주며, 관광행동이 결정되기까지 한다. 이러한 흐름에서 관광객은 온라인 관광객으로 일컬어지고 있다. 정보기술의 발달과 일반화로 인해 오프라인 관광객의 형태에서 온라인 관광객의 형태로 변화가 이루어지고 있다.

3) 소비자 행동에 미치는 요인

소비자로서 관광객의 행동에 영향을 미치는 요인은 개인적인 요소와 대인적인 요소로 구분하여 살펴볼 수 있다. 소비자는 본인의 필요에 의해 관광행동을 위한 소비를 하게 된다. 여기에는 개인적인 필요와 욕구, 라이프 스타일, 개인적인 경험, 참여동기, 성격 등이 영향을 준다. 다음으로는 본인의 영역 외에 본인이 속해 있는 사회에서 영향을 받는 대인적인 요소이다. 그러므로 소속된 집단, 사회체계, 여론, 가족, 친지 등이 영향을 미치게 된다.

(1) 개인 및 심리적 요소

호텔이나 관광소비자는 자신의 필요와 욕구 그리고 경험 등의 요소에 의해 행동하게 되는데, 개인적인 요소의 내용에 내해 살펴보면 다음과 같다.

① 동기

필요 및 욕구에 의해 소비의 행동이 일어나는 것이다. 즉 나름대로 명확한 동기가 있어서 행동하는 것이다. 휴식과 재충전을 위한 여행, 소속집단의 친목과 연대를 위해 레포츠 활동, 사업의 필요성에 의해 외국의 전시회, 박람회 참여 등의 행동을 하게 된다. 또한 개인적인 신앙과 내적 욕구의 추구를 위해 성지순례에 참여하는 것도 같은 맥락에서 이해하면 된다. 특히 욕구는 인간의 가장 기본적인 요소로 매슬로(Maslow)는 인간의 욕구를 다음의 5단계로 구분하였다.

- 생리적 욕구(physiological needs): 생활에 가장 기본이 되는 의식주를 해결하려는 기본욕구
- 안전욕구(safety needs): 위험이나 불안정한 상태를 벗어나려는 욕구
- 사회적 욕구(social needs): 우정, 사랑, 소속감에 대한 욕구
- 존경욕구(esteem needs): 다른 사람으로부터 인정과 존중, 존경을 받으려는

욕구

- 자아실현욕구(self-actualization needs): 자아실현과 자기 개발에 대한 욕구

한편, 허드만(Hudman)은 인간의 관광동기를 9가지로 범주화하여 제시하였다.

- 건강(health): 육체적 건강, 정신적 건강
- 호기심(curiosity): 정치, 경제, 사회, 문화, 유명인물에 대한 관심
- 스포츠(sports): 골프, 테니스, 축구, 야구, 스포츠관람 및 참가
- 즐거움(pleasure): 호텔이용, 여행, 카지노, 미술, 음악
- 종교적(religious): 성지순례, 역사적 장소
- 전문가, 사업(professional & business): 사업, 학문적 탐험, 컨벤션
- 친 · 인척방문(friends &relatives): 친구방문, 친척방문
- 근본찾기(roots syndrome): 고향방문, 가족연구, 가족탐사
- 존경, 인정(esteem): 호텔 이용, 방송매체 출연

② 태도(attitudes)

태도란 어떤 대상에 대해 일관되게 호의적 또는 비호의적으로 반응하려는 경향을 말한다. 소비자의 일정제품에 대한 태도가 그 제품에 대한 평가를 나타내고 그것을 구매하려는 행동경향의 선행조건이 된다. 태도는 감정적 요소로서, 인지적 요소인 신념(belief)을 바탕으로 형성되며, 다시 구매의도에 영향을 미친다. 따라서 신념(인지)-태도(감정)-의도(행동경향)의 인과관계가 성립된다고 볼 수 있다. 태도는 종종 고객행동을 예측할 수 있게 해주기 때문에 마케팅에서 상당한 유용성을 갖는다. 태도에는 지속성, 적용성, 학습성과 같은 특성이 있다.

- **지속성**: 태도는 일정 사물이나 사람에 대해 태도가 한번 형성되면 쉽사리 없어지지 않고 일관성을 유지하며 계속된다.
- **적용성**: 태도는 소위 인지적 첩경(cognitive shortcut)으로서, 일정 대상에 대해

일단 형성되면 이와 유사한 대상에도 곧바로 적용된다.

- 학습성: 태도는 선천적으로 타고 나는 것이 아니며, 외부정보나 직접경험을 통해 형성되며, 학습된다.
- 측정의 어려움: 태도는 마음속에 내재해 있는 성향이기 때문에 직접관찰이 불가능하다. 따라서 질문 등의 방법을 통한 접근만이 가능하다.

태도측정 시에는 태도의 대상이 무엇인지를 정확히 구분할 필요가 있다. 일정 대상에 대한 태도와 그 대상과 관련된 행위에 대한 태도는 서로 차이가 있을 수 있다. 예를 들어, 접근성이 좋고, 가격이 저렴하면서 깨끗한 호텔에 호의적인 태도를 갖고 있으나, 자신의 사회적 지위나 주위의 눈을 의식하여 자신이 가끔 이용하는 그 호텔에 대해서 부정적인 태도를 비칠 수 있다. 그리고 상표에 대한 태도와 광고에 대한 태도 또한 서로 다를 수 있다. 소비자가 광고에 노출되었을 때는 상표에 대한 태도뿐 아니라 광고 자체에 대한 태도도 형성되는데, 광고는 흥미있게 보았으나 광고된 상표에 대해서는 여전히 부정적이거나 중립적인 태도를 가지는 경우가 있다. 광고에 대한 태도와 상표에 대한 태도간의 상관관계는 주로 관여도가 낮을 때 나타난다.

③ 연령과 직업

관광행동은 개인적으로 연령과 직업에 따라 일반적으로 차이가 난다. 여름휴가를 가려고 한다면 청년기에 접근할 수 있는 목적지와 경제적인 여력이 있는 중년층이 선택할 수 있는 목적지는 다르게 선택될 수 있다. 즉 관광행동에 있어서 차이를 보이게 된다. 그리고 동일한 목적지를 선택하여 방문하더라고 나이와 계층에 따라 활동적인 관광활동을 하거나 정적인 안정적인 관람중심의 활동으로 관광행동도 다르게 나타나게 된다.

직업에 따라 특정한 집단별로 수요가 있는 제품의 특성화가 필요하다. 학생들의 경우 방학을 이용하여 배낭여행 상품에 참여한다든지, 고소득 전문가 집단은 고비용에도 불구하고 현지의 고급호텔과 레스토랑에서 분위기 있는 식사를 선호한다든지, 동일직업의 경우 다른 집단보다는 동질집단에서 참여하는 상품에 합류하여 여행을 하는 경우가 많은 것 등에 공급자가 대비하는 것도 필요하다.

④ 라이프 스타일

라이프 스타일은 삶의 방식을 의미한다. 사람에 제각기 다른 생각을 하고, 관심사항도 각기 다르다. 또한 사물이나 현상 그리고 사회상황에 대한 의견이 다르다. 그래서 사람들의 라이프 스타일에 따라 여행목적지가 결정되고, 현지에서 이용하는 호텔뿐만 아니라, 여행활동이나 여행지 선택도 다르게 나타나게 된다. 관심사항과 의견에 따라 구매와 소비행동에 영향을 미치게 된다. 여행에 대한 관심도가 크고 적극적인 의향을 지닌 사람들은 그렇지 못한 사람들보다 여행 지향적이고, 여행추구적인 라이프 스타일을 갖고 있다고 할 수 있다.

⑤ 사이코 그래픽

사이코 그래픽(psycho graphics)은 개인의 성향과 성격을 의미한다. 사이코 그래픽에 의해 관광행동이 각기 나타나게 된다. 사람들의 성격은 개인적인 흥미, 태도, 의견에 따라 여행지 선택에도 영향을 크게 미치게 된다. 메이요와 자비스(Mayo & Javes)는 관광지를 자기중심적 성향자와 타인 중심적 성향자로 구분하여 설명하고 있다. 다음은 사이코 그래픽 유형에 따른 여행성격이다.

사이코 그래픽은 개인의 성격이나 성향을 나타내는 것으로 관광행동도 다르게 표출된다. 즉 희망하는 여행목적지도 다르며, 활동성향도 다르게 나타난다. 자기중심적 여행 성향자는 보수적이면서 안정 지향적이다. 반면에 타인 중심적 여행 성향자는 모험적이며 자기 확신적이고 진취적이다. 적극적이며 호기심도 많아서 새로운 경험을 즐기고 기대한다. 타인 중심적 여행 성향자는 외향적인 성향으로 잘 알려지지 않고 새롭게 개척되는 여행지를 방문하려는 성향이 강하다.

반면에 자기중심적 여행 성향자는 소극적이며 행동을 하기 전에 주저하며 망설임이 많다. 변화에 쉽게 적응하기도 어렵다. 그래서 여행목적지도 잘 알려진 안전한 곳을 선호한다. 자아 중심적이며 예측 가능한 것과 일관성 있는 성향을 갖고 있다. 자기중심적 여행 성향자의 특성은 지역적 제한성, 근심걱정 있음, 무기력함으로 정리할 수 있다. 타인 중심적 여행 성향자의 특성은 상당한 모험심, 근심걱정 적음, 자신감 및 사교성으로 정리할 수 있다.

한편 중간형 여행 성향자는 여행시장의 주요계층이라고 할 수 있다. 즉, 타인 중심적 여행 성향자와 자기중심적 여행 성향자의 중간적 입장에 위치해 있다고 할 수 있다. 그래서 여행목적지를 일반적으로 가장 사람들이 즐겨 찾고 수요가 많은 장소를 찾고 있는 부류라고 하겠다. 이들은 모험적이지도 않지만 여행을 두려워하고 낯설어 하지도 않는 중간층이다.

모리슨(A. M. Morrison)은 행동 지향적 측면에서 소비자를 다음과 같이 정렬형, 실용형, 신중형 세 가지로 세분화하고 있다.

- 정렬형(experiencers): 젊고, 생기 넘치고, 열정적이고, 충동적으로 묘사하고 있다. 매사에 열심이고 충동적으로 표현하고 있다. 의복, 패스트 푸드, 음악, 영화 그리고 비디오에 수입의 상딩부분을 쓰는 것으로 정의하고 있다. 이러한 정렬형의 소비자는 젊은 20대 후반에서 30대 초반에 해당하는 계층으로 자신의 복장, 음식 취미나 즐기는 오락 등에 투자하며 매스미디어에도 관심을 많이 갖고 있는 부류로 보면 된다. 구매 시에는 기분과 느낌에 의해 소비가 이뤄지는 경우도 많다고 하겠다.
- 실용형(makers): 실용적인 자급자족형, 전통적이고 가족 지향적으로 묘사하고 있다. 각종 도구, 다용도 차, 낚시도구와 같은 실용적이거나 기능적 목적을 가진 제품을 선호하는 것으로 정의하고 있다. 실용형에 속하는 사람들은 전통적인 사고와 문화에 근거하여 가족중심적인 성향을 지니고 있다. 제품구매 시에는 합리

적으로 사고하며, 목적에 부합하는 선택을 하는 성향을 지니고 있다. 그리고 자신의 금전적인 예산의 범위 내에서 구매하며, 합리적인 선택을 하는 편이라고 보면 된다.

- **신중형**(strugglers): 시대에 뒤처지고, 수동적이고 위험을 싫어하고, 자신의 자질이 종종 억압당하는 스타일로 묘사되고 있다. 또한 선호하는 브랜드에 충성하는 신중한 소비자로 정의하고 있다. 이 계층은 중장년층, 즉 40대 이상의 계층이 속한다. 새로운 제품의 구매보다는 잘 알려진 익숙한 제품과 상품을 주로 구매하는 세대이다. 여행을 가더라도 안전하고 잘 알려진 장소를 선호해서 오지나 미지의 세계와 관련된 지역으로 여행하는 것을 두려워하고 삼가는 성향을 지니고 있다. 사람들이 선호하고 인기 있는 관광지나 여행상품을 구매하려는 계층으로 안정적이며 정적인 스타일의 계층으로 보면 된다.

⑥ 지각(perception)

지각이란 주어진 자극을 주관적으로 해석하고 나름대로의 의미를 부여하는 것이다. 동일한 마케팅자극이 주어졌다 하더라도 소비자는 자신의 배경이나 경험, 기대, 동기, 관심 등에 따라 이를 서로 판이하게 이해하고 받아들일 수 있다. 즉 외부자극이 개개인의 의식 속으로 들어와 자신에게 의미 있는 정보로 탈바꿈하는 과정에서 왜곡과 가공이 이루어지는 것이다. 소비자들은 자신이 노출되는 모든 외적자극 중 극히 작은 일부에 주의를 기울이고, 자신의 선입관에 맞춰 정보를 합리화하며, 자신의 믿음과 태도, 그리고 행동을 뒷받침해 주는 정보만 기억하는 경향이 있는데, 이러한 지각적 측면들은 차례대로 선택적 주의(selective attention), 선택적 왜곡(selective distortion), 선택적 보유(selective retention)라고 불린다. 지각과정에는 주관성, 선택성, 일시성, 총합성과 같은 몇 가지 특성이 있다.

- **주관성**: 고객은 자신의 지식체계와 관심에 따라 주관적으로 정보를 이해한다. 따라서 동일한 마케팅 메시지에도 고객 개인에 따라 차별적 반응이 나타난다.

- **선택성**: 고객은 자신이 관심이 있는 정보에 선별적으로 주의를 기울이고, 자신의 신념에 역행하는 정보는 의식에서 선택적으로 제외시킨다.
- **일시성**: 고객이 지각하는 마케팅자극의 상당 부분은 일시적으로 기억에 머무르다가 사라진다. 이 때문에 시장의 판세가 어느 회사가 집중적으로 광고를 하느냐에 따라 자주 바뀌는 것이다. 그러므로 고객의 긍정적 지각은 되풀이되는 자극을 통해 상기 또는 유지하게 된다.
- **종합성**: 다방면의 경로를 통해 정보가 유입되면 개인은 여러 가지 자극을 총합하여 지각한다. 따라서 호텔고객은 호텔서비스의 여러 측면과 개별적 자극을 통합하여 전체적인 호텔이미지를 형성할 것이다.

고객이 인식하는 지각은 곧 현실로 나타난다. 그런데 고객의 지각과 호텔관리자의 지각 사이에는 차이점이 발생되기도 한다. 가령 어떤 호텔의 안전에 아무런 문제가 없고 경비체제가 잘되어 있지만, 현재 그 호텔을 이용하지 않는 고객들 중에는 그곳의 안전성에 대한 의심 때문에 호텔이용을 회피하는 고객이 있을 것이다. 만약 호텔 측이 이러한 고객의 지각위험도를 이해하지 못한다면, 이와 같은 잠재고객으로 하여금 호텔의 안전성을 인식하게 만들고 그들을 실제고객으로 전환시킬 방안이 세워질 수 없다.

호텔마케팅 관리자는 고객측면에서 그들이 지각하는 대로의 호텔의 이미지, 서비스의 질, 문제점 등을 파악할 줄 알아야 한다. 호텔관리자 시각에서 보는 경영방침이 곧 고객이 지각하는 호텔일 것이라는 착각을 한다면 시장의 필요와 욕구에 초점을 맞춘 마케팅 전략이 수립되지 못하고 결국 경쟁호텔에 고객을 빼앗기는 결과가 초래될 것이다.

⑦ 학습(learning)

학습은 어떤 현상에 대한 자극으로, 그 자극에 대한 직접적인 관계가 성립한 경우, 학습이 이루어졌다고 할 수 있다. 상품정보와 사용경험은 모두 소비자에게 자극의 역할을 하며, 소비자들은 이를 바탕으로 자신의 태도나 신념, 행동 등을 변화시킨다. 소비자들이 제품을 구매하거나 서비스를 경험하면서 이를 선호하거나 기피하도록 되었다면 이는 곧 학습이 이루어졌다고 말할 수 있는 것이다. 학습과정에는 크게 인지적 학습과정과 행동주의적 학습과정이 있다.

- **인지적 학습**: 인지적 학습은 호텔이용, 서비스 인지, 정보와 경험 등에 의한 주관적 판단을 통해 배우는 것은 인지적 학습이다. 이는 개인의 정보처리 과정을 통한 인지적 활동의 결과이다.
- **행동주의적 학습**: 행동주의적 학습은 비인지적 학습이라 할 수 있는데, 러시아의 심리학자이며 행동주의 학자인 파블로브(Pavlov)의 고전적 조건반사와 같이 조건자극이 처음의 무조건 자극에 의해 일어난 반응과 동일한 반응을 유발하도록 하는 비인지적 학습이다. 예를 들면 호텔 내에서 자신이 좋아하는 음악이나 향기, 인테리어, 색깔에 노출되어 자신도 모르게 그 호텔에 대해 좋은 태도를 갖게 되었다면 행동주의적 학습이 발생했다고 할 수 있다.

(2) 사회문화적 요소

① 준거집단

준거집단은 개인에게 있어서 가장 영향력을 행사하는 그룹으로 개인의 규범과 가치, 행동, 신념에 영향을 미치는 집단을 의미한다. 즉 가족, 친구, 동료, 존경하는 인물, 개인이 소속한 단체, 연예인, 스포츠 및 영화 스타 등이 될 수 있다. 특히 한국의 경우 가족의 영향력은 가장 크게 작용하는 요소라고 할 수 있다. 보통 일반인의 경우 결혼 후 자녀의 출산 후부터 양육과정부터 교육과정으로 이어지는 기간을 거쳐 대학입학 또는 취업까지 자녀중심의 환경이 조성되는 것이 일상적이다. 최근에는 결혼 후에는 자녀에 대한 지원까지 부모의 의무와 역할이 커진 것도 현실이다.

결론적으로 전통적인 사회인 부모중심의 사회에서 현대는 자녀를 중심으로 한 비중이 커진 사회로 전환되어 있는 것이 현실이다. 이러한 측면에서 구매와 소비 패턴도 자녀를 중심으로 한 형태를 지향하고 있다. 한국에서도 방학기간에 가족여행 형태의 여행수요가 커지는 것도 이러한 추세와 관계가 있다.

② 문화

문화란 사람의 행동을 가장 근본적으로 결정하는데, 사회적으로 학습되고 구성원들에 의해 공유되는 모든 것을 의미한다. 해당 사회에서 인식되는 신념, 가치, 종교, 정치, 신세대, 언어 등 학습되고 전승되어 온 일체의 생활방식을 말한다. 즉, 사람의 행동은 근본적으로 배움에서 비롯되는데, 살아가면서 몸소 체득하는 가치관이나 관행, 표현방식 등은 그 사람이 소속된 문화에 따라 결정된다. 문화의 구성요소인 문화적 가치는 사회적으로 결정되며, 그 사회구성원들의 행동규범에 영향을 미치게 된다. 다시 말해 소비지향적인 문화가치추구의 국가에서는 소비가 미덕으로 소비를 권장하는 문화가 주류를 이룰 것이다.

문화는 한 자리에 고정되어 있는 것이 아니라 시대에 따라서 변화한다. 매스컴의 영향과 해외여행의 자유화에 따라 외국문화의 유입이 날이 갈수록 활발해져, 우리의 가치관과 의식주 생활, 호텔, 관광, 오락 활동 등에 많은 변화를 가져왔다. 그러므로 고객에게 차별적인 가치를 제공하여 승부를 거는 것이 마케팅의 핵심인 만큼, 표적시장의 문화적 변수들과 가치구조와 변화추이를 이해하는 것이 필요하다.

③ 사회계층

사회계층이란 사회적 지위의 유사성에 따라 구성원들을 범주화한 결과를 사회계층이라고 한다. 직업, 소득원천, 소득수준, 주택유형, 교육수준, 혈연, 연령 등 사회적 지위차원 등에 의해 구분된다. 이러한 사회적 계층에 따라 소비자의 제품구매 성향과 경로가 다르게 나타난다. 즉 사회계층의 영향으로 소비자행동이 상이하게 나타나게 된다. 이를테면 여가활동, 자동차, 가구, 의복, 취미생활, 관심사항, 선호 브랜드 등 자신과 같은 계층의 사람들과 동질감을 느끼려한다. 우리나라 특급호텔을 사용하는 내국인 고객들은 일반적으로 계층별로 다르게 나타나서 계층별 특성을 분석해야만 수요에 대해 적절한 대응이 요구된다.

2 호텔소비자 구매과정

1) 소비자 구매과정

소비자가 상품을 구매할 때는 결정과정을 거치게 되는데, 먼저 자신에게 필요한 문제를 인식하게 된다. 즉 관광욕구를 인식 후 호텔의 필요성을 인식하게 된다. 다음 단계로는 필요한 정보를 수집하고 탐색하며 여러 대안들을 평가하게 된다. 그래서 수집, 탐색, 대안평가를 거쳐서 구매의사를 결정하게 된다. 이렇게 의사결정이 끝나면 준비에 들어간다. 그리고 본격적인 행위인 과정을 거쳐서 마지막으로는 경험 후 평가와 인지부조화 단계로 이어지게 된다.

(1) 욕구의 인식

욕구는 내적자극이나 외적자극에 의해서 일어나는데, 자신이 처해 있는 실제 상황에서 이상적인 상황으로 나아가고자 할 때도 욕구가 발생하게 된다. 내적인 자극은 보다 삶의 질을 높이고 휴식을 취하며 자기개발을 위한 새로운 경험을 요청하는 인식과 필요성에서 출발하게 된다. 관광활동을 하게끔 하는 내면의 소리라고 할 수 있다. 외적인 자극은 주위의 환경에서 많이 인식될 수 있다. 사회 전반적으로 갖추어야 할 내용과 필요한 사항으로 인식되면 스스로 욕구가 증가할 것이다. 욕구의 인식

단계는 구체적으로 행동으로 드러나기 전의 상태라고 할 수 있다.

소비자행동론에서 문제인식이란 소비자가 어떤 욕구를 인지하고 이것을 해결하고자 하는 동기를 갖게 되는 것을 뜻한다. 소비자는 자신이 현재 처해 있는 상황과 이상적인 상황의 차이가 일정수준을 넘어설 때 비로소 문제를 의식하며 이를 해결하려는 동기를 갖게 된다. 또한 현재상황의 현격한 변화에 의해서도 새로운 필요와 욕구가 창출되기도 한다. 호텔기업은 마케팅활동을 통해서 고객이 의식하지 못하고 있는 미충족된 잠재욕구를 자극하여 현재상황과 이상적 상황간의 차이를 분명히 인식시켜야 한다. 이는 일상생활에서 벗어나 여행을 다녀올 필요와 욕구를 자극함으로써, 호텔의 시설과 고품위 서비스를 이용할 동기를 유발시킴으로써, 그리고 자사의 차별화된 서비스를 인식시킴으로써 이루어질 수 있다.

(2) 정보의 수집

욕구가 강하게 인식되면 다음단계가 정보를 수집하고 탐색하며 평가하게 된다. 정보의 수집은 필요한 정보원을 통해서 가능하다. 개인으로는 가족, 친구, 이웃 등을 통해 얻게 되는 경우도 있지만, TV, 라디오, 잡지 등의 방송매체를 통해서도 가능하다. 최근에는 인터넷을 통한 기업체 홈페이지에서 정보의 파악이 더욱 수월해졌다. 호텔의 위치, 객실, 레스토랑, 연회와 관련한 상품, 체인점, 교통편 등을 통해 정보수집이 가능하다.

(3) 탐색

의사결정을 내리기 전에 소비자는 보다 현명한 구매결정을 내리고자 제품이나 서비스에 대해 더 많은 것을 알아내기 위한 의도적 노력을 기울인다. 다양한 정보를 찾게 되면 다음으로 본인에게 필요한 정보를 거르고 정리해야 하는 것이 탐색과정이다. 휴가기간에 해외여행을 간다고 하면 지역을 선택하고, 목적지 선정, 여행업체 또는 개별여행 등 구체적으로 어떻게 여행할 것인지 탐색과정을 거쳐 평가를 내림으로써 선택하게 된다.

이러한 정보탐색활동은 제품 · 서비스와 관련된 불확실성을 감소시키고 결과적으로 구매결정에 대한 자신감과 확신을 불어넣어 준다. 구매 전에 정보탐색노력을 충분히 기울였을 때 구매 후 제품에 대한 만족도가 크게 나타난다는 연구결과도 있다.

① 내부탐색과 외부탐색

소비자의 정보탐색은 크게 내부탐색와 외부탐색으로 구분된다. 내부탐색이란 과거경험이나 광고 등을 통해 이미 자신이 알고 있는 정보를 기억장치 속에서 불러오는 것을 뜻한다. 그런데 기억 속에 저장된 내부정보가 불충분하거나 질적으로 우수하지 못하다고 판단되면 추가정보 수집을 위하여 외부탐색을 실행하게 된다. 외부탐색은 준거집단, 판매원, 신문광고 등 다양한 정보원을 통하여 이루어진다.

고객이 내부탐색만으로 호텔결정을 한다면 그것은 일종의 브랜드에 대한 충성적 결정이다. 그러나 자신이 방문할 지역에 친숙한 호텔이 없거나 혹시 있더라도 가격, 위치 등의 조건이 이상적이지 못하면, 추가적인 정보탐색을 봉해 그 외의 다른 호텔까지 고려대상으로 삼을 것이다. 즉 내부탐색을 통해 자신의 기억에 남는 호텔로 선택의 범위가 좁혀졌다가, 그 후 다시 외부탐색을 통해 알게 된 추가 호텔까지 합쳐져서 전체를 고려한 호텔이 성립되는 것이다. 물론 호텔선택에서 고객의 정보탐색행동은 그 순서를 달리할 수도 있다. 가령 외부탐색에 의해 방문지역에 있는 모든 적절수준의 호텔들을 알아본 후에, 평소에 자신이 친숙하고 호의적으로 생각하고 있던 호텔체인의 이름을 상기하여 이를 선택하는 경우이다.

② 외부 정보탐색 행동의 결정요인

정보탐색 행동의 정도는 시장의 특성, 제품의 특성, 소비자의 특성, 상황적 특성에 따라 달라진다.

가. 시장특성의 영향

시장특성의 영향을 보면 시장에 다양한 제품들이 나와 있어 선택의 폭이 넓거나, 시장 내의 가격범위가 넓게 형성되어 선택대안들이 다양한 가격대를 이루고 있을 때 소비자의 탐색행동은 촉진된다. 특히 호텔의 경우는 특급부터 3급까지 5단계로 분류되어 있을 뿐만 아니라 비즈니스호텔, 장기투숙객호텔 등 숙박형태가 다양하게 분포되어 있어 정보탐색에 많은 시간이 요구된다.

나. 제품의 특성

제품의 특성을 보면, 제품의 가격이 구매자의 경제력에 비추어 높은 수준일 때, 구매빈도수가 낮을 때, 그리고 제품대안간의 차별화가 현저히 이루어져 있을 때, 소비자는 이에 따른 경제적 · 심리적 지각위험도(perceived risk)를 줄이기 위해 정보탐색 행동을 활발히 수행한다. 게다가 호텔은 성수기와 비수기에 따라 가격차가 크기 때문에 객실과 부대시설 등 정보탐색이 이루어진다.

다. 소비자 특성

소비자의 특성이 정보탐색 행동에 미치는 영향은 변수에 따라 다양하게 나타난다.

첫째, 제품관련지식 · 경험과 소비자 정보탐색행동 간의 관계를 보면 일정수준까지는 제품지식이 증가됨에 따라 정보탐색 빈도가 증가하지만, 그 이후 다시 감소세를 보이는 것이다. 다시 말해서, 소비자가 제품정보처리에 필요한 지식은 있으나 현재 갖고 있는 제품지식만으로 구매결정을 내리기에는 미흡함이 있을 때 정보탐색 빈도는 최대치를 나타낸다.

둘째, 소비자의 연령이 높을수록 탐색빈도는 감소한다. 이는 고령일수록 과거의 경험이나 기존지식에 의존하려는 경향이 있으며, 정보처리능력이 감퇴하여 가능한 적은 정보를 처리하려고 하기 때문이다.

셋째, 소득수준은 정보탐색의 빈도와 반비례의 관계를 갖는데, 이것은 고소득층 소비자가 시간에 대해 높은 가치를 두는 만큼 정보탐색행동에 따른 시간적, 경제적 비용이 높으며, 따라서 추가 정보탐색행동으로 얻을 수 있는 효용이 상대적으로 낮기 때문이라고 볼 수 있다.

넷째, 구매자의 교육수준이 높을수록 정보탐색 빈도는 일반적으로 증가된다. 교육수준이 높을수록 다양한 정보를 이해하고 처리할 자신이 있으므로, 그리고 때로는 단순히 지적 호기심을 충족시키기 위해 정보탐색을 적극적으로 수행하는 것이다.

라. 상황적 특성

상황적 특성을 보면, 시간적, 공간적, 심리적으로 여유가 있을 때 정보탐색량이 증가함을 볼 수 있다. 호텔선택의 경우에는 여행목적에 따라, 상용여행(business trip)보다 위락여행 시, 여행인원수에 따라, 혼자 여행할 때보다 일행이 많을 시, 그리고 호텔이용 목적에 따라, 일반적인 경우보다는 결혼식과 같은 특별한 의미가 있을 때 좀 더 사전 정보탐색 활동이 활발해질 것이다.

(4) 대안평가

대안평가는 선택의 여러 가능성 중에서 자신에게 가장 필요하고 중요한 내용으로 선택하게 되는 과정이며, 비중을 고려하는 과정이다. 정보탐색 후 선택대안의 범위를 정한 소비자는 나름대로의 평가기준에 따라 고려대상으로 선정된 상표의 제품들을 비교하게 된다. 제품을 비교, 평가하는 데 사용되는 선택기준에는 제품의 성능, 효용 등 기능적인 제품속성뿐 아니라 그 제품을 사용함으로 해서 얻을 수 있는 사회적 품위와 명예, 타인에 대한 과시 등 사회 심리적 요인도 있다. 소비자들은 어떻게든 시간과 노력면에서 비용을 최소화하며 효과적으로 제품대안들을 평가하기를 원한다. 대형백화점에 구매자가 몰리는 이유도 여기에 있다. 같은 장소에서 여러 상표의 물건들을 손쉽게 비교 평가할 수 있기 때문이다.

호텔평가 및 선택을 위해 고객이 이용하는 속성에는 여러 가지가 있다. 힐튼 호텔에서 실시된 조사에 따르면 호텔고객이 가장 중요하게 생각하는 5개 주요요인은 체크인/아웃 수속, 종업원의 친절성, 청결도, 레스토랑 서비스, 그리고 지불한 가격에 합당한 가치인 것으로 나타났다. 또한 우리나라 5성급 호텔을 사용하는 고객들을 개상으로 실시된 한 연구에서는 고객에 대한 종사원의 서비스, 객실서비스, 식음료 서비스의 질, 장비와 서비스의 질, 외관 및 실내장식, 안전도 등 7개 요인이 고객이 호텔을 평가하는 데 고려하는 주요 요인으로 나타났다.

① 대안평가 과정

소비자들은 여러 가지의 대안평가 및 통합과정을 통해 고려대상의 범위를 점차 좁혀나가 최종적으로 제품선택을 한다. 어떤 평가방식을 이용하느냐는 소비자 개인의 의사결정 스타일이나 제품의 성격, 구매상황에 따라 다르다. 그런데 이러한 평가과정은 두 가지 이상의 평가방식을 연속적으로 적용하는 다단계적 양상을 보인다. 만약 다수의 호텔브랜드를 평가해야 하는 경우, 소비자는 먼저 기준에 미달하는 요인이 많은 호텔을 제외하고, 고려대상 호텔을 축소 조정한다. 그리고 그런 후 남은 몇 개의 호텔브랜드를 보완적 방식에 의해 보다 면밀히 검토, 비교 평가하는 것이다.

② 정보가 누락된 경우

소비자가 대안들을 비교 평가할 때에는 제품에 대한 정보가 불충분한 경우가 종종 발생할 수 있다. 추가 정보탐색에 따르는 비용이 시간과 노력면에서 높을 때, 소비자는 정보가 부족한 채로 구매결정을 내리게 된다. 이와 같이 제품정보가 누락되어 있을 때 소비자들은 여러 가지 반응을 보이는데, 소비자들의 누락정보 처리전략에는 가치하락 방법, 속성무시 방법 그리고 추론형성 방법 등이 있다.

가치하락 방법은 필요한 정보가 누락되어 있는 대안에 대해 전반적으로 낮은 점수를 주거나 아예 선택 대상에서 제외시키는 것을 뜻하며, 속성 무시방법은 정보가 누락된 속성은 옆으로 제쳐놓고 정보가 제공된 속성들만을 기준으로 대안평가를 하는 것이며, 추론형성 방법은 주어진 정보를 바탕으로 정보가 누락된 속성에 대해 나름대로 짐작을 하고 추론을 하는 것을 의미한다.

③ 호텔서비스 평가의 특수한 경우

호텔서비스는 다른 무형서비스의 경우와 마찬가지로 자신이 직접 경험하지 않고는 그 질을 판가름하기 어려운 경험재이다. 객실의 수준(깨끗함, 쾌적함), 종업원의 친절성 등 호텔서비스와 관련된 많은 속성들은 직접 경험하기 전까지는 고객이 제대로 평가를 할 수 없다. 즉 구매의사결정을 내리기 전에 정보탐색과 대안평가에 어려움을 느끼는 것이다. 따라서 호텔과 같이 경험적 특성을 지닌 무형서비스의 구매선택을 할 때는 유형 제품을 구입할 때와는 다소 다른 평가 전략이 채택된다.

- 광고와 같은 비 인적 정보원보다는 구전이나 아는 사람의 소개 등 인적원천에의 의존도가 높다.
- 눈으로 볼 수 있는 물리적 시설이나 가격에 의해 무형서비스의 질을 평가하는 경우가 많다.
- 대안의 환기상표군(evoked set) 크기가 유형 제품을 구입하는 경우보다 일반적으로 작다. 이는 서비스의 경우 정보입수와 대안평가작업이 어려우므로 고려대상을 처음부터 작게 가지려 하기 때문이다.
- 브랜드 전환의 빈도가 유형 제품과 비교할 때 상대적으로 낮다. 익숙하지 않은 곳의 새로운 서비스를 시도함에 있어 지각되는 위험도가 높기 때문에, 일단 한 서비스기관에서 만족할 만한 서비스를 받으면 많은 경우 고정고객이 된다.

(5) 구매결정

소비자는 여러 대안들에 대한 비교와 평가과정을 거쳐서 가장 선호하는 제품이나 상표를 구매하게 된다. 이 과정에서 구매의사를 형성하게 되는데, 구매의사는 바로 구매로 나타날 수도 있지만, 그렇지 않을 수도 있다. 구매결정시에는 타인의 태도나 예기치 않은 요인 등이 영향을 미치게 된다. 여기서 타인의 태도라는 것은 주위의 가까운 친지가 구매 결정시 보이는 태도나 반응에 의해서 구매결정에 영향을 받게 된다는 의미이다. 긍정적인 태도를 보인다면 구매결정이 수월해질 것이다. 예기치 않은 요인이라는 것은 구매결정시 구매자에게 더 중요한 구매건수가 생기거나 돌발변수가 생겨서 구매가 미뤄지거나 취소되는 경우 등을 예로 들 수 있겠다. 구매의사결정시에는 최적의 선택이 되어야 한다. 구매결정시 의사결정의 유형이 있는데 일상적 의사결정, 제한적 의사결정, 포괄적 의사결정이 있다.

① 일상적 의사결정의 유형

일상적 의사결정의 유형은 다른 대안에 대한 탐색이나 평가 없이 바로 의사결정을 하는 경우를 말한다. 큰 고민이나 수고 없이 주어진 여건에서 선택하면 되는 경우로, 여행지에서 본인이 원하는 음식을 먹기 위해 레스토랑이나 보고자 하는 관광지를 직업 찾아가는 것을 말한다.

② 제한적 의사결정의 유형

제한적 의사결정의 유형은 일상적 의사결정보다는 상대적으로 여러 상황을 고려하여 숙고하게 된다. 해외여행 시 관광객이 해당관광지에서 유명한 레스토랑을 찾아 식사를 하는 경우가 된다. 이를 위해 다소의 노력과 정보를 찾고 주위에 수소문하는 노력을 기울이게 된다.

③ 포괄적 의사결정 유형

포괄적 의사결정 유형은 많은 시간과 노력을 기울여서 의사결정을 하는 방식이다. 많은 비용과 시간이 투여되는 해외여행, 크루즈여행 등이 해당된다. 특히 신혼여행 목적지의 결정시 신중하게 심사숙고하여 결정하게 되는데, 그렇다고 해외여행만 해당되는 것은 아니다.

한편 의사결정 단계는 고관여 집단과 저관여 집단의 특징이 다르게 나타난다. 관여란 특정상황에서 유발되어 지각된 자극에 대한 개인적인 중요성 또한 관심으로 정의한다. 고관여 소비자들은 제한된 수의 상품을 평가하는 데 다수의 평가기준을 사용하는 반면, 저관여 소비자들은 보다 많은 수의 대안을 비교하면서도 소수의 평가기준을 적용한다.

(6) 구매결정 후 준비과정

구매결정 후 준비과정 단계는 관광에서의 여행이라면 관광 목적지, 해당 여행사 등 필요한 예약 및 수배경로를 정한 후에 출발 전 준비단계를 말한다. 이러한 준비단계는 상당히 중요하며, 관광객에게도 즐거움과 기대 그리고 설렘이 있는 과정의 기간이다. 그래서 관광요소를 공급하는 관광공급자는 고객의 사전준비에 대한 충분한 정보의 필요한 지원에 대해 최선을 다해야 한다.

여행사의 경우 출발 전의 설명회 개최를 통해 충분한 현지정보를 제공하며, 필요한 준비서류와 고객에게 전달할 사항, 예를 들면 여행사의 네임 택(name tag) 등 구비서류를 잘 준비해서 제공해야 한다. 관광객 또한 자신의 여행을 위해 필요한 물품과 제반 준비를 철저히 하여야 한다. 특정목적 관광의 경우 현지에서 수배될 여행일정에 대해 구체적이고 철저한 준비가 선행되어야만 관심분야에 대한 관광의 목적이 원활하게 달성될 수 있다.

(7) 구매 후 행동과 평가

구매 후에 특정구매에 대한 만족과 불만족은 그 제품에 대한 소비자의 기대와 제품의 지각된 성과의 관련성에 의하여 결정된다. 다시 말하면 그 제품이 성과가 구매 전의 기대수준에 미치지 못하면 불만족을 느낄 것이고 기대수준에 미치면 만족할 것이며, 기대수준을 넘을 경우에는 매우 기뻐할 것이다. 따라서 마케팅관리자는 소비자들을 만족시켜서 자사상품을 재구매 또는 재방문시키기 위해서는 기대수준을 낮추거나 성과수준을 높여서 관리자는 성과수준이 기대수준 이상이 되도록 노력해야 한다.

(8) 인지부조화

소비자는 자신이 선택한 대안에 대해 심리적 불안감을 갖게 되는데, 이것을 심리학과 소비자행동론에서 인지적 부조화라고 한다. 심리적 긴장감을 일으키는 인지적 부조화는 선택한 대안에 대한 긍정적인 정보와 마케팅관리자의 판매 이후 소비자에 대한 서신, 안내책자 발송, 전화통화 등으로 현명한 선택이었음을 확인시킴으로써 감소시킬 수 있다. 주위의 긍정적인 평가를 접할 때도 인지적 부조화를 감소시킬 것이다.

인지부조화는 자신이 갖고 있는 의견이나 생각에 일관성이 없고 상호 조화를 이루지 못하는 상태 또는 자신의 태도와 행동이 서로 상반되어 있는 상태를 의미한다. 가령 흡연이 건강에 나쁘다고 믿으면서도 담배를 피우는 사람은, 태도와 행동이 불일치되므로 인지부조화를 경험하게 되고 심리적으로 불편한 감정을 느낄 것이다.

소비자가 구매 후 인지부조화를 경험하는 것은 제품선택이라는 긍정적인 행동과 그 선택에 대해 의구심을 갖는 부정적인 태도가 서로 모순되기 때문이다. 소비자가 느끼는 인지부조화는 제품관여도가 높을 때, 그리고 구매 시 선택의 여지가 많았을 때, 즉 제품대안이 풍부하여 구매 결정에 어려움이 있었을 때 증가된다. 또한 호텔의 경우와 같이 타대안과의 비교평가가 용이하지 않을 때에도 고객은 자신이 최선의 선택을 했다는 확신을 갖기 어려우므로 결과적으로 인지부조화를 경험하게 될 것이다.

인지일관성 이론에 의하면, 인간은 태도와 행동의 일관성을 추구하며, 인지부조화가 발생하면 어떻게든 다시 일관성을 발견하여 부조화의 갭을 최소화하려고 노력한다. 인지부조화는 부조화를 가져오는 태도나 행동 중 하나에 변화를 줌으로써 감소시킬 수 있다. 소비자가 인지부조화를 경험할 때 이를 감소시키는 방법에는 여러 가지가 있다.

① 인지부조화 시 감소시키는 방법

가. 자신이 선택한 제품의 노출

자신의 제품선택을 지지해 줄 만한 정보에 선택적으로 노출됨으로써 자신의 선택에 대한 자신을 얻는다. 특정제품 광고를 유심히 보고 광고메시지에 특별한 관심을 기울이는 사람들 중에는 얼마 전에 그 제품을 구입한 사람들이 상당수 있을 것이다. 광고에서 주장하는 제품 비교우위를 재확인하고 자신의 선택에 만족해 하려는 것이다.

나. 자신이 구입한 제품에 대해 호의적인 태도를 형성

제품사용 중 만족스러운 속성에 대해서는 중요도를 높여 과대평가하고 덜 만족스러운 속성은 경시함으로써, 전반적인 만족도를 높이고 긍정적인 평가를 한다.

다. 제품에 대한 중요성과 관여도를 낮춤

심사숙고하여 선택한 것이라도 제품에 대한 관심을 애써 낮춤으로써 위로를 얻는다.

라. 제품선택의 통제력을 남의 것으로 돌림

최종결정권이 자신에게 있었음에도 아내가 원했기 때문에 산거라고 마음 편히 생각한다.

마. 인지부조화의 원인이 되는 정보를 부인

가령 커피를 마시는 임신부는 카페인이 태아에게 악영향을 준다는 것은 의학적으로 입증된바 없다며 커피가 태아에게 나쁘다는 통념을 부인 또는 경시할 것이다.

바. 구매상황을 재평가

자신의 불만족한 선택을 합리화하고 구매당시에는 타제품에 비하여 가장 효율성 있고 저평가된 상품이라고 생각한다.

사. 정보탐색 행동의 부족을 정당화

자신이 정보탐색을 소홀히 한 것에 대한 타당한 이유를 생각하고, 정보탐색에 의해 얻을 수 있는 효익을 정보탐색에 요구되는 시간 · 노력과 비교하며, 별 것 아닌 것으로 무시한다.

아. 대체 안들을 모두 유사한 것으로 간주

제품대안들 간의 차이를 무시해 버린다.

② 고객 만족·불만족

고객만족 · 불만족의 주요원인과 그 파급효과는 마케팅관계자들의 최대관심사라 할 수 있다. 고객만족은 마케팅의 궁극적인 목표이며 마케팅활동의 성공여부를 나타내는 지표이기 때문이다. 고객만족은 브랜드 충성(brand loyalty)의 근원이 되고, 상표충성도는 그 후 이어지는 충성 고객행위에 의해 더욱 강화된다. 반면에 고객 불만족은 상표전환을 초래할 뿐 아니라, 고객만족의 경우보다 8배 이상의 부정적 구전효과를 가져온다. 고객은 좋은 경험보다 나쁜 경험에 대해 이야기를 더 많이 하는 경향이 있기 때문이다.

기대불일치모형은 고객만족 · 불만족이 제품구매 · 사용전의 기대와 실제 제품 · 서비스 성과 간의 차이에 의해 결정된다고 본다. 즉, 고객만족 · 불만족이 절대적인 제품품질이나 서비스 수준에 의한 것이라기보다는, 제품 · 서비스 성과가 고객 개개인이 갖는 기대에 얼마나 부합되느냐는 주관적 비교평가에 달려 있다는 것이다. 고객의 기대는 광고나 브랜드의 명성에 많은 영향을 받으며, 가격이 높을수록 기대수준도 높아진다. 고객만족은 지각된 제품성과가 고객의 기대와 일치하거나 높을 때 긍정적 불일치가 되며, 실제 성과가 기대에 미치지 못할 때 고객은 불만족하게 된다.

고객만족과 불만족은 여러 가지 요인으로 확인할 수 있지만 인구통계학적 변수로도 설명될 수 있다. 고객의 연령이 높을수록 제품 · 서비스 성과에 대해 관대하며,

남성이 여성보다 더 쉽게 만족하는 경향이 있다. 또한 일반적으로 교육수준이 높을수록 더 높은 수준의 제품 · 서비스 성과를 요구하므로 결과적으로 만족수준은 낮아진다. 그리고 생활태도에서 보면 대체로 자신의 삶에 만족하고 긍정적인 생활태도를 보이는 사람이 높은 수준의 제품 · 서비스 만족도를 나타낸다. 제품 · 서비스 성과가 불만족스러울 때 고객은 어깨서 이런 일이 발생했는지 그 원인추론을 한다.

귀인이론은 제품실패 시 나타나는 이러한 고객의 인지적 반응에 대해 설명한다. 귀인(歸因)이란 나타난 결과에 대해 나름대로 추론을 하여 그러한 결과를 낳은 원인 파악을 하는 것으로, 귀인을 어떻게 하느냐에 따라 불만족의 강도가 크게 달라질 수 있다. 켈리와 와이너(Kelly & Weiner)의 귀인이론을 종합해 보면 귀인에는 구별성, 일관성, 의견일치성, 통제가능성, 책임소재 등의 요인이 있다. 예컨대 호텔에서 불만족스러운 서비스를 경험한 고객은 다음과 같은 부분에 대해 추론할 것이다.

- **구별성**: 유독 이 호텔에서만 서비스가 이런가, 아니면 다른 호텔에서도 마찬가지인가?
- **일관성**: 이 호텔에서 이와 같은 문제가 자주 발생하는가, 아니면 거의 없는 일인가?
- **의견일치성**: 다른 고객들도 이 호텔에서 이와같은 서비스를 경험할까?
- **통제가능성**: 호텔에서도 어쩔 수 없는 상황이었을까, 아니면 도와줄 수 있는데도 불구하고 무관심했던 것인가?
- **책임소재**: 책임이 나에게 있는가, 아니면 호텔 측에 있는가? 즉, 내가 요구사항을 제대로 설명 못한 것일까, 아니면 종업원이 내 말을 주의 깊게 듣지 않은 것일까?

구별성과 일관성, 의견일치성이 높을 때 고객은 불만족한 서비스에 대한 부정적인 태도를 확고히 굳히게 되고, 종업원이 통제력을 가졌으며 책임소재가 호텔 측에 있다고 지각되는 경우, 고객은 더욱 강하게 불만을 느껴 결과적으로 브랜드전환 등의 회피행동을 할 것이다.

2) 소비자의 정보처리단계

소비자는 필요한 정보를 얻기 위해 인터넷 등 다양한 매체를 통해서 적극적인 자세로 자신이 필요한 정보를 찾거나 해당기관에 요청함으로서 정보를 입수하게 된다. 다음은 소비자가 정보를 얻게 되는 일반적인 단계와 관련된 설명이다.

(1) 노출

관광주체인 자신이 생각하고 있는 호텔상품 및 여행에 대한 정보를 신문, 인터넷, TV, 라디오, 여행관련 잡지를 통해서 우연히 보게 되는 경우이다. 노출에는 여러 매체를 통하여 우연히 나타나 관심을 갖게 되는 우연적 노출과 관광을 계획할 때 숙박하고자 하는 숙소인 호텔 또는 레스토랑을 찾다가 보게 되는 의도적 노출이 있다.

(2) 주의

소비자는 노출된 자극에 관심을 갖게 된다. 특히 소비자는 노출된 자극에 모두 주의를 기울이는 것은 아니다. 사진이 원하고 필요한 사항에 주의를 기울이게 되는데, 이를 선택적 주의라고 한다. 호텔이나 고급 레스토랑에서 식사를 할 경우에도 와인에 관심이 많은 고객이 와인과 관련한 메뉴 등에 관심을 기울일 것이다.

(3) 지각

지각은 소비자가 주어진 자극의 내용을 이해하고 해석하여 나름대로의 의미를 부여하는 것을 말한다. 소비자별로 같은 자극에 대해서도 각기 반응이 다를 것이다. 관심도에 따라 주의가 기울여지고 반응의 정도가 다르게 된다.

(4) 반응

반응은 소비자가 지각 후 나타내는 현상과 결과라고 할 수 있다. 반응에는 호텔에서 이용하려는 객실요금이 비싸다고 느끼는 것이 인지적 반응이며, 사용하는 객실의 디자인이 세련되었다고 생각하는 것은 정서적 반응이다. 이러한 반응들은 모두 호텔에 대한 신념이나 태도에 영향을 미치게 된다.

(5) 기억 및 저장

기억 속에 저장하는 단계를 말한다. 이상의 정보처리과정을 통해 형성된 신념과 태도는 의사결정시 반영되며, 기억 속에 저장되어 차후의 의사결정시에도 반영된다. 소비자의 정보에 대한 기억은 확실하지 않으므로 호텔의 마케팅관리자는 소비자의 기억 속에 저장과 인지가 되도록 여러 가지 방법을 동원하여 상기시켜 주는 것이 필요하다.

3 호텔소비자의 행동세분화

1) 호텔소비자의 행동세분화

호텔을 이용하는 고객은 구매기회, 이용자신분, 준비단계, 호텔상품에 대한 태도, 편익추구, 상품충성도에 따라 행동이 다르게 나타난다. 호텔 이용고객의 행동을 세분화하여 살펴보면 다음과 같다.

(1) 구매기회

호텔을 정기적 또는 수시로 이용하는 부류가 있고, 평생 동안 한번 정도만 구매하는 부류가 있다.

(2) 준비단계

호텔에 대해서 전혀 인식하거나 알지 못하는 경우, 인식하여 관심을 갖고 있는 경우, 예약을 위해 알아보는 경우, 투숙 또는 레스토랑 등 기타 부대시설을 이용하고자 하는 의도가 있는 경우, 즉시 투숙 또는 레스토랑을 이용계획을 희망하는 경우 등이다.

(3) 상품에 대한 태도

해당하는 호텔상품에 대해 열정과 관심이 대단한 경우, 전혀 관심이 없는 경우, 심지어 기피하거나 싫어하는 경우가 있다.

(4) 편익추구

호텔상품을 구매하여 이용하는 과정에서 이용객이 얻고자 하는 사항으로는 편리성, 경제성, 서비스, 지위와 신분 등이 있다.

(5) 상품 충성도

호텔상품에 이용객이 갖게 되는 측면으로는 전문적 충성도, 부분적 충성도, 충성도 결여 및 없음으로 구분될 수 있다.

2) 관광객의 호텔업 평가

국가고객만족도(NCS)에서 소비자 행동과 관련하여 마케팅을 전개한 호텔 서비스부문 사례에서는 I호텔이 국가고객만족도 2년 연속 1위를 차지했다. 고객이 희망하는 기대 이상의 서비스를 제공하고 있다는 광고하고 있다. 넓고 세련된 객실과 비즈니스, 여가를 위한 이상적인 환경으로 국내 최정상 호텔문화를 선보이고 있고, 보이지 않는 부분까지 고객의 마음을 먼저 헤아릴 수 있는 기대 이상의 서비스를 표방하고 있다. 다음으로는 R호텔과 L호텔이 공동 2위, S호텔, P호텔, L호텔이 공동 4위, JW호텔, W호텔, H호텔, W호텔과 H호텔의 순서로 평가되었다.

I호텔의 경우는 최근 2년 동안 대대적으로 진행한 개 · 보수공사에 대해 고객들의 반응이 좋게 나타났으며, 외국인투숙객을 위한 고객 지향적 시설보완으로 평가된다. 또한 비즈니스센터와 VIP클럽에서 우수한 서비스 등 비즈니스 환경이 향상된 것으로 나타났다.

RC호텔은 고객의 취향과 기호를 기록으로 남겨 맞춤식 서비스제공으로 호응을 얻었다는 평가이다. 고객관계관리(CRM: customer Relationship management) 시행으로 유명한 맞춤식 서비스 마케팅을 지향하고 있다. 또한 신속한 서비스를 위해 일선직원들이 판단하여 고객을 위한 서비스를 제공하도록 일정권한을 부여한 점도 성공한 것으로 나타났다.

L호텔은 본관객실인 29~34층을 새로 단장하고 층별로 다른 회사에게 공사를 맡겨 각 공간의 특색을 살려서 고객만족도가 상승한 것으로 나타났다.

S호텔은 국내 호텔 최초로 서비스교육센터를 만들고 전문 인력을 양성하는 등 VIP고객을 전담하는 팀을 구성한 것으로 나타났다. 기존에 외국방한객의 선호도가 가장 높게 나타나는 한국의 전통적인 호텔이다.

P호텔은 최근 7개월에 걸쳐 호텔건물 전체를 대폭 공사하는 등 최고급 객실과 신메뉴 개발에 노력하고 운영시간도 연장한 것으로 나타났다.

H호텔은 비즈니스고객을 위한 비서, 예약 등 역할을 대행하는 직원의 이름을 기록해서 고객의 스케줄을 파악하고 필요한 세심한 서비스를 펼쳐서 고객만족도를 제공하는 것으로 나타났다. 기존에 방한외래객의 평가가 가장 우수하게 나타난 세계적인 체인호텔이기도 하다.

Chapter

06

Hotel Management Strategy

호텔인력관리 전략

06 Chapter 호텔인력관리 전략

1 호텔인력관리 전략의 개요

노동력의 규모나 질은 사업목표에 따라 결정되므로, 사업전략에 따라 인력관리 전략이 달라진다는 것은 부인할 수 없는 사실이다. 그러나 사업전략에 따라 노동력을 바꿀 수 없는 것도 또한 사실인데, 조직행동에는 연속적이고 안정적인 요소가 존재하기 때문이다. 따라서 인력관리 전략의 범위나 목적 속에는 사업전략이나 경제변화와 함께 조직의 안정성 요구가 반영된 기업설계상의 특성이 동시에 내포되어야 한다. 그래서 전략 수립가들은 두 요소 간의 균형을 취해야 하는 서로 모순되는 압력을 받고 있다.

한편으로는 호텔산업도 경제변화에 대처해야 하고, 다른 한편으로는 고용상의 안정을 취해야 하는 갈등을 보여 준다. 이러한 균형적인 활동수행의 어려움은 사업특성 자체나 노동시장의 특성, 그리고 기술변화의 정도와 환경에 따라 달라진다. 호텔산업의 환경은 흔히 가변성이 큰 것으로 간주되어 왔다. 그것이 사실이라면 경쟁이 치열한 상품시장, 동적인 노동시장, 그리고 급격한 환경변화 등의 특성을 지니는 것이 일반적이므로, 예측 또한 가변적이다.

인력관리 문제에 대한 전략적 사고는 항상 생산성을 좌우하는 요소는 무엇이며,

조직의 안정 상태는 어떠해야 하는가 하는 두 가지 주요 문제로부터 시작된다. 이러한 문제들은 사업 측면에서도 조직의 연속성 측면에서도 각기 관심의 대상이 된다. 그러나 완전히 다른 측면에서 그와는 다른 질문을 관리자가 의해 제기할 수 있다. 즉, 어떠한 유형의 인력이 필요하며, 계속 고용해야 할 인력은 어떤 사람인가 하는 질문이다. 여기에 바로 인력관리 전략의 내재적 문제가 존재한다. 왜냐하면 고도로 신속한 대응이 필요한 호텔산업의 가변적인 환경으로 인해 관리자들은 단지 채용 측면에서만 생각할 뿐, 생산성이나 조직의 안정성이란 거시적인 문제를 간과하기 쉽기 때문이다.

이 장에서는 두 가지 유형의 인력관리 전략을 소개한다. 첫째는 호텔산업의 경제적 인력관리 환경의 영향을 완화시켜 주는 전반적인 체계이며, 둘째로는 이러한 전반적인 체계 내에서 운용되는 인력관리 전략의 문제 중심의 접근방법이다.

본 논의에서는 우선 호텔조직과 그 환경 간의 상호관계에 대한 이해를 도와주는 틀에 대해 약술하고자 한다. 특히 본 장은 인력관리 전략의 통합적인 윤곽을 제시하는 데 그 목적이 있으며, 이를 호텔환경에 적용시켜 보고자 한다. 이어서 정책이나 전략을 개발할 수 있는 제안체계가 제시된다. 그럼으로써 호텔업계에 적용될 수 있는 문제해결 전략의 개발에 중점을 두고 있다. 결론부분에서는 인력관리 전략을 평가할 수 있는 몇 가지 호텔인력관리 구조전략과 호텔기업의 조직에 적합한 전략에 관련된 일부 문제점들이 제시되고 있다.

2 호텔인력관리 전략의 체계

인력관리 전략의 체계에서는 호텔산업에 국한하지 않고 일반적인 측면에서 환경과 조직이 어떻게 상호작용하는가에 대해 살펴보고자 한다. 만약 인력관리 전략이 조직과 환경 간의 관계를 관리하는 것이라면, 여기에는 두 가지 요구조건이 존재한다.

첫 번째는 관리의 통제 하에 있거나, 또는 환경의 영향을 받는 조직의 여러 요인들이 파악되어야 한다. 두 번째는 환경에 의한 영향이 어떤 것인지를 알기 위해 그에 대한 명확한 관찰이 이루어져야 한다.

이상과 같은 요구조건에 부응하기 위한 요인은 일곱 가지로 구성되며, 이들 요인은 모두 특정한 유형의 안정성과 질서, 그리고 연속성을 지니는 것으로 간주하여 대응하는 것이다.

표 6-1 인력관리의 조직적 요인

요 인	내 용
• 안정성	• 이직율이나 노동력 규모의 변화율
• 직무별 가치차이	• 임금격차로 나타나는 직무별 상대적 가치
• 훈련능력	• 직원훈련과 필요 기술을 통한 조직의 능력 향상
• 보상제도	• 보상수준으로 유능한 노동력 유인, 업무성과 증대 유도
• 지식기반	• 노동력의 인적자원
• 집단 간 관계	• 노동력 내 집단 간의 협동
• 사기 향상	• 개인이나 집단차원의 동기화 수준

이들 요인은 곧 인력관리 전략에서 구성요소가 되고, 전략적 의사결정은 이들 각 요인들에 교차적으로 영향을 미치게 될 것이며, 바로 이들을 통해서 경영자가 환경의 영향을 느끼게 된다. 환경요인은 우리의 계획에 쉽게 순응하지 않으므로 경영자들은 적극적인 시장전략가들이며, 따라서 그들의 환경에 영향을 끼친다. 그리고 요구조건에 부응하기 위해, 한 조직의 환경은 독특하면서도 매우 상호의존적인 네 분야로 생각해 볼 수 있다. 즉, 경제분야, 기술분야, 소비자수요의 질적 특성, 경영자의 전략 등이다.

첫째, 경제분야의 경우 세 가지 측면이 바로 인력관리와 직결된다. 여기에는 요구되는 생산성, 고객수요의 패턴 및 노동력 규모에 대한 영향, 노동시장에서의 수급상의 조건 등이 포함된다. 여기서 경제적 환경상의 압력이 조직의 안정성, 훈련실시능력, 그리고 보상체계 등에 미치는 영향은 손쉽게 알 수 있다. 경제적 압력에 대한 몇 가지 해결책은 바로 기술적 환경으로부터 얻을 수 있다. 생산성의 문제도 기술적인 대체 안에 의해 해결될 수 있다.

둘째, 기술적 환경을 주의 깊게 살펴보면 일부 기술변화와 조직의 특정차원 간에 중요한 관계가 있음을 알 수 있다. 기술발전을 이해하는 데 중요한 것은 변화의 정도가 아니라, 그 변화가 조직에 미치는 영향의 유형이다. 이는 다음과 같은 유형화에 따라 살펴볼 수 있다.

- 기존의 지식 및 기술에 입각한 점진적인 변화 구축
- 새로운 지식 및 기술에 기초한 점진적인 변화 구축
- 기존의 지식 및 기술에 입각한 급격한 변화 구축
- 새로운 지식 및 기술에 기초한 급격한 변화 구축
- 혁신적인 변화 구축

따라서 기존의 지식이나 기술의 명백한 중요성에 주의해 보면 어떤 유형의 신기술은 훈련능력이나 보상체계, 업무상의 가치, 그리고 그룹 간 관계에 변화를 가져온다. 또한 직무나 기술의 변화에 따라 노동시장의 규모가 확대 내지 축소되기도 하고, 완전히 새로운 노동시장을 창출하기도 한다. 이를 볼 때, 고용정책에는 분명한 경영상의 함축적 의미가 포함되어 있다.

셋째, 환경요소인 소비자수요의 질적 특성은 거래감소, 거래증가, 유행추종의 과정을 통해 조직에 영향을 미친다. 이 중 앞의 두 특성은 경제적 환경과 깊은 연관이 있으나, 이는 그렇지 않다. 고객들이 고급품을 대상으로 구매를 할 경우, 그들은 품질의 서열구조를 바꾸어 놓거나 창조하기도 한다. 여기서 요점은 인력에 의한 직접 생산이 요구되는 산업에서 소비자의 희망하는 변화가 바로 직원의 숙련도의 변화를 요구한다는 점이다.

이는 전략상 두 가지 문제점을 발생시킨다. 하나는 변동하는 수요패턴에 맞는 기능을 어떻게 확보할 것인가 하는 점이고, 다음은 거래가 감소된 상황에서도 동일한 기능을 유지해야 되는지 여부, 즉 기능축적 현상의 문제이다.

넷째, 관리적 측면에서 가장 표면에 나타나는 것은 경영자의 전략이다. 여기에는 자사의 위치를 불리하게 만드는 행동, 즉 임금향상과 새로운 아이디어 개발이라는 두 가지 유형의 흐름이 있다. 경영자들은 서로를 모방하면서 유용한 아이디어를 탐색한다.

즉, 경영자들의 다른 조직에 대한 지각 속에는 상대적인 성공을 비교해 보는 여러 가지 요소들이 포함되어 있다. 여기서 주장하고자 하는 것은 환경의 변화는 바로 조직의 변화를 요구한다는 점이다. 경영관리에서는 적극적이든 수동적이든 간에 이러한 차원들을 통제하기 위해 전략을 취하게 된다.

3 호텔산업의 경세직 인력관리 환경

전략을 수행하면서 직면하게 되는 문제를 중점적으로 다루면서, 호텔산업의 경제적 인력관리 환경에 대한 주요 특성을 정리해 보고자 한다. 호텔산업의 경제적 환경에서는 세 가지 측면이 강한 영향을 미친다. 첫째, 보편적으로 소비자의 수요가 단기적 또는 계절적으로 변동이 심하다는 것이다. 둘째, 호텔 내 대부분의 직무가 숙련도와 관계가 있다는 것이다. 셋째, 생산성이 본질적으로 개인에 따라 좌우된다. 따라서 생산성 향상을 위해서는 바람직한 선발과 동기화가 중요한데 이들 세 요소는 상호관련되어 순차적으로 작용한다.

1) 유동적 노동력

수요의 단기적인 변동은 만약 손실을 조금이라도 피할 수 있다면, 조직이 어떤 방법으로든 유동적인 노동력을 보유해야 함을 의미한다. 여기에는 임금상의 유동성, 직원 수의 유동성, 그리고 때로는 기능의 유동성 등이 포함된다.

한 예로, 직원 수의 유동성은 노동력의 일부를 시간제나 파트타임제로 운영하는 것을 의미한다. 조직적 관점에서 볼 때, 호텔경영자들은 숙련된 요소와 비숙련된 요소가 동시에 존재하는 조직을 통솔한다. 그 중에서 유동성이 요구되는 것은 대부분 비숙련부문이다. 그러나 이들 임시직 노동력이 호텔에서 일부 숙련된 정규직 종사자보다 덜 중요하다고 볼 수는 없다. 경제적인 측면에서 볼 때는 오히려 반대이다. 한계수익생산에 대한 기여도는 숙련자보다 비숙련자가 더 크다. 값싼 객실청소부의 한계수익에 필적하기 위해서는 숙련된 조리사가 얼마나 비싼 음식을 생산해야만 하는지를 생각해 볼 필요가 있다.

호텔직무의 많은 부분에서 숙련된 직원이 요구되지만 일정 부서는 비숙련직이라는 사실은 노동시장에서 상당히 중요하다. 이와 같은 인력공급은 높은 이직현상으로 어려울 수도 있으나 아웃소싱 등을 이용하면 대체로 용이한 편이다. 이러한 인력공급 상황은 분명히 임금수준을 낮게 만든다. 노동시장의 원활한 공급이나 임시직 노동력의 필요성은 호텔경영자에게 비용통제가 가능토록 해준다. 이러한 과정은 기술적 환경으로 더욱 촉진된다.

기술변화의 유형분류를 통해서 볼 때, 호텔산업은 일정부분 변화를 보이는 경향이 있다. 변화는 흔히 일부 기술이나 수정을 통해 업무가 대체되는 식으로 나타내고 이는 거의 보편적으로 숙련성의 저하를 나타낸다. 일반적으로 기술변화는 비용절약에 대한 차원에서 더욱 변화된다. 따라서 숙련부문보다는 비숙련노동력에 미시적으로 숫자적인 조정을 하는 것이 더 쉽기 때문에, 앞에서 제시한 두 가지 요소가 함께 작용한다고 볼 수 있다.

2) 노동력의 공급

지금까지 내용을 살펴볼 때, 비숙련직무의 원활한 노동력의 공급으로 인한 숙련된 직원의 비율이 낮아지는 과정에서 조직구조형태는 비용감소 측면에서 이루어지고 있다. 그러나 이와 같은 노동력 순환과정은 서비스 품질 문제가 제기될 수도 있다.

서비스 품질이란 숙련성, 연속성, 노동력의 안정성 등을 의미하며 경제적 · 기술적인 비용절감 압력과는 완전히 대치되는 것이다. 따라서 바로 여기에 전략상의 문제가 존재한다. 만약 기업의 경제상태가 숙련성 개발이나 그 유지라는 질적 요구와 상치된다면, 그러한 숙련성을 어떻게 유지해야 하며, 기업의 안정성은 어떻게 확보해야 할지가 한 가지 분명한 문제이다.

서비스 품질의 일관성 유지를 위해 교육훈련이 지속적으로 필요하지만, 외부 노동시장으로부터 끌어들일 수도 있다. 이러한 문제 못지않게 중요한 함축적인 문제는 호텔이 정규직과 비정규직 두 가지 유형의 노동력을 동시에 보유하고 있다는 점이다.

이와 같은 한 가지 유형의 노동력 보유는 어떻게 그들을 동기화할 것인가라는 문제가 발생한다. 동일한 일에 근무하는 이들이 특히 그들의 업무 특성만을 생각하고 자신들의 고용상태에 대한 인식이 부족할 때 특별한 동기화 문제가 야기된다. 그럼에도 어느 정도의 고용 불안정성을 받아들이는 자세는 호텔환경에서는 어느 정도 일반화되어 있다. 흔히 관리자에 대한 평가가 이루어질 때 관리능력을 인정하는 기준은 지속적인 인력이동에 직면하여 과업상의 일관성을 잃지 않도록 하는 탁월한 관리능력의 발휘 여부이다. 특정 인력을 유지하는 한편, 동시에 임시직 인력을 필요로 할 경우는 관리상 복잡한 동기화 문제가 대두된다. 대부분의 경우, 관리자는 임시직 또는 아웃소싱 인력이 최선을 다하도록 해야만 한다. 생산성이 개인적인 것인 만큼 동기부여의 필요성은 중대한 과업임이 분명하다.

직원의 업무 숙련도는 고객요구의 변화와 직접적인 관계를 지닌다. 내부 인력의 숙련도를 향상시켜 나가는 데는 많은 비용이 들 수 있다. 그러나 이를 숙련도도 낮고 인건비를 줄인다는 외부 노동시장에 위임할 경우, 낮아지는 고객점유율에 호텔경영은 위험을 겪게 된다. 예를 들어, 만약 고객의 거래가 감소되고 매출이 떨어지기 시작되면 경영자들은 곧이어 숙련이 요구되는 업무의 숙련도를 낮추기로 결정하고, 기존인원을 감원하고 값싼 노동력을 고용할 것이다. 이는 곧 기업환경을 재구조화하여, 다시 품질향상이 요구될 때에는 외부 노동시장의 공급이 불가하다. 이와 같은 상황에서, 호텔은 기존 숙련노동력의 고용을 위해 전례 없이 높은 보상을 하거나, 교육훈련 비용을 지출하지 않으면 안 된다.

요컨대, 호텔산업의 환경은 최고 경영자들에게 수많은 갈등을 야기하고 있으며, 이러한 갈등은 앞에서 제시한 다섯 가지 차원에 대한 노동력의 전략적 정책을 통해서만 해결될 수 있다. 이러한 갈등을 전반적으로 살펴보면 다음과 같다.

- 기업의 안정성에 대한 요구와 노동력의 수적 변동에 대한 요구
- 비용절약에 대한 압력과 기능개발
- 아웃소싱 노동력에 대한 동기 부여
- 동기부여를 위해 더 많은 교육과 비용이 요구되는 이중노동력 보유
- 미숙련 노동력에 대한 동기부여의 필요성 제시

4 호텔인력관리 구조의 전략

1) 인력관리 전략의 의의

전략이란 일반적으로 '기획'이란 단어를 연상시킨다. 그렇지만 전략은 오히려 장래를 위한 행동 프로그램을 설계한다는 의미가 더욱 깊은데, 이와 같은 프로그램은 목표가 필요하다. 그러나 목표가 어디에서 나오는지를 생각할 필요가 있는데, 사업

전략은 기업에서 추구하는 목표는 시장정보를 통해 얻은 대안들로부터 나온다. 즉, 전략은 파악된 목표를 추구하는 데서 나오지만 이는 연속성과 변화가 주요 문제가 되는 인력관리 전략의 경우와는 약간 다르다. 이 점에서 인력관리 전략은 구조적인 색채가 더욱 짙다.

모든 전략에서 중심요소는 향후 우리 조직이 어떤 모습이기를 원하느냐 하는 것이다. 과업계획서나 사업계획서, 학생의 경우 그동안 발표된 적이 없는 제안서를 한 번이라도 작성해 본 적이 있는 사람은 이것이 얼마나 어려운 일인지를 알 것이다. 즉, 비전의 창조는 쉬운 일이 아니라는 것이다. 그러나 우리는 우리가 추구하는 바를 향해 나아가듯이 모든 기획 과정은 전진을 위한 모델을 필요로 한다. 기업에서 추구하는 최적화 모텔을 찾기 위한 방법으로 벤치마킹을 하기도 하는데, 모델이 적절할 때만 변화되어 가고 있는 과정을 인지할 수가 있다.

인력관리 전략이라고 하면 흔히 사람을 중심으로 기술, 지식, 교육, 동기부여, 과업, 조직화, 통제, 권한 등이 거론된다. 이들은 하나의 조직을 구성하는 조직체로, 조직 구성원들의 양이나 질은 상호의존적이어서 어떤 계획, 비전, 전략을 수립할 경우 그에 따른 설계 시에는 반드시 조직 내의 전 부문 간의 상호관련성을 고려해야만 한다. 또한 조직은 노동시장과 함께 존속하므로 비전을 수립할 때는 조직과 노동시장 간의 관계를 하나의 체계로 수립해야하기 때문이다. 일반적인 전략이 하나의 체계 내에서 다루어져야 한다고 하지만 그 체계 내에서 진행되고 있는 활동과정에는 다양한 변수들이 제기 될 수도 있다. 그러므로 조직의 전략은 전 조직을 통해 그 중요성을 이해시켜야 하므로, 전략이란 기업이 추구하고 있는 목표를 달성하기 위한 문제해결 기법이라고도 하겠다.

결론적으로 전략이란 조직의 비전을 제시하고 이를 성공하기 위한 체계적인 계획이라 할 수 있다. 따라서 전략의 완성도를 높이기 위해서는 좀 더 세밀하고 집중적인 관점에서 다루어져야 할 것이다.

2) 인력관리 구조의 전략

이상과 같이 전략수립을 위한 방안 제시를 위해서는 몇 가지 질문기법이 필요한데, 이는 간단히 다음과 같은 질문을 통해 인력관리 전략의 목표를 수립하는 것이다. 즉, 원하는 것이 무엇인지와 왜 그것을 원하는지 그리고 기술 및 노동시장, 조직 구성원들의 행동에 대해 어떠한 가정을 세워야 하는가를 현재 위치에서 변화하기 위해서는 무엇이 필요한가의 질문이 제기된다.

이러한 질문들은 조직적 차원의 범주에서 제기되어야 하는데, 항상 적절한 절차상의 형식을 정해 놓을 필요가 있다. 이러한 형식에 인력관리 전략과는 실질적으로 전혀 관계가 없는 사업전략과 관계된 단계로 사업전략을 정밀하게 살피거나, 기술적인 평가를 하기도 하고, 질문기법을 적용하기도 한다. 이와 같은 과정을 통해야만 실질적이고 명확한 전략이 나올 수 있으므로 전략개발을 위한 접근방법에서 중요한 것은 질문체계이다. 이러한 체계에서 전략이란 원하는 것은 무엇인가라는 질문에서 시작된다고 본다. 이는 전략수립에서 경영자 의지의 중요성을 강조하는 것으로 출발점은 향후 조직이 갖추어야만 할 모습에 대한 비전에서 시작된다는 점을 강조한다. 또한 가치와 일차적인 목표, 기업이념, 기업의 주요 목적 등이 중시된다.

(1) 초기의 가치와 목적

기업에서는 일관된 노동력을 가지고 인력낭비가 없는 안정된 조직을 희망한다. 따라서 여기서는 조직구성원에게 고용보장(employment security)을 제공하기 위한 전략이 요구된다.

(2) 초기의 가치와 목적에 대한 안정성의 필요성

① 신기술은 현존 지식으로부터 개발되므로 인적 자원의 가치 향상

② 통제가 어려운 외부 노동시장이나 막대한 채용비용을 회피

③ 규칙적인 기술변화에 대비

④ 유동적이고 적응성이 큰 노동력을 희망

⑤ 충성심이나 헌신을 희망

⑥ 높은 교육훈련비의 부담 회피

(3) 조직 구성원에 대한 전략

① 기술에 대한 투자는 발전전략과 직무안정책이 단점을 극복

② 구성원들은 자신의 기술전파, 투자와 직무안정책 간의 관계 중요성

③ 구기술을 신기술로 대체할 준비가 될 것으로 추정

④ 그들의 업무나 기업에 더욱 헌신적일 것이며, 안정성에 의한 동기화 추구

⑤ 지나친 통제보다는 결과에 대한 자세한 설명이 효과적

⑥ 조직구성원들은 동료들과의 장기적인 인적 관계를 소중히 여김.

⑦ 직장문화나 가치는 강화 됨.

(4) 인력관리 목표에 대한 전략

① 인력보유능력을 갖추고 있음을 확실히 나타냄.

② 생산성 증가를 보증

③ 이직을 미연에 방지할 수 있는 임금수준을 제시한다.

④ 과업성과에 따라 인센티브 보상 제시

⑤ 내부 승진을 장려

⑥ 사측과 노동조합과의 유연한 관계 유지

⑦ 수요의 변동에 대처하기 위해 가능한 한 유동적인 시간제 고용자 고용

⑧ 장기적인 관계수립에 적합한 감독이나 관리스타일을 개발

⑨ 조직구성원들이 참여할 수 있는 커뮤니케이션 정책을 수립

⑩ 품질에 대해서는 통제와 자율성을 일정부문 부여

기업의 분명한 목표는 스스로 제기한 질문에서 해답을 찾을 수 있으며, 목표에 따라 수행되는 연속적인 질문을 하는 종합적인 목적은 사고를 더욱 쉽고 논리적이며, 장기적으로 하기 위한 것이다.

3) 인력관리 문제해결책으로서의 대안전략

지금까지 제반문제가 환경이나 정책구조와 관계되는 매우 광범위한 시각에서 전략을 생각해 보았다. 그러나 현 단계에서는 이러한 시각을 넘어 특정한 문제들이 제기될 수 있다. 위에서 살펴본 결과 같은 질문기법을 동일하게 적용할 수 있기는 하지만, 부분적으로만 가능하다. 만약 정책구조가 존재한다면, 특정 문제의 해결을 위해서는 각기 다르면서도 상호 관련이 있는 연속된 질문기법이 필요할 것이다.

여기서 기본적인 가정은 모든 해결책은 문제 자체에만 영향을 미치는 것이 아니라, 조직 전체에 영향을 미친다는 사실이다. 호텔산업의 경우 다음과 같은 대안전략을 생각해 볼 수 있다.

(1) 숙련된 조리사의 부족문제

최근 경제수준 향상으로 호텔 이용객이 증가하면서 레스토랑 이용고객으로부터 높은 품질의 요리에 대한 수요가 발생하고 있다. 호텔은 충분한 기술을 소유한 조리사 확보에 주력하지만, 조리사의 인력 부족과 고객의 요구하는 기대치에 따른 품질을 유지하는 데에 어려움을 겪고 있다. 그 이유로 다음을 들 수 있다.

① 현재 호텔 조리사의 적절한 임금으로는 적격자를 찾기에 한계

② 새로운 메뉴개발에 따른 교육훈련 능력의 부족

③ 사기 부족

④ 관리 부실

⑤ 노동력의 이직

(2) 비숙련성으로 나타날 수 있는 유형

각 해결책에서 예상되는 효율성은 다음은 조직의 일곱 가지 각 차원에 대한 영향 측면에서 고찰이 되어야 한다. 기술적인 대체나 제품구입에 의해 해당업무의 숙련성을 낮추는 정책을 취할 경우 나타날 수 있는 결과의 예를 들어보면 다음과 같다.

① 안정성 부재

비숙련 종사자들이 숙련자들보다 직장을 더 많이 바꾸는 경향이 있기 때문에 조리인력을 더욱 불안정하게 만들 수 있다.

② 교육훈련 능력 저하

숙련도가 낮은 새로운 인력증가로 종사자의 이직이 증대함에 따라 교육훈련 활동도 증가할 것이다. 결국, 기업은 기존의 숙련자들을 훈련시킬 능력을 상실하게 되어 숙련성이 낮아지게 될 것이다.

③ 보상 요구

고용기준을 낮추고, 그에 따라 임금도 낮출 수가 있을 것이나. 조리부문의 관리자는 추가적인 교육훈련이나 관리활동에 대해 더 많은 임금을 요구할 수 있다. 사기가 낮을 때나, 노동조합의 활동이 적극적일 때 인센티브를 요구할 수 있다.

④ 숙련성 저하

지식은 변화기 마련인데 주방장의 기능이 처음에는 신선하고 풍부할 수 있으나 숙련도는 더 낮은 인력으로 대체될 것이다.

⑤ 사기 저하

직원의욕을 상승시키지 못하면 직원의욕은 낮은 동기화가 야기된다.

(3) 해결책의 유형

어떤 유형의 활동이건 그 문제는 목표보다 훨씬 더 변화시킬 수 있다. 이는 전략 구조와 문제해결 측면은 상관관계로 연계되어 있기 때문에 전혀 예상치 못했던 부작용이 따르기 마련이다. 이를 해결하기 위한 유형으로는 다음과 같다.

① 인력의 재교육

② 고용조건의 변경

③ 임금인상

④ 인력의 재배치

5 호텔인력관리 전략의 문제점

1) 전략수립의 문제

많은 호텔기업에서 일관된 인력관리 전략의 개발은 기업구조와 사업특성의 두 가지 측면에서 문제점을 지니고 있다. 호텔기업의 구조는 보통 지리적으로 널리 분산되어 본사와 연계된 지역별 자회사로 구성되어 있다. 이는 전략적 문제를 모회사 대 자회사 논쟁에 빠지게 만든다. 즉, 자회사가 어느 정도 자율성을 가져야 하며, 모회사는 어느 정도의 영향력을 가져야 하는가에 대한 논쟁이다. 이것은 누가 전략을 개발해야 하며, 이를 어떻게 전달하는가 하는 문제를 초래한다. 지역적 여건을 주장하면 자회사 관리가 적합한듯하나, 호텔환경을 고려해 볼 때 자회사만으로는 숙련성 부족과 같은 문제를 해결할 수 없어 결국 본사주도 체계에 대한 주장으로 기울게 된다.

체인호텔기업의 경우, 보통의 정책은 현지의 노동법에 따른 지역적 여건을 인정하여 자회사가 관리하도록 하고 있다. 이 경우에는 흔히 정책이나 절차를 규정하는 인사정책 지침이 수반된다. 여기서 문제는 획일적인 요구로 인해 그와 같은 정책이 비효율적이 되어버릴 수도 있다는 점이다. 환경의 압력을 고려할 경우, 인력의 질적 측면은 모회사의 통제가 필요하다는 것은 분명하다. 이는 압력이 질적인 것과는 달리 자회사는 사업의 경제적 측면을 우선적으로 중시되어야 하기 때문이다. 이러한 측면은 모회사의 경영자들이 자회사로 하여금 그들에게는 당장 급박하지도 명확하지도 않은 문제를 신중히 다루어야 할 필요성이 있음을 깨닫게 해야 하는 본질적인 문제를 야기한다.

전략적 정책은 본사 수준에서 이루어져야 하지만, 그 세부내용의 개발에서는 자회사의 역할도 필요하다. 호텔관리자들의 의견도 기업 내 정책결정 기구에 반영되어야 한다. 이러한 식의 모회사 대 자회사 논쟁이라면 전략개발에 지장을 초래하지는 않을 것이다.

2) 시간의 문제

이미 잘 알려진 어려운 문제는 호텔상품 자체의 즉시성(immediacy)에서 야기된다. 즉 환경의 가변성과 상품의 소멸성으로 인해 호텔상품에 대한 시각은 단기적인 경향이 있다. 그러나 이들 두 가지 사항 중 어느 것도 인력문제를 끊임없이 변화가 이루어지고 있는데, 호텔에서 가장 큰 환경의 강력한 영향은 다른 호텔기업으로 인한 경쟁과 품질향상에 대한 고객들의 압력증대이다. 이러한 두 가지 요소가 동시에 발생할 때, 호텔경영자의 숙련도 증대는 장기적인 관점에서 수행되어야 한다는 사실을 상기하게 된다.

3) 인력개발의 문제

모든 호텔기업은 종사자를 경영자 또는 관리자로 만들기 위한 비용 측면에서 동일한 문제를 갖고 있다. 문제는 호텔기업이 처음 채용 시에 관리적 숙련성보다는 기술적 숙련성에 더 가치를 둔다는 점이다. 물론 기술적인 지식이 관리행동에 선행되는 요건이기는 하지만, 호텔분야의 경우 아직도 기술적 지식차원에 머물러 있다. 한 종사자가 기술적 관점에서 문제의 발생 소재를 알 수 있을 정도로 시스템이나 절차에 대한 지식을 가질 수 있다. 그러나 그러한 숙련성은 관리기술을 위한 기초에 불과하다. 흔히 언급되듯이 상황처리에 필요한 지식이 기술적인 시스템을 능가할 수 있다. 관리적 기술에는 접목이 가능하다. 그러나 관점을 확장시키는, 즉 상황을 이전보다 더 크게 보는 능력은 이전과는 다른 증대된 책임의 부여나 위험에 직면해야만 성취할 수 있는 인력개발의 문제이다. 호텔관리자 개발의 일반적인 문제는 그들이 흔히 자기정체성을 지극히 기술적인 측면에서 찾는다는 것이다. 이것은 하나의 장애요소가 된다.

따라서 여기에서 전략의 역할은 경력관리를 통해 경력통로를 보증하는 것이다. 또한 경력통로에 있어 준비와 성장단계의 설정은 실질적으로 조직구성원들을 성장하도록 만드는 것이지, 그들을 제자리걸음하도록 방치하는 것이 아니라는 것을 확실히 보여 주는 것이다. 만약 부서장은 그들이 원하는 것이 무엇이며, 관리자들이 기대하는 것이 무엇인지를 모른다면, 경력관리는 두서없는 연습이 되고 말 것이다. 문제는 원하는 것은 무엇이며, 그것을 원하는 이유는 무엇이냐에 질문에 더 이상 침묵해서는 안 된다는 것이다.

이러한 문제들은 국제 체인호텔만이 아니라 신라호텔이나 롯데와 같은 순수 국내기업들에도 존재한다. 국제적인 차원은 이러한 문제들을 가중시킨다. 여기에도 세 가지 문제가 있다. 첫째는 각기 다른 가치와 각기 다른 문화경향 속에서 관리가 이루어진다는 것이다. 둘째는 학습율이 나라마다 다르다는 점이다. 어떤 나라에서는 비숙련업무가 다른 나라에서는 숙련업무로 간주될 수 있다. 세째는 국제 체인호텔 문화는 근본적으로 미주 쪽이어서, 교육훈련에서 기술이나 지식의 가르침뿐만 아니라 문화이전이라는 추가적인 부담이 따른다. 이들 세 가지 요소는 어떤 교육훈련 전략에서든 반드시 포함되어야 하는데, 각 국의 특성을 고려하지 않고 미국식 내지 유럽식의 경영관리스타일을 받아들이는 것은 실패를 초래할 수 있다.

4) 인력관리 전략의 문제

급변하는 환경에서 경영자들은 자사에서 무엇을 추구해야 하는지 인지할 때만 스스로 의지를 발휘할 수 있다. 이러한 경우 심사숙고와 자문을 통해 제시된 것은 어떠한 특정 전략이 아니라, 경영자들로 하여금 그들이 의지를 고무시키기 위해 고안된 합리적인 접근방법을 제안한 것이다.

인력관리 전략의 문제에 대해 일반적인 전략적 비전을 가짐으로써 얻을 수 있는 부차적인 이득 중 한 가지는 정책 자체의 수행이 원활하여 경영자의 자율권이 증대된다는 것이다. 그러나 호텔의 인력개발문제를 고려해 볼 때, 호텔기업이 경영에 필요한 기술개발에 좀 더 신중할 필요가 있다. 이는 전략적 정책 수행에 더욱 어렵게 만들 수도 있어, 향후 인력관리 전략의 개발은 생산성을 더욱 향상시킬 수 있도록 추진될 것이며, 이는 인적자원의 유형이 아니라 인적자원들이 실제 소유하고 있는 능력을 중요시하게 될 것이다. 즉, 담당하고 있는 역할이나 업무뿐 아니라 이를 직접 수행하는 인력도 중요하다고 하겠다.

Chapter

07

Hotel Management Strategy

호텔서비스 품질전략

Chapter 07 호텔서비스 품질전략

이 장에서는 호텔에 관련한 전반적인 성공에 대한 주요전략으로부터 서비스 품질의 개발과 유지방법에 대해 알아볼 것이다. 서비스 품질의 개발은 품질설계라고 하는 면에서 모색해야 되는데, 이것은 고객이 호텔 또는 관광산업에 대해 갖는 요구와 기대에 대한 이해에 바탕을 두지 않으면 안 된다. 서비스 품질의 유지는 서비스의 수준이 시종일관 보장되어야 하는 일관성과 신뢰성에 대한 품질보증이 중요한 요인이다.

1 호텔서비스 품질 개요

호텔산업은 고급 객실이나 최고의 정찬을 연상시킴으로써 호텔의 품질 평가를 통한 매력을 지녀 왔다. 1970년대부터 1980년대에 이르는 동안에는 상품에 대한 품질에 대하여 관심이 증가하게 되었고, 1990년대 초반에 이르러서는 서비스에 대한 관심과 함께 서비스 품질에 대한 접근방법의 발전을 가져왔다. 1990년대 중반에 들어서면서 점차 호텔 및 관광산업의 품질은 고객의 요구와 기대를 충족시켜야 한다는 서비스 품질에 큰 관심을 두고 있다.

호텔을 포함한 환대산업 관리자들이 이러한 품질이란 용어를 사용할 때에는 반드시 고객의 요구조건의 중요성을 우선적으로 고려해야 한다. 고객의 역할을 강조하는 품질의 개념은 다양하게 정의된다. 선행연구자에 의하면 품질을 제조업자가 아닌 고객 입장에서의 목적 혹은 사용상의 적합성이라고 서술하고 있다.

또한 영국 표준국의 정의에 따르면 품질이란 표현된 혹은 함의된 욕구를 만족시키기 위한 능력을 갖춘 상품 혹은 서비스의 특징과 특성의 총체로서 기술되고 있다. 호텔산업에서 품질관리는 상품과 서비스라는 양면성을 가지고 있기 때문에 특히 어렵고 복잡한 문제이다. 즉 호텔은 양질의 숙식을 제공해야 하는 제조상의 문제와 함께 종사자와 고객 간의 고도의 상호작용을 통해 수행하는 서비스 전달의 문제까지 대처해야 한다.

그런데 이러한 문제를 다루고 문제점을 해결하며, 고객이 추구하는 상품 서비스의 필요성을 충족시키는 것은 개인이나 기업 그리고 산업 전체에 영향을 미칠 뿐만 아니라 성공을 위해서 매우 중요한 요인이라 하겠다. 서비스를 공급하는 공급자가 서비스 품질에 대한 인식을 자극하는 환경 요인을 다음과 같이 설명하고 있다.

1) 고객의 기대와 자각

고객이 구매하는 상품과 서비스에 대한 품질에 따라 수요의 증감에 영향을 받을 수 있으며, 동시에 상품과 서비스의 인식 그리고 전달방법에 따라 수요도 달라질수 있다. 인적서비스 의존도가 높은 호텔의 경우는 더욱 그러하다.

2) 경쟁적 환경

최근 추세를 볼 때, 서비스 품질은 국내뿐만 아니라 경쟁이 치열한 국제시장에서 경쟁우위를 결정하는 중요한 요인으로 간주된다. 특히 체인호텔서비스 품질의 경우는 모든 나라에 영향을 받을 수 있다.

3) 기술

제조업의 경우보다 정교한 기술 개발로 인하여 관리자는 좀 더 풍부한 부가적 혹은 편의 서비스를 추구해야 하나, 그렇다고 대인서비스의 가치가 감소한 것은 아니다. 최근 호텔도 IT를 이용한 전자제품 사용이 증가되고 있다.

2 호텔서비스 품질 설계와 서비스 전략

유형재와 마찬가지로 서비스도 적절하게 설계해야 한다. 소규모 자영업에서의 설계는 그들이 직접 서비스 전달에 참여하는 등 대기업의 전문기술에 근거할 수도 있다. 이러한 설계는 반드시 매뉴얼화할 필요도 없다. 그러나 최근 호텔조직의 규모가 커지고 체인화함에 따라 품질 유형의 운영은 한계에 도달하게 된다.

서비스기업이 성장하고 이에 대한 전문화와 분산화가 필요할 때, 경영은 문서화된 서비스 시스템 설계를 가진 확실한 서비스 전달전략을 구축할 필요가 있다. 그렇지 않으면 서비스는 방향을 잃고 수행하는 서비스 품질은 부서 또는 부서 내의 직원마다 상이할 것이다. 특히 호텔서비스는 고객과 서비스를 제공하는 직원 간의 상호작용에 의해 생산되고 전달되고, 고객이 서비스경영에 참여할 때 발생하는 상호작용은 다음 네 가지 유형으로 제시할 수 있다.

- 고객과 서비스 제공자
- 고객 상호 간
- 고객과 유형재 및 물리적 환경

• 고객과 서비스 전달체계 상호 간

서비스의 전달은 고객의 상호작용뿐만 아니라 서비스를 생산하는 서비스 조직의 내부에서 일어나는 다른 업무와의 상호작용도 포함하게 된다. 호텔서비스 조직이란 비록 프런트 데스크에서 고객을 담당하는 관리자와 같이 한 사람이 여러 가지 역할을 수행할 수 있지만, 다음과 같은 참여자로 구성될 수도 있다.

• 고객
• 접점서비스 직원
• 후방 지원부서 직원
• 경영자 또는 관리자
• 투자자

위에서 언급한 네 가지 유형의 상호작용은 접점서비스가 이루어지지 않는 조직에서도 발생할 수 있다. 이러한 보조적 상호작용은 다음과 같은 접촉을 포함한다.

• 동일기능 부서 직원 간 상호 간: 프런트 데스크와 재정부 또는 하우스키핑
• 기능적 부서 상호 간: 전기, 기계, 건축 등 시설부 내
• 직원과 물리적 환경 상호 간: 하우스키핑직원과 시설부직원
• 직원과 서비스전달 체계 상호 간: 직원과 교육 담당부서

이렇게 상호작용과 참여자와의 관계를 확인함으로써, 서비스전달 체계 내의 상호작용에 대한 모형을 제시 할 수 있다. [그림 7-1]은 서비스기업 내에서 발생하는 상호작용의 복잡성을 나타내고 있으나 이 그림도 완벽하다고 할 수는 없다. 그림에서는 두 고객만이 묘사되어 있으나 실제로는 더 많을 것이다. 또한 관리자도 한 명이고 한 명의 고객과 접촉하며, 후방부서 직원도 오직 한 명으로 묘사되었다. 이밖에도 물리적 상품, 물리적 환경, 그리고 서비스 전달체계 사이의 오직 하나의 상호작

용만이 그려져 있으나, 실제 고객은 조직 내에서 서비스가 수행되는 동안에 하나 이상의 상호작용이 이루어지고 있다.

점차 서비스의 복잡성에 대한 인식이 제고되면서 이에 대한 계획이 하나의 서비스설계 분야로 부상하고 있다. 앞서 설명한 서비스전달의 일관성과 역동성은 그 활동이나 관계를 그래픽으로 보여 주는 기법으로 잘 알려진 흐름도로 잘 설명할 수 있다. 이 중 서비스에 대한 일반적인 흐름도 구조를 나타내는 가장 잘 알려진 접근법은 쇼스타크(Shostack, 1981)에 의해 개발되었다.

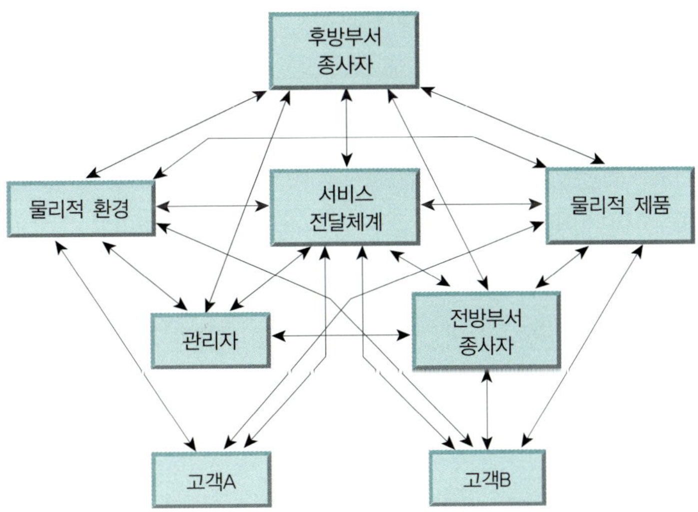

▌그림 7-1▌ 서비스 상호작용의 복합성

서비스는 위에서 언급한 상호작용의 요소들을 통합하고 있다. 이들은 하나의 행렬표로 구사되며, 행은 고객의 행동을 나타내고, 열은 서비스조직 내의 활동을 나타낸다. 서비스 흐름도와 일반 흐름도의 주요 차이점은 고객이 생각하고 인식하는 것, 행동으로 이어지는 것, 즉 고객의 중심에서 출발한다는 것이다. 고객 이동표의 왼쪽에서 오른쪽 방향으로 이동하면서 서비스 제공자의 조직과 결합될 수 있다. 고객과 서비스 전달체계 간의 상호작용이 있는 곳에서는 서비스 제공자와 고객의 논리차원에서 대응하게 된다. 또한 유니폼 서비스 부서의 직원과 후방부서의 직원 그리고 관리자와의 내적 상호작용을 필히 나타내어야 한다. 서비스 흐름도는 물적 상품과의 상호작용, 고객의 상호작용이 체계적으로 포함되어야 함에도 불구하고 이제까지는 인간의 상호작용만을 포함시켜 왔다.

서비스의 접근방법은 서비스 과정을 둘로 나누는데, 하나는 고객에게 가시적인 것이고, 다른 하나는 비가시적인 것이다. 여기서는 고객이 보아야 할 것과 그렇지 않은 것을 결정하는 것이 중요하다. 최근에 우리나라의 식당을 보면 홀에서 주방을 볼 수 있을 뿐만 아니라, 대형 식품매장에서는 고객이 생선, 제과, 정육점에서 일하고 있는 것을 소비자들이 볼 수 있도록 내부구조를 변경한다. 이것은 고객이 직접 느낌으로써 구매 욕구를 향상시킬 수 있으며 음식 또는 식품이 위생적이고 신선하게 제공된다는 직접적인 증거를 제공한다. 그리고 경영자나 근로자들이 고객에게 속이는 것 없이 엄격한 운영원칙을 준수하고 있음을 보여 주는 것이다.

한편 서비스가 실패하는 경우도 있는데, 이러한 경우는 서비스활동의 체계상에서 취약한 부분을 뜻한다. 특히 서비스 과정에서 가장 취약한 부분은 위험도가 가장 큰 곳으로 이를 제거하여 품질문제를 예방해야 한다.

1) 서비스 흐름도에 의한 전략적 편익

서비스설계는 서비스기업의 기능적 분야에 대한 전략을 결정하는 기초를 형성하게 된다. 이들 전략은 마케팅의 경쟁적 전략, 재무전략, 인력전략 등을 망라한다.

(1) 협동적 전략개발에 유용

흐름도는 제시하고자 하는 전체를 하나의 그림으로 표현한 것으로, 서비스를 구성하는 요소들과 이들의 연결방법, 고객과의 관계 등을 파악할 수 있다. 전략형성과정에 참여하는 사람들은 일반적으로 그 특별한 기능의 중요성을 강조하는 경향이 있는데, 서비스의 흐름도만으로도 전략개발의 전반적인 관계형성 및 협동적인 면을 파악할 수 있다.

(2) 품질평가 방법에 용이

흐름도는 종합적 서비스를 나타낸 것으로, 서비스의 개별요소에 요구되는 표준결정과 품질차원에서의 평가방법을 제시하는 데 유용하다. 따라서 이는 서비스기업의 품질전략을 세우는 데 도움이 된다. 이러한 품질전략은 고객의 욕구와 고객만족을 연결시키는 고객인지품질로 정의하며 그것은 기업의 마케팅 전략의 기초가 된다.

(3) 재무전략 과정을 단순화

흐름도는 서비스의 각 요소에 투자되는 비용, 수익, 자본 등을 확인하고 평가하는 기초자료를 제공한다. 이는 기업이 추구하고 있는 재무 상태를 평가하는 것으로, 기업이 계획하는 전략 설정과정을 단순화시켜 준다.

(4) 고객과 직원 간의 관계 확인

흐름도를 통해 고객과 직원 그리고 서비스가 이루어지는 전달체계가 상호작용하는 접점을 확인할 수 있으며, 따라서 인적자원 전략을 개발할 수 있다.

2) 서비스마케팅 전략

서비스마케팅의 기본신조는 고객이 요구하는 품질향상이 기업의 경쟁력을 강화시킨다는 것이다. 이러한 근거는 연구는 실제의 경험을 통해서 알 수 있는데, 마케팅 전략의 중요성은 오로지 서비스 품질을 고객인지품질로 정의할 때보다 명확해진다. 이러한 의미에서 품질은 경험, 감정, 구전, 촉진캠페인(promotion), 구전효과 등을 통해 얻은 객관적 지식과 주관적 지각의 혼합물이다. 서비스설계는 외부마케팅과 내부마케팅 전략에 대한 합리적인 기초를 구성한다. 여기서 세 가지 중요한 서비스마케팅 전략을 고려할 수 있다.

(1) 고객중심 전략

서비스를 설계함에서 고객의 이동은 마케팅이 출발점이 된다. 따라서 고객의 요구와 행동, 고객 논리는 서비스설계의 개발에 도움이 될 것이다. 일반적으로 흐름도는 컴퓨터프로그램 개발에 오랫동안 의지되어 왔다. 그러나 컴퓨터 프로그래밍은 본질적으로 고객지향적이라기보다는 조작에 의한 정형적인 형식에 가깝다. 즉 이것은 컴퓨터 소프트웨어나 하드웨어에 의한 컴퓨터 지향적이다. 이와 유사하게 서비스기업의 경우 재무보고시스템이나 급여 지급방법과 같은 내부 전문기술에 대한 관심이 고객에 대한 관심보다 우선하는 경우가 흔히 있다.

하지만 고객을 위한 마케팅에서는 고객의 욕구가 상황에 따라 다르기 때문에, 서로 다른 서비스가 제공되어야 한다. 특히 호텔과 같은 다국적 고객을 접하는 환경에서는 정치나 경제, 사회, 문화에 따른 고객중심 서비스를 제공할 수 있는 전략이 요구된다.

(2) 직원과 고객과의 접점관계

이러한 개념은 상호작용적 마케팅, 시간제 마케터, 진실의 순간 등의 개념을 반영한 것이다. 접점 서비스를 제공하는 현관이나 영업장부서의 직원들은 항상 직접적으로 고객과 접촉한다. 직원과 고객과의 접점관계는 주로 서비스의 생산과 제공에 초점을 두고 있지만, 이러한 대인을 접하게 되는 접점서비스 직원은 대중마케팅보다 상호작용적 마케팅에 더욱 큰 비중을 두어야 한다. 그러므로 이러한 업무를 맡는 직원은 다른 직무보다 우선적으로 고용되어야 하고, 비중이 큼에도 현실적으로는 시간제 직원이 담당하고 있는 것이 현실이다.

서비스마케팅에서 서비스 접촉(service encounter) 혹은 진실의 순간 등을 자주 언급하게 되는데, 이러한 각각의 접촉은 진실의 순간이 된다. 매 접점의 순간마다 고객은 그들이 제공받은 서비스에 만족하는지 아닌지를 결정하게 되며, 향후에 단골고객을 넘어 충성고객이 될 것인가 아닌가를 결정하게 된다.

(3) 서비스 제공의 차별화

경쟁시장에서 세분시장에 적합하도록 해당 서비스를 차별화하는 것은 경쟁자와 비교하여 독특한 경쟁력을 갖기 위해 필수적이다. 그룬누스(Grönroos)는 기업의 주상품인 핵심서비스, 주 상품 매출증진을 위한 촉진서비스, 소비자가 차별화 만족을 느낄 수 있는 보조서비스 사이의 차이점을 밝히고 있다.

모든 산업에서 핵심서비스가 경쟁자들 간에 공통적이라면, 경쟁력 창출을 위해서는 다른 두 가지 서비스에서 이루어져야 한다. 촉진서비스는 핵심서비스 소비를 증진시키기 위해 제공하는 서비스 요인인 것들이다. 호텔 객실 이용객이 투숙절차에 걸리는 시간은 장시간 항공기를 이용한 고객이라면 피곤할 수 있다. 결국 이러한 고객들은 쉽게 등록할 수 있도록 등록카드에 고객의 이력을 사전 입력하여 출력해 놓음으로써 간단한 확인 절차만으로 등록 절차를 마칠 수 있다.

보조적 서비스는 핵심서비스를 판매하는 데 필수적인 것은 아니지만, 고객을 위한 작은 가치를 부가하거나 적어도 경쟁시장과 차별화하게 해준다. 호텔 레스토랑에서 PDR(Private Dinning Room)을 보유하고 있거나 일부 객실층을 EFL로 운영하고, 친절 또는 겸손 등으로 고객을 다루는 방법이 바로 핵심서비스를 보조하는 요인으로 일반 호텔과 결정적인 차별화 요인이 될 수 있다.

3) 재무전략과 품질전략

서비스 설계는 서비스 전반에 걸친 상호작용 요소가 무엇인가를 결정해 주고, 지속적 상관관계가 있는 운영상 세 가지 요인인 재무요인, 즉 수익, 비용, 자본 등과도 관계가 있다. 〈표 7-1〉은 이들 재무요인 간의 관계를 설명하고 있으며, 생산성, 품질, 그리고 수익성 등의 개념을 서술하고 있다. 생산성, 품질, 수익성은 복합적인 관계로서, 이 중 하나를 관리하면 다른 것이 영향을 받는다. 즉 여기서 중요한 문제는 무엇이 원인이고 어느 것이 결과인가 하는 것이다.

전통적인 관점에서 품질에 대한 제고는 또 다른 비용이 추가된다는 인식 때문에 불황기에는 우선순위가 떨어지고 기업이 여유가 있을 때에만 배려하려는 경우가 많다. 이러한 시기에 기업이나 경영자의 관심은 오로지 생산성에만 있을 수 있다. 즉 동일한 자원을 가지고 더 많은 산출을 기대하거나, 아니면 보다 적은 자원을 가지고 동일한 결과물을 추구하는 것이다. 실제 이것은 비용절감 또는 자본의 투자 감소를 의미하는 것으로, 직원을 감원하거나 프로모션 축소, 구상 중이던 새로운 프로그램 취소 등을 뜻하는 것이기도 하다.

▌표 7-1▐ 생산성, 품질, 수익성과의 관계

생산성	자원의 효율성 강조 생산량 증가와 수익성 강조
품질	품질제고와 고객만족 강조 서비스 품질 강조
수익성	수입, 비용, 자본의 효율적인 결합을 강조

출처: 이연택 외(1992). 국제관광산업전략.

물론 상품이 높은 수준의 품질을 유지하기 위해서는 비용이 요구되는 것은 사실이다. 예를 들면, 흔히 6성급이라고 하는 호텔은 여러 가지 이유로 보다 넓고 최고급 설비를 갖춘 비싼 호화객실을 갖추고 있다. 어떻게 보면 매우 사치스럽고 럭셔리하게 단장하고 있으며, 최첨단 IT와 광통신을 이용한 전자기기 등을 갖추고 있다. 그러나 경영자는 높은 품질이 곧 고비용이라고 하면서, 고객입장에서 품질은 무료라는 슬로건에 의해 도전받게 된다. 품질을 처음부터 제대로 한다면, 수정할 필요가 없으며, 고객들도 불만을 제기하지 않을 것이다. 그러므로 오히려 비용이 줄 수 있다는 것이다. 이는 인건비, 공간활용, 재고저장 등의 비용감소와 자본절약을 초래하게 되는 것이다.

동시에 대고객 이미지가 향상되며, 충성고객 증가하게 되어 수입을 늘리게 된다. 이것은 품질에 대한 무결점전략(zero-defects strategy)으로서 수입을 가져다주는 모든 고객을 붙잡아야 하는 내용의 전략이다. 비용과 품질 간의 모든 경우는 각각의 특수한 상황에서 점검해야 하는데, 품질에 대한 비용은 보통 세 가지 유형으로 분류된다.

(1) 평가비용

이는 재료비, 장비 사용비 등 생산의 직접비용 이외에 고객에게 전달되기 전에 실수를 최소화하기 위한 비용으로, 사전 점검, 판매직전 정비된 객실점검과 같이 고객에게 전달되기 전에 실수를 없애기 위해 들어가는 인건비 또는 운영비용 등을 뜻한다.

(2) 실패비용

실패에 따른 비용은 내부와 외부 실패비용으로 나눌 수 있다. 내부실패비용은 상품이 고객의 손에 전달되기 전에 일어난 잘못에 따른 비용으로서 냉장고나 냉동고의 고장으로 음식물 부패, 어메니티(amenity)와 같은 사용품의 재고과다, 와인 뚜껑의 손상, 스크랩 과정이나 손질, 품질손상 등을 들 수 있다. 외부실패비용은 고객 앞에서 실수가 발생된 비용으로서, 교환, 수선 등이 필요한 미래의 잠재적 손실분이라 할 수 있다.

(3) 예방비용

이는 전 직원의 교육활동으로, 서비스 교육, 담당업무 스킬교육, 어학교육, 전화예절 교육과 같은 서비스 질제고 비용, 실수방지 비용과 같이 처음부터 잘 설계된 서비스전달체계를 구축하는 비용이다.

Crosby 연구에 의하면 서비스기업에서 품질불량 비용 중 95%는 평가비용과 실패비용으로, 나머지 5%는 예방비용으로 들어간다고 추정한다. 이는 예방비용으로 더 많은 예산을 할당함으로써 오히려 비용감소를 가져올 수 있음을 의미한다. 이러한 원인관계에 관해서 품질은 생산성과 수익성 모두에 상관관계가 있다.

4) 인적자원전략

서비스설계 과정을 통해 볼 때, 상품과 서비스 품질의 전달에서 종업원의 참여가 중요하다고 할 수 있다. 또한 생산과정에 인적자원의 투입이 높기 때문에 일정한 품질을 유지하는 데 어려움이 있다. 이러한 종업원의 높은 의존도는 다른 생산기술이나 시스템과 같은 방법으로는 통제될 수 없음을 의미하기도 한다.

인적자원전략은 품질향상을 제고할 수 있도록 개발하고 매뉴얼화 해야 한다. 이러한 전략은 직원의 충원과 선발에서 비롯되지만, 그외에도 근무 조건과 커뮤니케이션, 교육, 보상 등 다방면의 전략을 활용해야 한다. 그리고 최상의 서비스를 제공할 수 있도록 동기부여를 주어야 한다. 이러기 위해 기업은 고객에게 품질을 보장함은 물론, 높은 수준의 종업원을 채용하고 보유해야 한다. 성의가 없거나 형식적이고 미약한 서비스는 고객을 불쾌하게 할 뿐만 아니라, 서비스를 수행하는 종업원에게도 불만을 초래한다.

기업은 물론 이들을 보조하고 지원할 수 있는 환경을 조성할 필요가 있지만, 종업원의 잠재력을 충분히 활용하기 위해서는 품질향상 과정에 종업원이 기꺼이 참여할 수 있는 분위기를 조성하고 권한을 위임해 주는 것도 중요하다. 특히 호텔과 같은 환대산업기업들이 이러한 인적자원전략에 대해 중요시하지 않으면 인적자원관리 소홀은 기업이 추구하는 품질향상과 서비스 질 제고에 부정적 요인이 될 수 있다.

3 호텔서비스 품질과 사례연구

기업의 경영적 측면에서 서비스 품질은 상품의 품질과 새롭게 비교되고 있는데, 이는 그동안의 서비스 품질에 관한 연구자가 주로 미국과 영국 출신으로서, 마케팅 관련 분야나 서비스산업 계통의 실무자, 컨설턴트 그리고 학자들로 구성되어 있었다. 이들은 이 주제에 폭넓은 관심을 지니고 있다.

서비스 품질에 대한 많은 관심에도 불구하고, 이 개념에 대한 명확한 정의는 애매모호한 속성을 가진 서비스라는 단어에서 기인하는 것으로 보인다. 호텔서비스란 단순히 서비스제공자인 호텔기업과 고객 사이의 접촉을 의미할지도 모른다. 이것이 서비스산업의 생산에 해당되는 것일 수도 있고, 혹은 본질적으로 고객에 대한 서비스의 모든 거래내용을 대변할 수도 있다.

서비스 품질이 시장에서 일어나는 모든 거래활동을 의미한다는 가설은 그동안 많은 마케팅과 서비스산업에 관련된 학자들의 이론에 의해 거론되어 왔다. 서비스를 두 가지 중요한 측면을 확인한바 있는데, 즉 서비스가 전달되는 방법에 관한 서비스의 기능적 측면과 서비스의 전달내용에 관한 기술적 측면이 그것이다. 한편 서비스 품질을 나타내는 모델로서 물리적 품질, 상호작용적 품질, 통합물질 등으로 구분하거나 과정품질과 결과품질로 분리할 수 있다고 제시한다. 또한 파라슈라만(Parasuraman) 등은 실증적인 연구조사를 통해 고객이 서비스를 평가하는 다섯 가지 주요 차원을 확인하였는데, 즉 유형성, 신뢰성, 반응성, 확실성, 공감성 등으로 구분하였다. 한편, 나이팅게일(Nightingale)은 관광산업 연구에서 고객이 서비스 품질로 물리적 측면과 심리적 측면을 중요하게 인식한다는 것을 증명하였는데, 여기서 심리적 측면은 대안적인 서비스제공을 결정하는 데 중요하게 작용한다고 하였다.

이들의 관점에서 보면, 서비스 품질은 여러 가지 주요 특징을 포함하고 있는 것처럼 보이나, 이들 중에는 의미나 기술적인 면에서 상이한 것도 있는 반면 동일한 내용을 담고 있는 것도 상당수 있다. 본질적으로 서비스 품질은 유형적 요소를 담고 있으며, 이것은 기술적 혹은 물리적 서비스, 유형적 차원, 물리적 측면 등으로 제시된 것들이 해당된다. 한편 무형적 요소를 담고 나타나기도 하는데 여기에는 기능적 품질, 상호작용적 품질, 통합 품질, 과정 품질, 신뢰성, 반응성, 보장, 동정심, 심리적 측면 등의 속성이 해당된다. 만일 서비스 품질이 유형적·무형적 요소를 다 포함하는 것이라면, 서비스 품질이 시장 내의 모든 거래활동을 뜻하는 가설은 쉽게 채택된다고 할 수 있다.

서비스 품질의 일반적인 구성요소가 확인되었음에도 불구하고, 실제 목적상 서비스 품질을 구성하는 세부적인 요소의 확인이 아직은 필요한 실정이다. 그러나 이는 그 개념을 취급하는 분야에 대한 지식 없이는 불가능한 것이다. 왜냐하면 모든 구매활동은 각각의 입장에서 중요한 요소를 판단하고 받아들이기 때문이다.

1) 호텔산업의 서비스 품질

호텔, 관광, 외식, 항공, 조리, 크루즈 등 다양한 환대산업에 공통적인 품질의 주요 특성을 설명하는 일은 관광산업이 규모가 크고 광범위하기 때문에 단정하기에는 한계가 있다. 그러나 호텔과 같은 한 분야의 주요 특성을 정의하는 일은 가능하다고 본다. 호텔산업 내의 고객만족과 불만족을 초래하는 속성을 확인하는 연구는 많이 수행되어 왔으나 연구결과를 서비스 품질 요소로 결정하는 지침으로 활용하기에는 제한적이다.

더구나 조사를 연구해 온 조사자들은 서로 상이한 목적을 가지고 있으며, 자료수집에 대한 접근방법도 다르기 때문에, 대다수의 연구결과를 직접 비교할 수 없다. 여기서는 선행연구 중 연구결과로부터 호텔산업의 서비스 품질을 결정하는 주요 요소의 지표를 요약하고자 한다. 즉 이들 연구는 이들 연구로부터 도출된 네 가지 주요 속성범주는 다음과 같다.

- 객실과 욕실의 청결
- 레스토랑의 시설과 안락
- 친절, 공손, 신속하며 전문화된 인적 서비스
- 안전과 보안

이러한 결과는 호텔이 고객만족도를 유지하거나 높이기 위해, 그 시설이 청결·안락해야 하고, 충분한 설비가 갖추어져 있어야 하며, 안전해야 한다는 것을 의미한다. 또한 직원이 제공하는 서비스는 친절하고, 전문적이어야 한다. 이것들은 선행연구에서 제시한 모델과 일치하는데, 즉 [그림 7-2]에서 보듯이 고객만족 그리고 서비스 품질은 호텔시설과 직원 간의 유형적·무형적 접촉 모두를 포함하는 품질에 좌우된다.

제시된 연구결과가 서로 다른 범주의 호텔연구로부터 도출되었더라도, 이들 결과는 특별히 놀랄 일은 아니다. 어느 호텔을 경험하는 데서 품질의 주요 요소는 항상 훌륭한 객실관리와 시설, 서비스에서 유래하기 마련이다. 따라서 호텔의 각 하위부문에 대한 세부적인 서비스 품질 요소를 고려하는 것이 필수적이다. 다음은 한 사례 연구의 결과를 소개하고자 한다.

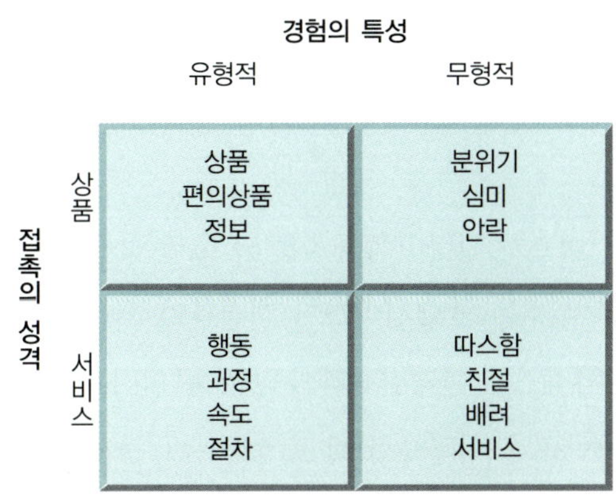

▌그림 7-2▌ 호텔서비스 품질과 매트릭스

2) 호텔서비스의 품질 사례연구

고객들이 저렴한 비즈니스호텔 혹은 중저가호텔(budget hotel)의 체인을 선택하는 주요 요인을 확인하기 위해 질적인 연구와 양적인 연구를 수행하였다(공효순 외, 2012). 이 연구는 13개 호텔을 대상으로 심층면접과 설문지조사를 통해 실행하였다. 조사가 한 체인조직이 운영하는 호텔들의 숙박 고객을 대상으로 이루어졌기 때문에, 조사결과가 모든 형태의 숙박시설을 사용하는 고객에게 일반화될 수는 없다.

체계적인 설문구성의 기준을 설정하기 위해 일차적으로 질적인 연구를 수행하였다. 연구방법으로는 고객들이 과거에 숙박했던 다양한 호텔을 차별화할 수 있는 현저한 구성요인을 확인하기 위해 켈리(Kelly)의 속성분류표 기법을 사용하는 심층면접기법을 이용하였다. 47명의 면접자들을 통해 564개의 구성요인들을 도출하였으며, 이들 내용을 분석 정리하여 보다 적은 수의 범주로 구성하였고, 이들 범주가 바로 고객이 숙박 시 고려하는 중요한 질적 기준이 된다고 여겨진다. 그리고 제시된 25개의 구성범주가 응답자의 92%가 대답한 내용들이다. 범주를 보면 가격, 청결, 일관성 있는 서비스, 친절, 음식의 품질, 호텔의 형태, 서비스 품질, 인테리어, 안락, 접근성, 레스토랑 종류, 객실시설, 온도, 소음, 안전, 분위기 등 평가 항목으로 구성되어 있다. 가장 빈도가 높은 구성범주는 가격으로 나타났다. 이러한 사실은 비즈니스 숙박시설을 이용하는 응답자들이 가격에 매우 민감하기 때문에 당연한 것으로 보인다. 따라서 그들은 숙박하는 동안에 가격에 대한 가치를 가장 중요한 사항으로 본다.

두 번째로 호텔서비스가 관광만족과 여행사 고객 충성도에 미치는 영향을 연구한 박영기(2010)의 연구에서는 호텔서비스인 객실관리 서비스, 식음료 서비스, 프론트 서비스, 공공지역 서비스와 관광만족과의 관계를 알아보기 위하여 다중회귀분석을 실시하였으며, 관광만족과 여행사 고객 충성도와의 관계를 알아보기 위하여 단순회귀 분석을 실시하였다. 표본의 특성은 여성 159명, 남성 80명으로 총 239명을 대상으로 빈도 분석하였다. 설문구성 요소는 객실 내 소모품, 미니바, 신속한 서비스, 모닝콜, 객실정비, 객실청결, 레스토랑 직원의 친절도, 청결, 식사의 질, 직원과의 의사소통, 프론트 직원의 서비스, 인테리어, 현관직원의 복장, 공공장소 청결, 전반적인 관광 만족, 숙박시설 만족, 관광안내 만족, 재방문 의도, 추천의도 등을 평가항목으로 구성하였다. 요인분석 후 나타난 요인 중 호텔서비스 요인 4개 모두가 관광만족에 통계적으로 유의한 것으로 나타났다. 이상과 같은 호텔연구에서도 확인되었듯이 이들 네 가지인 유형적 · 무형적 요소 모두는 호텔숙박 기준에 중요한 고려사항임을 알 수 있다.

분석결과의 상대적 순위를 감안하여 설문조사에 사용할 가장 중요한 속성으로 간주하였는데, 조사의 관심이 호텔의 이용한 숙박고객의 중요한 속성과 호텔종사자가

표 7-2 호텔서비스의 요인분석

요인명	항목
객실관리 서비스	• 객실 내 소모품(비누, 샴푸, 타월 등) • 미니바 내용물 • 고객의 요구 시 신속한 서비스 • 모닝콜 시비스 • 객실정비 잘됨 • 객실 청결
식음료 서비스	• 레스토랑 직원의 친절도 • 레스토랑의 청결 • 조직 메뉴의 다양성 • 레스토랑 직원의 의사소통
프런트 서비스	• 체크인 시 호텔의 첫느낌 • 객실안내 서비스 • 프런트 직원의 친절성
공공지역 서비스	• 로비나 객실 복도의 인테리어 • 공공지역 직원복의 단정함. • 로비나 복도 등 공공장소 청결

출처: 박영기(2010). 호텔서비스가 관광만족과 여행사고객 충성도에 미치는 영향, 19(6). 호텔경영학연구.

수행해야 할 가장 훌륭한 속성이기 때문에, 설문지 설계는 파라슈라만(Parasuraman) 등이 개발한 형식을 충실히 따랐다.

호텔기업이 고객에게 제공한 서비스는 실제 숙박시설과 부대 레스토랑시설을 대상으로 하였기 때문에 일부 요인들은 두 번 측정되기도 하였다. 호텔이용객의 면접과 설문조사에 따른 결과에서 약간의 차이점이 발견되었는데, 과거 호텔경험에서 나타난 속성은 현재의 호텔경험에서 나타난 속성은 가변적이라 할 수 있다. 그러나 숙박시설과 호텔은 많은 유사성을 보이고 있기 때문에, 이들 분석결과가 호텔과 같은 숙박시설의 품질을 결정하는 요인으로는 일반적인 지표가 될 수 있다고 가정할 수도 있다.

종사자의 서비스를 확인하기 위해 두 번째 단계의 조사를 실시하였다. 즉 종사자들이 그들의 고객이 서비스로부터 기대하는 것을 얼마나 잘 파악하고 있는지와 수행된 서비스에 대해서 고객이 어떻게 판단하고 있는지를 확인하기 위한 것이다. 이것은 앞에서 언급한 설문지와 유사한 것을 호텔의 직원에게 맞도록 구성해서 수행되었다.

요약하면, 이번 사례연구에서 확인된 품질의 중요한 요소는 상당히 광범위한 분야, 즉 객실 서비스, 식음료 서비스, 프런트 서비스, 공공지역 서비스 등으로 나타났다. 이들은 서로 상이한 속성들로부터 중요한 요소로 지적된 전체적인 품질에 대한 지각으로 바꾸어 생각할 수 있다. 앞에서 설명한대로, 이들 속성은 유·무형적인 속성으로 구분해 볼 때 이들 중 대부분의 중요한 속성이 무형적인 것으로 나타났다. 또한 이 사례연구를 통해 고객과 종사자의 피드백작용으로서 고객만족을 기할 수 있는 가능한 조치(actions) 등을 고려해 보았다.

4 호텔기업의 종합적 품질관리

종합적 품질관리(total quality management)란 제조업에서 현장의 품질관리에만 그치지 않고 영업, 기획, 개발, 총무, 경리 등 모든 비제조 부문의 수행의 질도 높임으로써 생산 공정전반에 걸쳐 품질 향상을 기하려는 방법이다. 즉 기업 전체의 효율성과 융통성을 개선시키기 위한 접근방법으로서, 전사적 차원에서 각 부서뿐만 아니라 개인까지 조직에 참여시키는 필수적인 방법이다.

TQM은 품질을 전달함에 있어 외부고객뿐만 아니라 조직의 내부고객까지도 포함시키는 것을 전제로 하며, 상품 생산과 서비스를 전달하는 체계가 최종 소비자에게 전달될 때까지 시스템화되어 있는 하나의 라인 내에서 종업원들 사이에 연결되어 있는 일련의 연결망이다. 조직 내의 모든 부서는 물론 시스템 그리고 종업원 모두는 품질향상에 참여할 필요가 있다. 모든 조직에 포함되지 않은 각각의 요소는 궁극적으로 최종 소비자에게 부정적인 영향을 줄 뿐만 아니라 품질에서도 문제를 야기할 수 있다. 이러한 시스템적 조직은 품질 향상을 위해 최초에 투입하는 요소에도 많은 주의를 기울여야 한다.

지금까지 TQM는 주로 제조업에서 품질관리를 위해 상용되어 왔지만, TQM의 핵심은 호텔에서도 응용되어 왔다. 즉, 호텔에서도 소비자인 고객과 공급자 호텔 간의 상호관계에서 객실과 식음료 등 다양한 상품과 서비스를 전달하는 과정에 대한 관리라 할 수 있다. 조직 내의 각 단계에서 이러한 과정의 품질을 개선시키는 방법 모색은 최종 소비자인 고객에게 전달되는 상품과 향상된 서비스의 품질을 제공하기 위해 부서 간의 정기적인 토의다. 이러한 개선책을 만들기 위해 조직은 의사소통을 개선하여 전사적 차원의 품질에 대한 확신을 제공하여야 한다. 또한 조직 내에서 판매되는 품질에 대한 실수나 결점은 문제가 되지 않은 문화를 조성시켜야 한다.

따라서 각기 다른 조직으로 구성된 호텔은 모범적인 품질시스템을 개발해야 한다.

또한 조직은 품질 또는 서비스에 대한 매뉴얼을 구축할 필요가 있고, 조직이 달성한 표준화를 측정하고 감독할 수 있는 올바른 대책을 강구할 필요가 있다.

1) 호텔기업의 TQM 개발

제조업에 적용하였던 TQM을 호텔기업에 적용하기 위해서는 거리가 멀다고 생각할 수 있겠지만, 인적서비스 의존도가 높은 것을 제외한 큰 차이가 없다. 학자들 간에는 여러 가지 요소를 제안하기도 하지만 호텔기업에서 TQM 개발을 위해 몇 가지 요소를 제시할 수 있다.

(1) 고객의 욕구 인지와 발견

고객은 호텔에서 식사를 위해 레스토랑을 이용하거나 카페테리아를 이용하게 되는데, 직원은 고객이 선호하는 것이 무엇이며, 무엇을 원하는지 먼저 인지하고 어떻게 서비스해야 할지를 발견하는 것이다.

(2) 고객 요구에 부합하는 표준 설정

고객이 요구하는 서비스에는 일관성 있는 서비스를 위해 서비스 매뉴얼을 작성하여 표준화된 서비스가 제공되어야 한다.

(3) 생산성 향상과 서비스의 통제

종합적 품질관리는 무엇보다도 생산성 향상과 서비스 품질 제고라고 할 수 있다. 특히 서비스 품질은 소비자인 고객 또는 서비스를 제공하는 종사원, 호텔의 환경에 따라 다르게 인식될 수 있으므로 서비스도 일정 수준의 통제 하에 서비스가 이루어져야 일관성 있는 서비스가 제공될 수 있다.

(4) 서비스 메뉴얼 구축

기존에 내려오던 상품제조 방법과 서비스는 다국적 고객을 대상으로 하는 호텔에서 다양한 문화와 호텔 환경에 따라 서비스가 제공되어야 하므로, 기존 종사원뿐만 아니라 새로 입사하는 직원들의 교육을 위해서라도 서비스 매뉴얼 구축은 매우 중요한 표준화 측정 도구이다.

(5) 동기부여와 품질교육

동기부여는 권한이임과 같은 맥락에서 생각해 볼 수 있다. 호텔에서 어떠한 일을 할 때 나 혼자 다하는 것과 직원들과 같이 하는 것 두 가지 유형을 생각해 보면 조직을 관리하는 사람은 업무를 적당히 가르쳐서 성장시켜야 할 책임이 있고, 업무를 공유해야 발전 가능성이 높다. 업무공유는 시간이 필요하여 단기적으로 보면 성장이 느리게 보이지만 장기적으로 이런 조직이 발전 가능성이 있다. 그러므로 담당자가 부재 시에도 업무를 공유한 직원이 업무를 처리한다면 큰 동기부여가 되어 더 큰 효과를 얻게 되게 될 것이다. 그러기 위해서는 교육 또한 철저히 이루어져야 할 것이다.

(6) 권한위임

어느 조직이든 최고위층에 있는 CEO 또는 리더는 현장을 모두 파악하지 못할 수도 있다. 현장상황을 가장 잘 아는 사람은 현장에서 일하는 실무자일 것이다. 그러므로 모든 것을 상사가 지시하는 것 보다는 실무자에게 위임하는 것이 더 나은 성과를 이어질 수 있다.

한 예로, 리츠칼튼 호텔 직원들은 고객이 불평을 하게 되면 그 문제를 바로 해결하기 위해 2,000달러까지 사용할 수 있는 권한을 위임 받았다고 한다. 즉 상사의 결재를 받지 않고 본인 스스로 판단하여 결정하면 즉시 집행할 수 있어 관리자가 올 때까지 기다릴 필요가 없는 것이다. 이것은 이 호텔의 경쟁력을 높여 주는 것이며,

고객과 호텔을 위해 최선을 다하려는 동기유발을 증가시키는 것인데 이것이 바로 권한위임이다. 임의로 사용할 수 있는 금액으로는 큰 금액이지만 호텔에서는 직원 모두를 신뢰하므로 가능하다. 이러한 관리모델은 권한을 이양한다는 점에서 뿐만 아니라, 직원들 책임성에 대한 잠재력 활용에도 모범적 경영이라 하겠다.

이상과 같은 요소에는 기존 조직에 전체적 품질관리 시스템을 도입하기에는 여러 가지 문제를 내포하고 있다. 하지만 각 조직이 기존 문화와 경영형태를 가장 적합한 방향으로 지향하는 접근방법이 필요하다.

2) 호텔의 품질관리 사례

이 사례연구는 Scott호텔의 종합적 품질관리(CHIC)의 사례로, 호텔기업이 앞에서 소개한 개념을 실제로 도입하고 실행하는 방법을 보여 주고 있다. 즉, 호텔기업이 품질관리 프로그램을 어떻게 하는지를 보여 주고 있으며, 그 성공과 실패요인을 확인하고 실제 어디서부터 시작해야 하는지를 조언하고 있다. 또한 지속적인 개선과정 중에서 발견할 수 있는 문제와 해결책을 설명하기도 한다.

Scott호텔은 1950년대 후반에 CHIC, 즉 Commonwealth Holyday Inns of Canada Ltd란 회사명으로 캐나다에서 출발한 호텔기업이다. 1970년 영국에서 최초로 Holiday Inn을 개업했으며, 1970년대 말에 캐나다기업인 Scott Hospitality가 이 회사 자산을 인수하여 오늘날에 이르고 있으며 현재는 영국 산하조직을 Scott Hospitality Ltd로 부르는데, 호텔 부문과 외식업에 관심을 갖고 있다. 1984년 기업 경영진은 회사의 경쟁문제를 서비스와 품질이라고 규정하였다만, 1970년에 이미 경쟁회사보다 우월한 상품을 호텔에 도입하면서, Scott호텔의 경쟁우위는 상품에 있어서 명백하였으나 1980년대 호텔산업은 극적인 변화를 겪으며 호텔의 소유권 변경, 상용고객과 일반고객 시장을 세분화하면서 투자와 마켓을 재구성해야 하는 상황에 이르렀다. 그래서 1985년에는 영국 내의 호텔경영을 하고 있는 프랜차이저(franchiser)와 함께, 궁극적 목적인 훌륭한 서비스 제공을 목표로, 이 회사는 호텔운영에 더 많은 사람들이 참여하도록 하고, 고객의 요구파악은 물론 요구에 대한 대처방안 모색을 목적으로 모든 직원을 대상으로 재교육을 실시하기 시작했다. 여기서 사용한 수단은 품질분임조를 적용한 이른바 '서비스체인(service chain)'이었는데, 요즈음 대부분의 서비스 기업에서는 서비스 품질제고를 위한 서비스 품질관리 팀으로 생각할 수 있다.

당시 품질분임조를 운영하면서 24개월이 채 안 되어 문제가 나타나기 시작하였는데, 그 프로그램의 명칭은 'Together We Care'였다. 분임조 차원에서 발전하여 전사적 차원으로 진행하며 일정수준의 목표까지 달성하였는지 모르지만, 개별적 차원에서는 뚜렷한 성과가 없었다. 이 프로그램은 각종 슬로건과 시청각 교육 등을 통해 훌륭하게 설계는 되었지만 실제 설계된 내용들은 단순히 고객을 위한 보호프로그램(customer care program)에 불과한 것이었다.

Together We Care(함께 보호하기) 프로그램에 문제가 나타나기 시작했을 때, 관리 책임자인 얀 휘베르트(Jan Hubrecht)는 어떠한 부분에서 문제가 있는지 분석을 시작했다. 2년간의 연구기간이 지나고, 1989년에 총체적 품질관리로 재출발하는데 핵심내용이 되었던 그의 주체와 경험에서 나타난 결론을 정리할 수 있었다.

이 호텔은 '함께 보호하기'를 새롭게 시작하기로 결정하였다. 이렇게 추진하게 된 이유는 단순히 직원들이 실수한 것을 인정하자는 것이었다. 즉, 서비스차원의 고객보호와 전반적인 서비스 품질 제고를 구분하는 것이 중요하다는 것이다. 예를 들어, 호텔건물의 외형적인 면과 객실내부 사진, 레스토랑, 호텔 주변의 정원 등을 광고나 홍보를 통하여 고객에게 관심을 갖게 한다. 그러나 이것은 오직 외적인 것이다. 이렇게 가시적으로 나타내어 소비자의 관심을 유도하는 것이 바로 고객보호(customer care)의 출발점이다. 그리고 호텔 내부를 들여다보면, 객실은 정말로 안락한지, 비즈니스 업무를 보는 데 편리한지와 객실은 안전한지에 대해 확신을 주어야 할 것이다.

또한 레스토랑이나 연회장 등에서는 고객이 기대했던 음식의 질과 서비스 등으로 고객이 기대 이상의 서비스를 받았다고 생각하고 있을까? 즉, 호텔에서 제공하는 전반적인 서비스 품질제고를 통하여 고객이 요구하는 일관성 있는 서비스라고 확신할 수 있음을 의미한다.

그러나 종합품질관리(Total Quality Management)를 조직에 적용한다는 것은 쉬운 일이 아니다. 특히 호텔에서 레스토랑 이용객에게 최상의 음식이 제공된다 해도 홀에서 서비스하는 직원이 실수를 한다고 생각해 보라. 아무리 시설이 좋고 최고의 서비스가 제공되는 특1급 호텔 레스토랑이라 하더라도 서비스의 질이 저평가를 받는다면, 이는 호텔의 전반적인 평가로 이어질 것이다. 뿐만 아니라 객실 서비스도 마찬가지이다. 훌륭한 객실에 투숙을 하더라도 프런트 또는 하우스키핑 서비스가 나쁘거나, 객실에서 주문한 룸서비스가 좋지 않다면 호텔의 전반적인 이미지는 저평가로 나타날 것이다. 따라서 호텔 서비스는 고객이 호텔 도착부터 호텔을 떠날 때까지 모든 직원의 관심, 시설과 같은 인적과 물적 서비스 등 어느 하나라도 소홀이 해서는 최고의 서비스가 제공되는 호텔이라 평가받지를 못할 것이다. 이와 같이 TQM의 적용도 조직을 경험함에 있어 직접적인 상관관계가 있다. 다음은 호텔의 점검목록을 기술하고 있다.

(1) 새로운 환경흐름

CEO 또는 총지배인 등 최고경영진의 경영전략이 호텔기업의 상황이 개선되지 않고, 결국 악화되는 것은 변화되고 있는 환경흐름을 직시하지 않고 현실에 입각한 실행을 앞세웠기 때문이라는 것이다. 이러한 징후는 여러 호텔에서 볼 수 있다. 몇 년 동안, 호텔기업은 고객을 위한 최상의 것을 파악하는 데 주력해 왔다. 그런데 고객에 대한 서비스는 최고경영자가 아닌 호텔 직원들이 접점서비스를 하는 것이다. 지금까지도 직접서비스를 제공하는 직원들은 고객에 대한 최상의 것을 파악하여 제공하는 실행자였던 것이다.

만약 고객이 소음으로 잠을 잘 수 없다든가 객실에 차와 커피를 끓이기 위한 도구가 없다고 할 때, 대부분 호텔은 이러한 상황을 쉽게 넘어가지 않고 이러한 일이 재발되지 않도록 직원교육 등이 이루어질 것이다. 만약 어떠한 조치도 취하지 않거나 고객의 말을 경청하지 않는다면 이 호텔은 경쟁우위를 점하기 어렵다.

고객과의 약속은 필수적이며, 일관성 있는 서비스와 고객의 참여 또한 중요하다. 그럼에도 최고경영진에 대한 불신과 권리포기는 조직원들을 다시 안이한 업무환경으로 전락시키게 된다. 결국에 그들은 최고경영진이 하지 않는 일에 참여해서 그들의 정력을 소비할 리 없다. 물론 회사의 원칙을 지지하고 지속적으로 추구하는 것은 매우 중요하다. 이때 전달내용은 명백해야 하고, 최고경영진의 확신은 변화에 대한 결정적인 요인이어야 한다. 체계적이지 않은 품질프로그램은 실패하기 마련이다. 따라서 품질 추진정책은 실무진이 수행하는 전략에 기초해야 한다. 최고경영자의 일차 업무인 품질목표의 설정, 점검, 그리고 조정업무는 관리자를 선두로 한 Total Quality Steering Group이 연간 품질계획서가 수행되어야 한다.

(2) 사업 목표

소비자의 욕구를 생산하고 판매해야 할 상품과 서비스는 무엇이며, 우리의 주 고객은 누구인가에 대한 간단한 결정을 가지고, 표적고객에 대한 상품과 서비스를 구상하는 것은 장기적인 관점에서 매우 중요하다. 그러므로 직원 선발이나 교육내용을 좌우하는 주요 적성능력이 경영목표를 달성하는 데 결정하는 것이 가능하다고 본다. 실제로, 이러한 초점은 호텔에 따라 변화하는 상황에 의해 결정해야 할 것이다. 대부분의 특급호텔들의 사업초점은 상용여행자이지만, 예를 들면 여행사, 회의나 전시회 참석자, 군인, 장기투숙객에 대한 고려가 상품과 서비스의 설계에 영향을 준다.

(3) 고객 연구

국내에 있는 신라나 롯데와 같은 대형호텔들은 우리나라에 들어온 체인호텔 등과 경쟁하기 위하여 오래전부터 고객에 대한 연구를 지속적으로 해오고 있다. 즉, 고객의 욕구가 무엇이지 귀를 기울이는 기술이 서서히 개발되면서 지금은 포커스 그룹(focus group)을 선정해서, 호텔경영자는 물론 전 직원에 대한 교육을 하고 있다. 고객의 불평사례연구, 방문객의 설문조사, 외부 전문기관에 의뢰한 설문조사는 기존에 사용하는 또 다른 기법으로 여기에는 호텔의 직원들까지 참여하고 있다. 그 밖에 비즈니스 호텔들도 시장변화에 대한 청사진을 완성하기 위해 전문적인 시장조사 회사를 이용하고 있다.

그 목적은 재고로 남을 수 없는 객실상품을 팔기 위한 것과는 반대로 고객이 요구하는 상품을 만들어 판매하는 데 있다. 이들은 단지 팔기 위한 상품중심에서 시장중심의 중요성을 강조한 것이라 할 수 있다. 이제 고객의 요구사항을 보다 많이 파악함으로써 서비스와 새로운 상품의 출시가 성황을 이루고, 이에 따라 서비스 품질보증도 필수적인 사항이 되고 있는 것이 현실이다.

예를 들면, 객실손님이 필요로 하는 린넨 또는 어메니티(amenity), 룸서비스, 레스토랑에서는 정해진 최소한의 시간 내에 고객이 원하는 것을 전달하는 것을 보증하고 있다. 이러한 절대적인 서비스보증은 직원과 고객 모두에게 품질에 대한 확신을 보증하기 위한 것으로, 고객에게 신뢰를 얻기 위하여 중요한 약속을 한다는 것을 말해 준다. 또한 고객 불만족의 원인이 되는 주요 문제를 개선하거나 호텔과의 품질문제에 대한 공동노력, 시종일관 올바른 상품 제공과 서비스를 전달할 수 있는 능력을 통하여 고객이 만족하는 정도로 충성고객을 배가하려는 일련의 노력을 들 수 있다.

내부적 연구도 중요하다. 접점서비스를 하는 호텔직원이 무엇을 어떻게 느끼고 있는가를 이해하는 것이 중요하다. 전문적인 종사자에 대한 연구 프로그램은 품질계획에 대한 중요한 단서를 제공해 줄 것이다. 특히 인바운드(inbound) 관광객이 급증하면서 고객에 대한 연구는 매우 중요한 호텔기업의 관심사항이기도 하다. 게다가 이러한 프로그램을 통해 조직은 훌륭한 품질을 추구하기 위한 청사진을 제공할 수 있다. 대부분의 호텔의 경영진은 1년에 실해할 수 있는 단기와 그 밖에 장기 프로그램을 반복해서 실행하고 있다.

(4) 품질관리를 위한 서비스 메뉴얼

품질관리를 위한 서비스 메뉴얼은 적어도 고객의 기대 이상으로 서비스를 제공한다는 데서 비롯된 것이라 할 수 있다. 여기에는 물론 실행보다 구문이 쉽다는 것을 감안해야 할 것이다. 즉 안락함이라든지 대인서비스, 통역, 그 밖의 주요 요소들은 서비스 메뉴얼을 통해 달성해야 하는 요인들이다. 최근 대부분의 호텔에서는 휴대폰 또는 무선 이어폰을 이용한 호출신호를 통해 호텔 내의 모든 직원이 최단시간 내에 서비스가 이루어지도록 서비스 매뉴얼이 바뀌고 있다. 이렇게 환경에 따라 변화되는 서비스 사례를 통해 호텔에서는 서비스 메뉴얼을 재도입하여 총지배인을 포함한 모든 직원이 참여할 수 있도록 재교육할 필요가 있다.

(5) 직원 간 신뢰

성공적인 품질 프로그램은 직원 자신이 업무수행에 대해 점검할 수 있는 책임감을 부여하는 것이며, 그러기 위해서는 원칙이 되어야 한다. 이는 관리자와 고객이 뒷받침해야 한다. 국제표준화 기구에서 인정하는 ISO 9001은 서비스 품질을 개선하기 위한 것으로, 경영자 책임, 자원관리, 제품실현, 측정, 분석 및 개선 등을 위한 제도로, 이러한 인증은 공식적인 과정으로 관광서 등에 납품우대, 평가면제 등의 혜택을 볼 수 있다. 그러나 자사 스스로가 수행을 점검하는 것도 중요하지만, 품질 프로그램 개선을 지속적인 개선노력으로 간주한다면, 목표설정 또한 매우 중요하다고 하겠다. 이를 통해 각 체인호텔과 호텔 내의 각 부서는 성취할 목표를 공유할 수 있도록 해야 한다.

이러한 자기점검을 위하여 오래전부터 하우스키핑에서는 실행되었는데, 처음에는 감독자가 하루 150개의 객실을 직접 점검하는 제도에서 최근에는 각 객실담당 매니저가 점검하는 상황으로 전환되었다. 따라서 표준화된 객실상태 유지와 직무만족은 이전에 비해 현저히 개선되었다. 직원에 대한 신뢰를 구축하기 위해서는 관리자와 감독자가 직원을 이해하고 감싸주는 직원 간의 신뢰가 조직을 경영하는 데 중요한 실천내용이다.

(6) 인센티브 제공

조직이 목표를 달성하기 위해서는 동기부여를 하는 것은 매우 중요하다. 동기부여를 통한 기업의 목표달성은 승진, 물질적 보상, 여행제공, 금전적 보상, 자사 주식 배분 등 다양한 프로그램으로 물리적 보상에 초점을 둔 반면에, 최근에는 승진, 부서이동과 같은 비물질적인 방법으로 보상을 하는 경우도 있다. 이러한 방법에는 물론 여러 가지가 있을 수 있지만, 성실성과 진실성에 대한 고객으로부터의 피드백을 기초로 인센티브 서비스를 제공할 때, 물질적 보상 이상으로 상당한 효과를 기대할 수 있다.

이러한 물질적 보상 부서 간의 유연성과 수익성을 향상시키는 품질개념의 발전을 통해 가능하리라 본다. 이러한 원칙은 한 부서 이상에서 추가적인 기술로서 탄력성을 가지고 일하는 것에 대한 보상이다.

또한, 기업은 품질개선을 위해 서비스 수행성과에 따라 보너스를 지급한다. 다른 한편 보고체계도 상당한 변화과정을 거쳐, 각 부서별로 합의되고 평가되어 정기적으로 보고되고 있다. 서비스 부서에서는 무결점운동이라고 하는 고유한 서비스 역할을 통해 호텔관리자로 하여금 절전, 절수 그 밖에 기업의 낭비요소를 찾는 데 도움을 준다.

(7) 교육과 훈련

교육과 훈련과정 그리고 직원참여는 모든 기업이 매년 대규모로 투자하는 분야로서 세부적인 훈련프로그램은 다음과 같다. 호텔의 경우는 서비스 개선, 외국어, 와인, 전화예절, 서비스 품질 분임조, 서비스와 관련한 워크샵, 부서 직급별과 감독자

특별훈련 등을 들 수 있다. 전국 규모의 대형 호텔들의 부서 확장은 비용과 경영전략 면에서 상당한 영향을 미치고 있다. 게다가 호텔에서는 부서별 영업장장을 중심으로 단위의 품질과 훈련프로그램을 만들어서 모든 신입사원이 입사하면 일정기간 동안 이상의 교육을 수행토록 하고 있다.

즉, 전 직원에 대한 일반적인 감독기능 이상의 조직화 과정에 대한 다양한 관리방법을 이해시키기 위한 관리자 훈련 등이 있다. 감독자와 관리자가 배제되는 것이 직원참여라는 면에서 도움이 될지 모르지만 관리자는 효과적인 변화를 위해 필요한 계층이다. 예를 들어 훈련의 일환으로 관리이사가 자유스러운 질문을 유도하기 위해 비공식적인 만찬에 참석하는 것을 들 수 있다. 물론 목적은 지속적인 훈련과정을 통해 경영층이 품질에 대한 공동노력의식을 고취하는 것이다. 그리고 커뮤니케이션 전략을 통해 교육과정을 향상시킬 수 있다.

이러한 직원참여 문제는 TQM을 위한 중요한 접근요소로서, 기업의 전 직원이 문제해결을 위해 일주일에 1시간 이상을 쓰고 있다. 또한 각 그룹은 품질 개선 팀에서 아주 바쁜 모임을 갖는다. 각 영업팀 또한 운영팀의 가장 선임자가 자발적으로 분임촉진자로서 지원을 하고 있으며, 이들은 이에 대해 상당시간을 투자하고 있다. 그리고 이들의 능력은 영업팀의 적정 프로젝트 선정이나 통제 면에서 매우 중요하다. 이러한 지원구조는 선임관리조원으로 구성된 품질분임조 지원반이 보충하고 있다. 이들은 촉진자를 통해 영업팀으로부터 매달 발전보고서를 청취하고 분임조 지원활동 모색을 위해 만나게 된다. 이들은 또한 분임조의 건의사항을 수령하고 승인하는 임무도 갖고 있다.

이렇게 영업팀이 필요한 기술과 기법을 배우기 위해 많은 시간을 투자할 필요가 있으며, 이를 통해 지금까지 경영팀의 역할은 크고 작은 문제해결을 도맡아 왔다. 효율성과 고객서비스 개선 능력 등의 일을 조화롭게 추진함으로써 비용지출을 정당하게 사용하기도 했다. 오늘날 이러한 상황은 분임조의 활동이 다르긴 해도 직원의 성장에 분임조 활동이 가치 있는 활동으로 인식되도록 하고 있다.

참여문제와 더불어 권한의 위임문제는 직원문제 해결의 중요한 요소로 여겨진다. 즉 직원에게 고객만족을 위해 일련의 권한과 의무를 주는 것을 목표로 하고 있다. 그동안의 상황을 평가해 볼 때, 관리부서가 고객 불만을 다루는 경우는 점차 감소하고 있는 추세다. 이는 고객만족에서 중요한 것이 바로 담당직원이라는 점을 반영한다.

(8) 고객의 기대형성

마지막 요소는 고객의 기대를 형성하는 일이다. 여기에서 최고의 서비스를 홍보하는 시기와 품질을 구성하는 공간은 매우 중요하다. 세계적으로 인지도가 높은 호텔기업에서도 홍보거리는 많으며, 아직은 많은 기업이 TQM을 이용하는 경우가 많다. 영업부서 직원 역시 그들의 신념을 전파하고 고객으로부터 그 반응을 탐색하고 있는 상황일 뿐이다. 그 프로젝트를 벌써 시작한 것은 품질에 대한 강박관념을 전달한 것뿐이다. 그것을 호텔직원을 대상으로 실시했지만, 로비 등의 포스터 부착과 유인물 배포를 통해 고객에게도 품질이 최상의 기업목표라는 사실을 전달하게 된다.

(9) TQM 계획

지속적인 개선과정을 위해 이제까지는 호텔기업이 품질을 위해 재조직하는 방법과 기업의 행위와 발전을 위한 아이디어 모색의 방법을 강조하였다면, 다음에서는 미래계획의 사항에 역점을 둔다.

TQM(total quality management)은 세 가지 폭넓은 관점을 가지고 있는데, 즉 Total은 모두가 참여하고 각자의 역할을 가지고 있음을 의미하고, Quality는 단순히 고객만족을 뜻한다. 그리고 'Management'는 감독이 아니라 조직을 의미한다. 이러한 목표달성을 위한 지속적인 개선과정의 세 가지 목적은 첫째가 직원 유지이며, 둘째로는 고객 확보와 유지, 그리고 셋째가 수익향상이다. 여기서 직원에 관한 활동은 다시 네 가지 사항으로 볼 수 있는데, 권한 위임, 인지와 보상, 그리고 훈련, 커뮤니케이션 활동을 들 수 있다. 기업은 이상의 일곱 가지 수행평가 요인을 효과적으로 직원에게 전달하는 방법과 직원이 전체 조직에 공헌하는 방법에 대해 이해해야 한다.

교육에 관한 한 기술교육은 엄격하게 집행되어야 한다. 부하직원이 상사에게 솔직하게 요구할 수 있도록 기업은 노력해야 한다. 품질 영업팀 직원이 훈련으로부터 얻는 가장 큰 편익은 문제해결기법을 직접 학습하는 데 있다. 창조성을 위해 필요한 것은 직원의 재능을 십분 발휘하도록 과정을 운영하는 것이다. 앞으로 모든 직원은 팀 위주의 환경에서 근무하게 될 것이다. 이러한 의미에서 기업은 직원들이 팀을 성공적으로 운영할 수 있는 요인과 팀구성원으로서 개인의 성격이 무엇인지 파악해야 하며, 각자의 재능을 인지하고 발휘하도록 이해시키는 과정이 중요하다.

권한위임은 전 직원이 잠재력이 있다는 것을 전제한다. 품질 실행팀(QAT)와 품질개선팀(QIT)는 직원이 문제를 예방하고 해결한다는 측면에서 기존의 품질분임조와 상호보완적이다. 이는 지속적인 고객창출을 위해 전 직원이 고객문제 해결에 참여하도록 해야 한다. 호텔에서 고객만족은 직원의 경청기술과 고객문제 해결을 위한 계획에서 비롯된다. 직원문제의 해결도, 신상품의 개발과 도입에서도 동일한 원칙이 적용되며, 고객에 국한된 것이 아니라 직원이 포함된다는 것이다. TQM계획은 조직의 전 부서에서 관계가 개선된다는 것을 의미한다.

사내에서의 근무가 재미있어야 한다는 사실을 염두에 두고 모든 경영문제는 이러한 장애물을 제거하고 할 수 있는 모든 수단을 동원해야 한다. 품질개선 활동을 하나의 학습활동이라고 보고 기업 내의 품질프로그램 운영을 적극 활용해야 한다.

또 하나의 중요한 문제는 직원의 반응문제로서 충분한 시간을 가지고 직원의 목소리에 귀를 기울이며 대답을 해야 한다. 이렇게 해서 직원이 확신을 가지게 될 때, 가장 훌륭한 직원을 보유하게 되는 것이다. 이러한 경영형태의 극적인 변화를 위해서 관리자와 감독자는 시간과 노력이 필요하다.

3) 향후 과제

호텔상품을 판매함에서 인적과 물적 서비스의 품질향상은 호텔뿐만 아니라 여행사 등 환대 산업 내의 모든 기업이 당면한 과제이다. 그 동안 다수의 연구에 의해 제기되 논의된 사례연구를 보면 품질서비스 설계의 기초를 형성하는 주요 고객의 기대를 확인하는 것이 가능하다는 사실과 TQM의 수행은 그러한 고객의 기대에 부합하는 품질을 향상시키는 기회를 제공할 수 있다는 것을 알 수 있다. 그러므로 모든 환대산업 기업들은 품질 전략 능력과 단계별 품질전략 개발에 대한 평가를 통한 피드백이 필요하다는 것이다.

테블(Teboul, 1991)은 품질전략 개발에 대한 세 단계를 확인하였다. 즉 수정/방어 전략, 보증전략, 그리고 공격적 전략 등이다. 첫째, 수정/방어 전략은 고객에게 서비스가 전달되기 전에 미비하거나 빈약한 서비스의 수행에 대하여 통제를 통해 서비스 하려는 품질의 수정이 필요하다고 보는 전략이다. 여기에 고객에게 제공하려 하는 상품이나 서비스 품질은 기업이 최선을 다해 노력한다면 고객의 불평을 최소화할 수 있다고 보는 것이다. 그러므로 지금까지 발생한 고객 불평사례를 재 발생되지 않도록 지속적인 교육으로 최소화할 수 있도록 노력해야 한다.

둘째, 보증단계는 품질을 폭넓은 문제로 보고 기업 내의 모든 직원이 고객의 기대에 부합하는 양질의 서비스를 제공하도록 하는 것이다. 즉, 자사를 이용하는 고객에게 최고의 서비스 제공을 보증(guarantee)한다는 자신감을 갖고 서비스가 이루어져야 한다. 그러기 위해서는 일선에서 접점서비스를 하는 직원뿐만 아니라 관리자와 경영자, 사무실(back office)에 근무하는 직원 모두가 고객을 지향하는 마인드로 근무에 임할 때 고객은 만족으로 이루어지고, 결국은 충성고객으로 이어진다.

셋째, 품질은 공격적 전략이 된다. 제조업뿐만 아니라 호텔과 같은 환대산업은 모든 직원의 헌신적 노력과 전 과정의 신뢰성에 의존하게 된다. 이는 품질이 경쟁적 우위를 구축하기 위한 차별화하는 전략요인 중 하나이다. 대부분의 기업이 보증단계를 넘어 최종단계라 할 수 있는 차별화된 공격적 전략을 취하려고 하지만 아직까지 이 단계에 도달한 관광기업은 거의 없는 상황이지만 결과적으로 이러한 전략으로 성공한다면 기업에서 생각하는 기대 이상을 예상할 수 있을 것이다.

5 호텔경영의 품질 서비스 전략

1) 서비스 품질과 가치

(1) 서비스 품질

품질(quality)이라는 용어는 학자와 실무자들 사이에서 중요하게 인식되어 널리 이용되고 있지만, 이에 대한 개념은 연구자 또는 연구목적에 따라 다르게 정의되고 있다. 또한 서비스 품질은 상대적이지 절대적인 것은 아니며, 어떠한 단일 개념정의가 모든 이에게 적용될 수는 없다. 더욱이 서비스 고유의 특성인 무형성, 이질성, 비분리성에 기인하여 서비스 품질을 이해하는 것은 더욱 어렵다.

파라슈라만(Parasuraman et al.)은 서비스 품질을 서비스의 우수한 성과에 관련한 전반적인 판단이나 태도라고 정의하고, 지각된 품질에 대해서 소비자의 지각과 기대 사이의 차이의 방향과 정도로 보인다고 하여 지각된 품질을 기대와 성과의 개념에 연결시키고 있다.

서비스 품질을 측정하는 문제에서 널리 이용되는 모형은 service quality와 service performance 모형 두 가지이다. 이들은 서비스 품질을 측정하기 위해 SERVQUAL이라는 모형을 개발하였다. 이 방법은 서비스 품질은 서비스를 받기 전의 서비스에 대한 기대치와 서비스에 대한 실제 체험한 경험 값의 비교를 통하여 평가된다는 것이다. 즉, 서비스 제공자의 일반적 성과에 대한 기대와 특징 서비스의 실제적 성과 간의 차이를 말하는데, SERVQUAL는 성과에서 기대를 뺀 것으로 표현할 수 있다.

SERVQUAL 모형은 설문지를 통해 응답자들이 특정 기업의 어떠한 서비스 특정에 관한 그들의 기대를 몇 개의 차원을 통해 완성하게 된다. 응답자들은 또한 그 기업의 동일한 특성에 대한 성과를 기록하게 된다. 이러한 측정을 통해 기대와 성과에 대한 차이를 비교하게 되며 여기에 인지된 성과가 기대수준보다 낮다면 이것은 서비스 품질이 낮다는 것이고, 그 반대는 좋은 서비스 품질을 나타낸다. 이들의 연구는 서비스를 구성하는 요소 및 이의 측정에 대한 통찰을 제공한다.

서비스 품질의 측정을 위해 이들은 1985년 포커스 그룹 인터뷰(FGI: focus group interview)를 통해 소비자가 서비스를 평가하는 97개 항목을 10가지 요인으로 축소하였다. 이후의 연구에서 이들은 이러한 변수들 간에 상관관계가 있음을 발견하고, 이들을 22개 항목을 유형성(tangibles), 신뢰성(reliability), 반응성(responsiveness), 확신성(assurance), 공감성(empathy)의 5개의 요인으로 통합하였다.

크로닌과 테일러(Cronin & Taylor, 1992)는 자신들의 연구에서 SERVQUAL식의 서비스 품질의 개념화와 조작화가 부적절하다는 주장을 하였다. 이들은 서비스 품질은 성과라는 공식을 수립하고 SERVPERF라고 명명함으로써 서비스 품질을 측정의 대명사격인 SERVQUAL에 대한 비판을 시도하였다.

그 내용은 SERVQUAL 개발의 이론적 토대가 된 서비스 품질과 소비자 만족에 대한 기존연구에 개념적으로 상당한 혼란이 존재한다는 점이다. 다시 말하면, 소비자들은 개념적으로는 기대와 성과를 비교하여 그 차이를 산술적으로 계산할 수는 있지만 실제로는 그렇게 할 수 없다는 것이다. 왜냐하면 측정이 잘못되거나 노력이 많이 들어가야 하고 또한 대부분의 성과변수들은 아름다움 또는 즐거움 등과 같이 양적인 것이 아니기 때문이다.

아직까지는 서비스 품질 측정에서 두 모형의 우수성에 대한 논쟁의 여지가 많지만 대체로 SERVPERF모형이 널리 이용되고 있다.

표 7-3 Parasuraman의 SERVQUAL 모형

5차원	서비스 품질 속성
유형성	• 최신의 하드웨와 소프트웨어 • 실내장식 및 외관과 시설 • 직원들의 단정한 용모와 복장 • 업무에 필요한 기자재 준비
신뢰성	• 사용자와의 시간약속 • 문제해결을 위한 성심성의 • 믿을 수 있는 서비스 • 약속한 시간에 서비스 제곤 • 실수 없는 업무 진행 • 서비스 제공에 대한 시간 통보
응답성	• 신속한 서비스 제공 • 항상 능동적인 도움 • 질문에 성실하게 답변 • 문제점 해결 후 원인과 해결방법 설명
확실성	• 사용자가 안정감을 느끼게 일함 • 예의바르고 공손 • 정확한 업무 파악
공감성	• 개인적인 관심을 가지고 행동 • 업무시간에 편리하게 운영 • 개인적인 관심과 애정 소유 • 사용자의 이익을 최우선 • 사용가가 필요한 내용 이해

(2) 서비스 가치

가치가 인간의 행동에 영향을 미친다는 측면에서 고찰하면 의견, 신념, 태도, 홍미 등 보다 포괄적인 개념으로서 동일한 행동을 평가할 때 근본적이고 광범위한 개념으로 평가된다. 이들 상호 간에는 '의견→신념→태도→홍미→가치'와 같은 계층적 구조가 구성되어 있어서, 가치를 인가행동결정의 최상위 개념으로 분류하고 있다.

소비자 행동과 관련하여 피터와 올슨(Peter & Olsen, 1990)은 가치를 소비자들이

달성하려는 가장 기본적이고 근본적인 욕구와 목표의 인지적 표현이라고 하였다. 즉, 가치는 소비자가 자신의 생애에서 달성하고자 하는 중요한 최종상태에 대한 정신적 표현이라는 것이다. 또한 인지적 표현 혹은 가치란 기능적 혜택이나 심리사회적 혜택보다 추상적이며, 가치만족은 매우 주관적이고, 무형적이고, 그리고 상징적은 의미를 포함하는 경향이 있다고 하였다.

로키치(Rokeach, 1973)는 가치를 추상적인 정도에 따라 수단적 가치와 최종가치로 구분하였다. 최종가치는 선호되는 최종상태를 나타낸다. 행복 혹은 지혜 같은 최종가치는 수단적 가치보다 더 추상적인 목표의 표현이다. 즉 이는 소비자가 인생에서 궁극적으로 달성하고자 하는 지상의 목표를 나타낸다.

셰스, 뉴만, 그로스(Sheth, Newman, & Gross, 1991)는 가치를 다섯 개의 차원으로 구분하고 있다. 제품의 품질 · 기능 · 가격 · 서비스 등과 같은 실용성 또는 물리적 기능과 관련된 기능적 가치, 제품을 소비하는 사회계층 집단과 관련된 사회적 가치, 제품을 소비하는 사회계층 집단과 관련된 사회적 가치, 제품의 소비에 긍정적 또는 부정적 감정 등의 유발과 관련된 정서적 가치, 제품소비의 특정상황과 관련된 상황적 가치 그리고 제품소비를 자극하는 새로움 · 호기심 등과 관련된 상황적 가치들을 의미한다. 그들은 이상의 다섯 가지의 가치가 시장선택의 가장 커다란 영향요인이 될 수 있음을 시사하고 있다.

서비스 가치의 개념이 지각된 제품가치의 개념과 유사하다면, 자이사믈(Zeithaml, 1988)의 서비스 가치의 연구는 서비스를 이용함으로써 얻어지는 효과와 이익을 얻기 위해 투자한 비용에 대한 고객평가 사이의 거래관계를 수반하는 것으로 고려될 수 있음을 시사한다.

볼튼과 드류(Bolton & Drew, 1991)는 서비스 가치에 대한 고객평가는 행위의도와 구매행동에 영향을 미치는 것으로 가정하고 있다. 그들은 화폐적 비용과 비화폐적 비용, 고객기호, 그리고 고객특성의 차이 때문에 서비스 가치의 고객평가가 구별될 수 있음을 주장한다. 또한 그들은 지각된 희생과 고객특성, 서비스 가치, 행위의도 그리고 구매행동 사이의 이론적 연결 관계의 구체화를 시도하였다.

서비스 가치의 고객평가는 고객의 평가에 의해 결정되는데, 지각된 서비스 가치에 대한 많은 연구는 서비스를 얻기 위해서 필요한 희생과 서비스로부터 얻어지는 지각된 효익을 소비자들이 비교하여 나타나는 것으로 보았다. 즉, 서비스의 효익은 다른 상징적인 것과 지각된 서비스 품질에 대한 측정을 포함하고 지각된 서비스 가격과 함께 제품의 획득과 사용을 위해서 소비한 노력과 다른 비화폐적 비용을 포함한다. 또한 지각된 서비스 가치는 특정 상황과 배경을 의미하고, 투자한 지각된 희생과 제공받은 다양한 종류의 효익을 설명해주는 여러 가지 의미의 해석이 가능하다.

따라서 서비스 가치를 정의하는 데에서 고려해야 할 점은 앞서 살펴본 바와 같이 인간의 심리적인 관점을 포함해야 하고, 가격 · 품질보다는 좀더 복잡한 개념으로 정의되는데, 서비스 가치는 서비스 생산 그 자체가 본질적인 가치가 아니라 인지된 서비스 품질과 같은 것이 전체 서비스 가치를 형성된다는 점에서 가격보다 설명력이 높다는 것이다. 이 내용은 서비스 품질에 관한 연구의 목적과 본질을 공유하기 위해 쓴 것이다. 여기에서는 서비스 품질의 결정적 중요성을 논하고, 서비스 품질의 차원들을 정의하였고, 서비스 품질을 측정하는 방법으로 SERVQUAL을 제안하였고, 서비스 품질의 문제와 그 해결방법을 탐색하기 위한 모형을 제시하고 있다. 또한 어떻게 하면 기업이 서비스 품질 개선을 위한 노력을 전개할 수 있는가에 관한 아이디어를 제시하게 될 것이다.

이제 21세기는 새로운 시대를 전망하고, 이 시대를 대비한 서비스 품질 상의 중요한 4개의 요인들을 제시하고자 한다.

① 서비스 품질의 설계

② 신기술 활용

③ 노동력에 대한 가치

④ 서비스정신의 고양

2) 서비스 품질의 설계

21세기를 대비한 서비스 품질 전략의 핵심 중의 하나는 서비스설계이다. 서비스 설계(service design)란 벽돌과 시멘트보다는 그것을 다루는 일종의 건축절차에 관한 것이다. 고품질 서비스를 설계한다는 것은 처음부터 서비스의 각 요소들을 설계할 때, 고객의 기대를 감안하고 반영하는 것이다. 모든 서비스에서 고품질이라는 것은 하나의 서비스를 제공하는 과정에 그 서비스의 여러 가지 요소들이 함께 작용하여 고객의 기대를 얼마나 잘 충족시켜 주는가에 달려 있다.

서비스를 구성하는 요소에는 전체적인 서비스를 제공하는 사람, 사람의 수행을 뒷받침하는 장비, 그 서비스가 이루어지는 물리적인 환경이 있다. 이와 같은 서비스체계의 어떠한 부분이라도 설계상의 문제가 있으면 이는 서비스 품질에 부정적 영향을 미친다.

서비스 품질을 설계하려면 엔지니어의 정밀성, 건축가의 종합적인 견해, 마케팅담당자의 고객제일정신이 한꺼번에 농축되어야 한다. 우리는 서비스설계에 더욱 엄격하고 섬세한 부분까지 점검해야 하며 동시에 더욱 포괄적이어야 한다. 정말로 수준 높은 서비스를 설계하고자 한다면 고객에 대한 이해뿐 아니라 서비스 자체에 대한 이해도 필요하다.

(1) 서비스 청사진

서비스 설계에서 가장 각광받는 도구는 서비스 청사진(service blue printing)이다. 쇼스택(Shostack)은 서비스 청사진은 서비스과정에 관한 시각적인 정의라고 할 수 있다. 이는 서비스체계의 각 하위과정을 제시할 뿐만 아니라, 다양한 단계들을 발생 순서에 따라서 서로 상호 관련성이 있는 것들끼리 연결해 놓는다. 서비스 청사진은 근본적으로 서비스 과정에 관한 상세한 지도 또는 진행도(flow chart)라 할 수 있다. 서비스 청사진이 사용하는 두 개의 개념, 즉 가시선(lines of visibility)과 취약점(fail point)은 품질개선에 매우 유용한 개념이 될 수 있다.

가시선 차원은 고객이 직접 목격하게 되는 절차와 서비스가 은폐되어 목격할 수 없는 절차를 구분하는 것이다. 가시선 차원에서 중요한 점은 가시적 서비스 절차와 은폐적 서비스 절차 간의 상호 연관성을 이해할 필요가 있다는 점이다. 즉 고객이 직접적으로 경험하게 되는 가시적 과정은 부분적으로 고객이 경험하지 못하는 은폐적 절차의 영향을 받는다는 점을 알아야 한다. 서비스 품질을 설계할 때에는 고객들이 이 절차를 거의 모르고 있다 하더라도 은폐적인 점에 대하여 관심을 기울이는 것이 중요하다.

취약점은 서비스체계의 과정 중 결함이 나타날 가능성이 큰 것들이다. 서비스 청사진 중에서 취약점이 발견되었다면 여기에 대해서 특별히 주의를 기울일 필요가 있다. 취약점에 대해서 특수한 훈련 프로그램을 개발한다든가, 부가적인 감사와 일을 시정하기 위한 하위과정을 재구성한다든가, 심지어는 원래의 과정을 재설계하는 것까지 검토해 볼 필요가 있다.

(2) 가치 있는 업무

서비스청사진을 만드는 것은 시간도 많이 걸리고 힘들고 고통스러운 일이나, 그것을 통해 얻는 이익은 노력할 만한 가치가 있다. 우선 서비스청사진을 만든다는 자체가 서비스 자체와 서비스를 개선하는 방법에 대해서 많은 아이디어를 제공해 준다. 또한 청사진을 만드는 것은 서비스과정을 구성하는 핵심적인 요소들을 세분화함으로써 각 요소들을 수행하는 적절한 서비스 기준을 설정하는 것을 촉진한다.

새로운 서비스의 개념을 청사진화하는 데 가장 이상적인 방법은 새로운 서비스를 개발하면서 동시에 진행하는 것이다. 즉 서비스 품질을 설계하는 최선의 방법은 서비스 자체를 고안하면서 함께 진행해 나가는 것이다.

호텔의 욕실설계라는 예를 들어보자. 고객들이 만족하도록 욕실의 세부 설계를 하는 최적의 시기는 호텔을 짓기 이전이다. 욕실 문에 옷걸이를 달고, 욕조 가까운 곳에 손수건 선반을 달고, 샤워기 근처에 목욕수건 선반을 만들고, 샤워커튼을 바닥이 젖는 일이 없도록 충분히 넓고 길게 만들고, 세면대의 선반은 화장품이나 헤어드라이어와 같은 것을 충분히 놓을 수 있도록 하는 등의 설계는 호텔신축 이전이 최적의 시기이다. 이런 세부적인 면에 대한 검토를 호텔을 오픈한 다음에 한다면, 이는 많은 고객들을 불만족스럽게 만들 것이며 엄청난 투자를 다시 하게 된다.

서비스청사진을 만드는 것은 새로운 서비스를 설계하면서 동시에 진행하는 것이 가장 이상적이기는 하지만, 기존 서비스의 품질개선을 위하여 재설계하는 경우에도 매우 가치 있는 일이다. 서비스를 지금도 제공하고 있는 한, 그 서비스를 점검해 보고, 더 잘 이해하고, 설계상의 문제점을 시정하는 것은 결코 늦은 일이 아니다.

그렇다면 서비스 품질 설계는 21세기를 맞아서 준비해야 할 중요한 문제의 하나로 간주해야 한다. 서비스 전달과정의 각 단계에 관한 고객의 기대에 대하여 매우 정밀하고 세밀한 주의를 기울인다면, 서비스의 품질을 설계하는 것이 가능해질 것이다. 서비스 상의 취약점을 제거하거나 보완하는 것이 가능할 것이며, 고객에 대한 정확한 이해를 서비스와 결합함으로써 서비스의 하위과정들을 더욱 정교하게 연결할 수 있을 것이다. 또한 서비스정신을 가진 관리자들이 문제해결의 중심에 서서 서비스의 기술적 설계에 직접 관여해야 한다.

3) 신기술 활용

21세기에 시도해야 할 중요한 과제 중의 하나는 신기술의 잠재력을 강력한 서비스 도구로 사용할 수 있어야 한다는 것이다. 때로 신기술은 사용해 본 경험이 없어 서비스를 방해하는 것으로 보이기도 한다. 실제로는 잘 판단하고 활용한다면 신기술은 좀 더 나은 서비스를 가능하게 해주는 지원군이 될 수 있다. 적합한 신기술을 적절한 방법으로 활용하면 고객이 기대하는 여러 차원들, 즉 무형성, 신뢰성, 설득성, 공감성을 한꺼번에 통합적으로 제공해 줄 수 있다.

신기술 활용은 매우 급속도로 확산되고, 그 추세가 더 빨라졌지만, 이런 변화가 나타난 기본적인 원인은 원가를 낮추고 생산성을 높이는 데 있었다. 21세기의 핵심은 서비스개선의 가장 중요한 도구로 보는 것이다. 기술적인 혁신들을 서비스개선의 추진력으로 쓸 수 있다면, 21세기의 가능성은 매우 크다. 우리는 새로운 기술이 서비스를 한 등급 높이는데 가장 중요한 수단이 될 수 있다고 믿으며, 이러한 확신에서 다음과 같은 지침을 제시한다.

(1) 신기술과 인력의 조화

서비스 기업이 서비스를 개선할 수 있는 기회는 신기술과 인간을 결합시키는 것이다. 둘 중 어느 하나를 강조하는 것보다 둘의 조화와 융합이 중요하다는 것에 주목할 필요가 있다. 신기술을 바탕으로 한 서비스절차는 인간의 손에만 의존할 때 몇 시간 또는 수일씩 걸리던 것을 몇 초 이내로 줄일 수도 있다. 또한 신기술은 가장 양심적인 동시에 재주가 많은 인간보다도 훨씬 더 정확하고 정밀한 서비스를 가능하게 해준다.

서비스 체계는 고객에게 신기술 서비스와 친밀한 서비스를 함께 제공해 주는데, 고객은 그들의 일반적인 선호나 그 당시의 욕구에 따라서 자신들이 받을 서비스를 선택할 수 있게 된다. 신기술과 개인적인 서비스의 조화는 서비스 개선의 효과를 배가시킨다.

신기술과 인력은 탁월한 서비스를 제공하는 데 있어 상호 지원적이고 상호 연결된 해결사이다. 만약 신기술과 직원이 서로 갈등적인 관계에 있다고 한다면, 그 이유는 관리자가 일을 그렇게 만들었기 때문이다. 기술에 의한 서비스와 인간에 의한 서비스를 적절히 조화시키기 위해서는 서비스 중 어떠한 요소를 자동화할 수 있는가에 대해서 잘 알고 있어야 하며, 고객의 서비스 욕구 중 어떠한 요소가 개인적인 서비스를 필요로 하는 것인지에 대해 잘 알아야 한다.

(2) 서비스 전략 지원을 위한 신기술 활용

신기술은 서비스 품질을 향상시키는 도구이다. 이 도구의 가능성은 서비스 전략과 직접 관련되어 있다. 전략이 분명하지 않으면, 이 전략을 지원하기 위해서 어떠한 기술을 사용해야 하는가도 명확해야만 한다.

(3) 고객 중심적 신기술

모든 신기술에는 소비자인 고객에 있다. 고객은 내부고객일 수도 있고 외부고객일 수도 있지만, 어떠한 경우이든 신기술의 성공여부는 그것이 사용자에게 부가가치를 주는가에 달려 있다. 성공적인 신기술은 서비스 직원으로 하여금 일을 더 빠르고 깔끔하게 하도록 도와줄 수 있다. 또한 서비스직원들을 일상 업무로부터 벗어날 수 있게 해주기도 하며, 그들이 더욱 독창적이고 만족스러운 서비스에 전념하도록 해줄 수 있다. 서비스 직원들을 보조해 주는 신기술은 보통 외부고객에게도 도움이 되는데, 빠른 서비스에서 신뢰성이 있는 서비스에 이르기까지 도움을 준다.

기술에 대한 접근은 고객 지향적이어야 한다. 고객 지향적이라는 것은 각 신기술에 따라서 그에 관련된 고객은 어떠한 사람들인가를 확인하고, 서비스에 대한 그들의 기대와 지각을 파악하고, 새로운 기술의 개념과 형태에 대한 그들의 피드백을 수집하는 것이다. 신기술은 신제품과 마찬가지로 보아야 한다.

신기술을 통해서 서비스를 현저히 향상시키고자 한다면, 신기술과 인간을 조화시키는 것에 대해 수용적인 견해, 분명한 전략, 그리고 고객 중심적 사고가 필요하다. 또한 전략을 시도해 보고, 수정하고, 실수를 통해 배울 수 있는 자세가 필요하며, 소득을 얻기 전에 어려움을 겪는 막대한 투자가 필요하다.

4) 노동력에 대한 대처

21세기 서비스산업에서 가장 어려운 문제 중의 하나는 인적자원의 부족이 될 것이다. 이 문제는 서비스개선을 시도하고 있는 많은 기업들이 겪고 있는 매우 심각한 문제이다. 현재 일정수준의 서비스 업무를 담당할 종사원은 그리 많지 않으며, 그나마 지원을 하는 사람들도 많지 않다. 현재 외식산업에는 많은 일자리가 비어 있다. 그러나 문제를 더욱 복잡하게 만드는 것은 정규직으로 채용되는 것보다 아르바이트 또는 계약직으로 입사하는 경우가 많아 이직률이 높다는 것이다. 특1급 호텔인 최고급 체인호텔 중의 일부는 룸 메이드를 구할 수 없는 경우가 발생한다. 대부분 아웃소싱(outsourcing)으로 채용되다 보니 이직률도 높고, 일정수준의 객실상품을 만드는 데까지의 교육도 필요하기 때문이다.

현재 서비스 분야의 일자리는 급격히 늘어나고 있으나 일자리를 맡을 젊은 사람들은 점차 줄어들고 있다. 그 이유는 직무수행에 필요한 기본지식과 외국어 능력을 요구하는 점수는 점차 높아지는데 반해, 실력은 낮다는 것이다. 다시 말하면 근본적으로 젊은 사람들이 필요한 자격을 갖추지 못하고 있다는 문제이다.

5) 서비스 정신의 고양

21세기 가장 중요한 서비스문제는 우리의 서비스정신을 고양하는 것이다. 2000년대가 서비스의식이 성장하는 시기였다면, 21세기 우리 모두 책임자인 동시에 고객으로서 고품질 서비스를 추구하고, 이를 정착시키고, 이전보다 더 열심히, 더 몰입하는 서비스가 되어야 한다. 대충하고자 하는 서비스 마인드가 있어서는 안 된다는 것이다. 이것은 매우 중대한 일인데, 국가 간 산업 내의 경제적 우위확보라는 문제가 시급한 것이기는 하지만, 이것은 단순히 경제적 문제만은 아니다. 이것은 우리의 뿌리 깊은 장인정신, 단결, 근면과 성실 정신으로 돌아가자는 함성이다. 서비스라는 문제, 너무나 쉽게 볼 수 있고, 누구나 쉽게 할 수 있다는 서비스 정신으로는 현재와 같은 서비스 산업으로 구성된 사회에서는 생존할 수 없다.

(1) 역할 모델

우리에게는 서비스 품질에 관한 한 일본이나 다른 어떤 나라에 비해서도 둘째라면 서러워하는 회사들이 있다. 현재 많은 관리자들에게 필요한 것은 서비스에 더 관심을 가지는 것이며, 시장점유율이나 주식가격에 신경을 쓰는 것처럼 서비스 품질에 대해서도 더욱 경쟁적이어야 한다는 점이다. 실제로 관리자들이 서비스 품질에 더욱 더 관심을 갖게 되면 시장점유율에도 좋은 효과가 나타날 것이며, 이에 대해서는 이미 서두에서 지적한 바가 있으며, 이 원칙에 대한 간략한 설명이다.

① 최상의 서비스 제공

서비스를 제공하는 호텔의 목표는 최상의 고객서비스가 아니라 전설적인 서비스를 제공하는 것이다.

② 당신이 바로 회사

모든 직원은 주인정신과 책임감과 권한을 갖고 일해야 한다.

③ 당신이 바로 고객

호텔 직원은 고객의 입장에 서서 고객의 실망을 겪어볼 필요가 있다.

④ 전화는 펜보다 강하다.

고객에게 전화는 문제발생과 해결 사이의 시간을 줄여 준다.

⑤ 고객의 재방문율 확인

고객의 재방문율을 높이고, 고객과 많은 시간을 보내는 것보다 중요한 것은 없다.

⑥ 재확인은 업무의 종결

재확인, 즉 점검이 끝나야 일 하나가 끝난 것이다.

(2) 서비스 신조

호텔기업이 최고의 서비스 제공을 통하여 자사의 신규고객을 유치하거나, 고정고객을 확보하기 위해서는 지켜야할 4개의 신조가 있다.

① 일관성 있는 서비스

서비스 우수성은 하나의 태도이며 정신자세로 지속적인 향상을 도모하는 것이다. 그러기 위해서 유일한 선택은 더 강력한 서비스 정신, 더 많은 능력을 위해 꾸준히 노력하는 것이다.

서비스 품질은 계획대로 완성하는 프로그램이 아니다. 그것에는 마지막이 없다. 그러므로 고위관리자들은 매출액이 좋으면 서비스에 투자하고, 상황이 나빠지면 서비스를 외면 시하는 방식의 서비스 지향적인 문화로는 기업이 발전할 수 없다는 것을 알아야 한다. 서비스 우수성은 일관성 있는 노력을 필요로 한다.

② 정신자세를 파는 기업

상품이란 정신자세이다. 대부분 사람들은 커피를 상품이라고 생각하겠지만, 이를 판매하는 기업의 책임자들은 서비스 우수성을 경쟁사가 제공하는 것과 차별화할 수 있는 가장 중요한 기회요인으로, 가격이 아니라 가치로 경쟁하는 가장 중요한 수단으로 간주한다. 이들은 서비스 품질을 경쟁사가 따라올 수 없는 기업수행의 한 차원으로 간주한다.

③ 신뢰는 서비스의 핵심

고객에게 서비스를 판단할 때 가장 중요한 것으로 여기는 요인은 신뢰성을 일관성 있게 보여주는 것이다. 고객들은 서비스 제공자들이 훌륭하고 책임감이 있고 상품에 대한 지식이 많으면서 동시에 공감해 주기를 기대한다. 그리고 서비스제공자들이 그들이 약속한 서비스를 제 시간에 정확히 그리고 믿을 만하게 해주기를 바란다.

호텔에서 서비스를 제공하는데 소홀하거나, 자주 실수를 저지르거나, 서비스 약속을 제대로 지키지 못할 때, 고객은 그 기업의 신뢰성을 의심하며 이 경우에 이를 회복할 수 있는 방법은 거의 없다. 신뢰성은 서비스의 핵심이기 때문이다. 그러므로 직원들을 고용, 훈련, 측정, 보상하는 과정에서 관리자들은 더 나은 신뢰성에 좀 더 많은 가치를 두고 계속 추구해 나가야 한다는 것을 인지해야 한다.

④ 실수도 회복 가능한 서비스

서비스를 하는 기업은 서비스를 단번에 제대로 할 수 있도록 최선을 다해야 한다. 그러나 실수는 있게 마련이다. 기업이 서비스 문제를 다루는 방식에는 혼란과 실망을 경험하게 되는 것이 보통이다. 하지만 문제를 신속하고 유능하고 정중하게 해결해주는 것은 고객에게 좋은 인상을 주며, 최초의 서비스에서 잃었던 신뢰를 대부분 회복할 수 있는 매우 좋은 기회이다. 그러므로 고객이 어떤 문제가 있다고 느낄 때 그 문제를 빨리 해결하고자 하는 노력을 보이고, 본인의 노력을 해결이 안 될 때는 상위 책임자와 회사로 통보하도록 해야 한다. 이 경우 기업은 즉각 그 문제를 극복할 수 있는 기회를 갖게 된다.

여기에는 고객과 첫 번째 만났을 때 문제를 직원이 해결할 수 있도록 지원해 주는 체계, 구조, 그리고 권한이 있어야 한다. 또한 단기적 이익을 극대화하려는 짧은 안목보다는 진정한 고객을 창출해 낸다는 장기적인 관점을 가져야 한다. 그러나 무엇보다도 중요한 것은 문제해결에 최선을 다하겠다는 정신자세를 갖는 것이며, 문제해결은 부수적 활동으로 생각하기 보다는 좋은 기회로 간주하는 마음자세를 갖는 것이다.

서비스개선을 위해서는 일관성 있는 서비스를 하는 것, 호텔기업은 정신자세를 파는 기업이라는 생각, 신뢰는 서비스의 핵심이라는 생각, 실수도 회복 가능한 서비스라는 것, 이들 4개의 신조는 전체적으로 지금은 비교적 괜찮은 서비스라 해도 21세기에는 그 정도로는 충분치 않을 것임을 암시한다. 우리나라도 이제 서비스 기준을 높여 세계 최고의 서비스제공자가 되어야 할 때가 되었다.

Chapter

08

Hotel Management Strategy

호텔경영 전략연구

Chapter 08

호텔경영 전략연구

1 호텔의 성장 발전단계

1) 성장단계

호텔은 창업 후 3단계의 발전과정을 거치면서 강한 호텔로 발전한다. 사업 개시 후 특정 시장이나 제품에 뿌리를 내리는 단계를 지나면 본격적인 도약단계로 발전하게 된다. 이러한 과정을 겪으면서 안정적인 시장과 경쟁력을 확보하면 수익을 향유하는 개화기 단계로 진입하게 된다.

호텔들은 발전과정에서 수많은 위기를 겪으며 극소수만이 세계적으로 강한 호텔로 도약한다. 초기 사업을 성공으로 이끌면서 축적되었던 사업 및 운영상의 장점이 규모가 커지면서 따라 변질되면 위기가 발생하기도 한다. 그래서 위기를 성공적으로 극복한 호텔만이 강한 호텔로 생존하는 것이다.

(1) 착근기

착근기는 호텔 기업이 창업 후 시장정착에 성공하기 위해서 뿌리를 내리는 시기라고 할 수 있는데, 그러기 위해서는 무엇보다도 서비스상품에서의 확고한 우위가 필요(product leadership)하다. 그러기 위해서는 서비스와 상품으로 승부하고 최소 3% R&D(Research and Development) 비율을 유지해야 한다. 한 예로 매출액의 5% 이상을 R&D에 집중 투자함으로써 서비스 시장과 기술표준을 선점할 수 있다.

독일의 성공한 중소기업들 중 75% 이상이 자신의 경쟁원천이 기술에 있다고 답변했다. 서비스 분야는 서비스 기술의 변화속도가 빠르기 때문에 경쟁사보다 앞서 나가야 상품력에서 격차를 벌이고 시장에 민감하게 대응할 수 있다. 서비스와 기술개발 과정에서 많은 실패를 경험하기도 하지만, 타사들과 유사한 상품이 아닌 월등한 상품을 만드는 것이 성공의 관건이라고 볼 수 있다.

착근기에 R&D를 등한시하거나 어설프게 성공할 경우, 도약기 이후에 실패할 가능성이 높다. R&D 투자비율은 큰 호텔들이 많지만, 다각화된 사업들에 대해 기초연구에서 서비스부문의 응용기술에 이르기까지 전 분야를 대상으로 하고 있어 초점화(focusing)가 어려움을 겪고 있다. 작은 호텔은 명확한 분야에서 되는 서비스 기술 위주로 R&D를 수행하기 때문에 투자금액은 작더라도 효과는 크게 낼 수 있다. 액수가 문제가 아니라 그 돈으로 무엇을 하느냐가 관건인 것이다.

(2) 도약기

도약기는 호텔기업이 시장환경에 어느 정도 정착되면 더 높은 단계로 발전하기 위한 것으로 세계 서비스시장에 도전하고 Global M&A(Mergers and Acquisitions) 5%의 벽을 돌파해야 한다. 강한 OEM이건 자가 브랜드이건 처음부터 세계시장을 겨냥하고 출발해야 한다. 글로벌 관점에서 가장 경쟁이 치열한 지역과 기업에 침투하여 정면승부를 건다. 글로벌 관점에서 모든 것을 바라보며, 생산 및 판매거점을 확보할 때 글로벌 경쟁우위가 있는 지역이라고 판단되면 과감하게 선택투자를 한다.

해외체인을 확보하는 과정에서 큰 호텔이 거점 확보의 필요성에 대해 보고서를 쓰는 동안 작은 호텔은 부동산 임대계약을 완료할 수 있다. 글로벌 M&A 5%의 장벽을 넘어서면 세계 수준의 호텔로 부상할 수 있다. M&A 5%의 달성은 가격 결정력을 보유할 수 있다는 점에서 의미 있는 수치이다.

(3) 개화기

개화기는 호텔기업이 착근기와 도약기를 지나 한창 번영하고 새롭게 진보하는 시기로, 본업의 강점을 충분히 활용하고 다각화에 신중해야 한다.

① 새로운 영역 도전

사업이 안정궤도에 오르면서 대부분의 호텔들이 사업 인터넷 주소(domain)의 영역을 중요시 여기고 있는데 도약기를 거치면서 성공한 호텔은 특정분야에서 브랜드가 알려지고 확고한 영역을 구축하고 있다.

IT서비스가 일반화되면서 호텔들은 기존 사업영역에서 보다 온라인상의 시장지위를 유지할 것인가, 아니면 다각화를 통해 새로운 영역에 도전할 것인가 하는 기로에 직면하게 된다. 하지만 잘못된 다각화는 많은 경우 실패로 이어질 수 있다.

② 주력상품 제시

시장이 존재하는 한 기업이 추구하는 주력상품으로 경쟁우위를 유지할 수 있는 분야에 집중한다. 한 상품에 특화할 경우, 초기에 시행착오를 겪더라도 실패의 경험이 다음번의 성공으로 연결되는 학습효과를 발생할 수 있다. 사업 초기에 범위를 명확히 정의한 호텔일수록 초창기의 시련을 조기에 극복하고 동 분야의 최강자로 등극할 확률이 높다.

③ 사업의 다각화

호텔브랜드를 사용하여 외식가업에 진출하는 것과 같은 후광효과(halo effect)를 기대할 수 있는 분야로 사업을 확장한다. 획기적 서비스 대두, 환경문제 등으로 더 이상 기존 영역을 고수하기 어려울 경우 사업전환이 불필요하다. 성공한 호텔들은 사업을 다각화하더라도 자신의 핵심역량에 근거하여 사업 도메인을 연관 분야에 한정한다. 새로운 사업으로 영역을 확장하는 경우, 기존의 조직이나 운영체계와 분리된 새로운 기술은 새로운 전략을 구사한다.

2) 호텔경영을 위한 고용 패러다임(paradigm)

(1) 고용관계

① 고용관계의 변화

- 거래 지향적 고용관계 변화는 호텔 · 개인 간 고용관계가 관계지향을 거쳐 거래지향으로 변환하였다. 관계지향(relational)적 고용인 호텔은 고용보장으로 구성원들에게 신뢰감을 주어 애사심을 기대할 수 있다. 거래지향(transactional)적 고용은 장기적 고용보장보다 구성원의 성과를 높여 호텔이 평가 · 보상하는 단기적 계약위주로 변한다. 최근에는 국내에 비즈니스호텔이 증가하고는 있지만 실습과 인턴과정을 거쳐, 계약직으로 전환 후 정규직으로 되기까지는 최소 1년 이상 걸려, 안정된 호텔 직원의 일자리 보장이 어렵다는 인식이 확산되어 있다.
- 호텔에 취업을 희망하는 지원자 대부분 큰 호텔에 취업을 희망하고 있지만, 정규직 입사가 쉬지 않은 것이 현실이다. 따라서 중국과 동남아 인바운드(inbound) 관광객 급증으로 비즈니스(business) 호텔이 증가함에 따라 경력이 있는 대형호텔 인력이 이탈하고 있어, 호텔 간 인력이동 가속화로 노동시장의 변화를 예측할 수 있다.

② 디지털형 인재상

산업화시대의 보편적 인재상에서 탈피하여 창의성 · 도전성 · 혁신성 등을 겸비한 디지털형 인재가 필요하다. 새로운 시장환경에 적합한 인재상을 적립하는 동시에 인재요건 · 기준을 마련한다. 디지털형 인재를 육성할 수 있는 방안을 모색하게 된다.

(2) 디지털 시대의 인사 트렌드

인사관리 방식의 시대별 변천과정은 다음 [그림 8-1]과 같다.

구분		일방향 인사관리 (1990년 이전)	→	쌍방향 인사관리 (2000년 이후)
시대배경		• 성장경쟁 • 비체계적 인사관리 (집단적 균등주의)	과도기형 인사관리 (1991~2000)	• 정보경쟁 • 체계적 인사관리 (개별적 인사관리)
인사	채용	• 공개 채용 • 학력 중시		• 수시 채용 • 경력 중시
	평가	• 연공 중시 • 일면 평가		• 성과 중시 • 다면 평가
	보상	• 단기적 관점 • 내부 공정성		• 장기적 관점 • 시장 가치
	교육	• 비체계적 • 즉흥적		• 체계적 • 계획적
조직		• 수직적 • 계층	→	• 수평적 • 네트워크

▌그림 8-1▐ 인사 변천과정

(3) 디지털시대의 인사관리 특징

e-HRM(human resource management)은 e-비지니스 상의 인사관리로, 인사정보 · 서비스 제공으로 종업원과 경영진 쌍방향의 의사소통이 원활해졌다.

실리콘칼라(silicon collar)는 화이트칼라 뒤를 잇는 새로운 형태의 21C형 고급형 근로자를 뜻하기도 하는데, 창의적인 아이디어와 뛰어난 컴퓨터 실력으로 무장한 것이 실리콘칼라의 특징으로 원래 복잡한 계산식을 순식간에 푸는 컴퓨터처럼 맹렬히 일하는 두뇌노동자를 일컫는 말이라 한다. 무한한 '상상력과 창의적 아이디어'를 가진 소수정예의 '두뇌집단'을 뜻한다. 호텔경영에서 실리콘칼라는 호텔의 영업력에 실리콘칼라 능력이 투자의 결정적 요인이 되어 브레인파워(brainpower)가 중시되고 있다.

지식공유는 지식을 나누고 활용하는 네트워크형 인사시스템으로 전환할 수 있는데, 차별화는 경쟁력 있는 경영환경으로부터 변화된다.

(4) 21C 핵심 인적 자원

인적자원의 핵심역량이 변화하고 있는네, 대량생산 시대는 근면하고 성실한 인적자원을 필요로 한다.

① 대량생산시대의 인적자원의 특징

- 환경에 순응하는 몸을 필요로 한다.
- 고객의 욕구를 충실히 이행하는 발을 필요로 한다.
- 자신의 업무만을 충실히 파악하는 눈을 필요로 한다.
- 돈의 가치를 중요시하는 가슴을 필요로 한다.
- 데이터를 활용하는 머리를 필요로 한다.

② 디지털시대의 인적자원

- 네트워크 인터넷을 업무수행에 활용하는 근로자를 필요로 한다.
- 업무수행에 컴퓨터를 이용하는 근로자를 필요로 한다.
- 자산의 부가가치 제고에 노력하는 근로자 등 기존과 다른 새로운 유형의 인적자원을 필요로 한다.

③ 디지털시대에 요구되는 인적자원 특징

- 환경에 대처하는 유연한 몸을 필요로 한다.

- 새로운 사업기회를 찾기 위해 뛰는 발을 필요로 한다.
- 근시안적 의사결정을 뛰어넘을 수 있는 글로벌한 눈을 필요로 한다.
- 체계적 · 호환적 사고를 하는 지적인 머리를 필요로 한다.
- 사회에 기여하는 윤리를 필요로 한다. 일과 놀이를 동시에 하면서 조직 활성화에 기여하는 인적자원을 필요로 한다.

대량생산시대의 Worker와 디지털시대의 핵심인력인 N-Worker의 비교는 〈표 8-1〉과 같다. 즉 산업화시대에는 성실하고 인내심 있으면 인정받을 수 있지만 지식사회에서는 지속적인 부가가치를 창출할 수 있는 노력이 요구된다.

▌표 8-1▌ 시대별 비교

Worker	구분	N-Worker
Mass Production Age	시대배경	Digital Age
Locality	눈	World-wide
Follow	발	Opportunity
Compliance	몸	Responsiveness
Data	머리	Knowledge
Money	가슴	Ethic
Labor	손	Recreation

출처: 김경미 · 원융희(2007). 호텔경영전략.

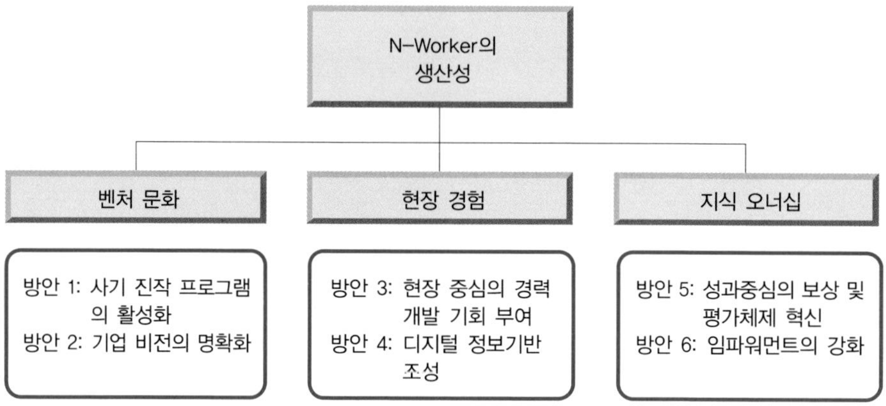

▌그림 8-2▐ N-Worker 육성체계

(5) 결론

- N-Worker 인재상은 조직구성원이 자기계발의 지침의 마련을 위한 것으로, N-Worker 육성은 호텔과 구성원의 공동책임이다.
- 자신의 현재 상태, 즉 강점 · 약점을 파악함과 동시 취약부분을 개발하여 체크리스트로 활용한다.
- N-Worker 인재상 제시는 각각의 기준 · 지표는 조직구성원의 변화의 방향을 설정한다.
- 조직구성원은 N-Worker가 되기 위한 주도적 노력으로 스스로 시장가치를 고양한다.
- N-Worker의 육성은 기업과 구성원 공동책임으로 진행한다.
- N-Worker 육성의 제도화는 기업분위기 변화 및 최고경영층 격려가 절대적으로 필요하다.
- 호텔은 필요한 인재상 기준을 정립하여 조직구성원의 전형적 변화모습을 제시하고, Worker 적극적 육성정책을 펼 수 있다.

2 호텔경영의 방향전략

오늘날 호텔경영에서도 어떤 문제에 대한 해결방안을 모색하고자 할 때 한두 가지의 기법으로는 대처하기가 어려워지고 있다. 즉 전체를 놓고 이에 대한 검토가 있어야 한다. 이것이 바로 TQM(total quality management)인데, TQM 개발전문회사에서 전략기획 등 다양한 경험에서 TQM수행의 성공을 위한 지침은 다음과 같다.

1) 하나의 선택전략

새로운 영업장이나 다른 지점을 준비하기 위한 착수전략을 선택함에 회사의 문화와 현재 업무관행에 영향을 받을 수밖에 없다. 최고경영자의 참여가 성공적인 TQM 프로그램을 위해서 새로운 전략이 요구된다면 이 생각을 의심하는 사람은 많지 않지만, 대다수 사람들은 그 참여를 어떻게 계획하고 실행할 것인가에 의문을 가질 것이다.

CEO 또는 총지배인 등 수뇌부의 관심이나 참여가 있다 하더라도 TQM은 이미 전략팀이나 기획팀에서 정해진 프로그램을 전략대로 진행할 수 있다. TQM은 단지 행하도록 되어 있는 방법대로 일을 하기 위한 것으로 보다 구조화된 접근일 뿐이다. 즉 하나의 선택으로 진행될 것이다. 그러기 위해서 TQM이란 프로그램의 지침은 일상적인 업무방법에 대한 기초가 되어야 한다.

호텔과 같은 조직 내에서 문제나 고객 불평을 해결하는 당직지배인(duty desk) 업무를 살펴보면 그들이 TQM이란 도구를 이용하지 않을지도 모르나 해결하고자 하는 기본원리는 TQM에 있을 수 있다. 문제는 해결 시 거의 모든 사람들은 데이터를 수집하고 목표를 설정하고 근본원인을 조사하고 해결책을 찾아낸다. 그렇다면 TQM이란 형식으로 변화하는 대인적 경영시각과 대안적 문제해결도구를 만들어 낼 것이다.

2) 비전 창출

전략을 실행하기 위해서는 기업에서 하고자 하는 추진전략을 기업의 특징에 맞게 정의하여 직원 모두에게 전략의 요지를 주지시키는 것이 중요하다. 지금까지 많은 관리자나 직원들이 귀사의 것과는 다른 TQM 개념, 접근법, 용어 등에 접하여 왔다면 조직 내 모든 직원들에게 필요성과 비전의 현실성을 설명해 줄 필요가 있다.

(1) TQM 원리의 주안점

① 소비자와 공급자를 포함하는 전사적 주도
② 경영자에서 사원까지 포괄적으로 시행
③ 최고경영자 지원
④ 슬로건
⑤ 널리 알려진 업무관행의 적용

그리고 모든 직원들에게 미래에 대한 비전을 제시하고 그것을 문서화한다. 귀하의 TQM에 대한 강한 인상을 그들이 공통적으로 이해할 수 있도록 노력한다. 즉, 목표를 꾸준히 상기시킬 수 있도록 비전 선언문을 시설물 전역과 주요 출입구에 눈에 띄도록 표시한다.

TQM가 실시되면 TQM이 업무의 필수적으로 인용되므로 시간이 필요하다는 사실을 인식시킬 필요가 있다. 호텔의 경우는 다양한 부서의 협동심과 다국적 고객을 대상으로 서비스 품질관리가 이루어져야 하기 때문에 모든 목표에 접근할 수 있는 결과물이 즉시 나타나지 않을 것이다.

(2) 계획안 출시 고려할 단계

① 기반 확립

- 전략적 목표를 설정
- 비전을 공표

② 공정성에 착수

- 후보의 공정을 확인
- 기준점을 설정

③ 의사전달경로를 확립

- 전 직원에게 메일 또는 공지문 공고
- 기타 TQM 매체기법을 확립

④ 하부조직 구축

- TQM 평의회를 실치
- TQM 간부를 선정
- TQM 전담지원 위원회를 설치

⑤ 전사적 직원을 교육

- 전직원에게 개요안내와 필요성 교육
- 관리직을 대상으로 워크숍 개최
- 경영층 교육 · 훈련
- 기타 구성원을 교육 · 훈련

이러한 각각의 요소에 대한 진행표는 연별, 분기별, 월별로 목표를 설정하여야 한다. 모든 일이 목표에 이르기까지는 객관적인 외부의 전문적 지식이 있는 인재를 영입할 수도 있지만, 예상하는 기간보다 연장될 수도 있다. 일반적으로 TQM에 필요한 비용은 조직의 크기와 지속적으로 요구되는 지원의 양에 비례할 것이다. 컨설팅 회사에 의뢰를 하는 경우는 수백에서 수천, 수억원에 이르는 비용이 될 수 있기 때문에, 목표설정을 가능한 한 단기간에 걸쳐 단계적으로 의뢰하고 필요 인력을 채용하고 배치하여야 한다. 대부분의 TQM 컨설팅 회사는 기간과 비용 등 어느 만큼의 지원을 원하는 지를 선택할 수 있도록 기본단위로 접근법을 제시할 것이다.

하지만 외부지원을 받지 않고 기업 내 자체적으로 실시 할 수도 있다. 그렇게 되면 비용면에서는 많은 절감을 할 수도 있지만, 고객이 원하는 객관적인 만족도에 이르게 하기에는 한계가 있을 수 있다. 즉 다국적 고객을 대상으로 하는 호텔에서 보는 견해는 제3자 입장, 각기 다른 문화의 차이에서 오는 견해는 달라서 초기의 계획과 다른 결과물로 나타날 수도 있기 때문이다.

3) 전략의 기준점 설정

경영전략을 위한 TQM 조직 내의 다수는 교육 · 훈련을 받을 것이며, 자체 문제해결을 위한 도구 등을 준비할 것이다. 그러면 기업에서는 어느 부서부터 시작할 것인지를 결정만 하면 되며, 기업에서는 자체적으로 가장 어렵다고 느끼는 공정을 선택하면 된다.

대부분의 조직은 TQM 프로그램에 대하여 가능한 빨리 평가하기를 희망하지만, 품질평가를 제고하기 위한 것은 자사 자체만으로 평가되어 지는 것은 아니며, 주위의 강력한 경쟁자와 동일 산업계 주도자로서 인정된 회사와 질적, 물적, 서비스 및 관행 등 다양한 평가를 통하여 지속적으로 평가되어 경쟁기업과 경쟁우위를 점할 수 있는 방안을 제시하는 과정이다.

따라서 객관적으로 평가 할 수 있는 외부기준에 의해 자사 평가가 이루어질 것이며, 호텔고객은 호텔을 평가할 것이다. 따라서 이러한 점을 염두한다면 벤치마킹 시스템을 구축하는 것도 좋은 예이다.

(1) 객관적 기준

최근에는 고객을 세분하는 경향이 있어, 대기업일수록 조직 역시 세분화하여 관리하는 경우가 많다. 그러므로 호텔에서 가장 핵심 상품인 객실상품과 식음료상품의 경우는 선택된 제품라인의 경쟁력과 작업 생산성을 다루는 전략적 사업목표를 가지고 있을 것이다. 그러므로 개선하고자 하는 공정은 이러한 목표를 이루는 데 기여하여야 한다. 그러나 어떤 공정은 기업에서 추구하는 목표에 가장 빠르면서 큰 영향을 끼칠 것이다.

이러한 결과는 모든 공정에 적용하고자 할 것이다. 그러나 모든 공정에 적용된 수는 없다. 왜냐하면 호텔에서는 동일한 제품을 24시간 만들어 내는 것이 아니라, 고객이 요구하는 시간과 장소, 고객의 취향에 따라 상품이 만들어지기 때문이다. 그러므로 우선순위를 정하여 주요 공정을 먼저 다루어야 하는데, 주요 공정이란 평가하기로 설정한 벤치마크가 되는 기준을 최대한 만족시킬 공정을 말한다.

(2) 자사 기준

또 하나의 선택은 귀사 고객의 기준을 이용하는 것이다. 주요 컨설팅 회사들은 그들의 업무를 보조하는 연구원 또는 보조(outsourcing) 회사가 준수하여야 할 기준을 설정하고 있다. 기준설정에 대한 접근법들은 매우 유사하기는 하지만, 일반적으로 이러한 기준은 리더십의 자질, 생산성, 고객서비스 등을 다룬다. 그러나 평가방법은 자사의 고객을 기준으로 하는 것도 매우 중요한 기준이라 하겠다. 앞에서 제시하였던 벤치마킹에는 평가기준에 선택을 바라보는 두 가지 방법을 보여 준다.

① 품질관리 메뉴얼 기준

우선 품질관리를 함에 있어, 여러 고객의 기준이 중복되고 있음을 살펴보고, 차별화된 서비스를 위해서는 기업에서 추구하고 있는 기준과 기준에 대한 중복되는 부분을 선별해야 할 것이다. 고객마다 다른 프로그램이 적용되면 상황에 따른 기준을 확대시켜야 한다. 대안은 모든 고객의 TQM 프로그램을 포괄할 수 있는 자사에 적용될 수 있는 품질관리 매뉴얼이 만들어져야 한다.

② TQM 기준

품질관리를 위한 모든 기준을 종합적으로 편성하기란 어렵다. 앞서 언급을 하였지만 호텔기업은 다양한 상품을 주문 즉시 판매하며 각기 다른 문화를 접한 고객을 대상으로 하기 때문이다. 다음의 그림은 귀하의 노력을 조직화하는 방법을 보여 준다. 상위 경영임원으로 구성되는 TQM 평의회를 구성한 다음, TQM 센터를 설치하게 되는데, 반드시 공식적인 조직일 필요는 없으나 TQM 노력에 구심점이 될 것이다. 이러한 결과는 기획 · 자극 · 교육 등의 책임을 확립하게 되는데, 결국에는 보다 공식적인 구조가 요구되겠지만, 그 초점은 중요한 전략적 기준점을 정하는 기간 동안 많은 영향을 미칠 것이다.

조직 전체를 담당하는 TQM 평의회는 품질관리 시행에 지침이 되는 책임을 부여한다. 평의회는 조직의 전략적 목표에 가장 효과적인 투자를 제공하는 중요한 공정을 선택하여야 하며, 부서 간 공정관리를 유지하여야 한다. 평의회가 지속적으로 관여하지 않아도 될 정도로 중요한 안건이 아니라면 각각의 부서가 자체적으로 선택할 수 있도록 허용하는 것도 좋다고 할 수 있다. 예를 들어 하우스키핑에서 객실상품을 만드는데, 극히 제한된 TQM 자원으로도 개선될 여지가 있다면 복잡한 공정을 거치지 않고, 평의회가 관여하여 우선권을 부여할 수 있어야 한다.

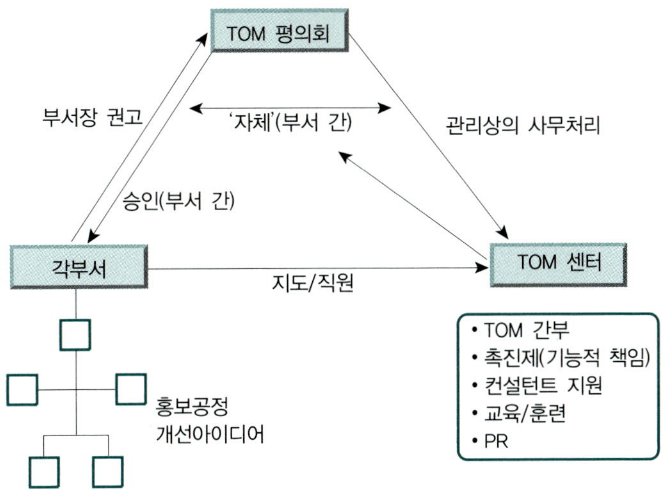

▌그림 8-3▐ 노력을 통한 조작화 방법

3 호텔 경영혁신의 추진방안

오늘날 국내 로컬(local)호텔이나 체인호텔을 막론하고 대부분 호텔들 사이에 경영혁신이라는 용어가 마치 유행처럼 사용되고 있으며, 지금 이 순간에도 호텔의 특성에 알맞은 경영혁신 기법의 탐색 및 개발 작업들이 진행되고 있다. 이유는 여행 자유화 이후 개방화, 세계화, 정보화로 특징 지워지는 지금의 경영환경 하에서는 종전과 같은 경영방식 및 호텔 패러다임 형태로는 더 이상 호텔성장은 물론 치열해지는 주위환경에서 호텔의 유지조차 할 수 없다는 공통된 인식에서 시작되었다.

경영혁신이란 경영에 대한 변화를 현실에 적합하도록 집중적으로 도입하여 조직의 능력을 비약적으로 향상시키는 노력을 함으로써, 단기적인 성과만을 강조해서는 안 되며 부서 간과 상하의 직급 간 융합을 바탕으로 한 전 조직원의 동참의식이 대전제가 되어야 한다. 그리고 무엇보다 먼저 경영환경 변화의 본질을 정확하게 인식하여 과거경험의 연장선상이 아닌 전혀 새로운 사고와 접근방식으로 거듭나야 한다는 근본적인 발상의 대전환(fundamental rethinking)이 급선무이며, 그후에 지역이나 국가에 맞는 혁신기법의 접목과 실행이 뒤따라야 할 것이다.

1) 경영혁신의 역할과 절차

(1) 호텔 경영혁신의 역할

호텔 경영혁신을 성공적으로 수행하기 위해서 경영자, 전 직원, 모든 부서 간 역할담당과 같은 변화가 있어야 한다.

① 최고경영자의 확고한 의지

경영혁신을 꼭 이루고 말겠다는 최고경영자의 확고한 의지와 중심인물들의 모범적인 역할이다. 공유가치와 성과지향적인 조직분위기를 유지하며 혁신의지를 반복적으로 천명하면서 구성원들이 자유스럽게 혁신활동을 할 수 있도록 분위기를 만들고 지원해 주는 경영자의 역할이 중요하다.

② 전 구성원의 적극적 참여

전 구성원들이 경영혁신을 위한 활동에 적극적으로 참여하는 자세이다. 경영혁신의 높은 성과는 물질이나 하드웨어적 요소에 의한 것이 아니라 구성원들, 즉 인간적 요인에 의해서 달성되고 있다. 이는 경영혁신의 주체는 어디까지나 구성원이라는 것을 의미하며 구성원들 자신의 적극적인 참여와 그들의 자율적인 활동은 경영혁신 성공에 결정적인 역할을 한다.

③ 자발적으로 참여 동기부여

경영혁신 추진부서는 참신한 사내 이벤트를 연출하여 경영자의 혁신의지를 구성원들이 쉽게 체감함은 물론 자발적으로 참여할 수 있도록 하는 등의 판촉을 준비해야 한다.

(2) 경영혁신의 전개 및 추진절차

성공적인 호텔경영혁신의 요소는 구성원인 직원들에게 달려있으므로, 이제 그들은 변화하고 있다. 여가시간의 증대와 풍요로운 삶을 누리고자 호텔리어라는 직업관으로 바뀌면서 점차 권리를 찾고자 하는 목소리도 높아져 가고 있다. 그러므로 그들을 자발적으로 참여하기 위해서는 마음으로부터 감동할 수 있는 종업원 프로모션이 필요하게 되었다.

경영자들은 호텔이윤을 추구하는 수치 위주의 실질경영에서 호텔의 문화, 조직의 풍토, 대외적인 이미지 등을 중요시 여기는 상징경영에서는 경영혁신의 역할이 더욱 커져간다.

① 분위기 조성 · 공유

혁신을 위한 프로모션은 갑작스런 조직의 변화를 느끼는 구성원들의 심리상태, 즉 경영혁신을 추진해야 하는 배경의 당위성을 공감할 수 있도록 해야 한다. 또한 미래 비전을 제시하여 경영혁신의 성공결과가 조직은 물론 구성원 개개인에게도 느껴지도록 기획 및 연출의 중점을 설득 위주로 하는 것이 바람직하다.

② 자극적 의식개혁 도입

사전 활성화의 일환으로 포스터 및 논문공모, 슬로건 제정, 홍보책자 및 혁신 상징물 등을 배포하며 다소 자극적인 의식개혁 프로그램을 도입한다. 신포식을 기점으로 분위기는 절정을 이루도록 하고 이후는 공유 프로그램을 통하여 설명회, 교육프로그램과 연계한 연수회, 실천결의대회 등을 실시하며 동시에 비공식 조직 등을 가동하여 신선한 자극을 주도록 한다.

③ 다양한 프로그램 개발

밀착 프로모션으로서 일단 시작된 경영혁신을 지속적으로 전개할 수 있도록 다양하고 참신한 Soft 강화프로그램을 개발·접목하는 활동으로 단계적으로 운영하여야 한다.

(3) 동기부여에 역점

경영혁신을 함에 있어 조직문화의 활성화, 직무만족, 직장분위기 쇄신, 기업에 영향을 미칠 수 있는 아이디어 창출과 같은 접목 프로그램은 작지만 변화를 많이 체감할 수 있는 아이템을 선정하여야 하며, 자발적으로 참여할 수 있도록 동기부여에 역점을 두어 기획되어야 한다. 이러한 결과는 향후 프로그램의 전개에 기폭제 역할을 할 수 있도록 해야 한다.

① 조직문화의 활성화

조직 상하 간 대화의 장을 마련하여 상호 자연스러운 만남과 진실된 대화가 이루어질 수 있는 상호 신뢰가 조성되어야 하며, 궁극적으로는 정기적인 간담회, 고충처리 상담실 운영 등 각종 대화채널을 시스템으로 구축하여 운영할 수 있도록 한다.

② 직장 분위기 쇄신

직장 분위기 쇄신은 신바람 나는 일터 조성에도 매우 중요하며 구성원들의 삶의 질을 높이는데 초점을 맞추어 기획되어야 한다. 그러기 위해서는 복지경영 프로그램, 자기개발 기회부여, 따뜻한 일터 조성, 가족참여 프로그램은 물론 더 나아가 소시얼 마케팅(social marketing) 일환으로서 기업의 이익을 추구하기 전에 구성원들로 하여금 사회 및 지역에 대한 봉사활동의 기회를 제공함으로써 삶의 보람을 느끼도록 하는 것들까지도 포함이 된다. 아울러 경영혁신 프로그램의 밑바탕이라 할 수 있는 사무혁신운동 및 기업의 존재가치를 제공하는 고객들을 위한 프로그램에도 적극적이며 자발적으로 참여할 수 있도록 연출한다.

③ 풍토조성 프로그램

호텔뿐만 아니라 대부분의 기업들이 구성원들에게 창의적이고 도전적인 사고를 강요만 할 것이 아니라, 자연스럽게 변화할 수 있게 하는 분위기 조성에는 소홀한 경우를 흔히 볼 수 있다. 경영혁신에 성공한 세계 유수 기업들의 공통점은 기업문화와 연계한 도전적이고 창의적인 풍토조성 프로그램의 활성화에 있음을 우리는 알 수 있다.

2) 경영혁신 사례

힐튼 호텔의 경우는 Blue Energy라고 하는 프로그램이 있는데, 이는 직원 상하간에 커뮤니케이션이 안 되는 문제점으로 인하여 야기되는 훌륭한 아이디어를 최고 경영층으로 보고되지 않은 폐단을 없애기 위해 만든 프로그램이다. 즉 호텔의 경영흐름을 어느 정도 알고 있는 중간관리자가 제시한 아이디어를 바로 위 선임자에게 건의하지 않고도 임원진에게 직접 인긴을 제시하여 실효성을 평기한 후 호텔에서 필요하다고 인정되면 부서장에 보고 없이 즉시 실행하는 경영혁신의 사례를 들 수 있다. 한 예로, 절전과 절수와 관련한 방안, 객실 또는 식음료 매출에 영향을 미칠 방안 등과 같이 채택된 안건의 실행 결과는 직원과 호텔기업 모두에게 발전 가능한 경영사례이다. 이와 같은 새로운 아이디어를 유도하기 위해서는 작지만 인센티브를 제공하는 것도 좋다.

한편, 3M의 경우 각 사업부의 매출액이 아무리 높아도 매출액 중 신제품 개발이나 아이디어를 차지하는 비율이 25%가 되지 않으면 패널티를 받는다. 따라서 매출을 올리기 위한 노력도 중요하지만 지속적인 발전을 위한 경쟁기업에 선점을 할 수 없어서 이를 경주케 하는 회사만의 25% 규정(rule)이 있다고 한다. 또한 아이디어는 규정된 형식보다는 자유스러운 환경에서 나오기 때문에 근무시간 중 15%는 직원 마음대로 활용할 수 있다고 한다.

또한 일본 대표적 기업인 혼다는 새로운 아이디어 중 70% 정도의 실현 가능성만 있으면 일단 실행하라는 '혼다의 7할 주의'가 있다고 한다. 그리고 마이크로소프트사에서는 '넘어지지 않았다는 것은 걷지도 않았다'는 슬로건 하에, 신입사원부터 경력사원까지 실패를 경험하지 않은 사람은 채용도 하지 않는다고 한다.

이와 같이 일반기업이든 호텔이든 기업에서 추구하는 모든 프로그램들이 단발적인 행사가 아닌 지속적인 전개가 가능하도록 하기 위해서는 시스템 및 효율적인 프로세스를 구축하는 노력도 빠뜨려서는 안 될 중요 요소이다. 마지막으로, 성공을 위한 혁신사례에 제시된 것은 체험을 공유, 즉 열심히 참여한 결과를 직원 스스로 직접 눈으로 확인시켜 주고 상징적인 영웅이 탄생되어 자극을 받는 등의 일련의 프로그램이 필요하다.

3) 추진방안

최근 우리나라 주변 아시아 지역의 관광환경을 보면 2000년대까지는 주 고객이 일본관광객이었지만 중국과 홍콩, 싱가폴 등 동남아 국가의 인바운드(inbound) 관광객이 급증하고 있다. 그렇다고 일본관광객을 간과할 수는 없는 것이 중국 관광객으로 불리는 유커(遊客)의 입국자 수에 비하여 월등히 적게 보이기 때문이다. 아무튼 향후 변화의 흐름으로 보아, 앞으로 관광 입국자는 지속적으로 급등세를 보여 호텔기업의 경쟁은 더욱 치열해질 것이다.

지금까지 우리나라의 호텔산업을 보면 특1급 호텔을 중심으로 발전되었다. 하지만 현재 호텔산업의 트랜드는 비즈니스 호텔(business hotel)과 장기 투숙객 호텔(residence hotel)이다. 특급호텔의 경우 고가의 객실료는 여행사를 통하여 그룹으로 입국하는 관광객이 투숙하기에는 한계가 있기 때문에 1개 정도의 레스토랑을 구비하고 객실위주로 영업하는 중가호텔의 급신장이 현재의 흐름이다.

이에 대한 호텔경영 전환은 더욱 절실히 요구될 것이다. 그러나 경영혁신을 수행한 많은 호텔들이 실패한 바 있다. 그러므로 실패 이유를 냉철하게 직시하여 일과성이 아닌 현실적인 경영혁신을 통하여 조직 내 존재하는 비현실적 조직문화를 타파하여 직원과 호텔기업과 조화를 이루어 상호 시너지가 될 수 있도록 기초단계에서부터 고려해 현실에 적합하게 추진해야 한다.

특히 호텔경영혁신의 성공적 수행에 중요한 역할을 하는 새로운 경영혁신은 구성원의 참여와 피드백이 보장되어 그들이 주인의식을 가지고 자발적으로 참여할 수 있도록 일체감을 조성하는 프로그램으로 구성하여 강한 호텔문화를 형성하는 것이다.

4 호텔경영의 접근방법

1) 경영전략 수립

현재 일반화되어 사용되는 기업경영에서 전략개념이 도입된 것은 미국의 MIT대학에서 1962년 출간된 《전략과 조직(strategy and structure)》에서 다룬 것을 비롯하여 1970년대에 들어서면서부터 더욱 활발해진 것이라 볼 수 있다. 이것은 기본적 목적과 관리목표 및 이를 달성하기 위한 주요방침과 계획이 통합된 전반적인 계획을 나타내고 있다.

따라서 전략의 수립이란 계획의 내용 중에서 가장 핵심적인 것이 통합되어 설정된 종합적 계획이다. 다시 말하면 목적이나 방침 및 실행계획 등을 별도로 취급하는 것이 아니라 구체적인 목표시장을 전제로 하여 환경의 변화에 대응하여 어떤 방침하에 어떻게 기업 활동을 수행할 것인가 하는 장기적인 종합대책을 계획과정을 통해 설정한 것을 말한다. 특히 호텔상품이라는 시장경제의 역사를 살펴 볼 때 생산자 중심적 경영이념, 즉 시설만 구비하여 상품을 생산하면 이용자들이 이용할 것이라는 단순경영 개념에 머물러 있는 상태에서 시장중심적인 유형으로 변해 가고 있다.

기업경영에 전략이라는 개념이 일반화되면서 경영계획수립이라는 의미는 전략계획의 수립이라는 의미와 동일하게 사용되어 왔다. 그러나 최근에 이르러 전략계획은 다음과 같은 이유로 전략경영(strategic management)이라는 개념으로 발전해 가고 있다.

① 한때는 합리적인 전략수립 시 고려대상에서 제외시켰던 정치 · 사회 · 심리적 요인들이 사실은 채택된 전략을 실천에 옮기는 데 훨씬 더 중요한 영향을 미치게 되면서 수립된 전략계획을 재수정해야 하는 경우가 발생되었다.

② 이전에 '조직은 전략을 따른다(structure follows strategy)'라고 주장한 알프레드 챈들러(Alfred D. Chandler)의 반증에 따라 새로운 전략을 수립하면 경영 내부의 모든 능력, 즉 인적 · 물적 자원과 조직, 각종 업무활동 등의 시스템이 자동적으로 재편성되어 전략계획의 기본전제가 현실적으로는 반드시 적용되지 않는다는 것을 알게 되었다. 그러므로 전략을 원활히 수행하기 위해서는 조직 내의 혁신지향 방향과 수용태도, 해결능력 등을 탄력적으로 재구성해야 한다.

③ 기업이 추구하는 전략에 결부된 급변하는 환경을 해결하기 위해서는 전략의 탄력적 변화까지 포괄할 수 있도록 전략계획을 수립해 가는 프로세스적 기법 개발이 요구된다. 이러한 현실적 요구에 따라 새롭게 등장한 전략경영이론은 기업의 전략적 활동을 [그림 8-4]와 같이 대체전략의 수립 · 평가 · 선택 · 실시 · 통제를 통한 교정의 프로세스적 활동을 파악해야 한다.

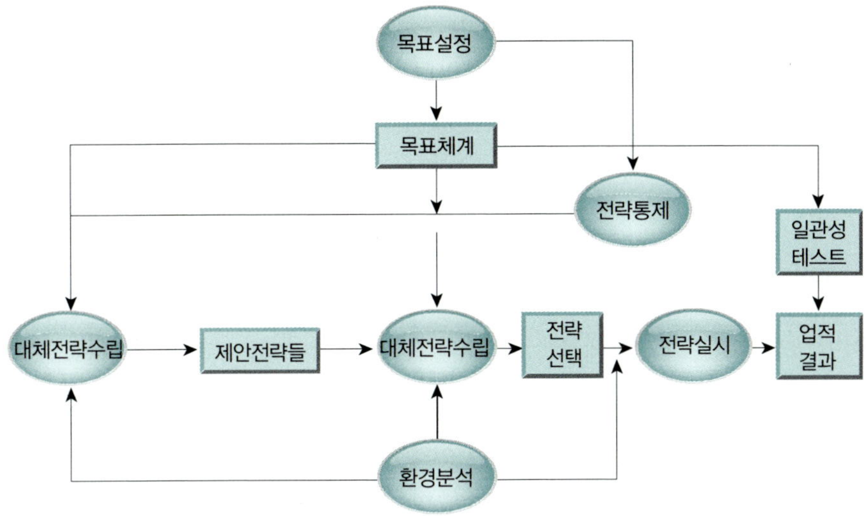

▌그림 8-4▌ 프로세스적 기법개발

2) 호텔경영의 패러다임

(1) 호텔경영의 이미지 요인

호텔의 이미지에 영향을 미치는 요소 중에는 내부요인과 외부요인에 의하여 분류될 수 있다. 요소가 세분화되고 상호연관성을 가질 때 제 요인에 의하여 여러 가지로 분류된다고 판단한다. 일반적인 요인을 분류하면 다음과 같다.

① 소비자의 욕구구조

② 소득수준

③ 여가시간

④ 지역성

⑤ 경영전략결정

⑥ 매스컴

⑦ 문화와 역사성

⑧ 기업 및 기업가 정신

⑨ 생활방식

⑩ 목표와 환경

⑪ 민족성

(2) 호텔경영의 범위설정

이번 호텔경영은 경영학에서 이용되는 일반적인 개념으로 호텔경영이라는 측면을 고려하여 설정하였다. 그러므로 연구자 또는 실무자의 시각에 따라 차이점이 있을 수 있고, 각기 다른 이의도 제기될 수 있다.

따라서 이 이론은 경영학의 아버지라 불리는 테일러(Tylor)의 과학적 관리법을 기초로, 1908년 미국 자동차 회사인 포드가 대량생산을 하여 가격이 저렴하면서 고객을 만족시킬 수 있는 제조방법을 구상한 것이 3S인데, 이것은 사람대신 기계인 컨베이어 시스템을 이용하여 막대한 생산성 향상을 가져왔다.

① 규격의 표준화(standardization)

② 제품구조의 단순화(simplification)

③ 제품공정의 전문화(specialization)

대량생산으로 높은 성과를 올린 포드는 사회적 책임을 떠올리게 되었는데, 그게 바로 저가격, 고임금 정책이다. 그러나 고객욕구의 다양성과 환경변화를 고려하지 않아 소득수준을 맞춘 차종의 계층화를 도모한 자동차 후발주자인 GM사에게 점유율을 추월당하는 좌절을 겪게 된다. 이것은 최고 경영자의 전략적 의사결정이 얼마나 중요한지를 보여 주고 있다.

3) 호텔경영의 3S 일반원칙

경영전략 중 하나인 3S는 생산이나 품질관리활동에 주로 사용되어 왔던 개념으로써 모든 기업 활동에서 합리화, 즉 좋은 상품을 대량 생산하고, 저가로 빨리 판매하는 데 여러 가지의 계획과 방법이 있겠으나 그 기본원칙에 표준화(standardization) · 단순화(simplification) · 전문화(specialization) 3가지를 전제해야 한다. 그러나 호텔경영에까지 이 3S경영개념이 적용된 것은 최근의 일이다.

(1) 표준화(standardization)

국어사전에 의하면 표준화는 관리의 능률을 꾀하기 위하여 자재 따위의 종류 · 규격을 제한 · 통일하는 일이라고 정의하고 있다. 표준화란 재료나 부품 · 제품 설비 등의 형태 · 크기 · 품질 등이나 또는 작업방법과 업무처리 등의 상세한 내용에 대하여 표준, 즉 규격을 합리적으로 설정하고, 그것들이 이 표준이나 규격에 맞게끔 제조되거나 수행 또는 처리되도록 하는 조직적인 활동을 말한다.

생산과 업무활동에 필요한 표준을 설정하고 이를 고정시킴으로써 생산과 업무기능인 계획과 통제에 대한 통일적 질서를 확립하는 것이다. 즉, 표준화된 제도하에서 업무활동을 전개하거나 생산하여 생산성 · 경제성 · 수익성을 높이려는 것이다.

그러나 아무리 훌륭한 경영자라 하더라도 개인적 요인에 의해 영향을 받지 않을 수 없으며, 경우에 따라서는 실적이 위장되기도 한다. 그러므로 실적에 관한 적절한 표준이 객관적으로 적용되기만 하면 부하로부터 공정하고 적정한 것으로 받아들여진다.

호텔객실의 경우는 크기나 면적 그리고 객실에 들어가는 소모품 등을 표준화함으로써 건설비용이나 객실정비 유지에 경비를 줄일 수 있다. 특히 직원이나 서비스 관련한 매뉴얼은 육하원칙에 인한 매뉴얼에 의해 작성된 매뉴얼을 이용하여 표준화 작업이 이루어져야 한다.

- 직무연구
- 수행과정의 기본내용

① 직무연구

호텔인사관리는 직무를 통해서 종업원의 만족을 충족시켜 주고, 만족으로부터 유발되는 사기가 기업생산성에 영향을 줄 수 있는 방향으로 지향하는 데 그 의의가 있다고 하겠다. 그러므로 조직 내에서 종업원이 수행해야 할 직무는 그 자체에 성격과 특성이 있다. 따라서 이들의 내용이 무엇인가를 면밀히 분석하여 특성을 규정하는 반면에, 직무를 수행하면서 요구되는 인적 요건과 물적 요건에 관한 기준을 결성하여 직무 간의 상대적 가치측정을 가능하게 하는 것이 직무연구의 근간이 되고 있다. 이러한 연구의 결과는 직무평가와 인사고가 및 임금과 급여 관리에까지 영향을 미치게 된다. 따라서 직무연구의 기본적인 절차는 기업에 따라 근소한 차이는 있어도 거의 공식화되어 있다.

우선 직무의 내용과 성질을 분석하여 특정한 직무가 보유하고 있는 기본요건을 조사하는 직무분석이 가장 먼저 이루어져야 한다. 이 직무분석의 결과를 가지고 여러 가지 사실을 합리적으로 정리해서 이를 직무기술서(job description)로 출력해 놓고, 이것을 기초로 하여 더욱 정밀하게 인적 요건에 치중해서 직무명세서(job specification)를 작성해야 할 것이다. 그러면 직무연구가 기업이 추구하고자 하는 목적을 달성하는데 필요한 이유는 다음과 같다.

- 인적 자원을 기초로 하는 선발과 배치
- 직무상 책임과 권한
- 직무분석을 통한 훈련계획의 수립
- 직무보상에 상응하는 임금관리
- 직무상의 권한 · 책임 · 작업조건 등의 요건에 상응하는 승진
- 책임의 할당과 과업의 규정

- 직무분석의 결과로 작업조건의 개선
- 시간 및 동작연구에 따른 표준작업량의 설정
- 작업간소화와 개선을 통한 생산성 향상

가. 직무기술서

직무기술서는 직무를 분석하는 과정에서 직무 자체의 내용과 요건 및 그 특성을 기술한 것이라고 정의하고 있다. 직무기술서의 기재사항은 매우 포괄적이긴 하나 직무기술서는 다음과 같은 내용들이 일반적으로 검토되고 있다.

다음에 제시된 내용은 직무를 정태적으로 파악할 것이 아니라, 기업의 활동은 유동적이므로 미래지향적인 성격을 감안하여 직무수행의 충실성과 행동패턴을 추구할 수 있는 요건을 내포하고 있어야 한다.

- 직무개요: 작업의 기본적 내용 및 범위 등의 개요를 기술한 직무별 정의
- 직무확인: 부서명, 직무명 및 직무에 대한 내용
- 담당자의 의무: 직무수행 담당자의 책임과 권한이 포함된 내용
- 감독의 내용: 직무수행시의 감독의 한계
- 타 직무와의 관계: 타 직무와의 관계유성
- 도구 및 자재: 소요량과 작동방법 등
- 작업조건: 직무가 요구하는 기술의 정도로 외국어 등 지식의 수준, 훈련계획 등
- 특수용어의 정의: 상품에 대한 용어를 명확히 정의해서 통일성을 기함.
- 직무수행의 요건: 기술요인을 토대로 직무를 수행하는 데 요구되는 요건

나. 직무명세서(job specification)

직무명세서는 직무기술서의 내용을 기초로 하여 한 단계 발전시켜 직무를 구체화한 것으로서 직무구성 요건 중에서 인적 요건에 중점을 두고 작성되는 서식을 말한다. 즉 직원의 기능, 능력, 지식을 의미하며, 특정 직무를 수행하는 직원의 인적구성은 다음과 같이 직무명세서를 작성하게 된다.

- 동작과 기계작동의 기민성 정도
- 인성 및 지각력의 수준과 개인의 특성
- 기술과 경험의 정도
- 교육수준과 이해력의 수준
- 현장실습 또는 인턴을 경험한 훈련기간의 요건

위와 같이 특정 직무에 있어 하나의 원칙을 세워 운영해 나가고 있는 국내의 대표적인 호텔에서 직무명세서를 해설하고 있는 것을 다시 예시하여 보면 다음과 같다.

직군, 직무명, 직급, 부서, 직무명세서 직무상 일반적인 준수사항, 직무개요, 직무내용, 감독책임, 타 직무와의 관계 등과 같은 내용을 구체적으로 기술하면 특정 직무에 결원이 발생할 경우에는 적격자의 선정에 정확한 기준을 제시할 수 있을 것이다.

② 직무 수행과정

직무연구를 기초로 하여 수행과정의 기본에서는 자격요건에 관한 것을 비롯하여 일반적으로 이용되고 있는 것은 5W1H, 즉 언제(When), 어디서(Where), 누가(Who), 무엇을(What), 왜(Why), 어떻게(How)의 개념으로 인용되고 있다.

업무수행의 표준화(standardization)는 직무연구를 통해서 과학적이고 합리적인 표준이라고 할 수 있는 직원 매뉴얼(staff manual)과 서비스 매뉴얼(service manual) 등을 작성하여 업무수행에 따른 인적 · 물적 자원의 이용 기준에서 기준치와 규격품을 정하는 데 의의가 있으며 다음과 같은 내용을 살펴볼 수 있다.

가. 직원의 자격요건

- 교육수준 정도
- 분야에 적합한 충분한 경험

- 객관적인 적성
- 신체적 · 정신적 요구
- 인성

나. 직무내용에 따른 업무량 측정과 업무내용을 파악

다. 근무지에 적합한 장소적인 요인 고려

라. 담당 직업의 목적을 고려한 요건

마. 작업의 방법과 절차로, 이것은 인수 · 인계의 편리성과 업무수행 개선에 도움

- 식음료 제조 시 레시피(recipe) 작성으로 원가절감
- 상품 판매 시 세트(sets)화로 업무량 감소
- 프런트 데스크의 체크인에서 체크아웃에 이르는 과정을 서비스 매뉴얼 작성
- 하우스키핑의 작업에 따른 휴대물품의 적정화로 시간 및 원가절감
- 호텔회계(hotel accounting)의 유니폼(uniform)화로 회계절차의 간소화

(2) 단순화(simplification)

단순화란 제품생산이나 업무활동에서 방법 또는 절차 등과 관련하여 불필요하거나 중요치 않은 재료요소와 과정에 배제하여 가능한 간단하고 능률적인 생산제품이나 방법, 혹은 절차를 마련키 위해 간소화 · 간략화하는 조직적인 활동을 말한다. 따라서 제품이나 생산요소를 단순화시키기 위해서는 먼저 제품과 생산요소에 대한 표준화가 이루어진 다음 단순화가 실시되어야 한다. 단순화가 극도로 이루어져서 단일의 표준이 설정되면 이것을 단일화 내지 규격화(unification)라 한다.

호텔상품인 음식과 객실을 다양하고 복잡하게 만들기보다는 동작연구와 작업방법, 에너지 사용, 매뉴얼화 된 호텔회계 등 단순한 구조나 작업을 통하여 만들게 되면 시설 투자비, 인건비, 식자재 비용 등을 줄일 수 있다.

- 시간과 동작연구(time and motion study)
- 작업방법 및 절차연구(work method and procedure study)

- 작업도구와 장비(tools and equipments)
- 에너지(energy)
- 호텔회계 및 재료(hotel accounting and raw material)

① 시간과 동작의 연구

시간과 동작연구란 업무담당자가 할 과업을 달성하기 위해 작업공정이나 단위를 수행하는 데 있어 보다 능률적인 표준시간과 동작과 같은 방법을 결정하기 위해 이루어지는 연구를 말한다. 이는 원래 테일러의 과학적 관리기법인 스톱워치(stop-watch)에 의한 시간동작연구에서 비롯되었다고 할 수 있는데, 작업자가 행하는 여러 가지 활동을 시간으로 측정하여 작업의 합리화를 위한 정보의 수집과 작업에 대한 표준시간을 설정하는 것을 말한다.

② 작업방법 및 절차연구

작업의 본질은 동작에 있으므로 작업이나 방법을 연구하려면 먼저 동작이나 동작방법을 연구하여야 하며, 작업의 표준화를 기하려면 우선 동작의 표준화를 기하는 것이 가장 합리적이라 생각하는 것이다. 동작의 표준은 동작의 결과로서 측정되는 시간에 의해 결정될 수 있으므로 작업연구의 중심은 동작연구와 시간연구가 우선되어야 한다. 호텔에서 단순화에 의한 방법과 절차, 그리고 배치의 실례를 몇 가지 살펴보면 다음과 같다.

- 객실정비 방법의 개선
- 업무활동의 편리함과 능률에 따라 임금 지급
- 객실정비 시 베드 메이킹 시스템
- 업무수행 시 안전하며, 위생적이고 적합한 공간 확보로 능률향상과 직무만족
- 객실정비의 부분별 인력 투입

③ 작업도구와 장비

호텔을 그랜드 오픈하여 영업을 시작하기 위해서는 각 부서별로 소요되는 비품·집기·소모품 구입, 오픈준비와 실무지도 등이 필요하다. 이것은 각 분야별로 보면 객실·레스토랑·주방·주장별로 구분되어 그 사용도도 각기 다르다.

대체로 호텔의 기본시설로 경영관리부서를 제외한 영업부문에서의 소요물품을 분석하여 보면 일반적으로 호텔에서 사용되고 있는 도구와 장비로 분류내용과 같다. 그러므로 똑같은 장비품목이라도 사용자에 따라 효용가치와 능률에 차이점이 있을 수 있는데, 여기서 작업도구와 장비관리에 있어 몇 가지 유념사항을 제시하면 다음과 같다.

- 사용법 교육
- 청결유지
- 업무내용에 적합하고 편리한 도구사용
- 수명연한 연장
- 도구나 장비의 현대화 추진

④ 에너지

호텔경영에서 에너지 경비라 함은 수도·광열비를 뜻한다. 오늘날에는 특급 호텔의 경우는 전체 매출의 12~14%, 1급 호텔의 경우는 15~17%를 지출하는 것으로 나타나, 경영합리화의 일환으로 에너지 절감대책이 자주 논의되고 있다. 따라서 호텔경영에서 에너지사용과 비용을 통제하고 줄이기 위해서는 모든 부서의 경영자와 직원의 에너지 절약을 위한 역할이 제고되어야 할 것이다.

시설부서 직원이나 영업부서의 관리자들이 에너지 관리차원의 행동을 통제할 수는 없다. 그러므로 최고경영자와 지배인이 에너지관리에 대한 계획과 책임을 지고 강력하게 추진해야 한다. 호텔경영자의 대부분이 기술부서의 가장 중요한 기능이 현재와 미래에 있어서 에너지 절약이라고 보고 있다. 다음과 같은 항목을 사전에 고려해서 효율적이고 능률적인 관리가 되기 위한 에너지 관리계획을 수립 · 시행해야 할 것이다.

- 냉 · 난방 시설
- 환기시설
- 배관 및 배수시설
- 조명시설
- 부문별 · 층별로 열관리를 할 수 있도록 설계
- 편리하고 간편한 제도 개발
- 규격품 이용
- 훈련된 전문기술자가 관리

⑤ 호텔회계

호텔회계는 호텔회계제도(hotel uniform system) 개념에 의한 재무관리 시스템으로서 경비의 절감과 업무를 간편하게 처리하기 위해 호텔에서는 세계적으로 이 제도를 택하여 많이 사용하고 있다. 호텔회계제도의 본질에 비추어 볼 때 다음과 같은 이점이 있다.

- 부문관리자의 능력평가와 원가절감에 의한 효율적인 관리가 가능
- 경영자의 성과분석을 간단히 처리, 영업 분석을 통하여 부서별로 관리통계가 가능
- 호텔경영의 초보자에게도 신규투자를 유발
- 공통부분에 의한 종합통제 및 관리가 가능
- 자동 계수관리 및 회계감사기능
- 인건비의 실질적인 통제가 가능
- 기타 각종 세제의 개발

지금은 호텔사업도 노동집약적(labor-intensive)에서 기술집약적(technology-intensive)

산업으로 전환은 한계가 있다. 그래서 과거 후방부서(back of the department)에 많은 인력으로 업무를 수행해 갔던 1단계 시대에서, 작업의 단순화(work simplification)인 2단계 자동화(automatic)로, 3단계 전산화(computerization)의 경향으로 유형이 탈바꿈되고 있는 점을 깊이 인식해야 한다.

이와 같은 현상에 따라 기업 이윤방안을 고려하고, 기술인력 재분배로 고객이 요구하는 방향으로의 정책전환만이 고객창출과 기업의 생존이 가능할 것이다.

(3) 전문화(specialization)

어떤 일이 특정한 방향과 범위에 집중되면 그것이 정신적이든 육체적이든 숙련도가 높아지고 질적 · 양적으로 성과가 증대된다. 전문화는 표준화되고 단순화된 제품 및 방법을 기초로 해서 요구되는 종업원 · 기계설비 등을 전용 전분화하는 것을 말하며, 개인의 일이나 책임범위를 좁히고 기계 설비를 단순화해서 고도의 기술발전을 용이하게 하고 품질의 향상과 생산능력의 증대를 꾀하는 것으로 테일러(Taylor)의 기능식 직장제도는 관리면에서 전문화의 원칙을 적용한 예이다. 이를 특수화라고도 한다.

상품으로 나오는 모든 제품공정을 전문화한 것으로 호텔마다 각기 다른 전문성을 살릴 수 있는 것이 장점이다. 특히, 호텔경영 계약과 서비스 계약, 식품의 상품화 등 전문화는 일관성 있는 서비스가 될 수 있다.

이상의 3가지 원칙은 독립된 것이 아니라 합리화는 어디까지나 표준화된 단순화여야 하고, 단순화는 표준화된 전문화라는 상호 밀접하고 유기적인 관계에 있으므로 이들 원칙의 실제 적용에 있어서는 수요자의 요구조건에 맞도록 조화시키는 동시에, 경영성과를 충분히 고려해서 최소의 비용과 노력으로 목적하는 성과를 얻도록 하고, 모든 일이 3가지 원칙에 의해 계획 · 통제되어야 한다.

하지만 이상과 같은 전문성 이론이 있다고 하지만, 호텔의 경우는 다국적 고객, 다양한 정치와 경제, 지리적 환경과 문화에 대응하는 전략을 세우지 않으면 전문성 있는 전략을 세울 수 없다. 특히 호텔마다 추구하는 전략은 어떠한 고객을 목표로 하느냐에 따라 다른 전략이 요구된다. 좀 더 상세한 것은 호텔경영방식에 따라 살펴보기로 한다.

① 호텔 경영계약

근래에 와서 서비스 산업분야에서는 예측이 어려울 정도로 지속적인 변화가 일어나고 있다. 특히 관광객의 증가로 레지던스 호텔, 비즈니스 호텔 등 다양한 숙박시설이 생기면서 호텔기업은 경쟁 환경에서 생존을 위한 노력을 하고 있다. 또한 경쟁우위를 점하기 위한 경영형태도 독립경영과 체인경영으로 크게 구분된다. 여기에서는 독립경영과 체인경영에 대해서 알아보고자 한다.

가. 독립경영호텔(independent management hotel)

독립경영호텔은 소유주가 직접 경영하는 호텔로, 장점으로는 위탁경영 수수료와 브랜드 사용료가 없으며, 그룹사의 계열사인 경우는 모 기업 이미지 형성을 통한 마케팅이 가능하다. 한편 단점으로는 글로벌 차원의 이미지와 마케팅에서 어려움을 겪을 수 있다.

나. 체인호텔(chain hotel)

체인호텔경영 방식의 장점은 공동 마케팅을 하며, 공동 예약망을 이용할 수 있다. 광고와 물류 등 비용을 절감할 수 있고, 브랜드 활용이 용이하다. 단점으로 경영의 독립성 상실과 로열티와 수수료가 계약기간에 따라 부담된다. 그리고 본사 브랜드 이미지에 의한 의존도가 크다는 특징이 있다.

그럼에도 호텔체인화의 경향은 고객의 구매요인을 신뢰감과 안전감으로 통일시켜 충족시킬 수 있는 경영의 효과가 기대된다. 미국 쉐라톤(Sheraton Corporation)의 핸더슨(Henderson) 사장은 체인호텔운영의 이점을 다음과 같이 말하고 있다.

- **전문가의 활용**: 체인운영업체는 호텔경영관리에 종사하는 전문 경영사, 회계사,

식품위생관리자, 장식사, 엔진니어, 세일즈 마케팅 전문가의 인건비를 단위 체인호텔에 분산시켜 종사하게 할 수 있다.

- 원가절감: 구매방법은 호텔비품, 집기, 식료품, 재료 등을 대량 구입함으로써 구매비를 절감할 수 있다.
- 연합광고: 판매촉진비는 개개의 호텔이 지급하는 것이 아니고, 공동으로 부담하여 경제적으로 선전 및 광고활동을 할 수 있다.
- 예약센터: 체인호텔 간의 공동 예약망을 이용하여 보다 쉽게 전세계의 체인호텔을 연결할 수 있다.
- 자금조달: 시설개선(renovation)이나 확장을 위한 자금조달 시 체인 본부로부터 차용이 용이하다.

다. 프랜차이즈 경영(franchise management)

프랜차이즈는 가맹권 및 판매권을 의미한다. 최근에 들어 급성장을 이룩한 것은 프랜차이징(franchising)이다. 여기서 독립된 프랜차이징 경영과 체인경영을 구별하기는 어렵다. 왜냐하면 구조 · 시설 · 객실 · 설비 · 장식 · 비품 · 메뉴까지도 두 종류의 경영형태에 소속된 기업들이 거의 동일성을 갖고 운영되기 때문이다.

프랜차이즈 시스템은 체인본부의 상호와 상표를 공동사용하고, 로얄티(royalty)를 지급하며, 호텔경영은 소유주가 직접 한다. 프랜차이즈의 장점은 본사와 동일한 운영시스템, 브랜드 사용, 표준화된 제품사용, 예약시스템, 교육과 훈련을 지원받는다. 대신 단점으로는 가입비와 로열티를 지급해야 하며, 독자적인 상품개발이 제한되어 있다. 또한 계약조건을 불이행 할 경우는 분쟁이 발생될 수 있다.

라. 매니지먼트 계약(management contract)

매니지먼트 계약은 체인호텔 경영방식 중 하나로, 경영방식은 앞에서 설명한 체인호텔경영 방식과 동일하나 경영권을 소유주가 체인본부에 넘겨야 함으로써, 소유와 경영을 분리하는 등 소유주는 경영권을 상실하게 된다. 따라서 소유주는 투자만하고 경영에는 참여하지 않는다.

마. 리퍼럴 연합(referral group)

리퍼럴 연합은 단독 호텔끼리 연합조직을 결성한 체인호텔로, 독립성을 유지하면서 공동마케팅을 통하여 이윤을 추구하는 경영방식이다. 프랜차이즈와의 어려운 경쟁에서 대항하기 위한 경영방식으로, 우리나라의 한국관광공사에서 주관 경영하는 베니키아(BENIKEA) 브랜드를 한 예로 볼 수 있다.

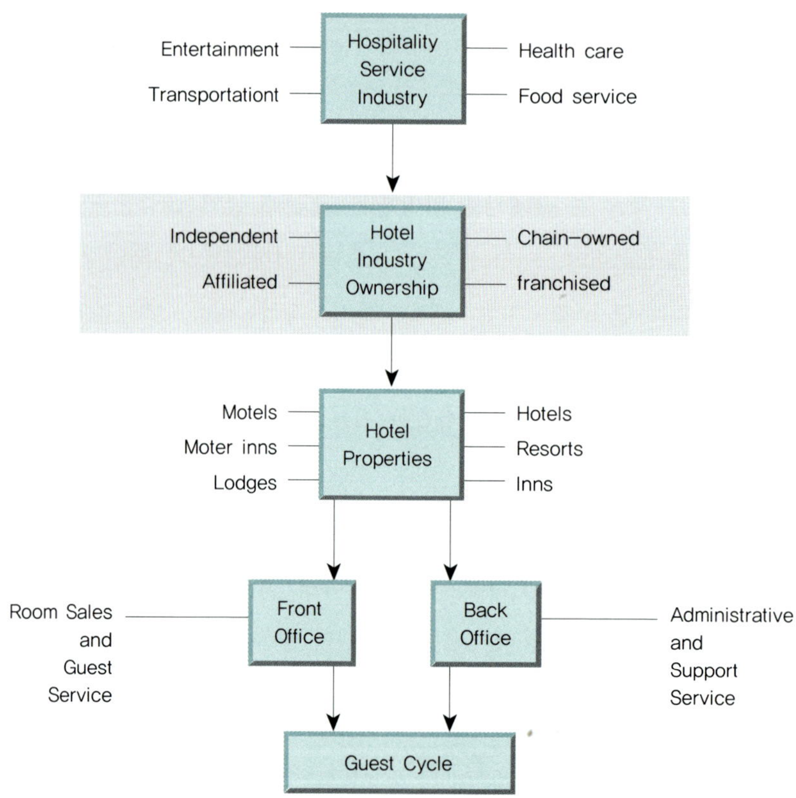

▌그림 8-5▐ 호텔경영 계약의 종류

② 서비스 계약

일반적으로 고객은 언제나 정당하다는 원칙이 작용되는 서비스 판매장에서 다양한 성격과 기호를 가진 소비자가 만족할 서비스를 제공한다는 것은 쉬운 일이 아니다. 서비스의 내용을 구분하면 물질적인 서비스인 유형적 서비스와 인적 서비스인 무형적 서비스로 분류할 수 있다. 여기에서 호텔서비스 계약은 양자 모두에 해당되는 것으로써, 세분화된 계약의 서비스 사례를 아래와 같이 분류할 수 있다.

- 레스토랑 홀서비스(dining hall service)
- 객실서비스(front desk service)
- 청소서비스(cleaning service)
- 렌터카서비스(rent a car service)
- 어린아이 돌보기 서비스(baby sitter service)
- 여행안내서비스(travel desk service)
- 의료서비스(medical service)
- 룸서비스(room service)
- 린넨, 세탁물서비스(linen and laundry service)
- 기타(others service)

③ 식음료의 상품화

호텔상품에는 주로 객실과 식음료의 2대 요소가 부합하여 서비스라는 상품을 제공하고 있다. 이 중에서 식음료 상품은 신축성이 강하여 연회서비스의 경우 객실에 비하여 양적 서비스 제약은 덜 받고 있다고 할 수 있다. 즉, 수익을 무한히 극대화시킬 수 있는 상품이다.

그래서 각국의 호텔경영자들은 호텔경영에서 식음료 판매수입에 모든 방법을 집중하고 있다. 그 방법의 경향을 살펴보면 첫째, 고급화와 대형화는 물론이고, 둘째, 각지에 지점을 두고 운영의 묘를 살리고 있으며, 셋째, 최근에는 고객의 취향도 다양화되어 레스토랑의 메뉴도 이러한 경향에 맞추어 전문화되고 있다. 세계적으로 유명한 패스트푸드(fast food restaurant chain) 업소의 최근경향을 예시하면 다음과 같다.

시장경쟁이 치열해져 국제적으로 생존하기 위하여 환율변동, 고객의 취향 및 새로운 메뉴 트랜드에 적극 대처하여, 상품개발에 공을 들이고 있다. 이런 상황에서 새로운 경쟁수단으로 각 체인은 햄버거나 피자 등 전형적인 염가상품을 재료와 요리법의 질을 높여 고급요리를 개발하여 판매하는 등 새로운 시도를 하고 있다. 새로운 품목을 도입하여 메뉴를 다양화하고 식당의 환경을 쾌적한 호텔 레스토랑식으로 변경하고 있다.

이와 같은 경향을 감안할 때 우리나라 호텔도 인건비 절감, 저렴한 원가와 고급화, 신속하고 위생적으로 제공되어 질 수 있는 식음료 상품(commercial food) 시대를 예측 강구해야 한다.

4) 호텔경영의 기술적 접근

(1) 기술적 접근에 따른 배경

경영자들은 지난 수년간 시행착오를 재연하면서 성장해 왔고, 그 과정에서 진리가 재발견되기도 하고, 때로는 현대감각에 맞게 새로운 경영기법으로 바뀌기도 하였다. 이와 같이 호텔경영은 다양하고 복잡하여 현재의 환경을 탐구하기 위해서는 정치 · 경제 · 사회 · 문화 등 모든 분야에 발전된 최신의 기술적인 기법을 총동원 해야만 한다. 이들의 기술적 접근 기법은 매우 복잡하여 표면적 내지 일반적 지식만으로는 활용될 수 없다. 호텔과 관광관련 연구에 있어 학술 세미나와 연구에서 발표내용을 요약하면 다음과 같다.

- 호텔을 방문하는 고객의 특성과 관계가 있다.
- 호텔직원의 인적자원과 관계가 있다.
- 호텔의 재정성과와 관계가 있다.

- 호텔방문객의 국가와 관계가 있다.
- 호텔 마케팅 전략과도 관계가 있다.
- 자연적 환경과도 관계가 있다.

이들 모든 접근방법은 호텔사업을 보다 잘 경영할 수 있게 하는 것과 관련을 맺고 있다. 그리고 그들 기법은 호텔기업의 차원에서뿐 아니라 경영방식, 방문객의 국가적 수준과도 관계가 있다. 따라서 이와 같은 취지와 배경을 바탕으로 다음과 같은 방법론에 있어 사례를 살펴보고자 한다.

(2) 기술적 접근에 따른 사례

어떤 기업이든지 효과적인 관리정보체계를 기획하기 전에 우선적으로 무슨 정보가 필요한가를 결정해야 한다. 이 사례는 코넬(Cornell) 대학교 겔러(Geller) 교수가 연구한 호텔사업을 위한 주요 성공요인추적이란 논문인데, 연구목표를 위한 방법은 CSF(critical success factors) 분석이 될 수 있으며, 경영목표를 달성시키기 위해서는 경영에 있어 세심하고 지속적인 주의를 요한다.

① 분석과정

성공요인을 확인하는 작업은 기업의 전략, 기업과정과 이미 수립해 놓은 주요목표들을 검토함으로써 시작되며, 다음의 단계는 각 목표를 달성하기 위한 문헌고찰, 결론은 성공을 위한 요인분석이다. 요인분석을 각각의 요인을 분석하는 경우도 있지만, 다수의 관련요인을 몇 개의 요인으로 묶는 경우도 있다. 마지막으로 통계자료를 통한 출력된 결론은 경영자가 평가도구를 확인해 성공요인으로 정리하여 합리적인 호텔경영에 접근할 수 있도록 시사점을 제시해 준다.

② 사업장별 성공요인

호텔기업은 크게 객실과 식음료로 나누어 사업장을 구분할 수도 있지만, 최근에는 가족모임, 전시회, 연회, 결혼식 등 연회장의 매출이 증가하면서 별도의 사업장으로 구분하는 호텔도 증가하고 있다. 사업장에 따라 영업목표가 다르고, 성공요인도 다를 정도로 호텔 내에서도 부서에 따라 다를 수 있다. 그러나 어떤 분야에서는 성공요인의 대다수가 회사에 상관관계가 있을 수도 있다.

예를 들면, 호텔객실 점유율이 높으면 객실수입은 물론 카페테리아, 레스토랑, 연회장 등 호텔전반 영업에 영향을 미칠 것이다. 또한 연회장과 레스토랑 고객이 많으면 카페의 매출과도 관련이 있다. 뿐만 아니라 호텔사업에서 몇 가지 보편적인 관심사로 양질의 접객 서비스와 청결한 객실이 호텔전체 매출과 상관관계가 있음을 부인하는 호텔경영자는 없을 것이다. 즉, 부서별, 경쟁, 전략, 환경적 요인, 운영형태, 재정능력 등을 반영하는 호텔별 특유의 주요 분야는 당사의 성공요인으로 간주되고 있다.

성공요인 중 우리가 확신할 수 있는 한 가지 요인은 무엇보다도 경제와 환경변화 유지에 기본을 두고 운영할 필요가 있다는 것이다. 호텔의 성공요인 본질에 영향을 주는 또 하나는 경영방식, 핵심부서의 관리방식, 기업의 전략 등이 성공에 영향을 미친다고 하겠다.

③ 호텔의 성공요인분석

최근에 사용하는 척도들의 빈도분석을 열거해 보면, 이들 내용에서 종업원 태도, 고객만족을 취급하고 있다는 매우 중요한 요인을 발견하였다. 어떻게 보면 객실점유율과 평균객실요금이 성공요인들의 직접적 척도가 되더라도 고객만족과 광범하게 추적한 2가지 호텔통계 사이에는 긍정적인 상관관계가 있다고 하겠다.

(3) 기술적 접근에 따른 결론

① 보편적인 요인

기술적 접근에서 다음과 같은 결론을 내릴 수 있는데, 어떤 주요 성공요인들은 예상 밖의 특별한 요인이 영향을 미칠 것으로 추측할 수 있겠지만, 호텔 내에서 상당히 객관적이며 보편적인 요인으로 확인되었다. 그래서 성공요인분석을 계획하고 있는 호텔기업의 경우는 인구통계학적뿐만 아니라, 서비스, 시설, 직원, 직무만족과 같은 요인들을 기초로 접근할 수도 있다.

② 통계분석을 인용

기업에서 경영전략을 위한 성공요인들은 수립된 사업목적과 전략적 계획 하에 설립된 목표들이 기업 자체의 일련의 성공요인들을 확인하고 우선적으로 시행하는 데 기초를 두어야 한다. 실제로 통계분석을 토대로 경영전략을 수립하는 과정은 분명히 밝히고, 통계적으로 유의하지 않거나 부정적 영향을 미치는 요인에 대해서는 기존의 요인을 제거하고, 정보체계를 개선하는 방안을 강구해야 한다. 이상과 같이 호텔의 경영방안을 수립함에 있어서는 기술적인 접근방법을 추진할 때만이 호텔의 경영전략은 성공할 수 있다.

5) 호텔경영전략 예측

호텔경영전략에서 미래를 예측하기란 매우 어려운 일이다. 왜냐하면 호텔의 발전방향과 계획을 수립하고 시행해 가는 데는 많은 정치, 경제, 환경 등 많은 장애 요인이 발생할 것이다. 그리고 장애요인의 해결 방법을 강구하기 위해서는 서비스산업에 대한 생산성을 높이고 고객과 직원 간의 상호접촉을 통한 커뮤니케이션이 중요하다.

그래서 호텔경영은 현재의 상황이 구심점이 된 직무기술서와 직무명세서를 기초로 하여 수행과정에서 5W와 1H 개념을 적용시킨 표준화, 시간과 동작, 작업방법과 절차, 도구와 장비, 에너지, 호텔회계 등의 단순화, 그리고 경영계약, 서비스계약, 식음료 상품화의 전문성을 가미한 복합부분을 도출해 내야 한다.

호텔경영의 제반 주요 특성에서도 알 수 있듯이 한 호텔이 현상을 유지하는 데 머무르고 있다면 그것은 쇠퇴를 의미하는 것이다. 그러므로 호텔경영에서 내부요인과 외부요인을 충분히 감안하여 새로운 경영방법과 관리기법이 폭넓게 활용되어야 할 것이다. 더욱이 호텔이 대형화, 고급화, 비즈니스화, 원가상승, 이윤감소, 고객 이용 빈도와 가치관의 변화, 교육기회의 증대로 인한 내국인의 급진적인 이용률 증가에 때를 맞추어 전문경영진에 의한 전략별 상품을 고객으로 하여금 능력에 맞게 선택의 폭을 넓히고, 쉽게 접근할 수 있도록 해주어야 한다. 이와 같은 상황에 따라 여러 가지 방법을 혼합하여 호텔경영이 운영될 때 최대의 효과를 얻을 수 있다.

그러나 실태분석에서도 알 수 있었듯이 방대한 부분에서 완벽한 정답은 미지수로 남게 될 것이다. 그러므로 소유주는 내부 관리기법에서도 방법론을 신중하게 정립해서 전개해야 되고, 호텔의 평가를 고객이 내리게 함은 물론, 경영진 또한 반응을 십분 수렴해야 할 것이다. 아울러 미래예측을 정확히 파악해서 상황에 따라 유효 적절히 대응해 가는 것이 급변하는 시대에서 최선의 방안이 될 것이다.

그러나 상기사례에서 인용된 성공사례가 호텔경영에 도움을 준다고 하더라도 해당 호텔에서는 시행착오를 거치면서 호텔환경에 적합한 성공요인을 개발해야 할 것이다. 그리고 다양한 사례는 호텔사업을 성공적으로 수행하기 위한 목표를 분명히 밝혀 주는 계기가 될 것이다.

Chapter

09

Hotel Management Strategy

글로벌 호텔경영전략

Chapter 09 글로벌 호텔경영전략

1 글로벌화(globalization)

최근 세계경제가 큰 변화를 겪고 있는데, 그 핵심적인 내용은 국가별 언어, 문화 등의 차이에도 불구하고, 하나의 경제 시스템으로 통합되고 있다. 즉 국가 간 상호 의존성도 높아지고, 모든 산업이 빠른 속도로 글로벌화되고 이들은 무한경쟁을 하고 있는 것이 현실이다. 글로벌(global)은 세계화로 표현할 수 있으며, 더 나아가 글로벌화(globalization)라고 표현할 수 있다. 이는 전 세계시장을 하나로 보고 통합된 전략을 수립하는 것이다.

여기서 글로벌화한 하나의 호텔기업에 대한 예를 들겠다. 미국 워싱턴 근교에 본부를 두고 있는 Choice Hotels International은 세계적으로 가장 큰 호텔 프랜차이즈기업이다. 이 회사는 26개국에서 2,800개에 달하는 호텔을 Comfort, Quality, Clarion, Sleep, Rodeway, Econo Lodge, Friendship 등의 상표로 운영하고 있다. 뉴욕 증권거래소에 상장되어 있는 Manor Care가 대주주인데, 이 회사는 미국 전역에서 요양원을 운영하고 있다.

회장 겸 이사장인 로버트 하자드(Robert C. Hazard Jr.)는 그의 회사가 2000년대에는 세계의 주요 지역에 1,000개 이상의 계열기업을 거느리는 세계적 선도 기업이 될 것이라고 말한다. 이 장이 의도하는 것은 이런 목표에 영향을 미칠 수 있는 결정들과 미래를 향한 기업전략에 대해 설명하는 것이다.

이 거대한 다국적 숙박기업은 지난 수년간 수많은 중요한 전략적 결정에 직면해 왔다. 그러나 그 당시는 지금처럼 급박한 위기상황은 아니었다. 지금은 세계적 불황, 산업의 과잉투자가 빚어내는 어려움이 발전이 문제가 아니라 생존 자체를 어렵게 하고 있다. Marriott International, Swissotel, Kempinski, Meridien, Hyatt Regency 등 많은 기업이 그들의 자원을 하나의 핵심 상표에 집중시키고 있는데 반하여 Choice 같은 회사들은 멀티브랜드 전략(multibrand strategy)을 개발했다. 실제로 Choice는 1981년 숙박업계 최초로 상품 세분화(product segmentation)를 도입하였고, 그후로 많은 호텔들이 이를 따르고 있다.

1) 멀티브랜드 전략(multibrand strategy)

멀티브랜드 전략이란 기업이 영업상 유리하다고 생각할 때 대표적인 상표를 사용하지 않고, 상품에 각기 다른 상표를 부착하여 판매하는 방법을 말한다. 일곱 개의 상표를 가지고 있는 Choice는 이 상표들이 관광산업의 각 부문에서 잘 정착했다고 판단하고 있다. 그리고 이 일곱 개의 상표는 하나의 예약시스템으로 연결되어 있다.

멀티브랜드 전략은 가능한 한 많은 고객들을 세분화된 마케팅 영역에 포함시키기 위하여 구상되었다. Choice는 이 전략으로 모든 호텔들이 이익을 얻을 수 있다고 생각하고 있다. 예약을 위해 전화를 한 사람이 어떤 지역에서 그가 원하는 호텔을 얻지 못하면, 즉시 근처의 다른 Choice호텔로 연결된다. 한 기업에 각각의 특화된 시장을 가진 너무 많은 호텔이 존재함으로써 서로를 잠식할 수 있다는 주장이 있기도 하지만, Choice의 경영진은 그렇지 않다고 믿으며, 그에 대한 실제적 근거도 있다.

Choice에 의해 개발된 멀티브랜드 전략은 미국 내에서 매우 성공적인 것으로 나타났고, 해외시장에서도 정착이 원활하다. 26개국에서 업무를 수행하는 열 개의 예약센터가 이 발전전략을 지원하고 있다. 그리고 힐튼 호텔 그룹이나 하얏트 호텔 등 다수의 체인호텔들이 고객의 세분화를 위하여 콘래드(Conrad) 또는 Park를 사용하는 것도 한 예라 할 수 있다.

2) 글로벌 전략(global strategy)

세계적으로 성장하는 것이 Choice에게 중요한 전략이기는 하지만, 전반적으로 이 산업의 환경에는 많은 장애물이 있다. 그중에서도 가장 심각한 것이 경기침체이며 이로 인해서 상용여행과 여가여행이 줄어드는 것이 숙박업 전체에서는 장애물로 나타나고 있지만, 대부분의 Choice 상표에서는 기회가 될 수도 있다. 관광객은 화려함이나 지나친 소비보다는 적당한 가격에 전세계를 연결하는 숙박시설을 찾는다. Choice는 성장하고 있는 이런 시장에서 제 몫을 찾을 수 있도록 자리를 잘 잡고 있다. 이것은 단기적 현상이 아니라 관광산업의 중요한 구조적 변화로 앞으로 오랜 기간 동안 지속적으로 다국적 숙박기업에서 제공하는 서비스와 상품의 형태를 결정짓게 될 것이다. 특히 이런 경기침체에는 새로 자유화된 동유럽권에서의 기업성장에 부정적 영향을 주게 된다. 따라서 이들 개발도상국에서 관광산업의 성장 가능성이 어렵게 된다. 아시아에서의 산업 성장은 다른 지역보다는 활발했으나 전반적인 경기침체 결과로 성장시기인 1980년대와 비교하면 가능성이 적다.

기술은 많은 관광산업전략에서 계속 중요한 요소로 표면에 나타날 것이다. 여기서 사용하는 기술이라는 말은 기업이 목표 고객을 정하고 판매하는 데 있어서 더 큰 경쟁력을 가질 수 있도록 하는 통신, 마케팅, 경영지원 체계 등의 발전을 의미한다. 이런 면에서 Choice는 예약기술에서 최고를 추구한다. 그들은 자신들이 국제적인 면에서 타 기업과 비교할 수 없는 경쟁적 우위를 가지고 있다고 생각한다. Choice는 막대한 자금을 최첨단 예약시스템 수립에 투자했고, 선두를 고수하고자 한다. 또한 계속 이동해야 하는 상용 관광객들의 변화하는 통신수요에 부응하는 설비를 갖추어야 한다는 점에서 제품의 측면에도 주의를 기울여야 한다. WiFi가 되고, 컴퓨터를 통한 객실의 연결은 Choice 계열사들의 잘 갖추어진 설비 중 한 예이다. Choice 상표는 경제적인 가격에 첨단시설을 제공하고 있기 때문에 '미래의 호텔객실'이라고 불린다.

Choice의 경영진은 자신들의 국제적 마케팅 능력 때문에 그들이 세계적으로 숙박업의 선두에 있다고 믿고 있다. 미국 내에서, Choice는 TV광고를 효과적으로 이용해서 자신의 노력 초점, 즉 연금을 수령하는 노인, 가족, 일정수입으로 안정적 생활을 하는 공무원이나 군인의 자격으로 출장이나 파견근무를 하는 비즈니스 여행자 등 개별고객 시장에 두었다. 이 회사의 미국 내 시장점유율을 극적으로 증가시켰는데, 세계 다른 곳에서도 비슷한 성공을 거두었다. 노력의 핵심은 지구상의 어느 곳에서나 서비스의 제공이 가능한 고도로 효율적인 컴퓨터 예약시스템을 통하도록 하는 데 주어졌다. 또한 Choice는 전 세계에서 전략적 연합 상대를 찾는다. 선택된 동반자와의 결합된 힘은 숙박업계에서 Choice의 지위를 더욱 향상시킬 것으로 보인다.

3) 세분화된 경영방식

Choice의 장래는 자신들이 수립한 세계적 개발전략의 효과적인 수행에 달려있다. 상품 세분화는 이런 성장을 이룩하는 데 중요한 수단이 된다. 이런 기본적 전략수단은 호텔이 통합을 점차 강화하고 있는 산업이라는 면에서 필요하다. 이 같은 기본 프랜차이즈 개념은 어떤 지역에서든 모든 기업이나 개인이 추진하는 호텔 개발에 도움을 줄 수 있을 것이다. 이런 점이 Choice가 세계적으로 분권화된 구조에서도 상품과 그 질에 대하여 강력한 통제를 가능하게 한다. 체인호텔은 전문경영자의 도움으로 지역적인 경쟁과 문화적 환경에 적응할 수 있다. 이런 조직의 핵심은 상표정체성을 순수하게 유지하는 것이며, 그렇게 함으로써 상품의 일관성이 세계적 마케팅 활동의 핵심이 된다는 것이다.

호텔기업에 있어서 프랜차이즈와 다른 형태의 기업 간에는 중요한 차이가 있다. 프랜차이즈 경영방식이 아닌 기업은 계층적 경영조직을 통하여 관리하는 데 비하여 프랜차이즈 기업은 프랜차이즈의 성격을 유지하기 위해서 반드시 시켜져야 하는 질적 수준에 대한 합의를 통해 기업을 통제한다. 이런 접근방법은 어떤 기업구조가 전략수행에 가장 적합한가 하는 결정을 경영체인 본부에 맡기게 된다. 그러므로 Choice는 프랜차이즈 기업과 여행객 양쪽에 대한 서비스를 개선시키기에 적절한 멀티브랜드 전략을 추구하고 있다.

2 글로벌 전략 수립

1) 글로벌 전략 수립

급변하는 글로벌 환경 하에서 다국적 기업(multinational corporation)들이 글로벌 전략을 수립하는데 있어서 가장 고민하는 부분은 서로 상반된 개념인 현지화(localization)와 글로벌화(globalization)를 균형 있게 조화시키는 일이다. 다국적 기업들은 조직의 특성상 지리적으로 멀리 떨어져있어 정치, 경제, 사회, 문화적 환경이 다른 국가에서 운영되지만 기업 전체적으로는 하나의 조직이다.

다국적 기업의 본사와 자회사의 관계를 살펴보면 일반적으로 본사가 여러 가지 경영자원을 가지고 자회사를 통제하는 형상을 나타내지만, 자회사가 본사가 보유하지 못한 경영자원을 가지고 있다면 본사의 통제권 밖에 있는 경우도 있다.

다국적 기업의 자회사들은 역할에 따라서 서로 다른 특성을 가지고 있기 때문에 본사의 입장에서 모든 자회사들을 대상으로 동일한 통제를 하는 것은 바람직하지 않다. 다국적 기업의 글로벌 전략은 일반적으로 현지화 전략(multidomestic strategy), 글로벌 전략(global strategy), 초국적 전략(transnational strategy) 3가지로 분류할 수 있다.

현지화 전략은 본사가 각 나라마다 자회사를 설립하여 본사와 자회사간의 통제 없이 자회사의 운영은 각 나라의 자회사가 책임지는 형태의 전략이다. 글로벌 전략은 본사가 해외 주요 지역에 설립된 자회사를 통제하는 형태의 전략이며, 초국적 전략은 세계 여러 지역에 자회사를 설립하고 이들 여러 자회사들을 하나의 기업으로 통합하는 전략을 의미한다.

하지만 어떠한 다국적 기업도 완전한 현지화(localization) 전략을 구사하거나 글로벌(global)전략을 구사하는 기업은 존재하지 않으며 모든 기업들은 현지화 전략과 글로벌 전략 사이에 연속선상에 존재하고 있다. 다만, 우리가 다국적 기업의 전략을 분류하는 것은 우리의 개념적인 이해를 도모하기 위함이다. 다국적 기업들이 취하는 글로벌 전략들 중 어떤 특정한 전략이 다른 전략들과 비교해서 더 우수한 전략은 아니고 각각의 다국적 기업이 처한 상황과 산업의 특성 등에 따라 다국적 기업들은 그들이 취할 글로벌 전략을 선택하게 된다.

하지만 여러 산업에서 나타나고 있는 공통적인 현상은 산업이 글로벌화 됨에 따라 기업들도 점점 국가별 전략에서 글로벌 전략으로 경쟁전략이 바뀌어 가고 있는 것이 현실이다.

(1) 글로벌 전략의 주요요소

글로벌 기업들에게는 글로벌화와 현지화를 동시에 달성해야 하는 상반된 목표가 동시에 존재하는데 글로벌화가 더욱 강조되는 산업은 표준화된 제품을 대량생산하는 산업과 연구개발 분야에서 투입량 증대에 따른 생산비 절감과 같은 규모의 경제효과가 큰 산업이다.

한편, 다국적 기업들이 현지화를 해야 하는 이유로는 환율변동으로 인한 국제경쟁력 약화 대비, 보호주의 무역 대비, 각 나라별로 정치, 문화적 환경의 차이 극복 등을 들 수 있다. 글로벌 기업들은 글로벌 전략을 수립할 때 다음과 같은 사항들을 고려해야 한다.

① 자사의 경영자원을 국외로 이전 가능한지 고려

어떤 기업이 한국 내에서는 품질과 가격 면에서는 경쟁우위가 있다고 하나, 전 세계적인 경쟁기업과 비교하여 그 우위가 크지 않다면 그 기업은 해외시장에 진출해서 성공할 확률은 희박하다고 볼 수 있다. 따라서 기업들은 자신이 갖고 있는 경영자원이 국제적으로도 이전 가능하여 경쟁우위를 유지할 수 있는가를 냉철하게 검토해 보아야 할 것이다.

② 생산시설 배치를 고려

글로벌 전략의 수립시에는 생산활동을 여러 단계로 구분하고 개별생산활동을 전세계적으로 가장 잘 수행할 수 있는 국가로 재배치하는 것이 중요하다.

③ 구체적인 진입시장의 선택이 중요

다국적 기업의 해외시장 진출을 고려할 때에는 먼저 자사의 핵심역량을 기준으로 보아 진출 후 해외자회사가 경쟁력을 가질 수 있는가 여부를 고려하여 진입시장을 선택해야 한다.

④ 국가별 진입방법의 선택

해외시장에 진출하는 데에는 여러 가지 방법이 있는데 수출, 라이센싱과 같은 계약형태, 합작투자, 전략적 제휴, 인수, 합병 등 여러 진입방법이 있을 수 있다. 다국적 기업이 해외시장에 진출할 때에는 자사의 상황을 고려하여 적당한 진입방법을 선택하는 것이 가장 중요하다고 할 수 있다.

⑤ 자회사들의 통제와 조정가능 여부

국제적으로 시장진출을 한 후에 전 세계에 퍼져 있는 자회사들에 대한 통제와 조정을 어떻게 효과적으로 할 것인가가 글로벌 전략의 주요한 과제가 된다. 만약 다국적 기업이 전 세계적으로 분산되어 있는 경우 생산 활동을 효과적으로 통제하지 못하면 그 기업은 좋은 경영성과를 내기가 어려워진다.

(2) 다국적 기업의 전략 유형

① 현지화 전략

현지화 전략(multinational strategy)을 추구하는 기업들은 대체적으로 각국에 자회사를 설치해 두고 자회사의 운영은 일임하기 때문에 본사와 자회사 간의 긴밀한 협조는 없는 형태이다. 기업들은 최대한 현지화를 추구하기 위해서 현지화 전략을 추구한다. 현지화 전략을 추구하는 기업들은 자회사의 자율성이 높기 때문에 본사 입장에서는 통제가 힘들어진다. 현지화 전략을 구사하는 기업들은 제품의 생산과 마케팅 전략을 현지 국가의 상황에 맞게 폭 넓게 맞춘다.

호텔산업 같은 경우는 각 국가마다 소득수준이 다르고 문화적 차이가 존재하기 때문에 현지화 전략을 추구하는 경우가 많다고 할 수 있다.

그러나 체인호텔의 경우는 주요 고객들이 전 세계를 여행하며 활동하는 기업의 관리 층에 있는 고객들이 많기 때문에 각국에서 방문한 고객들에게 전 세계 어디를 가더라도 동일한 수준의 서비스를 제공할 수 있어야 하고 같은 수준의 만족을 줄 수 있어야 한다.

Hyatt, Hilton, Ritz, Intercontinental 등과 같은 특급 호텔들은 전 세계적인 예약 시스템을 가지고 있으며 세계 어디를 가든지 같은 수준의 서비스를 제공할 수 있는 세계적인 체인망을 갖춘 호텔들이기 때문에 이런 특급호텔 산업은 글로벌 전략을 취한다고 할 수 있다.

② 글로벌 전략

글로벌 전략(global strategy)은 본사가 전 세계적으로 주요한 몇 지역에 해외 자회사를 설치하고 본사에서 자회사들을 강하게 통제하는 전략을 의미한다. 대부분 의 한국과 일본의 다국적 기업들이 글로벌 전략을 구사하고 있다고 할 수 있다. 다국적 기업들이 글로벌 전략을 구사하게 되면 기업의 기능별로 여러 측면에서 규모의 경제를 이용하여 비용을 절감할 수 있는 장점이 있지만 현지화에 대한 압력이 강한 시장에서는 적합하지 않은 전략이라고 할 수 있다.

③ 초국적 전략

초국적 전략(transnational strategy)이란 세계 여러 지역에 직접투자로 자회사를 설립한 후 강력한 통제로, 이들을 하나의 기업으로 묶는 전략을 의미한다. 초국적 기업은 지역적으로 멀리 퍼져 있으면서 동시에 자회사 간에도 아주 긴밀하게 협조하고 조정 시스템도 잘 형성되어 있다.

초국적 전략은 기업이 비용절감과 현지화에 대한 대응에 대해서 높은 압력을 받을 때 적합한 전략이라고 할 수 있다. 초국적 전략을 추구하는 기업들은 동시에 저비용과 차별화의 장점도 성취하려한다. 초국적 전략은 이렇게 매력적인 전략이지만 기업의 입장에서 현지화에 대한 대응과 비용절감을 동시에 추구하는 것은 쉽지 않다.

2) 해외시장 진입전략

다국적 기업의 해외시장 진입전략으로는 크게 수출, 계약, 해외직접투자에 의한 진입방법이 있다. 수출이나 계약에 의한 해외시장 진입방법보다는 해외직접투자가 상대적으로 공격적인 해외시장 진입방법이지만 그만큼 위험성도 크다고 볼 수 있다. 또한, 해외시장 진입방법을 결정하기 위해서는 기업, 제품, 현지국, 본국 등 요인을 고려해서 결정해야 한다. 기업 요인으로는 기업 자원, 국제경험, 최고경영자의 경영방침 등을 고려해야 하며 제품 요인으로는 서비스 요구수준, 제품차별화 정도, 제품유형 등을 고려해야 한다. 현지국 요인으로는 시장 요인, 거시환경 요인인 정치, 사회, 문화, 법률적 요인 등을 고려해야 한다. 본국 요인으로는 시장규모, 경쟁구조, 생산비용, 정부정책 등을 고려해야 한다.

(1) 수출

수출은 해외시장으로 진출하는 가장 기본적이면서 간단한 방법으로 재화를 해외에 판매하는 활동을 말한다. 수출은 직접수출(direct export)과 간접수출(indirect export)로 분류할 수 있는데, 직접 수출은 기업 내부에 수출을 담당하는 부서를 두고 기업이 직접 수출업무를 수행하는 방식을 말하며, 간접수출은 국내의 종합무역상사, 외국인 바이어, 무역대리인과 같은 수출중개인을 통한 수출방법을 말한다.

(2) 계약

계약에 의한 해외시장 진입방법에는 라이센싱, 프랜차이징, 계약생산, 관리계약, 턴키계약 등이 있다. 먼저 라이센싱(licensing)이란 해외 진출기업이 투자대상국의 기업에게 일정한 계약하에서 제품을 생산하도록 하되, 판매 및 마케팅은 해외진출기업이 직접 담당하는 경우를 말한다. 라이센싱을 하는 목적은 진출예정국에 수출이나 직접투자에 대한 무역장벽이 존재할 경우, 수송비가 비싸거나 국가 간에 상품을 이동하는데 많은 비용이 소요되는 경우, 기술과 서비스와 같이 이전방법이 복잡하거나 이전비용이 많이 소요되는 무형자산의 경우, 투자국의 정치적 위험이 큰 경우 등이다. 라이센싱의 단점으로는 자사브랜드나 기술에 대한 통제의 어려움, 자사가 현지에서 직접 생산활동이나 마케팅활동을 하는 경우에 비해서 작은 이익 실현, 잠재적 경쟁자의 양산, 유연성 측면에서의 제약 등이 있다.

계약에 의한 해외시장 진입방법 중 프랜차이징(franchising)은 라이센싱의 한 형태이지만 라이센싱보다 훨씬 강한 통제가 가능하다. 라이센싱이 기술이나 브랜드만을 일정기간 동안 공여하는 것에 비하여 프랜차이징은 품질관리, 경영방식, 마케팅 지원 등 프랜차이저(franchisor)가 프랜차이즈(franchisee)을 직접적으로 관리하거나 통제한다.

호텔산업도 프랜차이징 형태로 운영되는 대표적인 업종이라고 할 수 있다. 프랜차이징의 장점은 적은 자본으로 해외시장 확대가 가능한 점과 마케팅의 표준화, 프랜차이징 수여기업에 대한 동기부여 등이 있다. 반면에 프랜차이징의 단점으로는 기술이나 브랜드에 대한 통제가 어렵다는 점과 잠재적인 경쟁자를 양산할 수 있다는 점을 들 수 있다.

그 밖에 계약에 의한 해외시장 진입방법은 계약생산, 관리계약, 턴키계약 등이 있다.

① **계약생산**(contract manufacturing)

계약생산이란 해외진출기업이 투자대상국의 기업에게 일정한 계약하에서 제품을 생산하도록 하고, 판매 및 마케팅은 해외진출기업이 직접 담당하는 형태를 말한다.

② **관리계약**(management contract)

관리계약이란 계약에 의해 한 기업이 외국의 특정기업의 경영활동을 대신 수행해주고 그 대가를 받는 형태이다.

③ **턴키계약**(turnkey contract)

턴키계약이란 일반적으로 공장이나 여타 생산설비를 시운전까지 마치고, 가동 직전까지 준비한 후 인도해 주는 방식을 말한다. 즉, 성능에 대한 책임을 지고 도급을 맡은 계약을 뜻한다.

표 9-1 호텔산업의 국제경영관리 계약

계약조건	정의	1990년대	최근
Management Fee	호텔 소유주가 운영자에게 지급하기로 한 관리비용	• 기본: 총수익의 2.5~3.5% • 인센티브: 총 영업이익의 8~14%	• 기본: 총수익의 1~2% • 인센티브: 총 영업이익의 6~12%
Contract Term	계약기간	최초 15~20년	최초 8~12년
System Reimbursable Charge	광고, 구매, 교육, 훈련, 예약과 관련하여 운영자에게 지급되는 비용	객실 총수익의 2%+예약당 $5~10	객실 총수익의 1%+예약당 $4~8
Technical Assistance Fee	호텔의 배치, 디자인 등 건축과 관련하여 운영자에게 지급되는 기술적 비용	객실당 $1,000~1,500+비용	객실당 $1,000~1,500+비용
Pre Opening Expense	호텔영업 이전에 인력교육, 마케팅, 시설의 준비와 관련된 비용	원가 기준	원가 기준

출처: 김성용(2012년).

① 라이센싱

라이센싱(licensing)이란 특정기업(licensor)이 자신의 기술, 특허권, 상표권, 혹은 기타 지적재산권을 다른 기업(licensee)에게 사용하도록 허락하고 그 대가로 로열티(royalty)를 받는 일종의 계약이다. 기업이 라이센싱을 선택하는 이유는 다음과 같다.

가. 무역장벽이 존재하는 경우

투자대상국(host country)에 수출 혹은 해외직접투자에 대해서 무역장벽이 존재하는 경우, 기업들은 라이센싱의 방법을 선택하게 된다. 특히 개발도상국들의 경우 아직까지 투자국(home country)의 100% 소유 해외직접투자에 대해서 규제를 하는 경우가 있다.

나. 이전에 문제가 있는 무형자산의 경우

고유한 기술이나 서비스와 같이 이전방법이 복잡하거나 이전비용이 많이 소요되는 경우에 기업들은 라이센싱의 방법을 선택한다.

다. 투자대상국에 정치적 위험이 높은 경우

투자대상국에 정치적 위험이 큰 경우 기업들은 라이센싱을 선호하게 된다. 즉 최악의 경우 위험도를 줄일 수 있기 때문이다.

라. 경영자원을 투입할 수 없거나 투입할 의사가 없는 경우

특히 국제화 경험이 축적되지 않은 기업의 경우에는 상대적으로 안전한 시장진입 방법이 될 수 있다.

마. 운송비용이 많이 소요될 경우

식음료품 등 무게가 많이 나가면서 부가가치가 상대적으로 많지 않은 제품들의 경우 운송비용이 너무 많이 들기 때문에 기업들은 라이센싱을 선택한다.

한편 라이센싱은 적은 자본의 지출, 신속한 현지시장 진입, 수월한 현지시장 사업허가 등의 장점이 있지만, 자사의 브랜드나 기술에 대한 보호와 통제의 어려움, 잠재적인 경쟁자 양성, 소액의 투자회수, 라이센싱 업체에 대한 통제의 어려움 등의 단점도 가지고 있다.

② 프랜차이징

프랜차이징(franchising)은 제공회사(franchisor)이 상호 · 상표 · 기술 등의 사용권을 특정한 기업이나 개인인 프랜차이지(franchiscc)에게 사용할 수 있는 권리를 부여하면서 그 대가로 로열티를 받는 형태를 말한다. 또한 프랜차이저는 프랜차이지에게 관리적인 분야에서 지원을 제공하고, 프랜차이지는 프랜차이저의 의견을 따르는 것이 일반적인 형태의 프랜차이징이다.

특히 패스트푸드, 호텔, 렌터카 등의 서비스산업에서 많이 사용된다. 일반적으로 프랜차이징의 점포의 소유권은 프랜차이즈가 가지게 되지만, 점포에서 사용되는 유형적인 장비 · 인테리어 등은 프랜차이저가 일괄적으로 공급하기 때문에 소비자들의 입장에서는 어느 곳에서나 표준화된 제품과 서비스를 제공받을 수 있다.

프랜차이징의 장점으로는 적은 자본으로 해외사업 확장이 가능하고, 표준화된 마케팅으로 인한 규모의 경제 활용과 독특한 이미지 형성이 가능하다. 또한 다른 시장 진입방식에 비해서 상대적으로 정치적 위험성이 낮고, 프랜차이지들에게도 동기를 부여하여 경영 성과를 극대화시킬 수 있는 장점이 있다.

한편 프랜차이징의 단점은 기술이나 브랜드에 대한 통제의 어려움, 잠재적인 경쟁자의 위협, 소액의 투자회수 등을 들 수 있다. 특히 프랜차이징도 라이센싱과 마찬가지로 지리적으로 멀리 떨어져있는 프랜차이지(franchisee)들을 잘 통제하고 표준화된 기술을 설립하는 것이 중요하다. 서비스산업의 경우는 제조업과는 달리 무형의 자산을 통제하는 것이기 때문에 더욱 중요성이 크다.

3 글로벌 호텔 개발전략

지난 수년 동안 교통과 통신기술의 발달로 상품과 서비스를 제공하는 사업능력은 기존의 국내시장 영역을 훨씬 벗어나게 되었다. 국제경쟁의 중요성이 증대되면서 세계화 전략구상은 다국적 기업의 경영자뿐만 아니라 국제경영분야의 연구자들 사이에서도 인기 있는 개념으로 떠오르고 있다.

최근 몇 년 동안 다국적 기업으로의 추세는 제조업을 넘어서 서비스업에까지 이르고 있다. 관광산업은 최근 국내시장을 넘어서 상품과 서비스의 수출에 일조하고 있는 서비스산업 중 하나이다. 호텔이나 관광업종의 발전정도가 성숙단계에 가까워지면서 많은 기업들이 그들의 미래 생존과 성장은 글로벌화의 경쟁에 의존하고 있다. 또한 기업의 장기적인 생존과 활동은 경쟁 환경의 변화에 적응하는 능력에 달려 있으므로 주도업체들에 대한 국제적 기회와 위협에 대한 상세한 지식과 이해가 전략경영에서 매우 중요하다.

이 절에서는 글로벌화 시장에 진출할 때 사용되는 다양한 개발방법들을 소개하려 한다. 예를 들어 몇몇 기업들은 국내에서 성공적이었던 방법들을 해외에서도 그대로 사용하는 반면, 다른 기업들은 기존의 기업을 인수함으로써 그 기반을 닦는다. 특히 주요 북미 체인기업의 글로벌화 전략의 사례들을 중심으로 어떻게 그들이 외국에서 경쟁력 있는 위치를 확보하게 되었는가를 알아보기 위해 비교분석할 것이다.

1) 다국적 기업의 국내 · 외 경쟁

세계화 전략에 수반되는 요구사항들과 함께 관광산업의 세계화 구상을 고려해 볼 때, 국제경쟁의 두 가지 기본적인 유형은 다각적 국내경쟁과 세계경쟁이라 할 수 있는데, 이 두 가지 경쟁형태는 연속체의 양극으로 간주될 수 있다. 레온티아데스(Leontiades, 1985)에 따르면 국제경쟁에 참여하고 있는 기업들에는 일반적인 전략으로 세계 고점유율전략(global high share), 세계 니치(적소)전략(global niche), 국내 고점유율전략(national high share), 국내 적소전략(national niche)으로 분류하고 있다. 이들의 기본적인 차이점은 세계를 무대로 한 전략이냐, 아니면 틈새시장이라 할 수 있는 특정국가에 한정된 전략이냐 하는 것이다.

관광산업은 대개 국내경쟁에 뿌리를 두고 있으나 점차 국제경쟁화 되는 경향을 보인다. 따라서 다각적 국내전략에서 세계화 전략으로의 전환이 관광산업경영자의 목표가 되고 있다. 포터(Porter, 1986)는 국제경쟁의 유형을 다음과 같이 분류하였다.

(1) 다국적 국내 경쟁의 특성

① 국가 내의 경쟁은 다른 국가내의 경쟁과 별개이다.
② 상품과 서비스는 많은 나라에 제공될 수 있으나 경쟁은 각 국가별로 이루어진다.
③ 기업은 자국의 노하우를 외국으로 이전함으로써 경쟁우위를 얻을 수 있다.
④ 기업은 국제활동에서 높은 자율성을 가질 수 있도록 전략을 구사해야 한다.
⑤ 세계화 전략은 자국 중심이며 국내 전략의 연속체가 된다.

(2) 세계 경쟁의 특성

① 국가 내에서 기업의 경쟁적 위치는 다른 나라에서의 위치에 의해 크게 영향을 받는다.
② 기업은 각 나라들 간의 연계성을 이끌어내어 세계적 토대의 활동들을 통합해야 한다.

이처럼 세계화 전략은 기업이 분산된 활동들에 대한 조정과 통합이라는 구조를 통해 국제시장에서 경쟁우위를 확보하기 위해 사용되는 전략이다. 이 장에서 살펴볼 세계화 전략의 특징과 기업전략을 고려해 보면 관광산업들이 국내경쟁지향에서 세계경쟁지향으로 그 전략을 전환하고 있음을 알 수 있다.

2) 글로벌화에 대한 관점

글로벌화는 세계적인 취향과 상품선호도에 기초한다. 레비트(Levitt)는 '기술'을 세계시장의 동질화와 '공유화'를 위해 세계를 움직이는 힘이라고 규정했다. 기술은 통신과 이동수단의 혁신과 더불어 사람들이 '이국적'이란 개념을 잊고 여러 나라의 관습과 상품에 친숙하게 만든다. 게다가 상품과 서비스에 대한 소비자의 욕구는 체인의 예에서 볼 수 있듯이, 각 국가 간의 사업업무와 마케팅체계가 비슷해짐에 따라, 각국 간의 통합을 지속시켜 오고 있다. 브랜드의 명성 및 지속적인 활동은 세계적으로 더욱 중요한 경쟁무기가 되었다.

글로벌화전략을 연구한 학자들 간의 논점의 차이점은 그 개념과 전망에만 한정되어 있는 것이 아니라, 세계적 관리체계에 관한 그들의 접근방식 또한 서로 다르고 때론 대조적이기도 하다. 레비트(Levitt)는 효과적인 글로벌 전략이란 상품의 표준화라고 하는 오직 한 가지 활동을 효과적으로 수행하는 것이라고 주장해 왔다. 그에 따르면 글로벌화 전략의 핵심은 전세계에서 동일한 방식으로 생산하고 판매할 수 있는 표준화된 상품을 개발하는 능력이다. 그러나 하우트(Hout)에 따르면 효과적인 세계화 전략은 한 가지밖에 모르는 고슴도치의 접근법이 아니라 많은 것을 알고 있는 여우의 접근법이어야 한다는 것이다.

세계적 차원으로 규모의 경제를 이용하는 것, 초기의 대형투자를 통해 주도권을 얻는 것 또한 서로 다른 활동들 속에서 상승작용을 얻기 위해 상호의존적으로 관리하는 것 등은 성공적인 글로벌화 전략이 이루어지기 위해 중요한 경쟁 활동의 부분들이다. 하멜과 프라할라드(Hamel & Prahalad)의 글로벌화전략은 레비트와는 더욱 대조적이다. 하나의 단일한 상품표순화 대신 그들은 다양한 상품은 수반한 포트폴리오를 요구하는데, 그것은 기술과 유통망을 공유할 수 있게 한다. 강력한 세계유통망과 마찬가지로 상품과 시장의 상호협력은 글로벌화 전략에서 성공하려는 기업에는 반드시 필요한 경쟁적 활동이다. 코깃(Kogut, 1985)은 글로벌 전략에서 융통성과 재정거래를 강조한다.

글로벌화 전략가들은 급변하는 세계경제의 불확실성을 그들에게 유리하게 전환시키기 위해 다양한 선택요소를 만들어야 한다. 재성시상 및 성보시상에서의 불완선성을 보충해주면서 이익을 얻는 재정거래와 마찬가지로 가격과 환율 등 변화요인으로부터 이익을 얻기 위한 다양한 자료조사와 상품변화전략은 더욱 강력한 세계화 전략의 무기이다.

3) 글로벌화의 쟁점

국제경쟁에서 기업이 직면하는 전략적인 문제들은 국내경쟁에서 부딪히게 되는 문제들과 유사한 점이 많다. 그러나 전략의 전환을 통해 세계적으로 경쟁하기를 원하는 기업들에게 요구되는 국제경쟁상의 문제점들이 있다. 세계무대로 진출하는 기업에게는 경쟁사와 시장에 대한 재인식이 필요하다. 세계적으로 경쟁하기 위해선 기업환경의 위협요소와 기회요소에 대해 가능한 한 최고의 안목을 가져야만 한다. 이를 위한 시작은 국제사업 본부로부터 비롯되는데, 이는 유용한 정보와 권한을 모두 보유한 유일한 부서일 것이다. 국제사업 본부의 최고경영진이 고려해야 할 활동들은 다음과 같다.

(1) 정보수집

글로벌화되어야 할 첫 번째 부문 중 하나는 시장과 경쟁사에 대한 정보의 수집과 해석이다. 기업이 경쟁하고 있거나 경쟁하려고 하는 각국의 환경은 경제적 · 정치적 안정 측면에서 상세히 검토되고 평가되어야 한다.

(2) 능력평가

국제적 기업의 전략 형태는 일반 기업들과 다르지 않으며, 기업의 능력에 대한 적절한 평가가 있어야 하는데, 그러한 능력이 변화하는 환경 내에서 효과를 발휘하는지에 대한 정확한 판단이 있어야 한다. 이런 능력은 자본, 노동, 원자재뿐만 아니라 기업의 기술 및 관리능력까지를 포함한다. 세계화 전략에서 관리능력의 변화는 기술능력의 발전보다도 훨씬 더 복잡하다. 자본 면에서 기업은 합작이나 판매허가와 같은 방법을 포함하여 자원의 활용성을 다양화해야 한다. 일반적으로 말해서 세계 마케팅시스템의 유통망, 광고체계, 상표명 등은 국제기업의 최고 강점 중 하나이다.

(3) 전략채택

이것은 소비자 충성심을 얻기 위한 시도로써 가격과 품질에 있어 세계적으로 일괄적인 기준을 마련하도록 요구하는 소비자의 세계적 단일표준화 요구와 같은 외부압력에 대응하기 위한 것이다. 세계적 구조 구축을 위한 이 전략은 국제시장의 기회와 경쟁적 위협요소로부터 안정을 유지하기 위한 보호막을 확대시킨다. 이런 압력은 국제 합작회사, 기업인수, 기업합병, 협력협정의 마련을 위한 폭넓은 활동에서 분명해진다.

(4) 기업능력

전 세계 소비자들에게 세계적인 서비스를 제공하는 능력과 세계의 다양한 분야의 사업들에 대해 경험을 이전하기 위한 기업의 능력이 수반된다.

(5) 기업통제권

모기업에 의한 소유권의 정도에 관계없이 투자의 결정이나, 자금의 본국 송출, 외국인 고용 등에 관한 결정을 제한하는 것을 포함해서 자회사의 경영에 영향을 주는 많은 결정이 유치국가의 정부에 의해 잠재적 혹은 실제적으로 영향을 받는다.

(6) 기업구조

기업이 선택하는 전략은 기업이 경쟁하고 있는 환경에 의존한다. 그 전략적 환경은 기업으로 하여금 선택된 전략을 실행하기 위해 마련된 기업구조 중 하나를 선택하도록 하고 있다. 국제화를 이루려는 기업들이 직면하는 가장 근본적인 구조적 문제는 세계적으로 운영되는 각 나라 단위의 자유 재량권과 간섭을 최소화하면서 다국적 통합을 성취해내기 위해 필요한 통합 사이의 조정문제이다. 이러한 구조적 문제와 관련된 두 이슈는 다음과 같다.

① 관리기능의 배치

관리기능은 어떻게 세계적으로 배치되어야 하는가? 배치방식은 한 지역에서 전 지역을 담당하는 집중방식에서 각각의 활동이 각 나라의 시장에서 이루어지는 분산방식에 이르기까지 다양하다. 지금까지 글로벌화 전략은 세계표준화와 지역차별화 사이의 선택으로 특징 지워져 왔다. 그러나 일부기업의 활동은 집중화시키고, 나머지는 각 지역별로 분산화할 수도 있다.

② 유사활동의 조정

각 나라에서 이루어지는 유사한 활동들은 조정될 수 있어야 한다. 전략기획체계, 국제정책, 경영포상제도, 정보체계 등과 같은 다양한 전략이 체계들은 필수적이지만, 기업의 고위층 경영진은 세계화에서의 가장 큰 손실이 기업 내의 마찰에서 나온다는 점을 인식해야만 한다. 한 기업이 국제 경쟁자로 출현하게 되면 다양한 계급구조와 지역구조 내에서 각 경영자들 간의 조화는 대단히 중요해진다.

다양한 구성요소와 함께 다국적 기업에서 전략을 형성하는데, 세계기업의 경영자들은 세계적인 사건이나 유형을 관찰해야 하고 유사활동을 조정하여 잠재적 효과를 분석해야 한다. 이러한 전략을 구성해야 하는 경영진은 자국 내에서만 경쟁하는 회사들의 시각보다 세계와 산업시장에 대한 훨씬 더 복합적인 시각을 가져야 한다. 다국적 기업에게는 그 비교우위를 개발하고 유지할 수 있는 수단은 다음과 같다.

- 여러 국가에서 활동하는 다국적 기업은 각 국가들 간의 투입과 산출의 다양성을 이용할 수 있어야 한다.
- 다양한 활동을 하는 규모의 경제로부터 이익을 얻을 수 있어야 한다.
- 자회사의 활동과 조직에 자율성을 부여함으로써 생기는 상승작용과 범위의 경제를 이용할 수도 있어야 한다.

다국적 기업이 직면한 가장 근본적인 전략적 과제는 위험을 최소화하면서 비교우위를 한꺼번에 가장 효과적으로 이용하는 것이다. 즉, 성공적인 글로벌 전략의 가장 중요한 요소는 이러한 목표와 수단의 관계를 통제하는 것이다.

4) 체인호텔의 글로벌화

1990년대에 호텔체인의 글로벌화는 미국에 본사를 둔 체인을 인수하거나 미국체인이 해외진출을 시도하는 두 가지 방향으로 진행되고 있다. 이런 가운데 미국에 본사를 둔 대부분의 호텔체인이 미국 이외의 국가로 넘어가게 될 것이라고 예상도 있다. 현재 미국 내의 외국 호텔기업은 Meridien & Novotel(프랑스), Four Seasons(캐나다), Forte(영국), Accor(프랑스), Sofitel, Novotel, Mercure, Ibis체인을 운영하고 있는 기업은 프랑스 업체이다.

세계적으로 증가하고 있는 여가 및 상용관광 덕택에 미국의 호텔체인들이 다양한 해외시장에 숙박시설을 공급할 기회가 많이 생겨났다. 매년 수십억 명에 가까운 해외관광객을 배출해 내는 세계시장은 체인망 성공에 결정적인 요인이 되었다. 향후 미국과 그 밖의 국가에서 계획 중인 호텔의 수가 양적으로 큰 증가를 보일 것이다. 이런 세계적 체인은 세계의 호텔망에 국제적 마케팅, 예약, 객실판매 등을 제공해 줄 것이다. 나라별 · 지역별 체인들은 국제적인 상표인지도를 제고하고 세계시장에서의 운영을 위해 서로 연대하기 시작할 것이다.

경쟁압력과 규모의 경제는 가까운 미래에 호텔체인의 세계화를 촉진할 것이다. M&A, 지역적 확장으로 인한 거대체인은 EU를 포함한 전 유럽과 미국에서 나타난 세계 숙박산업의 점진적인 균등화를 이루어낼 것이다. 그러나 세계적 호텔 개발의 성공은 국내 개념의 호텔을 각 나라들 간의 중요한 문화적 · 지리적 · 정치적 차이점들을 고려하여 얼마나 융통성 있게 외국에 적용시키느냐에 달려 있다. 다음은 호텔산업의 글로벌화가 되는 주요 요인들이다.

(1) 성장 및 이익을 높이려는 욕구

세계적으로 여행이 일반화되면서 호텔과 더불어 항공, 외식산업 등이 성숙단계에 들어서 있고, 성장의 한계에 이르렀다. 하지만 많은 체인호텔들은 성장 및 이익을 높이려는 욕구로, 대부분의 잠재시장에 진출하면서 미국, 유럽, 중국, 동남아 지역으로 확장되고 있다.

(2) 아 · 태지역의 관광객 증가

아 · 태지역 국가들은 국제상용관광 및 순수관광의 증가로 우리나라를 포함한 중국, 일본, 싱가포르와 말레이시아, 필리핀, 인도 등 많은 다국적 체인들에게 매력적인 지역으로 부상하고 있다. 가장 빠른 호텔성장을 나타내고 있는 나라는 중국과 일본, 싱가폴, 홍콩이다. 반면 많은 일본 체인들은 미국의 호텔, 특히 뉴질랜드와 하와이에 많은 투자를 하고 있다.

(3) 상표충성도의 개발

국제관광과 교역의 점진적인 증가에 따라 체인호텔들의 경영 전략은 브랜드충성도를 높이려는 국제적 관광지의 고객들을 목표로 하고 있다. 이를 위해 체인들은 친숙감, 지속적인 서비스, 국제적 예약망 등을 통한 상표충성심을 개발하고 이용하려 한다. 많은 경영자들은 국제적 기업이 상표인지도를 높일 수 있는 이미지 제고자로서의 역할을 한다고 생각한다. 기업이 전 세계에 존재함으로써 생기는 인지도는 국제관광자들에 대한 그들의 시장입지를 강화하고 지명도를 높여주므로 국제적인 확장을 시도하는 기업들이 증가하고 있다.

(4) 가변적인 상황에 대한 방어책

기업을 글로벌화로 성장시키는 데는 국내 · 외적으로 다양한 경제상황을 접하게 된다. 이러한 가변적인 상황에 대책이 없다면 거시적 환경에 영향을 받는 호텔산업의 경우는 절대적으로 글로벌화 하는 데 어려움을 겪을 것이다.

5) 개발전략과 소유구조

대규모 다국적 관광기업들의 개발활동을 살펴볼 때 가장 널리 퍼져 있는 일반적인 전략은 집중성장형이라 할 수 있다. 집중성장전략은 기업이 하나의 지배적인 기술을 가지고 단일시장에 보유자원을 집중함으로써 가장 효율적인 단일상품의 생산을 가능하게 하는 것이다. 순수한 의미의 집중성장전략은 기업으로 하여금 판촉활동을 강화시키고 유통망을 확장하여 상품개선의 형태를 끊임없이 연구하도록 한다. 이비 한 곳에서 충분히 사용된 가격전략도 한 방법으로서 채택될 수 있는데, 이는 기업이 고도의 경쟁상황에서 전략적 이점을 추구하기 위해 모든 전문지식을 총동원해야 한다는 것을 말한다.

호텔체인의 경영자들이 사용하는 개발전략은 세계적 확장을 추구하는 데 있어 그 목표를 반영할 수 있어야 한다. 예를 들어 만일 기업의 목표가 국제 관광지의 상용여행 고객을 지향하는 것이거나, 급성장하는 거대도시에 자본을 집중하는 것이라면 그 호텔은 아마도 주요 국제도시에만 집중해야 할 것이다. 만일 그 목표가 진출을 최대화하는 데 있다면 그 호텔은 주요 사업 중심지뿐만 아니라 부차적 시장에도 참여해야 할 것이다. 첨예한 경쟁상황의 속성을 나타내는 관광산업에는 몇 가지 집중전략이 적용되는데, 이 유형들은 전략적 제휴(strategic alliances), 프랜차이징(franchising), 시장 세분화(market segment), 경영계약(management contact), 합작투자(joint venture), 인수(acquisition) 등이다.

(1) 전략적 제휴

전략적 제휴에는 서로 다른 기업들이 공동 예약망과 판매시스템으로 함께 묶인 가장 단순한 형태로, 호텔뿐 아니라 여행사와 같은 다른 업종의 사업체들까지 수직적 통합을 이루는 심화된 형태까지 여러 가지가 있다. 성장의 요체로서 전략적 제휴의 사용을 강화하는 것은 여러 다국적 기업들의 상표 인지도를 빨리 이용할 수 있기 때문이다. 마케팅 비용은 규모의 경제를 통해서 좀 더 효율적으로 사용될 수 있다. 노동과 전문경영 등의 문제들은 이러한 성장전략을 통해서 최소화될 수 있으나 기업이 진출하려 하는 새로운 지역에서 부딪히게 되는 다문화적 차이와 연관된 문제들이 나타나게 된다.

전략적 제휴는 대규모 기업만을 위한 것은 아니다. 세계적 호텔체인에 점차 지배되는 현실에서 독립업체와 소규모 체인이 살아남을 수 있는 길은 컨소시엄을 구성하거나 마케팅 및 상호 알선체계를 가진 숙박협회를 구성하는 것이다. 독립호텔들은 대부분의 체인 가입호텔들이 빠르게 성장하고 있는데 반해 느린 판매성장을 하고 있으며, 결국에는 체인 가입호텔들에게 지배적인 시장점유율을 빼앗기게 된다. 그러나 세계적인 경기침체가 일어난다면, 이는 시장점유율 유지가 가능한 고급 독립호텔보다는 객실요금이 낮은 독립호텔에 더 큰 영향을 미칠 것이다.

(2) 프랜차이징

이 성장형태는 관광산업 경영자들에게 널리 인식되어 활용되고 있다. 프랜차이징을 통한 개발은 보편적인 형태이며 세계적 발전에서 지속적으로 가장 선호되는 형태 중 하나이다. 높은 건축비용으로 인해 호텔의 새로운 건축보다는 기존호텔의 전환을 촉진하고 있는 유럽의 경우 프랜차이징은 기존의 구조물에 Holiday Inn Worldwide, Radisson과 같은 체인 개념을 적용하는 데에 융통성을 준다. 프랜차이징 전략은 프랜차이저(franchisor)로부터 인가를 받은 소기업의 단순형태로부터 한 기업이 특정지역에서 특정상표의 허가권을 갖는 지역프랜차이즈와 같은 복잡한 형태가 있다. 프랜차이저가 직면하는 중요한 전략적인 문제는 프랜차이지(franchisee)의 선택이다. 두 번째 문제는 프랜차이저와 현지 정부 간의 관계이다. 상이한 법률과 관습으로 인해 프랜차이즈 협정은 현지 법률에 제한을 받기 때문에 그 지역 전문가의 자문이 필요하다.

(3) 시장 세분화

하나의 체인에 의한 다양한 호텔상품의 개발은 시장성숙 문제를 해결하기 위해 미국에 본사를 둔 체인들에 의해 성공적 전략으로 사용되고 있는데, 이런 기업들이 지금 세계적으로 확대되면서 인기를 얻고 있다. 그러나 세분화 개념을 정착시키기 위해서는 지역의 조건에 맞도록 신중하게 고려해야 한다.

호텔레스토랑은 호텔 총수입에 많은 보탬을 줌으로써, 다수의 레스토랑을 운영하고 있지 않은 비즈니스 호텔들로 하여금 생각을 바꾸도록 하고 있다. 고객의 기대 또한 나라별로 다양한데, 예를 들어 유럽인 고객은 자국내에 있는 타국호텔에 의해 제공되는 서비스 외에도 추가적인 서비스를 기대한다.

(4) 경영계약

가장 신속한 확장전략 형태 중 하나는 경영계약이다. 만일 호텔기업이 개발을 하고자 하는 나라의 문화 · 정치에 대해 잘 모를 경우, 그 위험을 최소화하고 성장을 촉진하려 한다면 경영계약은 효과적인 방법일 것이다. 체인은 그 비용에 대한 대가로 호텔주식의 소유권보다는 기술적 협조, 사전지원, 마케팅지원, 관리서비스 등을 제공한다. 이 정책은 소유는 하지 않고 관리만 하는 호텔기업들의 현재 경향이다. 이 전략에서 우수경영사로 평가받은 기업은 그 명성으로 다른 호텔을 경영계약함으로써 발전하게 된다.

경영계약은 재정적 위험은 호텔소유주나 개발업자들이 떠맡고 경영기업에게 요구되는 투자는 거의 없거나 아주 적기 때문에 매우 빠른 속도로 증가하고 있다. 대부분 그런 경우가 드물긴 하지만 때때로 위탁의 조건으로서 경영사는 주식지분을 갖기도 한다. 어떤 경영사는 호텔개발에 참여하고, 일단 호텔이 완성되어 운영되면 그들의 주식(소유권)을 팔기도 한다. 그러나 매각의 조건으로 장기적인 호텔 경영계약권을 갖게 된다.

(5) 합작투자

재정이 튼튼한 호텔업체의 또 다른 인기 있는 성장방식은 합작투자이다. 합작투자전략은 보통 대규모 부동산개발업자나 소유자, 그리고 관광산업이나 여행관련 기업들이 사용한다. 이런 투자자들은 장기적인 예측에 따른 장기적인 자산소유전략을 취한다. 이 전략은 앞에서 거론한 전략들과는 크게 다른 것으로, 앞서의 전략들은 소규모 독립 업체들에게 재정적인 위험을 떠맡긴 채 투자기업은 낮은 자본투자를 담당하지만, 기업합작전략은 보통 자본평가에서 영향력 있는 대규모 투자기업에 의해서만 활용된다.

(6) 기업인수

기업인수를 통한 성장은 여타 주요 자산을 얻기 위해서 너무나 많은 자본이 요구되기 때문에 확장전략으로는 그리 바람직하지 못하다. 이 전략을 사용하는 기업은 인수한 기업자산에 대해 시장가격이나 혹은 그 이상의 지불을 해야 한다.

이상과 같은 전략유형들은 대부분의 업체들이 바라는 성장의 전망을 보여 준다. 이런 성장은 규모의 경제를 통한 시장점유경쟁에서 경쟁적 우위를 차지하려는 시도로, 세계적인 브랜드나 개별상표의 개발에 집중되어 있다. 대부분의 기업은 다국적 규모에 대한 자산투자를 피함으로써 위험을 최소화하려는 노력을 기울인다. 합작이나 인수에 참여한 기업들만이 이런 유형의 위험을 감내하는 것이다. 이런 전략들은 업체들 간의 협력적 조화를 반영하고 있다. 이는 프랜차이징과 경영계약의 본질이 표준화된 양질의 서비스를 유지함에 있기 때문이다. 특히, 세계적인 관광지에서 상용관광객을 유치하여 관광기업을 국제적으로 확장하려 할 경우, 관광객들은 다른 지역에서 경험했던 것과 똑같은 양질의 서비스를 받기 원하므로 서비스 수준의 표준화는 더욱 중요하다. 관광산업의 세계화는 더 이상 하나의 경향이 아닌 치열한 경쟁의 현실임을 이 전략들로부터 알 수 있다.

6) 글로벌 호텔산업의 미래

관광산업은 우리의 생활에 가까이 와 있고 쉽게 접근할 수 있는 것으로 볼 때, 빠르게 세계화되고 있다는 사실이 분명해지고 있는 상황에서 해결해야 할 문제는 그리 멀지 않은 미래에 경영자들이 직면하게 될 문제는 무엇인가를 생각해 보지 않을 수 없다. 그에 대한 대답은 세계경제의 동향 파악과 안정성 그리고 여행패턴을 반영한 것이어야 한다. 이러한 문제의 핵심은 위에서 분류한 전략유형들이 어떻게 미래의 사건들에 의해 영향을 받을 것인지를 이해하는 데에 있다.

세계경제는 계속적으로 변하여 자유시장경제로 전환되었기 때문에, 이러한 전환을 시도하는 나라들은 그 나라의 경제가 성장하는 만큼 관광산업시설이 필요하다는 것을 경험하게 될 것으로 보인다. 이런 나라들에서 관광산업의 성장은 국내성장계획이 얼마나 안정적으로 잘 계획되었느냐에 달려 있는데, 경제성장은 자본투입 능력에 의존한다. 앞에서 살펴본 것처럼 산업에 대한 자본지원은 한국, 일본, 싱가포르, 홍콩에 집중될 것이다. 그러나 이런 자본이 투자의 보조를 맞추기가 힘들어지면 프랜차이징과 전략적 제휴를 통하여 더욱 확장될 것이다.

앞으로의 10년이나 혹은 그 이상의 기간 동안 저출산 등으로 인한 인구통계가 비슷한 패턴을 유지할 경우, 현재 사회에서의 노동력 부족은 걸림돌로 남을 것이다. 노동력 부족은 이제 제3세계 국가들이 경제성장의 기회를 맞고 있고 인적자원의 고용능력도 더욱 늘어날 것이므로, 이들 국가로부터의 이민으로는 모두 상쇄될 수 없다. 한국, 싱가포르, 홍콩, 대만, 그리고 최근에는 중국과 인도와 같은 아시아 국가들의 출현은 그들 국민들에게 더 많은 고용기회를 줄 수 있게 되었고 다른 나라에서 일자리를 얻으려는 동기도 더 줄어들고 있음을 말해 준다. 노동력 문제는 관광산업들이 현재 추구하고 있는 서비스와 표준화의 수준을 유지하는 데 어려움을 줄 수 있다.

또한 자유경쟁시장의 저변 확산을 도와왔던 IT는 새로운 시장의 경쟁을 더욱 치열하게 만들 것이다. 오늘날의 기술은 호텔, 여행사, 항공사, 관광지, 차량 등에 이르기까지 모든 관광산업의 수용력을 통제할 거대 예약시스템에 의존하고 있다. 이것은 더욱 치열해질 경쟁과 경쟁적 우위를 확보하기에는 고객이 요구하는 상품과 서비스를 어마나 빠르고 정확하게 제공하느냐에 달려 있다고 하겠다. 경쟁을 가속화시킨 요소 중 하나는 브랜드 혹은 세분화이다. 상표의 실제 생명력은 신상품이 경쟁적인 가격으로 고객들을 끌어들임에 따라 계속 쇠퇴하고 있다. 세계적 성장을 위한 효과적인 전략으로써 상표 확산과 다국적 시장을 고려해 보는 신중함이 필요하다.

여행패턴은 여가활동뿐 아니라 경제성장을 반영한다. 수년전부터 세계경제가 지속적으로 커지고 있고 특히 최근 급성장하고 아시아 관광시장을 평정하고 있는 중국 관광객인 유커(遊客)를 얼마나 많이 불러 들일 수 있느냐에 따라 아시아에 있는 국가의 경제성장을 달라질 것이다. 이는 수년 내에 오세아니아, 미주, 유럽 등도 마찬가지일 것이다. 그러기 위해서는 관광에 대한 인프라 구축이 우선되어야 하지만 호텔확장의 주된 요인 중 하나일 것이다. 오늘날 특정 관광지의 항공권은 계절이나 국가 간 연휴기간에 따라 충분치 못한 것도 사실이지만 공항의 시설이나 서비스는 어느 정도 수준에 올라와 있다. 그래서 미래의 여행패턴은 다소 예견하기 쉬울 수 있겠지만, 그 요구들을 다 수용할 수 있는 관광 인프라의 구축이 우선되어야 한다.

세계적으로 관광산업의 미래는 매우 흥미롭고 도전적이다. 기업의 성공은 경쟁과 도전의 상황에서 적절한 전략을 선택하여 실행하는 것에 달려 있다. 미래의 전략책임자는 세계경제 대한 냉철한 판단력을 지녀야 할 것이다. 또한 최고경영자는 호텔산업을 구성하고 있는 조직구성원과 고객과의 욕구를 해결해야 할 임무도 부여되고 있다. 오늘날의 성공적인 글로벌 호텔 산업의 미래를 이끌고 나갈 국내 전략책임자가 되기 위해서는 급변하는 세계관광산업의 흐름을 빨리 읽을 수 있는 경영자로서 신속히 변모해야만 할 것이다.

4 글로벌화의 촉진요인

1) 자본집약적인 생산방식과 규모의 경제 중요성 증대

우리나라의 많은 기업들이 해외로 진출하는 것을 일반화하고 있는데 가장 큰 이유 중 하나는 우리나라 소비자들만을 대상으로 제품을 판매하게 되면 생산비용을 충당하기가 어렵기 때문이다. 그만큼 이제는 글로벌화가 일반화되었고 글로벌 경영환경도 급속하게 변화하고 있다.

이러한 환경에서 최근 모든 산업의 생산방식에서 공통적으로 일어나는 현상 중 하나는 노동집약적인 생산시스템에서 자본집약적인 생산시스템으로의 전환 가속화를 들 수 있다. 이러한 현상은 생산 활동에 있어서 노동비용의 비중이 점차 감소하는 동시에 자본비용이 증가한다는 의미인데, 자본비용 증가의 주요한 이유는 연구개발비용의 증가와 첨단생산설비로 인한 비용증가이다. 특히, 이러한 현상은 정보통신(telecommunication)과 생명공학(biotechnology) 등의 첨단산업과 자동차, 화학 등 생산비용이 많이 소요되는 산업에서 더욱 두드러지게 나타나고 있다. 이러한 생산활동비용의 증가로 기업의 입장에서는 규모의 경제(economies of scale)를 이용한 대량생산을 하게 되고, 각 국가별 내수시장만으로는 대량생산된 제품의 수요가 한정되어 있기 때문에 전 세계 시장으로의 제품판매를 모색하게 된다. 우리나라의 현대, 기아자동차가 세계 곳곳에 생산기지를 건설하고 전 세계 시장을 대상으로 자동차 판매에 힘쓰는 것이 좋은 예라고 할 수 있다.

2) 기술의 발전

글로벌화를 촉진하는 요인 중 하나는 기술의 발전인데, 특히 교통기술의 발전, 정보통신기술의 발전, 첨단산업기술의 발전 등을 이유로 들 수 있다. 먼저, 교통기술의 발전과정을 살펴보면, 제2차 세계대전 이후 항공 산업기술의 발전과 컨테이너 운송의 도입으로 급격한 교통의 발전을 가져왔으며, 이러한 교통산업의 급속한 발전이 글로벌화를 더욱 촉진시키는 중요한 원인이 되었다.

또한 빠른 기술의 발전과 더불어 많은 연구개발(R&D)에 대한 투자가 글로벌화를 촉진시키는 원인이 되었다. 예를 들어 첨단산업이라고 할 수 있는 전자, 통신, 컴퓨터, 의약품제조 산업 등에서는 총매출액에서 연구개발 비용이 차지하는 비율이 평균적으로는 7~8%, 높게는 15%까지도 소요되는데, 이와 같이 연구개발 비용이 많이 투자되는 사업에서는 국내시장의 수요만으로는 높은 연구개발비를 충당하기 힘들다. 그렇기 때문에 위에서 언급된 첨단산업의 경우 전 세계 시장을 대상으로 신제품 개발과 판매가 지속되어야 연구개발 비용을 충당할 수 있다. 따라서 첨단산업에 속해 있는 다국적 기업들이 전세계를 대상으로 하고 있기 때문에 글로벌화는 더욱 가속화된다.

3) 전 세계 소비자 취향의 동질화

글로벌화의 가장 큰 요인 중 하나는 이질적이었던 각국 소비자의 취향이 점점 동질화되고 있다는 점이다. 이렇게 전 세계 소비자의 수요와 구매행태가 과거에 비해 동질화되고 있는 가장 큰 이유는 인터넷을 중심으로 한 정보통신기술의 발전이라고 할 수 있다. 이와 같이 하루가 다르게 발전하고 있는 정보통신기술의 발전으로 기업들은 전 세계를 단일시장으로 보고 빠른 시간 내에 전 세계 소비자들의 수요에 부응할 수 있는 제품을 만들어야 경쟁력을 가지고 생존할 수 있게 되었다.

여기서 한 가지 비교해야 할 점은 최근 전 세계 소비자 취향의 동질화는 과거의 국제화의 영향으로 선진국에서 먼저 개발된 제품이 점차 저개발국가로 이동되어 시차를 두고 전 세계 소비자 취향이 동질화 되었던 이른바 제품수명주기이론(product life cycle theory)과는 다르다는 것이다. 예전에는 시차를 두고 전 세계 소비자 취향의 동질화가 있었던 것에 비하여 최근에는 인터넷의 일반화로 선진국과 후진국과의 약간의 시차는 있겠지만 거의 비슷한 시기에 같은 제품이나 서비스에 대해서 전 세계의 모든 소비자들의 취향이 동질화되었다고 할 수 있다.

또한 소비자취향의 동질성이 비슷한 시기에 나타나는 다른 이유로 전 세계 소비자들의 구매력 증대를 꼽을 수 있다. 개발도상국들의 경제적 발전이 국민들의 소득증대로 나타나고 이러한 국민들의 소득증대가 선신국에서 생산되는 제품을 소비하려는 경향으로 나타나고 있다.

4) 무역장벽의 감소

최근 전 세계적으로 극소수의 국가를 제외하고 무역장벽이 낮아지고 있는 상황이며, 자본의 이동도 자유로워지고 있다. 특히, WTO(World Trade Organization: 세계무역기구)체제의 출현으로 이러한 현상을 앞으로 더욱 가속화될 것으로 예측된다. 또한 요즘 활발하게 진행되고 있는 여러 국가들과의 자유무역협정(free trade agreement)의 진행 등에 힘입어 가까운 시일 안에 국가 간의 무역장벽의 감소는 더욱 더 가속화 될 것으로 예측된다. 우리나라의 경우도 최근 미국, 인도, EU 등과 자유무역협정을 체결하였으며, 이러한 영향으로 서비스산업이 더욱더 글로벌화될 것으로 기대되며, 특히, 호텔관광산업에 많은 영향을 줄 것으로 예상된다.

이러한 글로벌 경영환경의 변화 속에서 우리나라의 관광기업들도 글로벌화된 세계적인 관광기업들과 경쟁하기 위해서는 우리나라 기업들만이 보유한 경쟁우위를 활용할 수 있는 적합한 방법을 찾아보는 것이 시급하다.

5 글로벌화가 호텔서비스산업에 미치는 영향

글로벌 경쟁환경하에서의 호텔의 특성을 잘 이해하고 있는 세계적인 대형호텔 체인들은 자원의 공유와 위험을 분산하며 경쟁우위를 확보하기 위하여 현지 파트너들과의 전략적 제휴(strategic alliances)를 시도하고 있다. 또한 글로벌화의 가속화와 국제관광산업의 촉진으로 유명한 브랜드를 보유한 세계적인 체인호텔들은 자사의 브랜드에 대한 글로벌화를 최대한 촉진해 같은 상품의 호텔네트워크를 통한 성과향상을 추구한다.

힐튼(Hilton), 하얏트(Hyatt), 메리어트(Marriott) 등과 같이 글로벌 네트워크를 형성하고 위탁경영(management contract)이나 프랜차이즈 형태로 운영되고 있는 호텔과 신라호텔이나 롯데호텔 등과 같은 국내 브랜드를 형성하고 있는 호텔들과는 여러 가지 관점에서 차이가 있다. 세계적인 체인호텔들은 세계를 단일시장으로 인식하여 세계 여러 지역에서 서비스의 표준화를 유지함으로써 고객의 지속적인 신뢰를 유지하고 이러한 신뢰를 바탕으로 특화된 브랜드로 호텔기업으로서의 고유한 이미지를 유지하려고 한다. 즉 글로벌 전략적인 차원에서 전 세계를 동일시장으로 보고 표준화된 같은 상품을 제공하는 글로벌 전략을 구사한다. 한편, 지역 내에서 독자적인 브랜드를 보유한 독립호텔들은 글로벌 전략을 구사하는 체인호텔들과 경쟁하기 위하여 현지화된 서비스를 특화시킨다.

즉, 글로벌 전략적인 관점에서 현지화 전략을 구상한다. 물론 글로벌 전략적인 관점에서 완전한 글로벌 전략(global strategy)이나 현지화 전략을 구사하는 다국적 기업들은 존재하지 않고 모든 기업들이 글로벌 전략적인 측면과 현지화전략적인 측면이 모두 포함되어 있지만 어느 부분에 초점을 맞추느냐에 따라 글로벌 전략의 유형을 현지화 전략, 글로벌 전략, 초국적 전략(transnational strategy) 등으로 분류할 수 있다.

자본집약적인 생산방식과 규모의 경제의 중요성 증대, 교통, 정보통신, 첨단기술 등 기술의 발전, 전 세계 소비자 취향의 동질화 경향, FTA(free trade agreement)의 활성화 등으로 인하여 글로벌화가 더욱 촉진되고 있는 현실에서 호텔산업은 향후 그 전망이 매우 밝은 산업이라 할 수 있다. 이러한 글로벌화와 더불어 호텔산업은 더욱 발전하게 된다. 따라서 글로벌화와 호텔산업은 매우 밀접한 관계를 가지고 있다고 할 수 있다.

세계적인 유명 브랜드를 보유한 호텔기업들은 크게 세 가지 전략으로 시장진입을 모색하고 있다.

① 동일브랜드 호텔 수를 늘림으로써 자국 내에서 경쟁력을 강화시킨다.
② 국내 및 국외에서 틈새시장을 충족시킬 다른 수준의 호텔브랜드를 지속적으로 개발한다.
③ 해외에 있는 신규시장을 개척하기 위해 호텔 브랜드마다 동일한 서비스 수준과 상품력을 구축한다.

혁신적인 호텔기업일수록 시기에 따라 이상의 세 가지 전략을 한 가지씩 번갈아 가면서 또는 일괄적으로 그 모두를 다 적용하여 글로벌 시장으로 진입을 시도하고 있다.

Chapter

10

호텔기업의 글로벌화

Chapter 10 호텔기업의 글로벌화

1 호텔기업의 성장

1) 호텔기업 성장의 특징

관광기업의 성장과정은 다른 기업의 활동과 다른 측면이 있다. 호텔기업은 소비가 이루어지는 곳에 위치해야 하며, 호텔의 성장은 장소에 심하게 제약받는다. 또한 호텔은 객실, 레스토랑, 연회장, 바 등의 시설이 과도하게 확장될 경우 비경제적일 수 있다는 위험이 있다. 또한 확장은 보통 지역적 다양화를 수반하는데, 지역적 다양화는 기업이 새롭게 확장된 환경에서 경험해 보지 못한 상황에 부닥치기 때문에 어느 정도 위험을 수반한다. 다른 지역으로 기업을 확장할 때 수반되는 위험은 다음의 여러 전략에 의해 최소화될 수 있다.

① 비슷한 위치 선택

도시 중심부나 기존 리조트와 비슷한 위치를 선택한다. 이러한 선택은 기업환경의 변화를 최소화하려는 목적으로 고안된다.

② 동일한 시장을 선택

시장조건이 동일하기 때문에 이미 축적된 많은 지식을 활용할 수 있다.

③ 운영의 표준화 확대

대고객 서비스와 서비스 제공에 이용되는 기업 내 시스템을 그대로 옮김으로써 운영의 표준화를 가능한 확대한다. 구매, 재정, 중앙예약시스템과 같은 분야에서 기업 내 규모의 경제효과를 창출한다.

④ 서비스의 차별화

소규모 호텔에서 제공할 수 없는 서비스를 제공한다. 예를 들어 수영장, 짐(gym), 비즈니스세터, 리무진 서비스, 여행사 입점, 렌트카 서비스 등과 같은 편리성과 여행 관련 주요 회사와 연계하여 공동서비스를 제공한다.

⑤ 장점이 있는 회사 인수

이미 영업을 하고 있는 회사를 인수하거나, 지역전문가와 경영을 함께 할 수 있는 조건하에서 위의 장점들을 제공해 줄 수 있는 회사를 인수한다.

따라서 기업의 확장은 단순히 기존 시스템의 복제를 의미하지는 않는다. 우선 장소의 성격이 다르고, 수요 · 공급 상황이 자회사마다 다르며, 자회사의 경영정책도 모회사의 이익에 가장 적합하도록 재해석되어야 하기 때문이다.

그 다음으로 조직성장이라는 것은 조직이 업무를 수행하는 과정과 조직 내 분배와 관련하여 새로운 결정이 내려져야 하는 것을 의미한다. 관광산업의 지역적 다양성을 가정한다면 이것은 중앙에서 내려진 결정이 어느 정도의 영향력을 가지며, 개별호텔 총지배인의 역할은 어떻고, 지역차원의 의사결정 권한은 어느 정도인가에 대한 전략적인 결정을 의미한다.

호텔과 케이터링(catering) 산업은 고객이 원하는 서비스를 제공하기 위해 많은 서비스 생산기능과 보조기능을 갖추고 있다. 조직이 성장해감에 따라 이러한 기능을 얼마만큼 자체 내에서 생산해낼 수 있는가를 고려하는 것이 필요하다. 몇몇 분야는 일상의 업무책임으로부터 벗어날 수 있다. 예를 들어 호텔그룹은 호텔을 소유하지 않고 임대를 결정할 수 있다.

지역적으로 다양한 회사를 갖고 있는 그룹사가 부딪히는 또 다른 문제는 이미 언급한 바와 같이 업무활동에 관한 결정이 조직 내에서 중앙 집중적이냐 아니면 분산적이냐 하는 정도를 결정하는 것이다. 호텔산업은 다음 세 가지 영역에서 운영을 평가할 수 있다.

① 호텔 건물과 관련된 업무

호텔 건물과 관련된 업무는 자산관리와 관련된 기술로 부지의 확보, 건물의 건축 및 관리, 재산평가, 처분 등을 포함하게 된다.

② 서비스 매뉴얼을 바탕으로 서비스 제공

가능한 효과적이고 효율적인 방법 즉 서비스 매뉴얼을 바탕으로 일정 수준의 서비스를 제공하는 일과 관련된 기술, 이것은 본질적으로 전문인의 활동으로서 경영기술을 통해 사람, 자재, 재산을 이용하는 기술을 포함한다. 목표달성을 위한 방법의 선택은 조직이 스스로 결정하게 되지만, 달성되어야 할 목표와 관련하여 조직의 중심으로부터 분명한 지침을 필요로 하게 될 것이다.

③ 전략적 인적자원관리 차원에서의 의사결정기술

회사의 전략적 발전을 고려하고 회사의 방향 및 운영에 관한 주요 변화를 수행하는 조직차원의 전문기술 또는 지식. 이러한 유형의 업무를 수행하는 데 필요한 힘은 전략적 차원에서의 의사결정기술과 관련되어 있다.

따라서 조직이 직면하고 있는 의사결정의 형태는 그 성격이 다양하며 복잡하다. 지역적으로 퍼져 있는 조직간 커뮤니케이션과 협조의 수준은 지역적 성장이 그다지 중요하지 않은 비슷한 규모의 조직보다 높을 것이다. 이러한 환경에서 경영의 역할은 매우 중요하다.

이는 호텔산업의 운영이 노동집약적인 성격을 갖고 있음을 반영하고 있는 것일 뿐 아니라, 경영이 조직의 성공적 운영을 위해 필요한 임무수행 능력과 의지가 있는가를 확인할 필요성이 있음을 반영하고 있는 것이다. 운영체계와 경영방법에 따라 모든 지역 자회사의 실정에 민감한 경영전문가를 중앙에 배치할 필요성이 있다. 그렇지 않은 경우에는 대안으로 각 자회사내에 중앙 및 다른 자회사와 협조를 유지하면서 전문적인 기능을 수행할 수 있는 사람을 자체 내에서 개발할 필요가 있다.

이러한 모든 기능들이 수행되고 있는가를 확인함에 있어 인적자원관리(human resource management)는 매우 중요한 역할을 수행한다. 기업의 운영을 위해 채택된 정책이 인적자원관리에도 많은 의미를 갖겠지만, 조직의 확대전략은 많은 경우 현존하는 경영활동의 성향과 발전가능성에 따라 결정된다. 따라서 인적자원관리 활동은 회사의 성장전략을 지원하기도 하며, 인적자원관리 활동에 의해 기업의 성장전략이 결정되기도 한다.

2) 국제무대에서 호텔운영

전 세계에는 국제적으로 활동하는 상당수의 관광기업이 있는데, 국제시장에서 호텔그룹의 확장은 여러 단계를 거쳐 발전되어 왔다. 아직까지 국제시장에서 호텔기업의 점유는 상대적으로 낮은 수준이지만 관광산업 분야에서 중요한 리더가 되어 왔다.

구조적으로 다국적 호텔은 자국 내에서 운영되는 호텔과 다른 점이 크지는 않지만, 지역적으로 약간의 다양성을 보이는 것은 사실이다. 따라서 다국적 경영에서는 재정, 마케팅, 운영체계가 적용되기에는 문제에 직면될 수도 있다. 본질적으로 국제적 운영은 조직의 활동에 많은 변형과 복잡한 요소가 영향을 미친다. 한 회사가 그들의 활동을 한 국가에 제한시킬 경우보다 지리적 차이는 경제적, 사회·문화적, 인구통계학적, 법적 요인의 차이를 가져오기 때문에 환경은 다양해지며, 이러한 요인들이 상호작용하여 회사의 전략을 변형시킬 수 있기 때문에 회사의 운영은 더욱 복잡해지게 된다.

따라서 호텔기업은 운영환경의 다양성을 인식하고 각 회사가 가능한 한 효과적으로 운영될 수 있도록 하는 동작원리나 구조를 제공하는 일이 중요하다. 이것은 제기능이 분산되어야 함을 의미하는 것이 아니다. 그동안 성공을 거둔 많은 호텔기업의 운영은 의욕적인 표준화의 추진에 힘입은 바 크다.

2 호텔기업의 글로벌화

많은 기업이 국제적으로 글로벌화 하는데 수반되는 많은 위험까지 감수하면서 시작하는 이유는 위험과 관련된 비용보다는 잠재적 수익이 더 클 것이라고 인식하기 때문에 해외진출을 추진한 것이다. 그동안 기업이 해외로 진출하는 이유에 관해서는 많은 설명이 있었는데, 기업의 글로벌화 결정을 설명할 수 있는 몇 가지 전략적인 이유를 〈표 10-1〉에서 제시하고 있는데, 그 이유는 기업 내에 존재하는 요인과 기업환경에 따른 외재적 요인으로 대별해 볼 수 있다. 또한 해외진출 동기는 기업이 적극적으로 기획과 전망을 통해 해외진출을 결정하느냐, 아니면 산업 환경의 변화를 인식하고 그에 대한 대응책으로 해외진출을 결정하느냐에 따라, 즉 기업이 대응적이냐 반응적이냐에 따라 구분이 가능하다. 구분은 기업의 해외진출 전략이 공격적과 방어적 용어로 단순화될 수 있다. 이러한 두 가지 접근전략은 경영의 방향과 능력에 달려 있으며, 최고 경영지침을 개발할 수 있는 명확한 정책의 필요성을 강조하고 있다.

▌표 10-1▐ 기업의 글로벌화 이유

	대응적(proactive)	반응적(reactive)
기업 내적 이유	• 경영상의 추진 • 성장 및 이익 추구 • 규모의 경제 • 독특한 상품의 제공 • 서비스의 연장	• 위험의 분산
기업 외적 이유	• 해외시장의 기회 • 변화촉진을 통한 조직의 활성화 • 경쟁의 유발	• 국내시장의 협소와 쇠퇴 • 경쟁에 대응

국제적인 진출을 결정하고 나면 회사는 모든 전략적 요소가 국제운영의 관점에서 고찰되고 있는가를 확인하여야 한다. 여기서 유형화한 전략적 요소를 살펴보면 국제적 조직망을 발전시키는 것이 얼마나 복잡한지 알 수 있다.

① 생산라인

유형적 · 무형적 호텔서비스의 표준화 정도를 가리킨다. 기후, 관습, 참모진 등이 다른 상황에서 표준화된 객실 및 식음료 서비스가 그대로 적용될 수 있는가?

② 표적시장

기업이 국제화됨으로써 목표시장에 대한 주의 깊은 고려가 필요하다. 국내시장이 국제적 경쟁하에 있는가? 또는 다른 경제적 · 문화적 상황에 적응하기 위해 계획이 수정되어야 하는가?

③ 마케팅

마케팅 기능을 그대로 적용시켜야 하는가, 아니면 회사가 글로화되어 감에 따라 마케팅이 글로벌화 또는 현지 목표시장을 잘 이용할 수 있도록 변화하여야 하는가?

④ 판매

최고의 점유율을 달성하기 위해 판매 및 판매서비스에 관한 결정이 어느 정도 변화되어야 하는가?

⑤ 분배

호텔기업은 그들이 찾고 있는 위치의 유형과 다른 판매 에이전트와의 관계를 고려하여 정책의 성격을 결정하여야 한다.

⑥ 구매

구매결정이 중앙에 의해 이루어져야 하는가, 지역적으로 이루어져야 하는가, 아니면 현지 중심적으로 이루어져야 하는가?

⑦ 연구 및 개발

이 요인 역시 집중화와 분산화의 논쟁과 연결된다. 이러한 결정은 새로운 호텔서비스의 개발과 세련화, 새로운 메뉴의 개발, 새로운 기술의 사용 등에 관한 결정을 포함한다.

⑧ 재정 및 통제

재정 및 통제는 매우 중요한 변수이다. 재정문제는 이미 앞에서 언급하였으며, 기업의 새로운 시장에 대한 진출방법 결정은 그 기업 자본의 원천과 재정회수율, 그 밖의 다른 전략적 변수에 매우 중요한 영향을 미치게 될 것이다. 통제는 재정적인 통제뿐 아니라 모든 질적 통제를 의미하는데, 이것은 좀 더 넓은 범위에서 전반적인 시장상황과 운영표준이 기업과 고객의 기대에 부응해야 하기 때문이다.

⑨ **인적자원**

경영진 및 중간관리자, 기타 종사자의 선발, 충원, 유지, 교육 및 개발에 대한 국제적 접근은 기업전략의 수행과 업무표준의 확인에 매우 중요하다.

이러한 분석은 인적자원관리를 매우 주의 깊게 다루어야 할 필요성이 있음을 다시 한번 강조한다. 회사가 그 운영을 결정하는 방식은 관리자의 능력에 따라 매우 중요한 영향을 미치기 때문이다.

1) 국제적 운영에 미치는 요인

국제적 운영의 본질을 더 자세히 설명하기 위해서는 해외환경의 복잡성에 대한 고찰이 필요하다. [그림 10-1]은 조직, 법, 재정, 문화 등 해외환경의 네 가지 구성요소를 보여준다. 해외시장에서의 이러한 요소들은 조직의 구조뿐 아니라 운영관리의 접근에 영향을 미치게 된다.

(1) 조직적 요인

조직적 요인은 의사결정과 커뮤니케이션의 관점에서 기업의 구조를 결정하는 요인을 말한다. 조직적 요인에는 임원선정 및 경영요인이 고려되어야 한다. 국제적 관점에서 보면 몇몇 특별한 요인이 추가되기도 하지만 대부분의 결정은 국내기업에 적용되는 동일한 원칙에 기초한다.

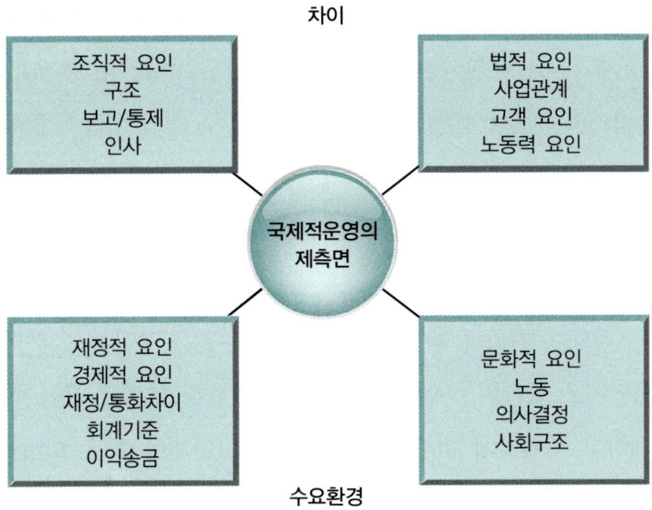

❚그림 10-1❚ 국제적 운영의 제측면

① 조직의 확대유형 고려

조직의 확대유형을 고려해야 한다. 회사는 순전히 자기자본으로 설립되는 경우가 있기도 하지만 프랜차이즈나 경영계약을 체결할 수도 있다. 국제적 측면은 기업이 외국지역에 위치함으로써 알아야 할 지식이 부족할 때 문제가 된다. 이를테면 조직의 크기에 따른 인석구성원의 크기 정도, 회사가 자본의 원천에 대한 지식이나 외국경영에 대한 지식의 유무와 관련한 투자전략 그리고 순전히 자기자본으로 자회사를 설립하여야 할 것인가, 아니면 현지 국가에서 파트너나 주주를 물색해야 할 것인가를 고려해야 할 것이다.

② 효과적인 조직체계 고려

어떤 소유형태가 결정되더라도 기업은 가장 효과적인 중앙통제 형태와 현지차원에 필요한 융통성이 확보되기 위한 보고와 조직체계를 고려해야 한다. 기업은 호텔을 국가적 또는 지역적 차원에서 몇 개의 그룹으로 조직할 수 있다. 이러한 선택은 모회사가 국제적으로 한 개 이상의 호텔 브랜드를 갖고 있을 경우 매우 복잡하게 된다. 이러한 단계에서 결정은 상표별로 호텔을 조직하는 것과 비교하여 모든 조직에 단일 라인의 통제와 커뮤니케이션체계를 적용할 경우 발생하는 장점과 단점의 평가에 달려있다. 이러한 문제에 대한 하나의 해결책은 두 개의 명령체계를 갖는 구조를 만드는 것이다. 두 개의 명령체계 중 하나는 조직의 지역적 분포를 반영한 것이며, 다른 하나는 호텔 브랜드에 따른 명령체계를 말하는 것이다.

다국적 기업은 수평적 · 수직적 차원에서 조직을 고려해야 한다고 지적하고 있다. 수평적 차원은 회사가 현지의 제약조건 및 기회를 잘 활용하여 효과적으로 움직일 수 있도록 하는 것을 말하며, 수직적 차원은 여러 다른 지역과 문화권에 위치한 회사자산을 통제하고 지원하기 위한 경영시스템을 고안해야 함을 의미한다.

③ 노동력의 보충과 개발

다국적 기업이 반드시 고려해야 할 사항 중 중요한 요인은 노동력의 보충과 개발이다. 호텔이나 관광기업은 국제적으로 유동적인 많은 수의 직원을 필요로 한다. 그들은 다른 문화권에서 기업을 운영하는 데 생기는 문제점에 매우 민감할 필요가 있으며, 그들에게 변화에 성공적으로 적응하는 데 필요한 재정적 지원 및 기타 다른 지원시스템이 제공되어야 한다. 반면 호텔기업은 현지 직원의 고용도 반드시 고려해야 할 사항 중 하나이다.

(2) 법적 요인

다국적 기업은 여러 국가의 상이한 법체계에 적응해야 한다. 법적 환경에 적응하는 문제는 매우 복잡한 과정이기 때문에 여기서는 몇 개의 사례를 들어 설명하고자 한다. 가장 먼저 관심의 대상이 되는 건물 사용규정과 고객등록에 관련된 법률로 주의 깊은 조사가 요구되는 요인들이 많다. 프로젝트 개발의 초기단계에서는 회사 형성 및 토지소유권과 관련한 법적 요건이 대단히 중요하다. 토지의 매각이 안 되고, 임대로만 건물을 올릴 수 있는 법적인 문제가 야기될 수 있다. 식음료 서비스에 관한 허가는 반드시 취득되어야 하며, 해당국의 고용관련 법률도 준수되어야 한다. 특히 해당국의 노동법은 준수되어야 한다. 기업의 설립과 운영을 규율하는 법은 프랜차이즈와 경영계약에 적용되는 법률이 된다. 이러한 법률이 자국 내의 법률과 동일할 것이라고 가정하는 것은 커다란 오류가 발생될 것이다.

(3) 재정적 요인

한 기업이 활동하는 국가의 수가 증가함에 따라 관리해야 하는 통화의 수도 늘어나게 된다. 이러한 상황은 가격정책에 어려움을 주며, 특히 환율변동의 문제를 고려할 때 문제점은 더욱 커진다. 또한 재정적 환경에서 여러 차이점은 기업운영에 많은 영향을 미치게 된다. 재정부담, 즉 대부이자율은 중요한 변수가 된다. 판매세, 임금에 대한 세제, 수익, 수익의 본국송금 등과 관련된 정부의 정책도 반드시 고려되어야 한다. 또 다른 중요한 변수는 회계 관습으로, 회사의 수익이 산출되는 방식이 어떠한가 하는 점이다. 예를 들어 미국을 포함한 몇몇 국가에서는 회사의 자산이 감가상각이 되며, 영국에서는 자산평가가 허용된다.

(4) 문화적 요인

문화적 차이에서 비롯되는 문제 역시 매우 광범위한 주제로, 여기서는 그 본질적인 부분을 지적하는 몇 가지 예를 들기로 한다. 문화는 인간의 행동을 제약하는 사회적 규범과 반응의 총체라고 정의될 수 있다. 그것은 출생과 동시에 자연히 얻어지는 것이 아닌 배움을 통해 습득되고 사회적으로 강제되는 규칙과 행동패턴이다. 경영의 측면에서 주목해야 할 점은 행동에서의 차이이다. 이 중 가장 분명한 요인은 언어의 차이에 있다. 그럼에도 이것은 여러 문화적 차이의 한 특성일 뿐이다. 또 다른 문화적 차이로 다음의 것들이 고려될 수 있다.

① 일과 성취에 대한 태도

부와 성취에 개인의 차이는 다르며, 어느 정도까지 일에 대해 동기부여를 받는가?

② 의사결정의 패턴

개인, 가족, 사업주, 조언자 등 누가 의사결정을 하는가?

③ 사회구조

사회적, 경제적, 또는 인종적 집단 간의 이동에 장벽이 있는가? 있다면 그 장벽은 얼마나 높은가?

어떤 사회는 다른 사회에 비해 동질적인 요소가 많으며, 훌륭한 경영은 항상 이러한 유사점에 초점을 맞추어 경영을 한다. 그러나 문화적 차이의 모든 측면을 인식하는 것이 간단한 일은 아니다. 자신의 문화 속에서 천박한 것으로 간주되는 것들을 인내를 가지고 바라보기 위해서는 매우 많은 훈련과 수양이 요구된다.

2) 인적자원관리와 국제적 성장

호텔산업의 인적자원관리(human resource management)가 기업의 성장전략에 통합되기 위해서는 이에 대한 내적 · 외적 영향이 밝혀지고 분석되어야 한다. 다음의 논의는 인적자원관리에 대한 전략적 선택의 문제와 국제경영 개발이라는 측면에서 인적자원관리가 조직에서 갖는 의미에 초점을 맞추고 있다. 인적자원관리에서 중요한 전략적 변수는 경영의 수평적 · 수직적 조직망, 지식의 양극화, 관리자의 이동성, 서로 다른 업무관행, 기타 문화적 이슈 등을 들 수 있으며 이러한 변수에 초점을 맞추어 논의를 전개하고자 한다.

조직망의 구성은 기업이 세계화되어 감에 따라 전문가를 공동으로 이용하고 주변

자회사의 경우 고립현상이 일어나지 않도록 하기 위해 매우 중요하다. 기업이 단순조직의 확대로써 발전하고자 할 때 국내의 수준에서 일어날 수 있는 지식의 양극화 현상은 조직이 국제적으로 성장함에 따라 더욱 예민해질 수 있다.

호텔이 위치한 국가나 지역적으로 얼마나 확대되었는지에 따라 관리자의 이동성과 다른 문화권의 작업관습에 대해서 얼마만큼 알아야 하는가의 문제가 결정된다. 인적자원관리에 관한 전략적 접근을 함에 있어서는 이러한 모든 변수에 주의를 기울여야 한다.

국제적인 호텔기업의 성장에서 인적자원관리의 역할은 아무리 강조해도 지나치지 않는다. 인적자원관리는 호텔의 확장 범위에 영향을 미치는 한편, 이에 대한 기업의 의사결정에 있어 반응적인 접근방법보다 대응적인 접근방법을 택할 수 있는 범위는 재정적 능력뿐 아니라 최고경영진의 기술과 능력에 달려 있다. 특히 환경에 대한 대략적인 평가와 사업추세의 분석능력은 매우 중요하다. 예를 들어 경영이 기능의 중앙 집중화에 의해 성공적으로 이루어진다 하더라도, 기업이 성장함에 따라 개개인의 관리자가 지역운영에 외적인 요소를 충분히 고려할 수 있도록 이러한 기능이 분산화 될 필요가 있다. 호텔기업이 경영전략을 수립함에 있어 인적자원관리 전문가를 포함시키지 않은 과거의 관행은 경영개발이 성장전략의 한 부분으로서 계획되지 않고 대응적 과정으로 남게 되는 결과를 낳았다.

(1) 민족 중심적 전략

이 전략은 기업경영에서 모든 진출국가에 동일한 전략과 업무방식이 적용되는 것을 말한다. 이 접근은 중앙의 인사과에 대부분의 의사결정권이 주어지며, 주요 직위에 대한 관리자의 충원과 개발이 자국 내에서 이루어진다. 이 전략과 함께 채택될 수 있는 유사한 접근방법은 기업이 모든 종사자의 태도와 행동을 기업스타일에 맞게 사회화시킴으로써 회사의 인적자원관리 기능을 하나의 형태로 통합시키는 것이다.

인적자원관리에서 민족중심적인 접근을 채택할 경우 장기적인 안목에서 관리자의 이동에 대한 희망과 비용을 고려해야 한다. 관리자는 그들의 경력과 관련하여 제한된 시간 동안 국제적으로 활동하기를 적극적으로 희망하게 될 것이다. 기업은 이러한 관리자의 요구에 맞게 충분한 이 같은 직무의 통로가 열려있는 것을 확산시킴으로써 기업의 매력요인을 증가시킬 수 있다.

이러한 민족중심적 전략은 기업의 문화가 전조직에 침투되고 관리자가 그들 회사의 운영에 영향을 미치는 현지 문화의 문제점을 인식할 수 있도록 관리자의 개발에 있어 문화적 문제에 높은 주의를 기울여야 한다.

(2) 다민족 주의적 전략

이 접근방법은 인적자원관리가 현지의 외적 환경 및 그것이 운영에 미치는 영향을 고려하여 이루어지도록 진출 국가별로 인적자원관리 기능을 분산시키는 것이다. 이 전략에 의한 경영관리는 현지 관리자를 회사 내의 주요 직위에 배치하기 위한 훈련과 개발에 초점을 맞춘다. 이러한 전략은 외적 요소가 현지 회사의 운영에 더 고려되도록 하는 것임에도 불구하고 경력개발에서 제한된 기회만을 제공하는 결과를 낳는다. 그리고 현지의 문제점이 기업철학과 마찰을 일으키게 되면 조직에 대한 충성도와 관련하여 문제점이 생길 수 있다. 이러한 갈등은 회사 간 경쟁관계의 성립과 회사 내 전문가의 동질성 확보를 어렵게 할 수 있다.

(3) 지리 중심적 전략

지리 중심적 전략은 인적자원의 전반적 관리를 조화롭게 함으로써 조직 내의 이동성을 용이하게 하는 한편 동시에 현지의 환경적 요인에 적절히 대응하도록 하는 세계적 차원에서의 인적자원관리전략이다. Holiday Inn과 Marriott 호텔이 이 전략을 사용하고 있다. 경영자 개별은 주요 직위에 대한 최적의 인물을 조직 전체에서 개발하는 데 초점을 맞추고 있다. 이 전략은 극도로 다양한 시장에서 운영에 관한 일반지식을 갖고 있는 국제적 관리자의 개발에 관심을 집중한다. 국제적 문화의 측면은 관리자가 효과적으로 활동하는 데 필요한 요건이나 비용이 높아지고, 내부적인 문제로 엘리트의식이 대두될 수 있다.

인적자원관리는 매우 동태적이라 기업이 성장함에 따라 시스템 내에서는 발전이 일어나게 되고 따라서 인적자원관리도 다른 접근방법으로 옮아가게 된다. 이 단계에서 또 하나의 중요한 측면은 중심과 주변과의 관계이다. 주변이 중앙에 행사하는 영향력은 인적자원관리 방식에 변형을 가져올 수 있기 때문이다.

3) 경영자 개발

경영자 개발은 최근에 많은 주목을 받기 시작한 인적자원관리 분야의 한 부분이다. 경영자 개발의 역할에 관한 논의는 현조직의 재구성 추세에 자극을 받아 일어났으며, 중간층의 관리자 수 감소를 초래하였다. 경영자 개발은 기업이 현재와 미래의 요구에 맞는 효과적인 경영을 하고 있는가를 확인하는 과정이라고 정의할 수 있다. 이 과정은 매우 복잡한 구조를 갖고 있는데 그것은 경영자 개발이 기업의 사업 필요성과 경영자 개개인의 전반적인 성향과 관련된 형식적 · 비형식적 학습을 모두 포함하기 때문이다.

경영자 개발은 사업에서 핵심적 요소가 아닌 주변적 요소로 종종 인식되어 왔으나, 급격한 시장변화, 기업인수 및 합병의 증가, 국제적 경쟁, 국내시장의 포화상태 등의 환경에서는 성공을 위해 국제적인 발전과 이러한 변화를 감당할 수 있는 경영자에게 더 많은 관심을 기울여야 한다.

전략적으로 회사는 이러한 환경 하에서 성공에 필요한 기술과 전문성을 갖춘 경영자를 확보하기 위하여 세계적인 계획 관리를 해야 한다. 운영적인 차원에서 경영자는 회사 전체의 입장에서 운영을 내다볼 수 있어야 하며, 동시에 현지 환경이 그들의 업무와 운영에 미치는 영향도 인식하고 있어야 한다.

(1) 운영에 따른 관리층의 구조 변화

국제관광산업 내의 경쟁이 증가함에 따라 기업구조는 지속적으로 변화하고 있다. 기업은 좀 더 효과적인 운영시스템의 구축을 위해 단순한 조직을 개발하기 시작하였는데, 이와 같은 추세는 회사운영 차원에서 중간 관리층을 없앤 것이다. 이러한 변화는 상위급과 중간급 관리자 사이에 지식의 양극화현상을 유발할 수 있다. 이것은 발전의 욕구가 높고 능력이 있는 관리자는 진급하고 이러한 자질이 없는 사람은 낮은 관리직이나 감독직에 남아 있어야 하는 결과를 초래하게 된다. 따라서 발전의 기회는 매우 낮아 관리자 경력의 초기단계부터 몇 안 되는 자리를 두고 높은 경쟁을 벌이게 된다. 기업은 지속적으로 개발기회를 부여함에 있어 더 많은 노력을 기울여야 한다. 이럴 경우 개인의 학습이 직장에서건 직장 밖에서건 조직학습으로 변형될 수 있다.

(2) 성취와 기업요구에 따른 경영자의 자기개발

경영자는 그들의 장기적인 성취욕구와 기업의 요구에 부응하는 훈련과 개발계획을 자신이 스스로 선택할 수 있다. 기업은 이러한 요구나 욕구가 실현될 수 있도록 광범위하고 보다 융통성 있는 경영자개발 프로그램을 제공하는 것이 필요하다. 경영자 개발프로그램은 전통적으로 리더십을 개발하는 데 초점을 맞추어 왔다. 그러나 미래에는 회사에 가장 적합할 뿐 아니라 경영자 개인의 요구에도 적합한 자질을 어떻게 발전시키는가 하는 것이 중요하다. 이것은 다양한 지역의 다양한 상황을 반영하는 것으로서 경영자들은 다국적 노동력을 다룸에 있어 그들의 리더십 형태를 지역의 요구에 맞게 적응시켜야 한다. 이러한 방법은 급격한 변화와 경쟁적 환경을 이겨낼 수 있는 경영자 개발이 중시됨에 따라 더욱 많은 지지를 받을 수 있다. 많은 국제적 기업들은 경영자 개개인이 단기 · 장기적으로 그들의 사업에 영향을 미칠 요소를 인식할 수 있어야 한다고 말하고 있다.

관광기업은 고객에 대한 인식과 고객지향적인 방향으로 발전되어 왔다. 고객보호

훈련프로그램이 대폭 증가한 것에서 볼 수 있듯이 많은 기업이 이 점에 초점을 맞추고 있다. 기업구조는 종사자 개개인이 고객의 요구에 대응할 수 있도록 하는 권한을 줌으로써 고객에게 서비스를 잘할 수 있도록 해야 한다.

(3) 일선 종사자를 위한 경영자

인적자원 의존도가 높은 호텔기업은 일선 종사자들이 직접 고객의 요구와 불만에 대응할 수 있도록 하며, 고객과의 진실의 순간을 잃지 않도록 하기 위해 그들의 권한을 줄 수 있어야 한다. 경영방침은 개별 종사자에게 맞게 조절되어야 하며, 종사자의 조직충성도를 강화시킬 수 있도록 훈련이 필요하다. 문화에 대한 인식은 국제적 경영자에게 가장 중요시되는 특질이며, 특히 회사가 분산적인 기업구조를 갖고 있을 때 이러한 자질이 요구된다.

호텔기업은 경영자를 위한 문화훈련을 개발할 필요가 있음을 인식하기 시작하여, 경영층에 대한 어학교육의 기회가 많이 증가되어 왔다. 그러나 이것은 경영자가 좀 더 효과적으로 일할 수 있도록 기업이 포괄적인 문화훈련프로그램을 개발하는 것이 필요하다. 힐튼인터내셔널과 그랜드메트로폴리탄은 이러한 프로그램을 개발한 예에 속한다. 또한 현지 문화의 압력이 모기업 문화의 압력과 갈등을 일으키지 않도록 해야 한다. 그럼에도 문화훈련은 호텔산업 경영자로 하여금 회사의 결정에 대한 문화적 의미에 관한 갈등을 유발할 가능성이 있다. 따라서 문화훈련의 장기적 · 단기적 목표가 분명하게 밝혀지고, 이것이 훈련에 참가하고 있는 경영자에게 전파될 수 있도록 하는 것이 중요하다.

(4) 세계적 수준의 경영자 개발

국제적 관광산업에서 경영자는 무엇보다 세계적이어야 한다. 그러기 위해서는 교육, 경험, 국제적 이동성이 중요하다. 이를 통해 문화적 차이와 그것이 기업에 미치는 영향이 평가될 수 있게 된다. 경영자 개발은 그것이 과거만큼의 중요성을 더 이상 갖지 못할지도 모른다. 경영자도 회사에 의해 제공되는 이익의 총계를 분석하게 될 것이며, 숙련된 국제경영자의 수가 점점 희소해짐에 따라 더 많은 것을 요구할 수 있는 위치에 놓일 가능성이 높다.

(5) 노동력 변화에 순응하는 경영자

호텔산업의 경영자는 구성하고 있는 노동력이 다국적 구조를 갖고 있기 때문에 다문화적 환경 안에서 전통적으로 기능해 왔다. 더 많은 호텔기업이 다국적 기업으로 변화되고 있기 때문에 더 많은 경영자가 일에 대한 태도가 변해야 한다. 또한 노동력 변화에 따른 행위적 측면을 해결하는 방법을 배우게 될 것이기 때문에 이러한 경향은 더욱 증가할 것이다. 따라서 새로운 상황에 대한 적응능력은 국제적인 호텔기업 경영자가 갖추어야 할 요구조건 중 하나이다.

4) 사례연구

(1) 직영호텔 사례

싱가포르에 본사를 두고 있는 밀레니엄(millennium)사는 국제적으로 다양한 브랜드 호텔을 인수하여 광범위하게 경영하고 있는 대형 호텔기업이다. 여기에서 분석은 호텔분야에 주로 초점을 맞추었다. 경영활동은 전 세계를 대상으로 활동하고 있다.

밀레니엄에 속한 대부분의 호텔은 직접소유이며 직영이다. 전통적으로 호텔의 확장은 기존의 호텔을 인수하거나 새로운 호텔을 짓는 방법으로 이루어져 왔다. 합작투자와 같은 대안적 방법은 고려되지 않았으나 향후 여러 나라에서 합작투자를 추진할 계획이다.

① 기업구조와 커뮤니케이션

외국에서의 운영은 본사가 직접 경영하거나 본사와 긴밀한 관계를 맺고 있는 자회사에 의해 운영되어 왔다. 그러나 현재 회사는 수익의 유지 및 증대를 위해 기업구조를 재평가하고 있다. 이것은 회사의 전반적인 활동을 재구성하는 것을 의미한다. 이러한 실행의 주요한 특징은 전략사업체의 설립이다. 이 사업체는 호텔상표전략과 관계가 있으며 분명한 전략적 방향을 제시하고 있다. 그러나 해외의 상황이 조금 다르기 때문에 명확한 상표정책(밀레니엄)은 도입은 전 세계 모든 호텔에 반영되지 못하고 있는 것이 현실이다. 이것은 호텔의 위치 및 유형의 다양성에서 비롯된다. 그러나 국제적 운영의 경우 현지 회사는 기업의 목표를 수행하기 위해 수많은 종류의 다른 방법을 개발해 왔다. 각 회사 내에서 부관리자급의 경영자가 제거됨에 따라 단순해진 조직이 관심의 초점이 되고 있다.

② 의사결정

전략사업체의 창설에도 불구하고 밀레니엄사는 싱가포르에 있는 본사 팀의 특권인 의사결정권에 대한 철저한 통제가 유지되고 있다. 모든 분야의 전략적 방향은 이 수준에서 이루어지며, 이 전략적 방향을 각 전략사업체에 적합하게 해석하는 것은 이에 적합한 경영자가 수행한다. 적절한 수행을 위해 제안된 전략에 수정을 가할 수 있는 것은 이 단계에서 가능하다. 전략을 모든 회사에 전달하는 의무는 운영이사들에게 있으며, 전략을 조직 내부에 전달하는 것은 각 조직단위의 관리자이다.

③ 조직망의 구성

전통적으로 분야별 경쟁을 가능하게 하기 위한 내적 · 외적인 조직망의 구성은 거의 없었다. 그러나 요즘에는 조직망의 구성이 많이 이용되고 있으며 특히 조직 외부에서 조직망 구성이 활발히 이루어지고 있다. 교육기관과의 연계는 기업이 대안적인 경영자 개발기술을 지향함에 따라 강화되고 있다.

④ **경영자 훈련 및 개발**

밀레니엄사는 경영훈련센터를 사내에서 다년간 운영해 왔다. 경영훈련 대상자는 특별히 부서에 배치되어 약 1년 동안 훈련을 받은 후 회사 내의 직책을 부여받았다. 문화 간 의식 증진을 위한 프로그램을 다년간 실시한 결과 매우 성공적인 것으로 증명되었다. 이러한 경영훈련을 통해 개인은 경영에 대한 경험을 얻을 뿐 아니라 동시에 회사의 운영과정 및 정책에 관한 지식을 쌓을 수 있게 된다.

회사는 사내교육뿐 아니라 입사 이전의 교육을 인정하는 대안적 접근방법을 채택하여 관리자가 훈련과 직업경험에 대한 학문적인 수업을 받을 수 있도록 하는 등 교육이 회사 전체에 침투되도록 많은 노력을 기울이고 있다. 몇몇 훈련과정은 현재 모든 전략사업체와 모든 수준의 경영에서 실시되고 있다. 이것은 경영자들이 이미 내려진 전략적 결정에 좀더 밀착되게 하는 효과를 가져온다.

⑤ **지원서비스**

직원의 의료보험, 식사제공, 유니폼 지원, 학교 등록금을 포함한 재배치 수당이 국제적 이동이 있는 경영자에게 제공되었다. 충분한 사전설명도 주어진다. 그러나 당사자의 배우자에 대한 지원은 거의 이루어지지 않고 있다.

(2) 경영계약에 의한 중소형 호텔의 사례

A기업은 경쟁사보다 작은 규모지만 호텔개발과 운영을 전문적으로 하고 있는 회사로 계약을 체결한 회사가 주로 유럽에 편중되어 있다. 그러나 그 규모에 비해 해외에서 많은 활동을 하고 있는 회사이다.

① **기업구조와 커뮤니케이션**

국내에 작은 규모의 본사를 유지하기 위한 세심한 정책적 노력이 있었다. 이것은 개별 관리자에게 책임을 위임하고 운영에 관한 의사결정권과 책임을 부여함으로써 가능하였다. 경영진은 재정, 운영 등의 명확히 정의된 영역에 대해 통제권을 갖고 있다. 회사의 규모와 경영진의 서비스 기간은 업무관계에 있어 상호 신뢰와 존경이 유지되도록 하고 있다. 이것은 조직의 상부까지 커뮤니케이션이 가능한 장치를 발전시켰다. 경영진은 그들의 역할이 조직 내의 각 기능을 용이하게 하는 데 도움을 주는 것이라고 생각한다.

외국의 회사는 자회사가 스스로 자신의 운영구조 및 수익 관리에 책임을 지는 방식으로 운영되고 있다. 자회사는 이사회에 참석하며, 경영진은 직접 총지배인에게 보고하도록 되어 있다.

② 의사결정

재정을 제외한 회사의 조직은 나라별로 분산적이다. 각 운영단위의 예산을 확보하는 방법은 각 관리자의 자유의사에 맡겨져 있다. 회사의 전략적 방향은 본사에서 결정이 되나 이 결정에 대해 자회사는 상담과 수정을 요구할 수 있다. 전략의 수행과 해석에 대한 책임은 각 회사의 운영책임자에게 있다.

③ 조직망의 구성

조직망의 구성은 현지 차원에서 수행되며, 각 자회사 관리자의 소관이다. 이 점에 관한 운영지침이나 정책은 거의 없다. 따라서 조직망의 구성은 일시적으로 이루어지며, 기업의 이익보다 현지의 요구를 더 많이 반영하게 된다.

④ 경영자 훈련 및 개발

훈련대상자는 각 자회사의 이사가 선발하며 감독 혹은 관리자의 직책이 주어진다. 운영절차, 유도, 훈련기술, 통제시스템에 대한 훈련프로그램이 마련되어 있다. 훈련의 초점은 경영에 대한 개인별 훈련이며, 개발 및 훈련에 대한 책임은 개별 관리자에게 있다. 훈련대상자에게는 어떠한 경력상의 약속도 하지 않으며 책임은 개인이

지게 된다.

⑤ **지원서비스**

자기개발과 자기발전에 대한 강조는 본사에서 관리자에 대한 지원이 거의 없다는 것을 의미한다. 인적자원관리와 관련하여 자회사간 이동이 거의 없으며, 지원메커니즘이 지역적으로 분산되어 있다.

3 호텔기업의 합병 · 인수

1) 합병 · 인수의 개념

합병(merger)이란 한 기업이 다른 기업을 흡수하여 한 개의 기업이 되는 것을 의미한다. 합병에는 흡수합병과 신설합병이 있다. 흡수합병은 한 기업이 다른 기업을 완전히 흡수하는 형태이고, 신설합병은 통합된 두 기업이 완전히 없어진 후 새로운 기업이 탄생하는 형태를 말한다. 인수(acquisition)는 피인수기업을 그대로 존속시키면서 경영권을 행사하는 방법을 말한다.

2) 합병 · 인수의 동기

(1) 시장진입 시간의 단축

기업이 해외시장에 신설투자로 진입하려면 많은 시간과 비용이 소요된다. 하지만 합병 · 인수의 형태로 해외시장에 진출할 경우 그 기업은 피인수기업이 보유하고 있는 공장설비, 브랜드 · 유통망 등을 단기간에 획득할 수 있다,

(2) 경영자원의 획득

해외인수 · 합병을 하게 되면 현지의 유통망과 고객에게 접근하기가 용이하고, 현지국의 공개시장에서 얻기 어려운 무형의 자원획득이 가능하게 된다. 또한 기존의 경영자를 활용하는 경우 현지사업의 환경을 다루는 경험을 획득할 수 있다. 따라서 해외경영의 경험이 적은 기업이나 현지시장에 대한 정보가 부족한 경우에 합병 · 인수는 적절한 시장진입 방법이 될 수 있다.

(3) 성숙산업에서의 시장진입

합병 · 인수는 산업 전반적으로 유휴시설이 많은 산업에서 선호되는 시장진입 방식이다. 특히 생산시설이 포화상태에 있는 산업에 신규진출하고자 할 때, 공장을 새로 건설하여 산업 내에 과잉생산설비를 만들 필요가 없다. 또한 이와 같은 성숙산업에서는 높은 시장진입 장벽이 존재하기 때문에 인수 · 합병이 효과적인 진입방법이 될 수 있다.

(4) 사업다각화 전략

다각화(diversification)란 기업이 다른 여러 산업에 참여하는 것을 의미하는데, 이러한 신규산업진출도 인수 · 합병의 동기가 될 수 있다. 하지만 투자가가 전혀 경험이 없는 분야라면 실패위험이 증대할 수 있다.

3) 합병 · 인수의 유형

(1) 합병의 종류

① 흡수합병

일부 회사가 해산하고 해당 권리의무가 포괄적으로 이전되는 경우 또는 새로운 회사에 이전되는 경우를 말한다. 즉, 합병으로 당사회사 중 한 회사만 존속하고, 다른 회사는 해산하되, 존속회사가 해산하는 회사의 재산 및 직원을 수용하는 경우이다.

② 신설합병

신설합병은 당회사가 모두 해산하고 동시에 새로운 회사를 설립하되, 신 회사가 해산하는 회사의 재산 및 사원을 수용하는 경우이다.

(2) 인수의 종류

① 수직적 인수

수직적 인수(vertical acquisition)는 수직적 통합 형태로 이루어지는 인수를 말한다. 수직적 인수에는 후방통합형과 전방통합형이 있다. 후방통합형 인수는 원자재나 주요부품을 공급하던 기업을 인수하는 것이며, 전방통합형 인수는 고객이나 유통망을 인수하는 것을 말한다.

② 수평적 인수

수평적 인수(horizontal acquisition)는 기존의 경쟁사를 인수하는 것을 의미한다.

③ 제품 확장형 인수

제품 확장형 인수(product extension acquisition)는 제품 라인이나 브랜드, 혹은 기술분야를 확대 · 보완하기 위한 인수를 의미한다. 다각화를 통한 성장전략의 일환으로 단기간에 제품다각화를 이룰 수 있는 장점이 있다.

④ 시장 확장형 인수

시장 확장형 인수(market extension acquisition)는 시장의 지리적 확대를 위해 특정시장에 기반을 두고 있는 기업을 인수하는 것을 말한다.

⑤ 복합형 인수

복합형 인수(conglomerate acquisition)는 전혀 다른 산업에 속한 기업을 인수하는 것을 말한다.

Chapter

11

Hotel Management Strategy

호텔브랜드 전략과 향후 전망

11 Chapter 호텔브랜드 전략과 향후 전망

브랜드(brand)란 특정 판매업자의 제품이나 서비스를 다른 판매업자로부터 식별하고 차별화시키기 위하여 사용되는 상표로 표현하기도 하지만 명칭, 말, 상징, 기호, 디자인, 로고와 이들의 결합체라고 정의할 수 있다. 또한 브랜드의 개념으로는 상표명, 상표마크, 등록상표 등이 있다. 상표명(brand name)은 힐튼, 하얏트, 롯데, 신라, 리츠 등과 같이 상표 중에 말로 발음하고 나타낼 수 있는 문자, 단어, 숫자부분을 말하며, 상표마크(brand mark)는 힐튼호텔의 H자, 롯데호텔의 L자와 같이 상표 중에 상징, 디자인, 독특한 색상이나 문자와 같이 인식은 되지만 말로 표현할 수 없는 부분을 말한다. 등록상표(trade mark)는 그 상표의 독점적 사용이 법적으로 보장되어 보호받을 수 있는 상표를 의미한다. 브랜드에 대한 중요성이 점점 커지면서 기업들은 글로벌 브랜드로서의 포지셔닝을 위해 많은 비용을 투자하고 있다.

1 브랜드 관리의 중요성

차별화된 이미지를 가진 파워 브랜드의 개발은 장기간에 걸쳐 경쟁사들과의 경쟁에서 이길 수 있는 확고한 기반을 제공한다. 브랜드(brand)란 판매자의 제품이나 서비스를 경쟁사의 것과 차별화시키기 위해 사용하는 이름과 상징물의 결합체를 의미한다. 기업이 생산하는 것은 상품이지만 소비자가 사는 것은 브랜드이다. 상품은 경쟁사에 의해 모방되고 실제로 소비자 취향에 따라 변화하지만 성공적인 브랜드는 소비자들의 마음속에 강하게 자리 잡게 된다. 브랜드는 오래전부터 시장에서 중요한 역할을 해왔는데, 예를 들어 중세 유럽에서 상인들은 소비자들에게 제품의 품질에 대한 확신을 심어주고 생산자를 유사한 모방제품으로부터 보호하기 위한 수단으로 브랜드를 사용하였다.

1) 브랜드 자산

오늘날 전 세계의 많은 기업들은 브랜드를 귀중한 자산으로 여기고 있으며, 이러한 브랜드 자산(Brand Equity)은 마케팅에서 중요한 이슈로 부각되고 있다. 새삼스럽게 브랜드의 중요성을 인식하고, 기업들은 저마다 브랜드 파워(brand power)를 구축하기 위해 혈안이 되어 있는 여러 가지 이유들 중 하나는 성숙기에 들어선 대부분의 소비용품 시장에서 경쟁제품들 간에 품질의 차이가 거의 없다는 것을 꼽을 수 있다.

이에 따라, 기능면에서 자사의 상표를 경쟁상표들로부터 차별화하기는 점점 더 어려워지고 있다. 이러한 상황에서 많은 기업들은 브랜드이미지를 차별화시킴으로써 브랜드파워를 구축하는 것만이 가격경쟁을 피하고, 시장점유율을 높이며, 안정적인 수익성을 유지할 수 있는 기반임을 공감하고 있다. 일반적으로 소비자들은 브랜드파워를 가진 시장 선도 상표들에 대해 높은 애호도를 보인다. 그러므로 브랜드파워가 있는 상표는 가치 있는 무형자산을 확보하고 있는 것이나 다름없다.

따라서 브랜드 자산이란 한 제품에 브랜드를 붙임으로써 추가되는 어떤 가치로서, 브랜드 자산의 효과는 높은 브랜드애호도, 시장 점유율 혹은 수익의 증가로 나타나게 된다.

브랜드는 자신의 사업 이름을 걸고 브랜드에 걸맞은 서비스를 이행할 것을 고객에게 약속하는 것이므로 그 어떤 품질 보증서 보다 더 중요하다. 브랜드는 그 자체만으로 고객에게 어떤 불편이든 해결해 주겠다고 약속하고 있기 때문에 어떤 보증서보다 더 중요한 것이 브랜드의 가치인 것이다. 그리고 가장 바람직한 서비스는 그 약속을 지키는 것이라 생각한다. 이는 사업장의 모든 구성원이 성실히 행함을 의미한다.

참고로 더 빠르고, 저렴하며, 더 질 좋은 서비스도 실패할 수 있는데, 고객들에게 약속을 잘 지킨다는 확신과 진실만을 말하고 있다는 확신을 심어주지 못하면, 아무리 좋은 서비스라도 실패한 것이라 하겠다. 그러므로 자신의 브랜드 파워를 절대 과소평가하면 안 되고, 또 새로운 브랜드를 창조하는 것은 매우 어렵다는 것도 잊지 말아야 할 것이다.

2) 브랜드 자산의 원천

브랜드자산의 원천이 형성되는 요인으로는 브랜드 인지도(brand awareness)와 브랜드 연상(brand association)을 들 수 있는데 다음과 같다.

(1) 브랜드 인지도

브랜드자산의 원천이 형성되는 요인 중 브랜드 인지도(brand awareness)란 소비자가 한 제품범주에 속한 특정 브랜드를 재인식(recognition)하거나 회상(recall)할 수 있는 능력을 말한다. 특히, 소비자의 제품관여도가 낮은 경우에 있어서 높은 인지도는 소비자의 친밀감을 불러일으켜 바로 구매로 연결시키는 매우 강력한 마케팅 전략우위의 요소가 되기도 한다. 이러한 관점에서 볼 때 호텔서비스는 브랜드인지도가 매우 중요한 마케팅 전략에서 경쟁우위를 확보할 수 있는 산업이다.

(2) 브랜드 연상

브랜드자산의 원천이 형성되는 요인 중 브랜드 연상(brand association)은 브랜드와 관련된 모든 생각과 느낌과 영상이미지를 종합적으로 의미한다. 브랜드이미지는 소비자가 그 브랜드에 대해서 갖는 전체적인 인상을 말하는데, 이러한 브랜드이미지는 브랜드와 관련된 여러 연상들이 결합되어 형성된다. 브랜드에 전체적인 인상이 된다는 것이다. 브랜드 연상은 브랜드를 듣거나 보면 떠오르는 이미지이다.

① 떠오르는 이미지

강력하고 즉각적으로 떠오르는 브랜드 연상이 있어야 하는데, 호텔하면 힐튼, 리츠, 하얏트 등 즉시 떠올라야 한다. 즉각적으로 떠오르려면 차별적이고, 독특한 브랜드 연상이어야 하는 것이다.

② 강력한 회상

대부분 브랜드연상은 광고에 많이 노출되고 사용경험이 많을수록 강한 브랜드연상이 형성된다.

③ 속성은 독특하고 구체적

고객의 기대와 감정, 전반적인 성능을 포함한 지각된 품질을 이용한 연상이 되어야 한다.

④ 지각된 품질, 소비자 생각, 가격대 형성

높은 시장 점유율에 따른 저가격 연상도 있을 수 있지만, 높은 가격대가 형성되면 소비자는 높은 품질로 생각한다.

⑤ 브랜드 퍼스낼리티와 자아개념

브랜드 퍼스낼리티(brand personality) 연상은 브랜드를 한 인간으로 놓고, 자신을 관찰대상으로 봤을 때 자아개념과 일치하는 제품을 더 잘 기억한다.

⑥ 사용자에 따라 호감도 증가

사용자가 전문 지식인이고, 호감도 있고, 자신과 유사하다면 브랜드 연상에 대한 호감도가 증가할 수 있다.

⑦ 원산지에 대한 소비자의 착각

미국에서 만든 보드카를 러시아 보드카처럼 이름을 짓을 경우 소비자 마음속에는 러시아 산으로 상상하게 만든다.

⑧ 기업 이미지

기업 자체를 호감도 있게 만드는 것인데, 삼성제일주의로 삼성제품에 호감도가 있게 만드는 것과 같다.

2 호텔산업의 글로벌 브랜드 관리

호텔산업은 다른 산업에 비해 글로벌화가 심화된 산업이라고 할 수 있는데, 특히 호텔 브랜드의 글로벌화는 매우 중요한 주제라고 할 수 있다. 우리나라에 진출한 세계적인 글로벌 호텔 브랜드들도 우리나라에 진출하거나 다른 나라로 진출할 때 사전시장조사 등 많은 과정을 거쳐서 진출하였다. 특히, 브랜드에 의한 지리적 범위의 확대는 규모의 경제(economies of scale)와 생산성 향상에 의해 지속적인 경쟁우위의 확보를 가능하게 한다. 최근 들어 글로벌화의 가속화는 지리적 확장을 통한 브랜드

자산의 강화를 자연스러운 전략적 대안으로 만들고 있다. Hilton, Marriott, Hyatt, Ritz 등 세계의 여러 지역에서 자사의 파워 브랜드로 호텔산업을 영위하고 있는 기업들은 이러한 지리적 확장을 통해서 브랜드의 글로벌화를 실행하여 많은 이윤을 추구하고 있다. 이렇게 해외시장으로 지리적 범위를 확대하려는 호텔기업들은 다음과 같은 전략적 결정을 내려야 한다.

1) 진출 시장에 대한 전략

먼저 어느 시장으로 진출할 것인가에 대한 전략적인 결정이다. 여기서 경영을 위한 전략은 제한된 자원을 어떻게 배분할 것인가에 대한 주요한 의사결정이기 때문에 호텔기업들은 해외시장을 진출하기 전에 과연 어떤 브랜드로 어느 국가로 진출해야 가장 많은 이윤을 추구할 수 있는지를 전략적으로 결정해야 한다.

2) 소비자의 욕구충족

세계시장의 공통된 소비자 욕구를 충족시키고자 하는 글로벌 브랜드와 현지고객의 기호를 충족시키는 데 효과적인 현지 브랜드 간의 상반된 목표에 대해 어떻게 균형을 맞출 것 인가에 관한 전략적인 의사결정이다. 예를 들면 호텔의 유형적인 측면이라든지 식음료의 운영 및 관리, 마케팅 측면에 있어서 글로벌화와 현지화의 정도를 어느 정도 균형을 맞추는가하는 문제는 매우 중요하다.

한편 기업은 각국의 소비자기호를 반영하여 국가별로 차별화된 브랜드를 도입하는 현지화 브랜드 전략(local brand strategy)을 추구할 수 있다. 같은 브랜드라도 어떤 국가에서는 좋은 결과를 내는 반면 다른 국가에서는 부정적 결과를 초래할 수 있다. 혹은 이미 그 국가에서 유사한 브랜드 이름들이 있기 때문에 사용할 수 없는 경우가 발생하기도 한다. 이와 같이 현지화 브랜드 전략을 구사하는 기업들은 국가에 따라 브랜드명, 제품 포지셔닝, 가격전략, 마케팅 전략 등을 달리 구사한다.

3 호텔산업의 향후 전망

1) 합병 · 인수

호텔기업들은 기존 호텔을 향상 발전시키거나 더 많은 호텔들을 흡수하는 정책이 90년대 후반부터 시작되었으며, 앞으로도 지속될 전망이다. 호텔산업의 합병 · 인수(merger & acquisition) 정책은 사세확장에 중심을 두고 있다. 이를 기반으로 마케팅 능력향상과 경영혁신으로 수익 증대와 경쟁력을 확보하고 안정된 운영을 하기 위함이다. 이미 호텔들 중 일부는 M&A를 통하여 다른 기업에 합병 · 인수되어, 체인화를 이루고 있거나 동일한 이름의 지점이 증가하고 있음을 볼 수 있다.

2) 기존 시설의 전환

시설확장의 한 방법으로 기존시설을 전환하는 것이다. 미래 수요가 없는 몇몇 호텔들은 새로운 숙박시설을 건축하기보다는 기존시설을 전환하는 데 더 큰 관심을 가져 왔다.

주 5일제가 시행되면서 여행의 기간이나 빈도가 장기휴가에서 단기휴가로 자주 가는 휴가형태로 전환되면서 단기체류자를 위한 'All-Suite' 호텔이 생기게 되었다. 이는 전체 숙박시설의 5%를 차지하고 있다. 예를 들면, Radisson 호텔은 15%만을 새로 건축하고 나머지 85%는 기존시설을 전환함으로써 그 수를 증가시킬 수 있었고, Choice Hotel International은 작은 평수로 싸게 건설할 수 있다는 장점으로 80

달러 이하의 최저가격 수준을 가진 호텔객실에 집중하였다. 여행을 언제든 갈 수 있고, 짧은 기간으로 즐길 수 있기 때문에 여행경비 절감 등으로 인하여 호텔 객실 시장의 수요가 매우 클 것으로 전망된다.

뿐만 아니라 최근에는 유커(遊客)로 불리는 13억 명의 중국관광객의 급증으로 명동 등 도심에 있는 일반 오피스 빌딩이 호텔로 전환되는 경우를 쉽게 접할 수 있다. 이는 향후 인도와 동남아 관광객으로 이어져 호텔산업의 발전은 지속적인 증가로 호텔 역시 증축과 신축을 예측할 수 있다.

3) 규모의 축소화

구조조정에 의한 경영층의 규모를 축소하여 보다 효율적인 운영과 질적 서비스 및 마케팅 활동에 집중할 수 있도록 광범위한 호텔조직을 재 조직화되면서 축소화되고 있다. 또한 호텔의 부대시설도 영업장을 줄이는 대신 객실 수를 늘리고, 객실면적 또한 최소의 면적으로 만들어지고 있는 것이 현실이다.

4) 여성상용자 증가

세계적으로 경제가 성장하여 여성상용 여행자가 증가하고 있다는 데 관심을 가지고 대응한다는 것이다. 그들은 호텔을 선정함에 있어 몇 가지 기준을 가지고 있는데, 여성상용자가 호텔을 선정할 때 고려하는 항목이 무엇인지 조사한 결과를 보면 다음과 같다.

① 화려함

② 비즈니스센터

③ 24시간 객실 서비스

④ 무료 구두닦이 서비스

⑤ 욕실

⑥ 욕실가운

⑦ 무료 리무진 서비스

⑧ Mini-Bar

⑨ 여성 전용품 비치

5) 호텔 고객의 변화

얼마 전만 해도 호텔은 일부 부유층이나 외국인만 이용하는 곳으로 보이는 문턱이 높은 곳이었다. 하지만 과거와 달리 이제는 1년에 1000만명이 넘은 인 바운드(inbound) 여행객의 증가와 내국인 이용객의 일반화로 호텔 이용이 자연스러워졌다. 그러나 수치로만 본다면 모든 호텔이 호황을 이룰 것 같지만, 호텔기업이 고객에게 세밀한 관심을 갖고 영업을 하지 않는다면 호텔경영은 성공할 수 없을 것이다. 때문에 호텔경영의 환경변화를 예측함에서 가장 중요한 것은 고객의 마음을 움직일 수 있는 요인이 무엇인지 간파하는 것이다.

지금까지는 고객의 필요 · 욕구에만 중심을 두고 이루어졌지만, 미래에는 환경변화에 따른 일상적인 변화뿐만 아니라 계속적으로 변화하는 소비자 행동에 많은 관심을 가지고 빠른 의사결정이 이루어져야 한다. 그리고 변화하는 고객의 태도를 간파하여 사소한 것도 중요하게 생각하도록 많은 노력과 집중을 해야 하며, 그에 대한 전략을 세워야 한다.

6) 영업 시스템의 변화

(1) 영업의 자동화

자동화는 객실 수의 증대, 체크인과 체크아웃의 절차상 불편, 각종 서비스 문제와 효율적인 에너지 관리 문제를 해결하고, 노동력 절감, 생산성 향상 등 호텔 영업을 효과적으로 처리한다. 그리고 자동화와 더불어 새로운 프로그램의 도입으로 과학적인 경영과 서비스의 극대화 등으로 호텔 영업을 혁신적으로 변화해야 할 것이다.

예를 들면, Marriott Hotel은 예약을 받을 때, 고객 스스로가 편의에 따른 호텔 선택을 할 수 있도록 자사 브랜드의 5가지를 고객이 원하는 호텔 타입과 지역에 배치하는 interactive Mapping 시스템을 운용하고 있다. 영업 자동화의 효과를 보면 다음과 같다.

① 고객의 구매결정 및 행동의 변화에 따른 새로운 서비스 제공

② 객실 재고 관리

③ 고객 포트폴리오 관리

④ 수익률 관리

⑤ 호텔 자산관리 등 호텔경영의 의사결정 도구로 활용

(2) 예약 시스템

호텔 예약은 전화나 제3자를 이용하는 중간 유통(여행사, 항공사, CRS, 호텔 전문 예약회사, 사이버 관광회사 등)과 인터넷을 통하여 직·간접 예약 영업 방식을 하고 있다.

호텔과 고객 간의 연계 비용을 감소시켜 호텔가격을 낮춤으로써 그 감소 비용을 고객에게 제공하는 영업 전략과 아울러 서비스를 대폭 강화해야 할 것이다.

7) 프랜차이징(Franchising)

호텔의 프랜차이징도 현저히 증가할 것으로 예측되고 있다. 미국에 본부를 둔 다국적 호텔 프랜차이즈사들 중 50% 이상이 세계 각국에서 영업을 하고 있으며, 아직 진출하지 않은 곳에도 진출계획을 하고 있는 것으로 나타난다.

8) 아웃소싱(Outsourcing) 확대

날로 변화하는 경영 환경과 치열한 글로벌 경쟁에 적절히 대응하기 위해서는 조직의 효율성과 핵심 역량을 갖춘 조직이 필요하며, 호텔기업에서도 아웃소싱에 대하여 많은 관심을 가지고 양적 성장보다는 질적 수익 경영의 변신을 꾀하고 있다. 이는 치열한 경쟁 환경에서 제한된 인력 · 재정을 가진 호텔기업이 모든 부분에서 최고의 위치를 유지하기란 거의 불가능하므로 호텔에서 현재 수행하는 다양한 서비스 활동 중에서 전략적으로 중요하고 잘할 수 있는 기능이나 프로세스에 집중한 핵심 역량 활동 또는 경영 활동을 해당 분야에서 가장 뛰어난 전문기업들과의 전략적 통합으로 경쟁력을 강화해야 할 것이다.

현대 호텔업의 아웃소싱 방법은 제3자 위탁방식, 분사 개념인 자회사 방식, 매각방식 등의 다양한 형태로 나타나지만, 미래의 호텔선문 아웃소싱의 형태는 호텔사업의 확대로 인한 컨벤션 및 대규모 스포츠 이벤트, 연회행사 시 아웃소싱업체가 가지고 있는 개별적 핵심역량을 가지고 전문분야를 분담하여 호텔 이벤트를 수행하는 주제별 아웃소싱(theme outsourcing)을 한다는 것이다.

더 나아가 향후 미래의 신 호텔경영 기법은 핵심역량이나 핵심 상품 등의 모든 기능을 아웃소싱하여 공급업체와 수평적 네트워크로 시너지(synergy) 효과를 작용시키는 형태로서 복수의 주체가 각각 서로의 자원을 공유하고 상호보완적으로 활용하는 새로운 아웃소싱 형태인 네트워크 형 아웃소싱 또는 코소싱(co-sourcing)으로 나타날 것으로 보고 있다. 여기서 코소싱은 여러 주체가 서로의 경영자원을 공유하면서 상호 보완적으로 경영활동을 함으로써 새로운 가치를 창출하는 형태를 뜻한다.

9) 차별화 전략의 소규모 호텔

(1) 자연 친화적 호텔

자연 환경의 숲속과 강가, 산책로 등과 같은 시설로 디자인되어 고객이 자연속의 숲과 강가에 온 것과 같은 분위기로 도시의 피로한 생활에서 떠나 이용할 수 있다. 또한 이러한 호텔을 이용하여 업무, 출장, 건강, 운동(골프, 수영, 승마, 테니스, 산책 등)을 할 수 있으며, 기분전환이 가능하도록 고객의 생활에 행복을 제공하는 것이다.

(2) 가족형 호텔

가족단위로 이용할 수 있는 완전히 집에서 가정생활을 하는 것과 같은 분위기의 인테리어로 온 가족이 함께 기분전환을 하면서 즐거움을 느끼고, 개인 업무도 할 수 있으며, 사업과 출장에 대한 목적의 일도 할 수 있는 호텔이다.

(3) 간단한 이용시설 호텔

Lodge라는 시설이 호텔 수준으로 방의 욕실, 응접실, 부엌이 구비되어 있어서 고객이 직접 원하는 음식을 해 먹을 수 있다. 서비스는 거의 없으며, 청소 정도만 하는 매우 간단한 곳으로 도심의 외각에 자리하고 있다.

(4) 주말 호텔

주말을 즐길 수 있는 도심에 좀 떨어진 곳에 자리하여 산책 코스 각종 운동(스키, 골프, 낚시, 요트, 하이킹 등)이 가능한 시설과 분위기 완비되어 있다. 가격도 저렴하여 부담이 없이 이용할 수 있는 호텔이다.

4 미래 호텔산업의 경영과제

관광객의 수가 늘어남과 동시에 향후 관광산업은 크게 발전할 것은 확실한 사실이다. 이러한 관광산업의 가장 큰 핵심 분야인 호텔은 세계 환경의 급격한 변화와 함께 전략상의 다변화를 요구할 것이며, 국가 발전의 원동력으로서의 역할과 변화하는 시장상황에 변혁을 위한 경영혁신과 새로운 경쟁 조건을 제시할 것이다.

이와 같이 환경변화에 의해 각국 호텔산업의 경쟁은 심화되고 있는데, 이러한 상황에서 최근 호텔산업계에서 나타나고 있는 새로운 경영전략의 내용을 살펴보면 다음과 같다.

1) 레저 개념의 변화에 대한 대응

정보화시대로 접어든 21세기에 접어들면서 관광산업은 많은 변화가 일어나고 있는데, 관광객 수가 증가하여 여행과 관광은 미래 세계의 가장 큰 산업이 될 것으로 보인다. 세계여행의 정치적 장벽이 없어지고 개발도상국의 경제가 향상되면서 세계여행은 꾸준한 속도로 성장이 계속될 것이며 여행패턴 또한 크게 변화할 것이다.

따라서 여행은 최첨단 생활과 작업환경으로부터 벗어나기 위한 최고의 레저 활동으로 계속될 것이므로, 이러한 환경변화들은 관광객의 증가를 가져와 호텔의 수요를 계속적으로 증대시킬 것으로 예상된다. 새롭게 급성장하는 카지노는 호텔산업이 여행객의 다양한 욕구를 충족시켜 줄 새로운 개념의 레저 공간으로서 역할을 하게 될 것이다.

2) 소비 형태에 의한 새로운 경영기법의 제시

새로운 경향이 대두되는 호텔산업에서 정보의 빠른 변화에 대한 정확한 예측만이 경쟁 속에서 생존할 수 있는 방법이다.

최근 정보통신망의 발달로 상용여행객들의 감소와 호텔 이외의 대체 숙박시설들의 발달 등이 호텔 수요를 감소시켰다. 이렇게 환경 변화에 민감하게 반응하는 호텔산업 성패의 열쇠는 다방면에서의 환경 변화와 소비자들의 행동 변화를 예측하고 신속하게 파악하여 적절하게 대응하는 것으로 호텔산업을 지속적인 기업으로 유지하는 관건이 될 것이다.

3) 창조적 · 혁신적 인재와 경영관리의 제시

21세기에 예상되는 호텔기업의 환경변화는 업종 간 확대될 성장의 격차 및 서비스의 복합화에 대처하며 얼마나 미래 지향적으로 발 빠른 사업구조 전환을 추진해 나가는가가 중요한 관건이 될 것이다. 그러므로 이를 위해서는 구조변혁과 동시에 고객만족을 목표로 한 경영 전 부분의 체질개선 방향에서의 복합적인 경영 혁신이 요구된다.

경영 혁신은 인간에 의해서만 가능한 것이며, 환경변화를 정확히 예측하고 앞선 정보의 입수와 함께, 수준 높은 경영 전략으로 대응해 나가야 한다. 따라서 가장 빠르게 소멸하는 상품을 대상으로 하는 산업이 호텔산업이기 때문에 창조적이며 혁신적인 인재와 경영관리가 그 어느 때보다도 요구된다.

4) 새로운 복합문화공간으로서의 활용방안 제시

세계 각국의 경제성장과 수명의 연장, 가처분 소득의 증가 및 여가시간의 확대에 발맞추어 생활의 질, 삶의 질 개선을 선도하는 기업으로, 인류의 만남과 문화교류의 공간이자 안식처로 미래의 호텔은 활용될 것이며, 호텔산업은 더 이상 향락·사치산업이 아니며 일부 계층의 전용물이 아니다.

오늘날 인식의 변화에 따른 고객층의 확대와 여가선용에 대한 사람들의 관심고조 및 고객 욕구의 상승, 규제 위주의 세계 경제에서 자유 경제체제로의 전환에 따른 다양한 사람들의 이동 등과 같은 여러 가지 환경의 변화를 통하여 다기능적인 호텔로 변모해 가고 있다. 따라서 미래의 호텔은 경영의 종합적이고 총체적인 시스템이며, 단순히 쉬고 잠자는 숙박시설을 뛰어 넘어 복합문화공간으로서 활용 방안이 제시되어야 한다.

5) 유비쿼터스 시대를 초월한 휴머니즘적 호텔경영기법 제시

21세기는 눈에 보이지 않는 가상의 상품까지 판매 가능한 세상이다. 호텔에서도 편리성과 효율적인 측면에서는 새로운 세상으로 변모해 가고 있다. 컴퓨터의 발달은 과거 컴퓨터가 없었을 당시 사람이 수행해야 했던 호텔의 업무를 컴퓨터라는 기계를 통해 진사적으로 훌륭히 대체하였으며 시간이 지나면서 단순히 시스템상의 업무를 컴퓨터가 통제하던 것과는 달리 인간만이 할 수 있었던, 인간의 영역까지도 대체해 가고 있는 실정이다.

더구나 인터넷의 발달은 컴퓨터의 발달보다 훨씬 더 진화된 쌍방향 커뮤니케이션을 통한 효율적인 일처리를 가능하게 해주었는데, 그 대표적인 예가 IT기술이다. 세계 주요 국가들과 대표적인 IT기업들은 이미 PC와 인터넷 중심에서 때와 장소에 상관없이 자유롭게 네트워크에 접속할 수 있는 환경인 유비쿼터스(ubiquitous)를 사용하고 있다.

따라서 경쟁우위를 점하기 위한 호텔경영을 위해서는 새롭게 진화하는 IT산업에 한층 더 다가서야 할 것이다. 뿐만 아니라 인적서비스에 의존하는 호텔기업은 여러 가지 직종이 조화를 이루며 운영되고, 고객만족과 감동을 통한 서비스 경영의 완성을 추구하는 시스템이다. 그러므로 일반 제조업의 메커니즘과는 구별되는 휴머니즘의 집합체로서 인식되어지도록 새로운 경영기법이 제시되어야 할 것이다.

5 산학협동 전략

호텔산업에서는 인적자원을 어떻게 활용하느냐에 따라서 경쟁력이 좌우될 수 있다. 호텔산업은 비용창출, 고부가가치 등 국민경제 성장에 큰 효과를 가져 왔고, 제조업 분야를 능가하는 전략적인 산업으로도 인식되어 왔다. 그러나 이는 노동집약적이므로 서비스 직원의 자질 향상이 발전 · 성공의 큰 관건이다.

▌표 11-1▐ 산학협동의 유형

분 류	교류분야	구 분
교육을 위한 산학협동	인적	• 산업체 강의와 사업체 직원에 대한 위탁교육 • 현장학습, 인턴십 • 전공과 관련한 사업장 견학
	물적	• 실험실습 기구 및 시설 이용 • 장학금지급과 교육자료 및 정보교환
연구개발을 위한 산학협동	인적	• 특정 주제에 대한 산업체, 연구소 공동연구 • 특정 주제를 대학 교수에게 연구 의뢰 • 대학교수의 연구 및 기술 개발자문
	물적	• 학술 활동비 및 연구비 보조 • 연구시설의 공동 이용 • 연구결과 및 기술 정보 교류

출처: 고등교육연구(1994). 산학협동 교육의 발전방안모색, 직업교육학 원론.

호텔이나 관광에 대한 이론 · 실기 교육으로 전문인을 양성하는 호텔 · 관광경영학과에서는 양적인 인력은 증가되었으나 이론적 위주의 교과과정과 산학협동 체제의 미흡, 현장에서의 적응력 결여 등으로 인해 기업체로부터 호평을 받지 못한다. 또한 대학 외의 교육기관 등에서 많은 인력이 배출되고 있으나 전공과는 무관한 곳에 취업하는 경우도 많다. 이에 인력 수급과 호텔경영을 전공한 사람들이 호텔로 취업하도록 하여 인력 낭비를 없애기 위해서도 산학협동이 필요하다.

산학협동은 학교와 산업체에서 해당 업체에 맞는 인력 개발을 위해 학교 재학 중에 산업체와 연계시켜 이론은 학교에서, 실무실습은 산업체에서 배우는 상호 보완적인 교육방법을 의미한다. 본래 대학과 산업체 간의 과학기술교육에 중점을 둔 상호관계를 의미하였으나 오늘날은 대학과의 관계뿐만 아니라 특성화 고등학교와 같은 실업계 고등학교까지 포함되고 있다. 산학협동을 프로그램에 따라 산학협동, 산학협동 교육, 현장실습, 산학협동 훈련으로 불리며, 이를 샌드위치 시스템이라고도 한다.

이와 같이 산학협동을 종합해 보면 "산학협동이란 기업체가 학교와 같은 교육기관과 연구 활동의 제휴를 통하여 기술력과 생산성 향상을 도모하기 위한 공동의 노력"이라고 할 수 있다.

참 · 고 · 문 · 헌

고석면 (2000). 호텔경영론. 서울: 기문사.
고석면, 이재섭, 이재곤 (2001). 관광정책론. 파주: 대왕사.
고재용, 문주현, 박태수, 김정욱 (2004). 관광마케팅. 서울: 현학사.
고정민, 이안재, 김진혁 (2004). 전략서비스산업의 경쟁력 강화방안. 서울: 삼성경제연구소.
김경미, 원융희 (2007). 호텔경영전략의 이해. 파주: 백산출판사.
김기호 외 3인 역 (2007). 환대산업의 서비스 마케팅. Kaser & Freeman. 서울: 한올출판사.
김성용 (2006). 관광마케팅. 서울: 기문사.
김성용 (2011). 국제호텔경영전략. 서울: 기문사.
김성용 (2011). 서비스경영전략. 서울: 기문사.
김성혁 (2000). 관광마케팅의 이해. 파주: 백산출판사.
김용식, 박영기, 하채헌 (2015). 호텔경영론. 서울: 에이드북.
김인수 (2005). 거시조직이론. 서울: 무역경영사.
김재원 (2004). 항공사경영론. 서울: 기문사.
민혜성 (2007). 관광마케팅. 파주: 대왕사.
박상수 (2004). 국제관광원론. 서울: 형성출판사.
박시사 (2001). 관광소비자행동론. 파주: 대왕사
박영기 (2018). 호텔경영론. 서울: 이프레스.
박영기 (2018). 호텔인적자원관리. 서울: 범한출판사.
박영기, 안성근 (2019). 호텔객실관리. 서울: 기문사.
박영기, 하채헌 (2022). 호텔식음료경영론. 서울: 한올출판사.
박호표 (2004). 신관광학의 이해. 파주: 학현사.
변우회, 최학수, 노정철 (2002). 실전관광사업론. 서울: 형성출판사.
신우성 (2006). 호텔관광마케팅. 서울: 기문사.
신유근 (2008). 경영학원론. 서울: 다산출판사.
신형덕 (2007). 전략경영과 경쟁우위. 서울: 시그마프레스.
안광호, 한상만, 전성률 (2003). 시장지향적 마케팅전략. 파주: 학현사.
이명식 (2004). 서비스마케팅. 서울: 형설출판사.
이승주 (2007). 경영전략실천메뉴얼. 서울: 시그마인사이트컴.
이연택 외 8인 (1999). 호텔관광산업전략. 서울: 일신사.
이정실 (2002). 외식기업경영론. 서울: 기문사.

이정학 (2004). 관광마케팅. 서울: 기문사.
이정학 (2014). 서비스경영. 서울: 기문사.
이철, 장대련 (1999). 국제마케팅. 파주: 학현사.
채서일 (1993). 마케팅. 파주: 학현사.
최승희, 이미혜 (2001). 국제관광론. 파주: 대왕사.
최태광 (2002). 관광마케팅. 파주: 백산출판사.
한국여행발전연구회 (2012). 호텔관광마케팅. 파주: 대왕사.
한상만, 하영원, 장대련 (2004). 마케팅전략. 서울: 박영사.
Alker, D. A. (2001). *Strategic Market Management*, 6th ed., John Wiley.
Boon, L. E. & Kurtz, D. I. (2001). *Contemporary Marketing*, 10th ed., Fort Worth, Tex: Harcourt College Publishers.
Brooker, K. (2001). The Chairman of the Board Looks Back, Fortune, May 28.
Houston, M. J. & Rothschild, M. L. (1978). Conceptual and Method Perspectives in Involvement, Chicago: AMA.
Kotler, P. & Armstrong, G. (2001). *Principle of Marketing*, 9th ed., Prentice-Hall, Inc.
Kought, B. & Sing, H. (1988). The effect of culture on the choice of entry mode, *Journal of International Business Studies*, Vol 19.
Mayo, E. J. & Jarvis, L. P. (1981). The Psychology of Leisure Travel. Boston: CBI.
Morrison, A. M. (2006). 호텔관광마케팅. 김홍범 역. 서울: 한올출판사.
Parasuraman, A., Zeithaml, V. & Berry, L. (1991). Refinement and Reassessment of the SERVQUAL Scale, *Journal of Retailing*, 67(winter).
Subramanian, M. & Watson, S. (2006). How Interdependence Affects Subsidiary Performance, *Journal of Marketing*.
Swarbrooke, J. & Horner, S. (1999). *Consumer Behavior in Tourism*, Butterworth Heinemann.
Teare, R. & Olsen, M. D. (1999). 국제관광산업전략. 이연택 외 8인 공역. 서울: 일신사.

저자약력

박영기

경희대학교 경영학석사(호텔경영전공)
가천대학교 경영학박사(호텔・외식경영전공)
밀레니엄 서울힐튼호텔 지배인 역임
현) 한국관광학회 평생회원
현) 한국호텔외식관광경영학회 평생회원
현) 청운대학교 호텔관광경영학부 교수(학부장)

호텔경영전략(2판)

초판발행 2016년 3월 5일 1판 1쇄 인쇄 | 2016년 3월 10일 1판 1쇄 발행
2판발행 2022년 4월 15일 2판 1쇄 인쇄 | 2022년 4월 20일 2판 1쇄 발행

지은이 박영기
펴낸이 최용구 | 펴낸곳 도서출판 **이프레스**
주소 (04316) 서울시 용산구 원효로 89길 19(원효로1가)
전화 02) 537-1720(영업부), 537-1721(편집부), 537-1711(팩스)
이메일 epress01@naver.com | 홈페이지 www.epress1.com
등록 2009년 12월 10일 제16-2710호
기획마케팅 최용구 장만동 최충구 진소희 | 책임편집 석기은 황가연

ISBN 979-11-91348-16-3 93980
정가 24,000원